EFFECTIVE TEAMWORK

Practical Lessons from
Organizational Research,
Third Edition

チームワークの心理学

エビデンスに基づいた実践へのヒント

マイケル・A・ウェスト 著
下山晴彦 監修　高橋美保 訳

Effective Teamwork:
Practical Lessons from Organizational Research
Third Edition
By Michael A. West
This edition [English] was published by the British Psychological Society and John Wiley & Sons Limited.
Copyright © 2012 by John Wiley & Sons Limited
First edition [English] published by Blackwell Publishers 1994, second edition [English] published by Blackwell Publishing 2003. First and second editions [English] copyright by Michael A. West.
All rights reserved by John Wiley & Sons Limited. Authorized translation from the English edition published by John Wiley & Sons Limited. Responsibility for the accuracy of the translation rests solely with University of Tokyo Press and is not the responsibility of John Wiley and Sons Limited. No part of this book may be reproduced in any form without the written permissions of the original copyright holder, John Wiley & Sons.
Japanese Translation by Miho Takahashi, supervised by Haruhiko Shimoyama
University of Tokyo Press, 2014
ISBN 978-4-13-040264-4

日本語版への序文

このたび，この本が日本語に翻訳されることによって，より多くの方にこの本を活用いただけることをとても光栄に思っています。この本を読むことで，皆さんの英知とやる気を結集して，事業を成し遂げるために協働していただけるようになれば幸いです。私たち人類が直面している問題をうまく解決していくためには，私たちの間にある境界やカテゴリーの違いを超えて協働することが重要なのです。

人類は進化の歴史の最初期からチームで働いてきました。小グループの中で目標を共有し協働することで，私たちはさまざまな環境に対処してきたのです。私たちはそういう機会を利用して，脅威と挑戦に満ちた環境に臨んできました。つまり，私たちの進化の成功のカギは，チームワークにあるのです。チームワークによって，私たちは環境を驚くほどよく理解し，うまく適応できるようになったのです。チームで，あるいはチームの中のチームで働くことによって，この100年の間に，私たちはヒトゲノムの構造を解明し，宇宙を探索し，人間の寿命を2倍以上に伸ばすことができたのです。人間の歴史において，そして，私たちの将来においても，チームワークの重要性はいくら強調してもしすぎることはありません。

この本が日本で専門的に翻訳されたのはとても嬉しいことです。というのも，日本文化は良いチームワークの模範とされているからです。日本文化では，健康やウェルビーイング，そしてコミュニティの繁栄のためなら，個人のニーズよりも集団のニーズを優先させます。何十年もの間，世界は日本を効果的なチームワークをするためのお手本としてきたのです。

しかし，この本では同時に，チームワークのカギとなる要素はあらゆる文化を通じて共通であるということも示そうとしています。明確で，挑戦的な共通目標をもつことによって，私たちはビジョンをもつようになります。チームメンバーからみて，他のチームメンバーは誰なのか，そしてその人たちはどういう役割を担っているかがはっきりします。いろいろな意見や考えに対して開か

れるようになり，チームの目標を達成しやすくなります。定期的にパフォーマンスを振り返り，チームワークを高めるためにミーティングを行うようになります。そして，パフォーマンスを高めるために常に学ぶようになります。

　研究によって，チームワークは仕事と人間関係という要素から構成されることがわかっています。チームには，明確なゴールと，チーム内でのコミュニケーションや情報の共有のためのプロセスがあること，そして仕事をするための適切な技術，そして優れたリーダーシップが必要です。しかし，より高いパフォーマンスを確実にするためには，社会的，情緒的な環境を育む必要もあります。目標を達成するためのチームの能力を信じる楽観性，そしてチームが情緒的にも道具的にもお互いをサポートしあうような，チームの高い凝集性，お互いを褒めあったり，ユーモアをもって接することもまた必要なのです。成功するためには，チームの仕事と情緒的な要素の両方に注意を払うことが不可欠なのです。

　そして何よりも，チームとしてより効果的に仕事をすることを学ぶため，そしてより上質なパフォーマンスをするためには，それがいかなる仕事であっても，チームは定期的に仕事の波や業務から離れる時間をもち，その中で自分たちの仕事の目標や戦略，プロセスやパフォーマンスを振り返ることが必要なのです。私たち人間はもとより学習する動物ですが，チームワークやチームの協働による学びを得ることによって，より大きな成果を上げることができたのです。この翻訳によって，この本がより良いチームワークを願う方々の役に立つことを祈っています。そして，翻訳の労を執って下さった翻訳者に心より感謝します。

2013 年 12 月

マイケル・A・ウェスト

監修者のことば

　現代社会では，イノベーションを牽引する革新的なリーダーの役割が高まっており，さまざまなリーダーシップ論が提唱されている。かつてのように強引にメンバーを引っ張る「俺についてこい」タイプのリーダーシップは，もはや現代社会では通用しなくなっているからである。現代のリーダーシップ論で強調されるのは，チームのメンバーである個人や集団に対して作業目標を明示し，その目標達成に向けて成果をあげていくためには何が必要でどのように協働することが望ましいのかを，メンバーが共有できるように伝え，さらにメンバーが活動を生き生きと進められるように支援するという，新しいリーダー像である。つまり，より良いチームワークを導くリーダーが求められているのである。そこで重要となるのが「成果を上げるチームワーク」とはどのようなものか，ということになる。

　本書は，英国における産業・組織心理学のリーダーであるマイケル・ウェスト教授の *Effective Team Work, Third Edition* の全訳である。原著の副題に「組織研究からの実践的レッスン」(Practical Lessons from Organizational Research) とあることからもわかるように，本書の特徴としては，①実証研究の成果に基づいている，つまり，エビデンスベイスト・アプローチに基づく内容となっている，②単なる理論研究ではなく，きわめて実践的内容となっている，③現代のネット社会におけるバーチャルチームワークも含めて最新の情報が示されている，といった点があげられる。臨床心理学を専門とする私と，訳者である高橋美保先生が東京大学の大学院の授業で本書をテキストとして取り上げた理由は，この特徴にある。本書は，きわめて実証的かつ実践的であり，現代社会においてはどの領域においても必要とされる生産的なチームの形成と運営の最新知見が，具体例を豊富に組み込んで分かりやすく解説されている。

　いま求められているのは，メンバー間の協働（コラボレーション）を促し，チームワークを育成し，運営していく技能を備えたリーダーである。現代社会

のリーダーシップは，チームワークを抜きにしては考えられない。本書は，このような現代社会で求められるチームワークのあり方を解説するものとなっている。しかも，きわめて実践的な内容となっているのだが，それには理由がある。本書の著者のウェスト教授は，研究室の内にとどまっている研究者ではない。彼は，現在英国（イングランド全地域）の医療保健サービスにおけるチームワークを監督し，指導する責任者という重責を担っている。英国では，メンタルヘルスを含む医療保健サービスは，全て多職種協働のチームによって運営されている。心理専門職である臨床心理士も，この医療保健チームの一員として勤務している。ウェスト教授は，イングランド全地域の医療保健サービスにおけるチーム育成の統括責任者として自らのチームワーク論を実践しているのである。

　現代社会では，産業領域だけでなく，医療保健，教育，福祉，司法矯正などのあらゆる領域でチームワークが最大の課題となっている。多くの皆様が本書を読むことで生き生きとしたチームワークを実践し，より豊かな成果を生み出するものと信じている。

下山晴彦

目　次

日本語版への序文 ……………………………………………………………………… i
監修者のことば（下山晴彦）…………………………………………………………… iii

第1部　効果的なチームとは ……………………………………………… 1

1章　効果的なチームを作る ……………………………………………… 3
チーム機能のタスクと社会的要素　6
チームの有効性　8
復習のポイント／より学ぶための文献／ウェブサイト　14

2章　チームワークの実際 ………………………………………………… 17
なぜチームで働くのか　22
効果的なチームワークの障害となるもの　26
チームとは何か　35
チームは何をするのか　38
どのようにして効果的なチームをつくるのか　41
結　論　46
復習のポイント／より学ぶための文献／ウェブサイト　50

第2部　チームを作る ………………………………………………………… 53

3章　チームを作る …………………………………………………………… 55
パーソナリティと能力　58
チームワークのスキル　65
チームのメンバーの多様性　69
チームの多様性からメリットを得る　76
多様性が示唆すること　78
復習のポイント／より学ぶための文献／ウェブサイト　79

4章 チームをリードする ……… 81
- チームリーダーシップの3つのタスク　83
- チームをリードするための3つの要素　86
- チームリーダーにとっての罠　104
- セルフマネジメントか共有されたリーダーシップ作業チームか　115
- 復習のポイント／より学ぶための文献／ウェブサイト　116

5章 チームトレーニング ……… 119
- チームの発達段階　122
- チームトレーニングの種類　125
- 結　論　137
- 復習のポイント／より学ぶための文献／ウェブサイト　138

第3部 チームワーキング ……… 141

6章 チームの方向を定める ……… 145
- チームの目標　145
- チームビジョンの要素　153
- チームの戦略　156
- 復習のポイント／より学ぶための文献／ウェブサイト　159

7章 チームプレイ ……… 161
- 相互作用　162
- 情報の共有　167
- 影響力と意思決定　169
- チームにおける安心を作る　176
- 復習のポイント／より学ぶための文献／ウェブサイト　180

8章 チームの質の管理 ……………………………………………… 183

集団思考　184
同調圧力　187
権力への服従　188
チームの防衛メカニズム　189
質へのコミットメント　191
課題焦点型／建設的な議論　192
チームでの建設的な議論を促す　193
結論　204
復習のポイント／より学ぶための文献／ウェブサイト　206

9章 チームの創造的な問題解決 ……………………………………… 209

チームイノベーション　210
チーム内での創造的な問題解決　216
チーム内で創造性を高めるための方法　219
チームミーティングにおいて創造性テクニックを使う　224
チームイノベーションに影響する他の要素　226
復習のポイント／より学ぶための文献／ウェブサイト　230

10章 チームサポート ……………………………………………… 233

チームの情緒的活力　236
社会的サポート　238
チームメンバーの成長や発達をサポートする　244
家庭と仕事のバランス　247
社会的風土　249
結論　250
復習のポイント／より学ぶための文献／ウェブサイト　251

11章 チームにおける対立 ………………………………………………………… 253

    チームにおける対立　253
    チームにおける対立のタイプ　254
    チームの対立を解決する　255
    対立の組織的な要因　257
    対人関係の対立　259
    難しいチームメンバー　263
    復習のポイント／より学ぶための文献／ウェブサイト　266

第4部　組織におけるチーム ……………………………………………………… 269

12章 組織におけるチーム ………………………………………………………… 271

    チームベースト・ワーキング（TBW）の導入　272
    チームとその組織の間の関係　276
    チームは組織から何を必要としているか　279
    人的資源管理（HRM）の役割　282
    組織はチームに何を求めるか　287
    チーム間を橋わたしする　292
    結　論　296
    復習のポイント／より学ぶための文献／ウェブサイト　297

13章 バーチャルチームでの仕事 ………………………………………………… 299

    バーチャルチームで働くこととは　305
    バーチャルチームのメリットとデメリット　308
    バーチャルチームワークを効果的に発展させる方法　308
    バーチャルチームのライフサイクル　319
    結　論　323
    復習のポイント／より学ぶための文献／ウェブサイト　324

14章 トップマネジメントチーム ……………………………………… 327
　　タスクデザイン　330
　　チームエフォートとスキル　332
　　組織のサポート　337
　　トップマネジメントチームのプロセス　341
　　トップチームへの参加　344
　　法人組織の社会的責任　345
　　トップチームミーティング　349
　　対　立　356
　　CEO のリーダーシップ　358
　　結　論　363
　　復習のポイント／より学ぶための文献／ウェブサイト　365

訳者解説（高橋美保）………………………………………………………… 367

参考文献　373
索　引　389

エクササイズ
　Exercise 1　チームの振り返りのための質問紙　12
　Exercise 2　チームのパフォーマンスの有効性を測定する　45
　Exercise 3　チームワークのための知識，スキル，態度（KSA）　68
　Exercise 4　チームの社会的プロセスに対する満足度　135
　Exercise 5　役割交渉のエクササイズ　136
　Exercise 6　チームにおける情報共有　169
　Exercise 7　簡易版 意思決定のための段階的技術　174
　Exercise 8　あなたのチームはどれだけ革新的でしょうか？　212
　Exercise 9　あなたは仕事においてどれだけ革新的でしょうか？　229
　Exercise 10　仕事の豊かさを促進するためにチームで行うエクササイズ　246

ボックス
　Box 1　野球チームそれともバスケットボールチーム？　30
　Box 2　ベルビンのチーム役割理論　62

Box 3　チームリーダーシップは伝統的なリーダーシップとは異なる　85
Box 4　効果的なリーダーシップのエッセンス　89
Box 5　リーダーシップの誤りと知恵　96
Box 6　えこひいき　97
Box 7　チームのリーダーシップの機能　104
Box 8　情動知能――自己認識を高めること　109
Box 9　リーダーシップスタイルを状況に合わせる　114
Box 10　既知の問題に取り組む　129
Box 11　会議の基本原則　166
Box 12　信頼，サポートそして安心な風土を作る　177
Box 13　防衛ルーティンの克服　190
Box 14　ステークホルダー分析の実際　199
Box 15　変化をもたらす――マイノリティの影響戦略　204
Box 16　「いいね，それで……法」('yes, and ...' method)　215
Box 17　チームの創造性とイノベーションの促進　227
Box 18　チームリーダーとメンバーの関係　237
Box 19　チームの報酬制度を作る　284
Box 20　泥棒洞窟実験　293

第1部

効果的なチームとは

　本書のこの冒頭の部では，効果的なチームとはなにかを検証します。第1章では，効果的なチーム作りには何が必要かをみて，本書を貫くふたつのテーマを明らかにします。それは，チームのタスクを機能させることと，チームの社会・感情的な風土です。この章では，これらの点について効果的なチームがどれほど時間をかけて振り返りを行っており，それに合うように適応しているかを説明します。タスク集団としても，また社会集団としてもチームをきちんと機能させることが，チームの効果を確固とするためには必須なことなのです。これらの点についてチームワークを定期的に振り返り，また必要に応じて，目的や戦略，チームプロセスを変革していくことが，長期にわたってチームの効果をあげるためには不可欠です。

　第2章では，チームが機能しているかどうかについて，実証的な研究に焦点をあてます。業務を行うにあたってチームは効果的であるのか，チームワークの組織化によって組織のパフォーマンスは向上するのか。効果という意味には，チームのイノベーションのレベルだけでなく，チームメンバーのウェルビーイングと発達も含みます。この章では，チームのパフォーマンスが悪い状況の中での，チームワークの問題に焦点をあてた研究を紹介します。とはいえ，この章ではチームワークは個々人がひとりで行う業務の集合をしのぐこと，また，組織のタスクを遂行する上で不可欠であることも示します。カギになるのは，どうすればチームを効果的に動かせるかを知るということ——これが本書のテーマとなります。

1章

効果的なチームを作る

思慮深く，献身的な市民による小さなグループでも世界を変えることができる，ということは疑いようがない。実のところ，世界はそのようにしてしか変わってこなかったのである。　　　　　　　　　　　　　　　（マーガレット・ミード）

> **学習のポイント**
> ・効果的なチームワークのための基本的な条件
> ・優れたチームワークのための条件
> ・チームの振り返り，チーム機能におけるその重要性
> ・チーム機能の2つの側面——タスクの振り返りと社会的振り返り
> ・チームの有効性の5つの要素
> ・チームの有効性とチームの振り返りの関係性
> ・実際のチームに振り返り用の質問紙を用いる

　私たちの社会やコミュニティは，共通の目標を達成することを通して，私たちの努力や想像を生活の質を高めるような形で仕事に結びつけるにはどうしたらよいか，という根本的な課題に直面しています。今日，人類が直面している大きな課題は私たちに，地球にある資源を保護しながら，全ての人々の生活の質を最大化するため効果的に協力することを求めています。何千年もの間，私たちは効果的な解決策を見いだしてきました。それがチームワークなのです。では，今までチームとしてうまく働いてきたのなら，なぜチームワークに関する本が必要なのでしょうか？　それは，チームワークの背景はここ200年で根本的に変化してきているからです。現代的な組織が発達した社会状況の中，もはやチームは孤立して機能することはできなくなりました。チームは目標を達

成するために他のチームや組織的なシステム，プロセスと協働する必要があり，そうすることで直面化している課題を乗り越えていくのです。この本では効果的なチームワークをするための方法や，他職種によるチームシステムが統合的・効果的に機能するための方法について，研究のエビデンスに基づいて紹介することで，この新しい状況に立ち向かうためのガイドラインを提供していきます。さらに，本書はチームメンバーが想像以上の成果を上げ，かつ組織の他チームの成功をも触発する優れて効果的なチーム，いわゆる夢のチーム（ドリーム・チーム）をどのようにして作るかについても考えていきます。つまり，本書では効果的なチーム機能の基本的な条件と，夢のチームを生みだす条件の両方を紹介していきたいと思います。

　効率的なチームワークに必要な基本的条件は，メンバーシップが明白であること，チームのサイズが適切であること，メンバーシップやチームワークを要求するタスクのための仕事が比較的安定していることです。またチームは，取り組むべき価値があり，明白でチャレンジングなものへとチーム目標を書き換えることができるような，総合的な目的をもつ必要があります。また，チームメンバーとしては，適切な役割に対してそれに求められるスキルをもつ適材が必要です。チームメンバーは逸脱していく人ではなく，ものごとを可能にする人でなくてはなりません。チーム機能を駄目にしたり妨害したりする人ではなく，行動を通じて効果的なチーム機能をサポートする人であるべきです。

　夢のチームには，こういった基本的な条件に加えて，チームの利害関係者（クライエント，顧客，患者）のニーズに合うような形で，かつメンバーを鼓舞し動機づけを高めるようなチームの目的を設定できる，変幻自在のリーダーシップがあるという特徴をもっています。さらにその目的とは，全てのチームメンバーがメンバーシップの多様性の価値を高められるようなものであるべきです。メンバーはそれぞれの立場で成長し，学ぶ機会をもち，そこには継続的な成長と発達の感覚がしっかりとあるのです。夢のチームには楽観性を特徴とする高い積極性と，ポジティブまたはネガティブな相互作用における健康的なバランスがあります。メンバーはお互いの相互作用において開放的で，感謝しあい，親切で純粋であり，お互いから学びあおうとします。チームメンバーは仕事を効果的に成功させることができるというチームの能力を信じています

（チームの潜在能力）。チームメンバーはそのチームにいるというメンバーシップに安心感をもち，彼らが得られる高い信頼とサポートによってチームに愛着を感じます。実際に，もしチームメンバーが危機に陥ったとしても，メンバーが適切にバックアップしてくれます。また，チームはより規模の大きい組織との関わりにおいても積極的でサポーティブな関係を築きます。メンバーはチーム内に効果的な関係を積極的に築くとともに，チーム内だけでなく，彼らが組織の一員と位置づけられる，より大きな組織における自身のアイデンティティも意欲的に築いていきます。このような夢のチームや，夢のチームの集まりによって，新しいアイデアが共有・統合され，仕事の負担が分かたれ，相互のサポートが提供され，機会が最大限活用されるような効果的なコミュニケーションと実のあるコラボレーションが可能となるのです。本書の後半で，これらの条件を作り出す方法がわかってくるでしょう。

　効果的なチームを作りそれを維持するためには，常に刷新し続けること，そして良い実践を見いだしていくことが必要です。さらに，チームは請け負ったタスクや働く状況，メンバーシップによって変わります。変化は断続的に起こるので，チームは組織の内外で直面する変化に適応しなくてはなりません。チーム間の多様性とチームの状況の変化の両方によって，柔軟なチームメンバー，柔軟なチームプロセス，そして柔軟な組織が必要となります。そして，私たちはそのような柔軟性を促すための驚くべき能力をもっているのです。他の動物にはできなくて私たちだけにできることは，自分たちの体験を振り返り，状況の変化に合わせるためにするべきことを意識的に行い適応することなのです。そして，私たちはこの能力を，チームワークというダンスをより効果的に踊るために使うことができるのです。この能力をチームに適用したものを「**チームの振り返り**」と呼ぶことにしましょう。

　チームの振り返りには，以下の項目が含まれます。

- チームの目的に関する，その必然性や適切さ，達成までの進度を含めた定期的なチームの見直し
- チームの仕事に影響するような外界の変化に対するチームメンバーの絶えざる注意

- パフォーマンスを高めるためのチーム機能に対する意識, レビュー, 議論
- 創造性, 柔軟性, 適応性
- 曖昧なことへの寛容さ
- チームメンバーの多種多様な観点, 知識・スキル・体験に価値づけするチームメンバー

チームにはさまざまな組織形態があります。例えば多国籍の石油企業から, ボランティア組織, ヘルスケアの組織, そして軍隊に至るまで多種多様です。そのため, 私たちは万人にとって有用な処方箋を出すように留意しなくてはなりません。組織の中も, チームによってそれぞれ全く異なります。チームはたいてい全く違う文化的背景, 年齢, 得意分野, 性格の人々で構成されています。メンバーが複数の国にまたがり, チームが国境を越えることもあります。パートタイムかフレックスタイムか, 契約社員か, 在宅勤務かという勤務形態の違いも, チームの多様性をより複雑にしています。チームの構成や機能が多様になると, チームメンバーはチームが効果的であるために, 断続的に変化する状況を振り返り, 理性的に適応する必要があります。この本では, チームメンバーが一体となってチームの目的・戦略・プロセス・パフォーマンスを振り返り, それに応じて変化を起こせば（チームの振り返り）(West, 2000; Widmer, Schippers, and West, 2009), チームはさらに生産的・効率的・革新的であり続けることを示していきます。

チーム機能のタスクと社会的要素

チーム機能には2つの基本的な側面があります。それは, チームが遂行することを求められているタスクと, メンバーが社会集団としてどのように協働するかという社会的要素です。職場でチームが作られる根本的な理由は, 個人によるよりもずっと効率的にタスクを遂行できるからであり, それによって組織的な目標全体がより効果的に達成できるという期待があるからです。実際にひとりよりもチームで一緒にやるしかないようなタスクもあります。たとえば心臓外科手術, 車の組み立て, また, かつて近代技術や武器を使わずにサバンナ

で 羚羊(アンテロープ)を捕まえていたときなどがそうです。したがって，チームでの働き方を理解するためには，タスクの内容や，タスク遂行のためにチームメンバーが使う戦略やプロセスを頭に入れておくことが重要となるのです。同時に，チームはさまざまな感情的，社会的，その他の人間的要求をもつ人々で構成されているので，全体としてうまくいくこともあれば挫折することもあります。メンバーがチームの有効性を確実に上げる新しく改良された方法についてアイデアを出すためには，メンバーが他のチームメンバーから評価され，尊敬され，サポートされていると感じることが不可欠となります。チームの有効性を上げようとする際には，これらのポイントのどれかひとつでも欠けると，潜在的なチームのパフォーマンスを引き出すことに失敗するでしょう。

　いまや，研究によるエビデンスでは，希望，喜び，幸せ，ユーモア，興奮，誇り，関心といったポジティブな感情が，人間の強さの源としていかに大切かがきちんと示されています（Fredrickson, 2009）。ポジティブな感情をもつと，私たちはより柔軟で拓かれた考えをもつようになり，不安，憂うつ，怒りを感じているときに比べてより多くの可能性を考えるようになります。そうすることでタスクを達成し，自分たちの置かれた環境で最大限のことを成し遂げられるのです。また，課題を脅威ではなく機会として捉えることができるようになります。ポジティブな感情を抱くと，私たちは職場環境においてよりうまく自己コントロールができるようになり，効果的に対処し，防衛的に振る舞わなくなります。ポジティブな感情による恩恵の連鎖はこれだけではありません。「向社会的行動」，つまり協力や利他主義にまで影響を及ぼすのです。ポジティブな感情を抱いているとき，私たちはより一層人を助け，寛容になり，社会的責任の感覚をもつようになるのです（Fredrickson, 2009）。要するに，チームの環境をポジティブな感情を抱くことができるように整えることで，私たちは組織の一員としての意識を高めることができるのです。それによって，お互いにもしくは他の部門の人と助けあい，たとえ自分の仕事ではなくても少し多めに仕事をするように促すことができるのです。このような組織の一員としての行動が，最も効果的なチームか否かの違いを生みます。感情の役割を無視して，パフォーマンスだけに着目すれば効果的なチームを作ることができるという考えは，感情は労働において無視することができるという誤った前提に基づいて

います。ポジティブな関係性とコミュニティ感覚はポジティブな感情の産物であり，その要因でもあるのです。チームが成功すると同時に，チームで働くメンバーの健康とウェルビーイングを育むようなポジティブなチームを築くためには，人間としての欲求，能力，可能性に抗うのではなく，それとうまくやっていく必要があるのです。

　チームが効果的に機能するためには，チームメンバーは積極的に目標に焦点化し，定期的にその達成のしかたやチームの仕事のしかたを見直す，つまり「タスクの振り返り」を行う必要があります。それと同時に，メンバーのウェルビーイングを促進するためには，チームはメンバーのサポートのしかたやコンフリクトの解決方法，チーム全体の社会的，感情的な雰囲気を振り返る，つまり「社会的な振り返り」を行う必要があります。これらの振り返りの目的は，チームがより効果的にするためにチームの目的や仕事のしかた，社会的機能を適切なものに変えていくことで次のステップに進む，ということです。

チームの有効性

　さて，「チームの有効性」とはどういう意味でしょうか？　チームの有効性とは，以下の主要な5つの構成要素から捉えることができそうです。

1. タスクの有効性とは，チームがあるタスクの目標を達成することに成功している程度のことです。
2. チームメンバーのウェルビーイングとは，メンバーそれぞれのウェルビーイングやメンタルヘルス（例：ストレス），成長や発達といったことに関することです。
3. チームの存続とは，チームが継続的に働き，かつ効果的に機能することについての見込みです。
4. チームのイノベーションとは，チームが発達し，新しく改良されたプロセス，結果，そして手順を備えている程度のことです。
5. チーム内の協働とは，チームが製品やサービスを提供するために，組織内の他のチームと一緒に働く際の有効性のことです。

表1 チームの4つのタイプとそれぞれの結果

```
                        タスクの振り返り（高）
                                │
┌─────────────────────────────┐  │  ┌─────────────────────────────┐
│ タイプD：駆り立てられたチーム │  │  │ タイプA：弾力的なチーム      │
├─────────────────────────────┤  │  ├─────────────────────────────┤
│ 短期的なタスクの有効性は高い │  │  │ タスクの有効性は高い         │
│ チームメンバーのウェルビーイングは低い │ │ チームメンバーのウェルビーイングは良好 │
│ 短期的な存続                 │  │  │ 長期的な存続                 │
│ イノベーションレベルはほどほど│  │  │ イノベーションレベルは高い   │
│ チーム内のコンフリクトは高い │  │  │ チーム内の協働は良好         │
└─────────────────────────────┘  │  └─────────────────────────────┘
社会的な振り返り（低）◄─────────┼─────────► 社会的な振り返り（高）
┌─────────────────────────────┐  │  ┌─────────────────────────────┐
│ タイプC：機能不全チーム      │  │  │ タイプB：自己満足のチーム    │
├─────────────────────────────┤  │  ├─────────────────────────────┤
│ タスクの有効性は低い         │  │  │ タスクの有効性は低い         │
│ チームメンバーのウェルビーイングは低い │ │ チームメンバーのウェルビーイングは平均的 │
│ チームの存続性は極めて低い   │  │  │ 短期的な存続                 │
│ イノベーションレベルは低い   │  │  │ イノベーションレベルは低い   │
│ チーム内のコンフリクトは高い │  │  │ チーム内のコンフリクトはほどほど │
└─────────────────────────────┘  │  └─────────────────────────────┘
                                │
                        タスクの振り返り（低）
```

　表1に，タスクと社会的な要素というチームの2つの構成要素について，2×2のモデルにあてはめ，チーム機能の4つの極端なタイプを示しました。また，各々のタイプについて，タスクの有効性，チームメンバーのメンタルヘルス，チームの存続，イノベーションそしてチーム内の協働から成るチーム機能の5つの重要な結果がどうなり得るかも示しています（このモデルの目的はいくつかの重要なポイントを説明することにあるため，現実を簡略化しています）。

　タイプAは弾力的なチームです。このタイプは，タスクと社会の振り返りがともに高いことを表します。つまり，チームが状況改善のために，その目的やプロセス，タスクそして支援策を適切に考え，改善する程度のことです。このようなチームでは，往々にしてチームメンバーのウェルビーイングが高く，タスクの有効性そして存続の維持が保たれています。つまり，彼らには共に働き続けるための能力と希望があります。タスクと社会的振り返りが高いために，

彼らは変わりゆく状況に適応し，高いパフォーマンスを維持することができます。結果的に，彼らはより革新的（イノベイティブ）であり，製品やサービスを提供するために，組織の中の他のチームとも効果的に仕事をすることができる能力を備えることになります。

　タイプBは自己満足のチームです。このタイプは，社会的な振り返りは高いのですが，タスクの振り返りは低いことを表します。こうしたチームでは，チームメンバーはとても温く，サポートや凝集性はあるのですが，タスクを効果的に遂行する能力が低いのです。チームメンバーはタスクの目標，戦略そしてプロセスについてじっくり考える時間をもちません。そのため，彼らは自らのパフォーマンスの問題に向き合うことをしませんし，失敗から学んだり，有効性を担保するためにタスクのパフォーマンスを変えることもありません。したがって，チームメンバーのウェルビーイングは良好で同僚を評価しているのですが，その一方で，チームのパフォーマンスに対する組織からの満足度は低く，チームメンバーは失敗したチーム，もしくはせいぜいパフォーマンスが低いチームのメンバーとして落胆を経験します。結果的に存続も脅かされます。たとえチームメンバーが期限を超えて一緒に働き続けることを望んだとしても，組織はそのチームを解散させるでしょう。長期的にみると，タスクの有効性が最小限のチームメンバーは能力のレベルが低いため，それがチームメンバーのウェルビーイングに悪影響を及ぼすことになります。私たちは仕事で成功し，効率的でありたいと思うものです。そのため，うまく機能していないチームにいると，仕事の満足感が下がってしまうのです。そのようなパフォーマンスに焦点化しないチームでは，イノベーションへの動機づけももちにくくなります。彼らには温かみがあるにもかかわらず，他のチームと一緒に働く際には，能率の悪さによって一定のいらだちと不満が生じるでしょう。

　タイプCは機能不全のチームです。このタイプは最悪のシナリオであり，タスクと社会的振り返りの両方が低いことを表します。このチームはいずれの領域においてもその機能を省みて変化することがありません。また，彼らは長期間に存続することができません。なぜなら，チームメンバーのリーダーが，メンバー相互の人間関係とタスクの達成の失敗の両方について不満を抱くことになるからです。また組織のリーダーは，チームのパフォーマンスのレベルが

低いためにチームに介入するか，もしくはチームを解散させることになります。すぐにでもチームにおけるタスクと社会的振り返りの両方を促進させるための介入を行うべきです。そして，チームメンバーが現在のチームだけでなく，将来その一員となるチームでも効果的に機能できるようになるまで継続するべきです。安心感や有効性の欠如によってイノベーションの動きが鈍ります。そして，パフォーマンスをあげられないために，彼らを信頼している他のチームとの間でも高いコンフリクトが起こってしまうのです。

　最後はタイプD，駆り立てられたチームです。タスクの振り返りは高いのですが，チームの社会的機能は低いタイプです。メンバーはできるだけ早く目標を達成するように，目標に集中するように駆り立てられます。短期的にみると，タスクのパフォーマンスは悪くないのですが，社会的な振り返りが低いので，チームの存続とウェルビーイングが損なわれます。チームメンバーはチームで働くことを楽しんでおらず，自分たちは何のソーシャルサポートも提供していないと感じており，チームの社会的な風土も良くありません。さらに，チームに安心感を感じられないので，イノベーションのレベルは低くなります。組織自体がチームの健康を振り返ることをしないので，社会集団としてのチーム能力を高めて進歩することはほとんどありません。長期的に見れば，チームはその潜在能力に到達することはできないでしょう。肯定的でサポーティブな雰囲気がないと協働のレベルは低くなるでしょうし，創造性とイノベーションのためのチーム力も限定的になります（短期的な危機など）。状況によっては，他の全てを排除してタスクに集中することも理解できます。ですが，それでも，社会的機能に関する健全な振り返りをある程度は行う必要があります。サポートをしたり，応援すること，あるいは権限を与えたり，コーチングすることは，チームメンバーの態度としていかなるチームにおいても必要とされるものです。さらに，彼らは駆り立てられている状態にあるので，他のチームと一緒に働かなくてはならない場合でもコンフリクトを起こしやすくなります。なぜなら，彼らは他のチームの仕事のスピードに不満を抱いていたり，自分たちのチームのパフォーマンスばかりを考えて他のチームを助ける方法を見つけることに関心がないからです。

　これらのチーム機能についての2つの側面，すなわちタスクと社会的振り返

りは，チーム機能の3つの重要な結果——つまり，タスクの有効性，チームメンバーのウェルビーイング，そしてチームの存続に直接的に影響します。本書ではこれらのチーム機能の要素について検討するとともに，チームの振り返りを高める実践的な方法について述べていきます。

　本書の内容は研究の結果から導き出されたものです。私たちはチームワークについて，研究ではまだ実証されていない多くの仮説にも挑戦していきますが，その際，コンサルタントや専門家による効果的なチームワークに関する推測を提示するのではなく，効果的なチームワークについて研究が明らかにしてきたことに基づいて読者に示していきます。また，私自身が，多くのさまざまな国の多様な状況でチームとして働いた経験から得た事例も提供していきます。

　本書を通じて，あなたがチームの中で，もしくはチームと一緒に働く際に，実践に役に立つ形で「どうすればチームを効果的にすることができるのか」という問いに答えていきたいと思います。そして，それはあなたがチームをタスクと社会性の両面において高いレベルで機能するチームに発展する際にも役に立つでしょう。

Excercise 1　チームの振り返りのための質問紙

あなたのチームは効果的に機能していますか？

　あなたのチームのタスクと社会的な振り返りの程度を測るために，チームのメンバー全員にこの質問紙に答えてもらってください。その際，お互いに相談をしないようにしてください。タスクの振り返りと社会的な振り返りについて別々にスコアリングします。つまり，タスクについての項目のスコアを全て合計し，続いて社会性についての項目を全て合計します。それぞれのスコアの合計を，質問紙に回答した人数で割ります。このボックスの一番下に，他のチームのスコアと比べた時に，あなたのチームスコアが高いのか低いのか，もしくは平均的なのかを判定する表があります。

回答に際して

あなたのチームについて，それぞれの文章がどれくらい当てはまるかについて，それぞれの文章の□に，1から7の数字で当てはまる番号を書いてください。

全く当てはまらない						とても当てはまる
1	2	3	4	5	6	7

(a) タスクの振り返り

1. チームでしばしばチームの目標について見直しを行う □
2. チームが効果的に機能しているかどうかについて定期的に話し合う □
3. 仕事を行うためにチームが用いる方法についてしばしば話し合う □
4. チームの状況を考慮して，目標を修正する □
5. チームの戦略はしばしば変更される □
6. 情報の共有がうまくできているかどうかについてしばしば話し合う □
7. チームで仕事を行うためのアプローチについてしばしば見直す □
8. チームの決定方法についてしばしば見直す □

合計点 □

(b) 社会的な振り返り

1. チームメンバーは困難な状況に面している時にはお互いを支え合う □
2. 取り組んでいる仕事がストレスフルな時にも，チームは非常にサポーティブだ □
3. チーム内のコンフリクトは長引かない □
4. チームのメンバーは，しばしばお互いに新しいスキルを教え合う □
5. 取り組んでいる仕事がストレスフルな時にも，チームとして協働して取り組む □
6. チームのメンバーはいつも友好的だ □
7. チームでは，コンフリクトは建設的に対処される □
8. チームのメンバーは迅速に論争を解決する □

合計点 □

	（a）タスクの振り返り	（b）社会的振り返り
高いスコア	42〜56	42〜56
平均的なスコア	34〜41	34〜41
低いスコア	0〜33	0〜33

　チームでは，特段の理由もないのにあなたの機能が低いように感じるような時に，どうしたらあなたの機能を高めることができるかについて検討することができます。そのような検討は，チームの目的や戦略，プロセスや社会的機能の振り返りの程度を高めるための第一歩となるでしょう。そして，それによってチームは十分に機能するようになるのです。

復習のポイント

・効果的なチームワークにとって基本的な条件とは何でしょうか。
・優れたチームあるいは「夢の」チームに必要な条件とは何でしょうか。
・チームの振り返りとは何でしょうか，そしてタスクと社会的な振り返りはどこが違うのでしょうか。
・チームの有効性の主な要素とは何でしょうか。
・タスクや社会的振り返りはどのようにしてチームの有効性に影響を及ぼすのでしょうか。

より学ぶための文献

Cameron, K. S., Dutton, J. E. and Quinn, R. E. (2003) *Positive Organizational Scholarship: Foundations of a New Discipline*, Berrett-Koehler, San Francisco.

Fredrickson, B (2009). *Positivity: Top-notch research reveals the 3 to 1 ratio that will change your life*. Random House: New York（植木理恵監修，高橋由紀子訳（2010）．『ポジティブな人だけがうまくいく3：1の法則』日本実業出版社）

Linley, P. A., Harrington, S. and Garcea, N. (eds.) (2010) *Oxford Handbook of Positive Psychology and Work*, Oxford University Press, Oxford.

West, M. A. (2000) Reflexivity, revolution, and innovation in work teams, in *Product*

Development Teams (eds. M. M. Beyerlein, D. A. Johnson and S. T. Beyerlein), JAI Press, Stamford, CT, pp. 1-29.

Widmer, P. S. Schippers, M. C. and West, M. A. (2009) Recent developments in reflexivity research: A review. *Psychology of Everyday Activity*, 2, 2-11.

ウェブサイト

振り返り：http://reflexivitynetwork.com/index.php?option=com_content&view=article&id=47&Itemid=53 (last accessed 25 July 2011).

チームの発達：www.astonod.com (last accessed 25 July 2011).

ポジティブさ：www.positivityratio.com/www.cappeu.com/ (last accessed 25 July 2011).

2章

チームワークの実際

リーダーシップおよび文化の機能，そしてそれ以外の集団生活が持つ本質的機能について科学的な洞察を深めることなくして，より良い世界を作ることはできない。
(クルト・レヴィン［Kurt Lewin, 1943］)

学習のポイント
- 見せかけのチームと真のチームの違い
- チームワークによる組織化のメリット
- チームで動くことのデメリット——努力・決定力・創造性の低下
- 洗練されたチームとチームの種類
- チームのタスク
- 効果的なチームの作り方
- チームのパフォーマンスの測定方法

ケーススタディ

18金か，はたまた偽物か——医療におけるチームワークと患者の死亡率

イギリスのナショナル・ヘルス・サービス（National Health Service：以下 NHS）は，約 1400 万人のスタッフを雇っています。彼らには，高い質と安全性を兼ねそなえた医療を患者に提供する責任があります。毎年，そのスタッフに対してある調査が行われています。それは，彼らの労働状況，経営力，リーダーシップ，提供している医療の質，労働環境に関する調査です。「チームで働いていますか？」という質問に対して

は，たいていどの年もほぼ90％のスタッフが「はい」と回答します。医療におけるチームワークが，患者により良い結果をもたらすなら，この結果は非常に励みになるでしょう。しかし，この調査では，スタッフがチームで働いていることの指標として，さらに以下の3つの質問をしています。「あなたのチームは明確な目標を持っていますか？」「その目標を達成するため密な協働をしていますか？」「自分たちのパフォーマンスと，それをどのように向上させるかについて見直す機会を定期的に持っていますか？」です。この3つの質問は，チームワークの基本中の基本ともいえることに触れています。それは，目的を共有すること，相互に頼り合うこと，振り返りのミーティングを設けることです。3つのうち1つ以上の質問に「いいえ」と回答したスタッフは，「見せかけのチーム」に所属しています（約50％）。3つ全てに「はい」と回答したスタッフは，「真のチーム」で働いています（約40％）。したがって，3群が存在することになります。チームで働いていない人，チームで働いている人，そして見せかけのチームで働いている人です。このデータから，以下のことがわかってきました。病院やその他の医療機関に見せかけのチームで働くスタッフの割合が増えるほど，仕事中のスタッフの怪我（たいていは針や，運搬，転倒によるもの）や，患者やスタッフに害を及ぼすようなミス，患者本人やその介護者，親類，友人からの暴力的な非難，さらには脅しや嫌がらせや謗りが増加します。これと正反対の関係性が，病院内において真のチームで働くスタッフの割合との関連において認められました（この割合が増えるほど，怪我やミスの発覚，暴力的な非難や脅し，嫌がらせ，謗りは減少します）。さらに，真のチームで働くスタッフの割合が増加すると欠勤が減ります。そして最も顕著なことは，それが患者の死亡率にも強く関連しているということです。真のチームが多ければ多いほど，患者の死亡率は減少します。一方，見せかけのチームが多いと，それだけで死亡率が増加します。データによると，あと5％のスタッフが真のチームで働けば，患者の死亡率は3.3％減少するということです（1病院につき，毎年約40人の方が亡くなっています）。50％が見せかけのチームで働いている場合には，死

> 亡率の数字を改善するチャンスは大いにあり（ここには因果関係が想定されます），こういったチャンスが NHS 全体にあるということは，本当に驚くべきことです（これについての詳細は，著者（m.a.west@lancaster.ac.uk）から入手できます）。

このケーススタディからわかるのは，チームワークの意味を明確にすることの重要性です。この章では，このテーマについてより深く見ていきますが，その前に，人間社会と進化の歴史におけるチームワークの役割を考えてみましょう。

人間社会において，生活すること，働くこと，遊ぶことは他者と協力することです。集団や組織の中で，私たちは集合的なアイデンティティと自身の個性の両方を表しています（De Cremer, van Dick and Murnighan, 2011）。私たちのアイデンティティは，所属している集団からくるものです。たとえば，クラブ，自由結社，職業，スポーツチーム（スポーツをする場合でも，支援する場合にも），仕事の組織，所属政党です。私たちは歴史を通じて，集団の中で生活し，愛し，子どもを育て，ともに働いてきました（Baumeister and Leary, 1995）。ともに生活し，働くという共通の経験によって，私たちはお互いに結びつき，先人とも結びつきます。協働することを学んだからこそ，人類は種としてこのような驚くべき進化を遂げたのです。ヒトゲノムを解析することで，人類を人類たらしめている潜在的な生化学的プロセスが明らかになってきました。そして私たちの人類の起源の限界を追求してきました。これらの並外れた成果の大部分はチーム，またはチームの中のチームによって成し遂げられてきました。協力して働くとき，私たちはひとりで働く場合よりも，はるかに多くのことを達成できます。これは個々のメンバーの貢献を集めた場合よりも，集団全体の貢献の方が大きい，というグループシナジーの原理なのです。丘に大きな石を押し上げるのは，ひとりでは難しいでしょう。しかし協働すれば，達成することができます。歴史を通じて，私たちは小集団やチームで活動してきました。人間が組織と呼ばれるより大きな共同体で活動しはじめたのは，ここ 200 年のことに過ぎません（それまでは，宗教と軍だけが大規模な組織でした）。

現代の組織は比較的多くの従業員を管理する一方で，その複雑な構造と，イ

ノベーションを促進するという競争的な目的をもち，驚くべき速度で成長しています。さらに，私たちの多くはこれらが存在することを当然のことと考えています。実際には，こうした組織は私たちの職業生活において，本当の課題を突き付けているのです。私たちが農業や手工業において，非常に長い間小さなチームで活動していたころには，協働者たちはお互いに相手の知識や技術や能力に深く精通していました。チームワークは長い年月を経て洗練され，発展してきました。今日，私たちの多くは色々なチームのメンバーとなっています。チームは他のチームとも相互作用していますし，チームの構成員は絶えず流動的です。こうした状況は，効果的なチームワークに大きな困難をもたらします。しかし，それでも私たちはいつもチームワークによってうまく仕事をしてきたので，チームワークは組織における理想的な働き方とされています。しかし，チームワークは多くの組織においてあまり発展していません。それは18金ではなく偽物の見かけ倒しであることが多いからなのです。

私たちは，現代組織において，チームでの共同作業をより活気的でやりがいのあるものにしていくという新たな必要性に直面しています。国際市場の圧力に対応するために，現代では，組織は固定したヒエラルキーをもった形態から，より系統的でフレキシブルな形態になってきています。チームは商品を開発・販売し，生産上の問題を解決し，組織戦略を立てています。経営者は参画型やコミットメントの高い組織，あるいは自主経営によるチームワーク，従業員管理組合，そして「ゲインシェアリング」方式（従業員が行ったイノベーションの結果生まれた利益を共有するもの）など色々な形を試みています。これらのイノベーションにおいては，組織の中核的な課題を達成するために，明らかにチームが活用されています。組織の基盤を作っているのは，個人ではなくチームとなりつつあるのです。

チームワークは組織や国境を超えています。多くの工場は，品質を高め，コストを削減し，継続的に進歩し続けるために，業者とチームを作っています。国際的な提携関係は，国際市場に参入するためのやり方として認められています。アメリカと日本の自動車製造会社，あるいはそれ以外の競合企業も，多種多様な協働戦略を発展させてきました。組織も文化も社会も地位も異なる人々が一緒に働くことがますます求められているのです。商業組織から成るチーム

は，より刺激的で有用で急進的なイノベーションを行うために，大学のチームと連携しています（West, Tjosvold and Smith, 2003）。私たちはなぜチームで働くのでしょうか？　簡単にいえば，チームで動くことによってひとりでは不可能なことを成し遂げられるからです。20万年前にサバンナで羚羊を捕まえていたとき，あるいはウェールズのプリセリ山から南イングランドのストーンヘンジへ石を運び，そして運んだ石をあの有名な円形に並べていたとき，精密なチームワークが必要とされました。心臓のバイパス手術には，執刀医，麻酔医，手術看護師，管理者の間の密接な相互作業が必要です。飛行機の旅客はコックピットのチームが彼らを安全に目的地に運んでくれると信じています。小さな集団の中で人々がお互いに頼り合うことなしには達成し得なかった全ての仕事が，チームワークの価値を示しているのです（West, Brodbeck and Richter, 2004）。

　鉱石の採掘をする際に，チームの目標を定めると，より多くの鉱石を採掘できます。仕事の安全性に関する研究では，チームの目標を定めることと訓練を導入することによって，業務を安全に行うことが増えることがわかっています。1977年にウェールズ大学の博士課程を終えたとき，私は奨学金を返済するために，1年間オークダール炭鉱へ働きにいきました。炭鉱におけるチームで働く中で，私は，チームは私たち全員に怪我をする可能性が最小限となるような働き方をさせることで，安全かつ効率的に管理されていることを思い知らされました。木材の収穫に関するある研究では，チームの目標を定めることで産出量がより高まることがわかっています。レストランのサービスでは，スタッフにチームワーキングを取り入れることで，サービスの質，快適感，清潔感に関する利用者の評価が向上しました。保険会社では，チームワーキングの導入後にはじめて24時間対応ができるようになりました。トラックの荷積みと荷下ろしに関しては，チームの目標を導入した後にトラックの往復時間が減少しました（Weldon and Weingart, 1993）。健康管理の研究では，医療専門家が多くの専門分野にわたるチームで協働するときに，患者に対してよりよい治療が施されることが繰り返し示されてきました（Borrill *et al.*, 2000）。病院の中で真のチームワーキングが増えるほど，患者の死亡率が低下することが示されています（例えば，West, 2002 ; West, Markiewicz and Dawson, 2006）。個人よりも協力的な集団で作業をするときに，学生はより熱心に取り組み，自分よりできない他の

メンバーを助け，よく学ぶという証拠もあります（Slavin, 1983）。協働し，持てる資源（知識，能力，経験，時間，お金など）を分かち合うことによってこそ，共通の目標を最も効率的に達成することができるのです。このように，現代の組織においてチームがいかに多様なメリットをもたらすかを考えることで，チームの価値をより深く理解することができます。

なぜチームで働くのか

- チームは「組織戦略の実行」をするためのとても良い方法のひとつです。というのも組織は，急激に変化する組織の環境，戦略，構造の間で一貫性を保つ必要があるからです。組織がチームを基盤とした構造を取り入れれば，組織の意思決定を鈍化させるような扱いづらい階級制はもう必要なくなります。なぜなら，個人よりも，むしろチームが働く単位になるからです。フラットな構造をもつチームを基盤とする組織は，ほとんどの組織が現在直面している目まぐるしい環境の変化に，迅速かつ効率的に対応することができます。
- チームによって，組織は迅速かつ低コストで，**商品やサービスのスピーディな開発と提供**をすることができます。個人がある作業をひとりで連続的に行うともっと時間がかかるところを，チームが同時並行的に，相互依存しながら作業することによって，より素早く，より効率的に働くことができるのです。たとえば，現代のコンピューターゲームの複雑なソフトウェアを作るのに，プログラム全体の主な要素について，さまざまなチームが各々の責任をもって同時並行的に仕事を進めることができます。そして，それぞれの貢献が組み合わさることによって，最終的な製品の迅速な提供が保証されるのです。
- チームは，**組織がより効果的に学習**（し，さらに学習を維持）することを可能にします。チームメンバーがひとりいなくなっても，チームでの学びは失われません。チームワーキングの過程で，チームメンバーはお互いからも学び合うのです。
- 機能横断型のチームは**経営の質の改善**を促します。多様なバックグラウンドをもつチームメンバーは，顧客に製品やサービスをどのように提供するのが

最善かに関する意見や決定に，疑問を唱えます。チームメンバーの多様なものの見方を組み合わせることによって，意思決定がより包括的なものになるのです。たとえば，化粧品を開発するチームでは，マーケティングの専門家は購買傾向の知識に基づいて，製品の見た目について科学者が下した決定に反論することがあります。科学者は，見た目よりも製品の効果に注目しているのかもしれません。製品化の過程やパッケージのしかた，販促方法，価格などに関する他のチームメンバーの視点は，すべてより豊かな成果につながります。多様で適切なプロセスを経ることによって，質の高い意思決定やイノベーションができるのです（van Knippenburg and Schippers, 2007; West, 2002）。

・機能横断型にデザインされたチームは，**根本的な変化**に着手することができます。機能横断型のチームで生まれる視点の幅の広がりによって，疑問をもったり，多様な視点を統合することができます。それによってチームは，基本となる前提を覆すことや，製品やサービス，働き方を改善する根本的な変化に着手することができるのです。私が訪問したある組織は，兵役についている人々だけで軍事戦闘機のチームが構成されていました。その後，効率を飛躍的に向上させる目的に向かって多様な視点を出し合った結果，従事する期間が6カ月から3週間に短縮されました。それまで個人が順々にやっていた活動を，チームで同時に行えるようになれば**時間が節約**されるのです。

・アイデアの肥やしになるような多様な土壌があるので，チームによる組織では**イノベーションが促進**されます。チームの課題に関する多様な知識，技能，能力をもったチームメンバーが集まることによって，それらの視点や知識を共有するプロセスの中で前提に挑戦したり，あるいは新しく改良された方法を探求する余裕をもつことができるのです。ヘルスケアでも，手工業でも，石油やガス，その他いかなる産業においても，チームワーキングはより高度なイノベーションに関係するのです（Sacramento, Chang and West, 2006）。

・機能単位が個人ではなくチームになると，**フラットな組織が協働**し，より効果的なものを志向するようになります。49人のメンバーで目標を定めるよりも，組織の目標に沿って，7人からなる7つのチームで目標を定める方がずっと簡単です。7つのチームを監督するのはひとりのリーダーでできますが，49人の監督をするのには7人以上のリーダーが必要になります。つまり，

チームワーキングを広げると，経営の層がよりコンパクトになるのです。
・組織がどんどん複雑になってきたため，情報処理の必要性も増しています。現代組織の複雑な構造において，情報を効率的に処理するために，チームは個人ではできないようなやり方で，**統合し連携することができる**のです。2つの製品開発チームは，チームが直面している似たような問題に対する技術的な解決策に関する情報を共有することができます。がん治療に取り組むチーム（X線検査チーム，外科チーム，家庭医チーム，緩和ケアチーム，在宅看護チーム）が集結したチームは，協働して治療に当たり，患者とコミュニケーションをすることで最適な医療と支援を保証します。組織の上層部である経営者チームは，機能別のチームや支援チームとコミュニケーションをすることができます。そして，人事や財務，製造，営業の上層部を経由するのではなく，むしろ全体でチームをサポートすることができます。また，マトリクス型の組織では，製造チームは人事や財務や営業からなる支援チームと協働することができます。チームによる組織がより強く繋がり，融合することのポテンシャルは計り知れません。特に，伝統的な組織に対して多大な恩恵をもたらします。ただし，本書で後述するように，このポテンシャルは，チーム内の結びつきが乏しいとうまく引き出されないこともあります。

組織の変化に関する131の研究の結果を総合的に分析してみました。金銭的な報酬や多様な訓練，教育的介入など組織に対する18の介入結果を比較したところ，「財務能力への影響力」が最も高い介入は，チームを成長させるための介入か，あるいは自律的な仕事集団を作ることでした（Macy & Izumi, 1993）。研究の全サンプルを用いて，すべての業績（おそらく最も高い水準の）を検討した結果，自律的な，あるいは半自律的なチームを導入することが企業の業績全体に対して最も大きな効果量をもっていました（$r= 0.20$, $p< .05$; p. 279）。また最近，61の自由研究の分析を行いましたが，その目的は組織におけるチームワーキングが組織の有効性に関連しているのかどうか，もし関連しているのなら，どんな状況で関連するのかを特定することでした（Richter, West and Dawson, 2011）。その結果，チームワーキングと企業の業績とスタッフの態度に，有意な正の相関（相関係数は小さくはありますが）が認められました。また，

補足的に人材管理の尺度を投入したところ，チームワーキングは，業績とより強い関連がありました。同様の結果は 12 の大規模調査と 185 のマネージャー実務のケーススタディについてレビューを行ったアップルバウムとバットの研究（Applebaum and Batt, 1994）でも得られています。著者らは，チームで行われた仕事は**効率と質の両面において企業の業績の改善**につながる，と結論づけています。同様に，コットンのレビュー（Cotton, 1993）でも，自律的なチームを導入した後に生産性の向上が見られた 57 のケーススタディが報告されています。このケーススタディでは，変化がなかったのは 7 例，生産性が低下したのは 5 例でした。また，最近では，調査に基づいた 31 の量的研究について質的なレビューも行われています。そのひとつに，デラルーらのレビュー（Delarue *et al.*, 2008）がありますが，彼らは，チームワーキングはパフォーマンスの成果を評価する**4つの側面**（戦略成果，財務成果，姿勢成果，行動成果）**に対して正の影響をもたらす**と結論づけています。その他多くの調査において，チームで行う仕事は，労働の生産性と質の両方の改善に関係することが指摘されています（たとえば，Mathieu, Gilson and Ruddy, 2006; Paul and Anantharaman, 2003; Procter and Burridge, 2004; Tata and Prasad, 2004）。チームワークが生産性に対してポジティブな影響を及ぼすことは，さまざまな状況において実証されてきました。たとえば，アメリカの製鉄所（Boning, Ichniowski and Shaw, 2001）や，アメリカのアパレル産業（Dunlop and Weil, 1996）や，オーストラリア経済（Glassop, 2002）などです。ドイツ企業に関するツウィックの研究（Zwick, 2004）では，チームワークの導入後に経済価値が上昇することが示唆されました。チームで行う仕事の中核的な目的は，組織の下層にも意思決定を分散化すること（Bacon and Blyton, 2000）であり，自主自営の仕事集団がより階層的でない構造をもち，コントロールの幅がより広がることにあるのです。総じて，これまでの研究では，チームワーキングのマネジメントがうまくいくと組織の業績にもポジティブな影響をもたらすことが指摘されています。

・さまざまな変化の要素が技術や人材管理システム，組織構造において同時に起こり，そしてその段階においてチームワーキングがすでに存在しているか，あるいはチームワーキングが変化の一要素となっているときに，**変化は効果**

的なものとなります。チームの存在は，変化のプロセスにおいて，変化を可能にする要素となるようです。それはおそらく，合意された変化を起こすことについてチームが責任を負うことができるとともに，それを個人が単独で行うよりも効果的かつ持続的に行うことができるからです。
- チームで働くスタッフは高水準の**参加**とコミットをしています。また研究では，チームで働くスタッフは，チームで働かないスタッフに比べて**ストレスが低い**ことも示されています（Richter *et al.*, 2011）。
- チームによる組織の中でアイデアを相互作用させることによって，**創造性とイノベーション**は促進されます（参照，West *et al.*, 2003）。チームが組織の中で他のチームと効果的に協働するとき，より良い仕事を共有したり，多様な視点をよりうまく統合したり，チームや組織の仕事についての全体的な理解がより良く進むようになります。これらの要素を組み合わせることで，業務のしかたをより新しく改良していくための多くのアイデアが生まれます。と同時に，そのアイデアの実現を可能にするチーム内の実践的な協働も生まれるのです。

チームワーキングは上述したこれら全ての理由によって効果的なのですが，チームを導入しさえすれば必ず成功するわけではありません。組織のある部署に「チーム」というラベルを貼るだけでは，チームワーキングを導入することはできないのです。むしろ効率が悪くなったり，イノベーションや満足が生まれなくなってしまうこともあります。チームの相乗効果（これは，チームワーキングによって個人が単独で行う仕事の成果を超える強みです）を達成するためには，チームのメンバーが乗り越え，回避しなければならない高い障壁もあるのです（Brown, 2000）。

効果的なチームワークの障害となるもの

努力の手抜き

1890年代，フランスの農学技術者リンゲルマン（Max Ringelmann）は，個人作業がチーム作業よりも効果的であるかどうかについて調査を行いました。彼

は農学科の生徒に動力計に取り付けたロープを引っ張るよう指示し，その力を測定しました。1人で行った場合，生徒は平均85 kgを引っ張ることができました。リンゲルマンはその後，生徒7人のチームを編成し，できるだけ強くロープを引くように指示しました。7人のチームでは引く力の平均は450 kgでした。チームの場合には，各メンバーはひとりで引っ張った時のたった75％の力しか出していなかったのです（詳細についてはKravitz and Martin, 1986を参照）。

その後の研究では，ヒツジとオオカミをひとつのボートで安全に川を渡して運ぶ方法など，チームで認知的な問題を解決する課題などが扱われました。その結果，チームでは個人よりも時間はかかりましたが，正しい解決法を見つけ出すことについては，個人の時よりもおおむね優れていました。その他にも「20の質問」という課題があります。特定の物が選ばれ，プレーヤーたちはそれが何かを当てるために，20個まで質問することができます。その質問に与えられる回答は「イエス」か「ノー」のみです。20個以内の質問によって正しい回答を得ることについては，チームは個人よりもわずかに優れていました。しかし，時間の使い方は個人よりもはるかに効率的でありませんでした。個人では平均5分で正しい解答にたどり着きました。それに対し2人のチームではのべ時間で7分（つまり，実際は1人は3.5分），4人のチームではのべ時間で12分（実際は1人は3分）でした。2人であろうと4人であろうと，チームで正しい答えにたどり着けるかどうかの見込みに差はありませんでした（Shaw, 1932）。

なぜこのような結果が生じるのでしょうか？　これらは，心理学者が「社会的手抜き」（Rutte, 2003）と呼ぶ現象によって生じるのです。自分の努力が他人と引き合わされる場合には，人は個人で行う場合よりも一生懸命働かないことがあるのです。集団作業であることによって個人がした仕事を特定して評価することが難しい場合，人はより少ない努力しかしないのです。だからといって，「社会的手抜き」をしている人を見つけ出せばいいというわけではありません。個人がタスクの結果に責任を負う場合に比べて，チームでは少ない努力しかしないというのは人間の行動特徴なのです。その課題が本質的に意欲を引き出すようなものではない場合や，チームの結束力が感じられない場合は特にそう

す。

　リンゲルマンの実験は，他の研究者によって追試されています。ある実験では，ロープのいちばん前にいる人物はロープを引っ張るように指示されますが，後ろにいる6人も一緒にロープを引っ張るのだと教えられます。ロープを引く人は目隠しをされるため，実際に何が起こっているのか見ることができません。いくつかのケースでは，後ろの「引っ張る人たち」は，いちばん前の人の後ろでロープを引っ張っているかのようなうなり声をあげ，実際は何もせずに立っているだけでした。7人の集団でロープを引っ張っているのだと信じている場合，彼らは個人の時の75％の力でしか引っ張っていませんでした（Ingham et al., 1974）。別の巧妙な実験では，参加者はひとりでいる，あるいは集団の中にいると言われました。そして，その状況で，できるだけ大声で叫ぶように研究者から指示されました。彼らは目隠しと耳栓によって視界と音を遮断された状態でした。他の人と一緒に叫んでいると信じている時，人はひとりだと信じている時の74％の声しか出しませんでした。この現象は「ただ乗り」と呼ばれることもあります（Latane, Williams and Harkins, 1979）。ただ乗りの問題は，他のチームメンバーにただ乗りが起こっていたことがわかった時に，自分たちが利用されたように感じ，結果として彼らも努力をしなくなってしまうということです。メンバーがチームのためにどの程度努力するかは，チームにおける負荷の平等性に影響されるのです。

　このような難しさはチームで働く人にとって現実的な問題です。「相乗効果」はチームワークの産物であるという思い込み，つまり，個人の合計よりもグループの方がより効率的であるという考えに疑問を投げかけます。このような場合，1＋1＋1＋1＋1は必ずしも5ではありません。多くの場合，1＋1＋1＋1＋1は3，あるいはもっと少ない数字になるかもしれないのです！　スタイナー（Steiner, 1972）は，集団の**潜在的な生産性**と**実際の生産性**，そしてそれらのギャップを分けて取り出すことができれば，グループの効率を理解することができると提案しました。彼の主張によると，ギャップは連携やコミュニケーションの問題などの「**プロセス・ロス**」によって生じます。以下に，チームの生産性を妨げるプロセス・ロスのいくつかを示します。

問題解決と意思決定のまずさ

集団のパフォーマンスの悪さを社会的手抜きによって説明することは，チームが直面する困難のいくつかを説明するのには役に立ちます。しかし，グループの意思決定が説明できないほどにまずくなることがあることの説明はできません。たとえば，マイアーとソレム（Maier and Solem, 1962）はグループに数学の問題を出しました。彼らは意図的に，解答の出しかたを知っている人を入れていくつかグループを作りました。しかし驚くべきことに，それでも多くのグループは正しい答えを出せなかったのです。なぜでしょうか？

集団では賢明な意思決定や問題解決かどうかを多くの人によって評価することができるため，集団は個人よりも妥当で理論的であると考えがちです。しかし，この考え方は集団やチームの意思決定に影響を及ぼす重要な社会的プロセスを見落としています。そのひとつは，チームメンバーは集団において自分よりも階層が上の人たちの意見に迎合する傾向があるということです。たとえば多くのヘルスケアチームのミーティングでは，医師の意見は看護スタッフや受付の人たちの意見よりもずっと大きな影響力をもっています。特にチームリーダーは，その意見が正しいかどうかにかかわらず，意思決定により多くの影響力を持つ傾向があります（Zaccaro, Heinen and Shuffler, 2009）。さらに，集団において支配的な人物は，集団の成果に対して不相応な影響力を発揮できます。陪審員の意思決定に関する研究では，いちばん多く発言する人物が陪審員の評決にもっとも大きな影響力をもっていることが示されています（McGrath, 1984）。

概して，研究では，実験的な状況においては，ある集団による意思決定は平均的なメンバーによる意思決定よりもおおむね優れているが，最も有能なメンバーよりは劣っているということが示唆されています。現実世界の組織では状況がもっと複雑であるため，このような明確な結果を示すことは困難です。しかし，状況はいくらか異なるものの，集団の意思決定における落とし穴は同じなのです。

> **Box 1　野球チームそれともバスケットボールチーム？**
>
> 　メンバー個人の責任範囲がチームワークにとって重要であるということについて，興味深い話があります。アメリカの研究者が，野球チームとバスケットボールチームのシーズン終了時における成績を，チームメンバー個人の能力によって予測しようと試みました。各チームメンバーは，競技における総合能力に対して1から10のスコアを与えられました。それらのスコアを合計し，シーズンにおけるチームの最終的な成績を予測しました。どちらかの競技では，チームメンバー個人の能力評定の合計は，90％の正確さでチームの成績を予測しました。一方，もうひとつのスポーツでは，わずか35％の正確さでしか予測することができませんでした。
> 　**どちらが，どちらのスポーツだと思いますか？**
> 　（この質問に対する解答は，後のページで説明します。）

創造性の低さ

　世界中の何千という組織において毎日，人々はミーティングのために集まり，通常「ブレインストーミング」と呼ばれる，集団によるアイデア創造エクササイズに取り組んでいます。個人と集団でのブレインストーミングを比較した初期の研究では，「統計学的な」グループと「本当の」グループを作って実験しました。統計学的グループは5人（メンバーは実際には一緒に働かず，グループの成績は個人の結果を統計的に加算したものに基づきます）で構成されており，（レンガや紙コップのような）物体の利用法についてアイデアを出すため，各人が別々の部屋で5分の時間を与えられました。彼らの結果は最後にまとめられ，重複するアイデアは取り除かれました。本当のグループは5人で構成されており，お互いに対する批判をすることなく，5分間でなるべく多くのアイデアを出しあいます。統計学的グループは平均68個のアイデアを生み出しました。一方，本当のグループでは，平均でたった37個のアイデアしか生み出

せませんでした（Diehl and Stroebe, 1987）。その後の多くの研究の結果，個人で作業したものを集約する方が，集団で一緒に作業するよりも多くのアイデアを出せるということが確認されました。とはいっても，もしかしたら，集団によって生み出されたアイデアの方が，個人によって生み出されたアイデアよりも質が良いのかもしれません。しかし，研究はこの結論も支持しませんでした。外部評価者による評価によると，たいていの場合，個人が単独で生み出したアイデアの方が品質が良く（つまり，優れたアイデアの数が多い），集団の方が優れた品質のアイデアを生み出すというエビデンスはありません。個人の方が多くのアイデアを生み出し，しかもそのアイデアは，ブレインストーミンググループにおけるものと少なくとも同等のクオリティはあるのです（Paulus *et al.*, 2006）。

　なぜ集団では，ブレインストーミンググループで期待されるような相乗効果を産み出すことができないのでしょうか？　これについては次のように説明できます。人々がブレインストーミングのグループ内で発言している時，他の人たちは発言することができず，アイデアを出すチャンスが減ってしまいます。さらに，発言するチャンスを待つ間はアイデアを保持しておくことに精一杯で，それが他のアイデアを考え出す能力を邪魔してしまうのです。この「プロダクション・ブロッキング」効果の他にも，グループのブレインストーミングにおける問題はいくつかあります。そのうちのひとつは社会的比較プロセスです。人は，必要とされる創造性のレベルを他メンバーの貢献度によって判断するため，比較的ありふれたアイデアが最初に提示されると，後から出されるアイデアもそのようなレベルになってしまう可能性があります。また，特別に創造的なアイデアがグループメンバーから提示された後は，人はどちらかというと平凡なアイデアを提示するのに抵抗を感じるかもしれません。さらに，最初に提示されたアイデアによってグループメンバー全員の思考がそのアイデアの方向へと偏ってしまい，可能性の幅を限定してしまうかもしれません。

　プロダクション・ブロッキングやその他の要素がブレインストーミンググループのパフォーマンスを邪魔するかもしれないという事実があるにもかかわらず，新しいアイデアや実施方法を提案する時にはチーム体制が採られます。それには3つの大きな理由があります。まず，実験的なセッティングではなく

> **野球チームそれともバスケットボールチーム？**
> **結果**
> 　野球チームのパフォーマンスはバッティングとピッチングにおける個人のパフォーマンスに大きく依存するため，野球チームのほうが90％の正確度であると予測することが可能です。バスケットボールはパス，調整，チーム戦略などが成功に関わってきます。個人の責任は野球の方が大きいため，それによってチームのパフォーマンスを予測するのがより容易なのです。

「実際に」チームを作った場合には，チームで仕事をするある特定の領域では価値のある経験ができるからです。たとえば，プライマリーヘルスケアチームには，看護，医療，ソーシャルワークといったバックグラウンドをもつ人々がいます。彼らは一緒になって，チームの審議事項に関するさまざまな経験を持ち寄ります。彼らの幅広い経験をリソースとして利用するためには，チームメンバーがブレインストーミングに参加することが重要です。チームでブレインストーミングをする2つ目の理由は，参加することの重要性です。コミットメントを獲得して抵抗を減らすためには，組織的変化によって影響を受ける人たち全員を変化のプロセスに巻き込むことが不可欠なのです (Heller et al., 1998)。チームが変化のためのアイデアに焦点化する場合には特に，ブレインストーミングチームで働くことがそのプロセスへのコミットメントを高めます。最後に，多くのチームメンバーはチームでのブレインストーミングが単純に楽しいことや，ユーモアや笑いが生まれ，それがまた創造性に拍車がかかると主張しています。実際，ルールが適切に守られている（アイデアの案出とその評価を分ける，グループがアイデアを創造するタスクに焦点化できるようにする，他の人のアイデアを足がかりにする）場合，グループ・ブレインストーミングの生産性は最大で79％も向上しました (Paulus et al., 2006)。

　こういった議論があるにもかかわらず，プロセスの構造を変えることによって，プロダクション・ブロッキング効果を克服できることも研究結果によって明らかにされています。つまりチームで集まる前に，チームメンバー個人が

各々ブレインストーミングを行ってアイデアを出しておくのです。それから，個々のメンバーは，評価と選択を行う前にチームにアイデアを提示する機会をもちます。

これまで，チームになることによって人は努力しなくなることや，意思決定のまずさ，創造性の低さなどについて説明してきました。しかし，チームはそれほど希望のないものに思えるでしょうか？　その答えは，カラウとウィリアムズによる，個人対集団でパフォーマンスを比較した78の研究の分析（Karau and Williams, 1993）に求めることができます。彼らは研究の80％に社会的手抜き効果を見つけましたが，興味深いことに，いくつかの研究では反対の効果も発見されたのです。数少ない研究では，集団の生産性はメンバー個人の能力を基にした予測よりも大きかったのです。この現象は，「社会的手抜き」と対照的に，「社会的労働」と呼ばれています。プロセス・ロスを経験する代わりに，これらの集団では「プロセス・ゲイン」を経験したのです。さらなる研究によって，チームの課題が彼らにとって重要で，チームメンバーが自分にとってその集団が重要であると感じている場合，その集団には社会的労働効果が生まれ，計算によって予測された生産性を超えたものが示されることがわかっています。別の研究では，集団のパフォーマンスに対する評価とチームメンバーの国の文化はいずれも重要な役割を果たすことが示唆されています。

カラウとウィリアムズの分析によって，ほとんどの調査研究では，チームタスクとして，拍手する，叫ぶ，レンガの創造的な使い道を考える，などのつまらない課題が用いられたことが明らかになっています。そこではグループメンバーは協働する必要も，お互いの仕事を足がかりにする必要もないため，真のチームワークはほとんどありません。結果として，参加者の課題に対するモチベーションは低くなると考えられます。メンバー同士の協働やメンバーの貢献を必要とするような複雑な課題なら，チームメンバーのモチベーションは高くなり，プロセス・ゲインが生じます。ある研究では，チームで簡単なクロスワードパズルと複雑なクロスワードパズルを解きました。簡単なパズルでは，メンバー個人がどの程度うまくパズルを作ることができるかという知識に基づいて予測したグループのパフォーマンスと実際の結果との間には，違いはありませんでした。しかし複雑なパズルの場合，グループは予測したパフォーマンス

を確実に超えたのです。別の研究では，チームにおけるパートナーの能力がパフォーマンスにも影響し，プロセス・ゲインを生み出すかもしれないことが示されました。チームメンバーが，（たとえば）ブレインストーミングテストで比較的能力の低いパートナーと仕事をするように言われた場合，彼らは弱いメンバーの分を「埋め合わせ」ようと懸命に働くことが多かったのです。また，能力の違いが大きすぎなければ，能力の劣るメンバーのパフォーマンスは，最もレベルの高いメンバーのパフォーマンス近くにまで向上する可能性があるというエビデンスもあります（Stroebe, Stroebe and Zech, 1996）。教育においては，学習を（グループのゴールに向かって生徒が協力するといった）協働プロセスにした場合，グループにさまざまな能力の生徒を混ぜた方が，全体のパフォーマンスレベルも，能力の劣る個人のパフォーマンスレベルも，ともに向上する可能性があることが示唆されています。

レビューによると，強いアイデンティティをもったグループでは，社会的労働とプロセス・ゲインは日常的に起こっていました。ウォーチェルらが行った実験（Worchel et al., 1998）では，グループはそのグループ単体で，あるいは別のグループもいる場のどちらかの状況で紙のチェーンを作らされました。ウォーチェルたちはまず，グループの生産性を予測するために，課題に参加する個人の能力をチェックしました。半分のグループはグループのアイデンティティ感覚を強めるために，同じ色のコートを着せられ，チームに名前を付けられました。この（強いアイデンティティがある）場合と，競合グループが存在する場合において，予測をはるかに超える生産性があがったのです。

その場限りのグループで実験を行う場合，その結果を即座に現実場面に当てはめることには慎重であるべきです。たとえば，その場限りのグループ（たとえば，集まって問題解決を行うなど）では，最初の，あるいは2つ目の課題トライアル（実験場面では，ひとつか2つの課題トライアルが標準）では，プロセス・ロスが最大に達します。しかし課題のトライアルを続けた場合，プロセス・ロスは大幅に減少するか，あるいは完全に消えてしまうのです（たとえば，Brodbeck and Greitemeyer, 2000）。現実場面では，大多数のグループは課題を繰り返し行います。したがって，その場限りの実験研究で見られたプロセス・ロスは，多くの現実場面では関係がないものとなるのです。

文化の役割もかなり重要です。ほとんどの研究は北米か西ヨーロッパの個人主義的文化において行われています。より集団主義的（個人のゴールよりも集団の目標に向かって頑張る傾向）な東洋の文化では，社会的手抜き効果は低くなります。アーリー（Earley, 1993）は，イスラエル人（集団主義文化）と中国人の幹部候補に職場のシミュレーション的なタスクをグループで行わせました。その結果は西洋の研究で見られる典型的な社会的手抜き現象とは対照的で，彼らはひとりの時よりも集団でいる時の方がより懸命に働いたのです。チームのリーダーシップに関しても，文化が異なればリーダーに求めるものも実に多様でした（Chhokar, Brodbeck and House, 2007）。チーム作業によって生産性は向上するのか損失するのかについては，チームの課題に対するモチベーション，チームにおけるアイデンティティの感覚，そしてその国の文化がかなり影響することは明らかです。

　これまで私たちは，チームワークに関して，チームで仕事をすることは組織的パフォーマンスにとって価値があるという明らかなエビデンスを見てきました。また同時に，努力がなされる領域，意思決定の質，そして創造性に関して，チームは個人の総計よりも成績が悪い（特に実験的研究）場合もあれば，比較的優れている場合もあることを見てきました。本書ではこのパラドックスを説明し，どうすれば私たちがチームワークのメリットを享受し，デメリットを回避することができるかを示したいと思います。まず，「チーム」とは何を意味するのか，チームで何をするのか，効果的なチームをどうやって作るのかを理解しなくてはなりません。今から，これら3つの質問について見ていきましょう。

チームとは何か

・組織内で働く人々の集団（たとえば，プロジェクトグループ，ワークグループ，品質改善チーム）や，その働き方（自己管理，自己責任，自己規制，半自律，自律，自治，エンパワーメントチーム）を表す言葉はたくさんあります。そのため，チームで行う仕事について議論をし，それを実行に移していく際に，組織内で混乱が生じることがあります。それでは，ワークチームと

は何でしょうか？　ワークチームは組織の中に組み込まれた人々からなるグループであり，組織のゴールを達成するためにタスクを遂行します。彼らは全体的な仕事の目標を共有し，その目標を達成するために必要な権限，自律性およびリソースを与えられています。

・彼らの仕事は組織内外の人々に大きな影響を及ぼします。チームメンバーは仕事のパフォーマンスにおいて，お互いにかなり依存しあっています。そのため，チームは彼ら自身でも，そして外部の人たちからもグループとして認識されています。彼らはチームのゴールを達成するために，密接に相互依存し，助け合いながら働かなくてはなりません。彼らは明確に定められた固有の役割を担っています。メンバーの人数が10人を超えることはめったにありません（よく知られているように，チームの成功や失敗を理解するのに，グループのサイズは大きな問題です）。そして，彼らは組織内の他者からもチームと認識されるのです。

このことは，実際のところ何を意味するのでしょうか？　まずはじめに，グループのメンバーは仕事についての目標を共有します。第2に，彼らは真の自律性とコントロールを有しているため，さらに上級のマネジメントに許可を求めなくても，目標をどのように達成するかについて必要な意思決定を行うことができます。彼らには応答責任と説明責任の両方があります。これは通常，予算管理も意味します。共有された目標を達成するために，彼らは相互依存し合い，影響し合わなくてはなりません。彼らは特有の組織的機能をもったワークグループとして，組織的なアイデンティティをもちます（たとえば，プライマリーヘルスケアチームでは，医師，看護師，受付）。最後に，彼らは人数的には多くないので，サブグループなどの縦横の関係から成る内部構造をもつほどの規模の組織ではありません。実際には，チームの人数は15人よりも少なく（理想的には6人から8人より多くならない方がいいでしょう），2人よりも多いのが普通です。

　チームワークの定義として私が最も使えると思うのは，以下のものです。

　　チームとは明確に定義された困難なタスクに取り組む比較的少人数の集団です。そ

のタスクは個人が単独で，あるいは複数の人がそれぞれ単独で取り組むよりも，集団で一緒に取り組んだ場合に最も効率的にやり遂げることができます。メンバーは，タスクから直接的に派生した明確で，共有された，チャレンジングなチームレベルの目標をもっています。彼らは目標を達成するために，密接に，お互いに依存し合って働く必要があります。チームにはメンバーそれぞれの役割（いくつかの役割は重複します）があります。そして，メンバーはチームの目標を達成するために必要な権限，自律性，リソースをもっています（Woods and West, 2010）。

組織の中にはさまざまなタイプのチームが存在します。それらは5つのタイプに分けることができます（Woods and West, 2010）。

・ストラテジーおよびポリシーチーム——たとえば，マネジメント意思決定チーム，教育の質の基準を設定する大学の委員会，車の排気ガスを軽減する方法を国会レベルで決定する政治家たち
・プロダクションチーム——たとえば，携帯電話製造会社の製造組立チーム，アルミ精錬会社の生産過程チーム，蒸溜所の瓶詰めチーム，植物を栽培し売り物として陳列する苗床チーム
・サービスチーム——たとえば，顧客の会社でコピー機の修理をするチーム，病院の放射線検査のチーム，コンピュータ販売会社のアドバイスセンターチーム，プライマリーケアのヘルスケアチーム
・プロジェクトおよび開発チーム——たとえば，研究チーム，新製品開発チーム，ソフトウェア開発チーム，カーボン繊維コーティングシステムにおける欠陥の原因を突き止める問題解決チーム
・アクションおよびパフォーミングチーム——たとえば，外科チーム，交渉チーム，民間航空会社のコックピットクルー，救急隊チーム，消防隊，救命ボートチーム，サッカーチーム，弦楽四重奏団およびロックバンド

これらのチームタイプを差別化する主な次元には，以下のものがあります。

・永続性の程度——プロジェクトチームの持続期間は週単位から年単位までさ

まざまです。スチール加工の新工場のエンジニアリングチームは何年もチームとして活動するかもしれませんが，病院の事故対応チームや救急チームの多くは数時間しか持続しません。
- スキル／能力開発の重視——神経外科のような複雑な手術で働く外科チームは，スキルを継続的に開発していかなければなりません。一方でトップマネジメントチームは，多くの場合（第14章で説明するように，良くないことかもしれませんが）スキル開発はほとんど重視しません。
- 真の自律性および影響力——顧客コールセンターチームには，自律性や影響力がほとんどありませんが，トップマネジメントチームはかなりの指揮権を持っておりパワフルです。
- ルーティン業務から戦略的なものまでの課題のレベル——短距離航空の搭乗員はルーティン業務をするのに対して，多国籍企業のトップマネジメントチームは100億ドルの製造業務をどの国で行うか検討するかもしれません。

これらのチームのタイプからは，チームで行うことによって最も良いパフォーマンスを出せるタスクや個人で行う方がいいタスク，あるいは集団内の個人が連続あるいは並行して行うことで最も良い成果を出せるタスクがあるということが示唆されます。この章で学ぶ第2の目的は，チームで最も良いパフォーマンスを出せるのはどのようなタスクなのかを理解することです。

チームは何をするのか

チームを作るうえで唯一重要なことは，たとえそれが食肉を得るためのヌーの捕獲であれ，心臓病の患者の手術であれ，あるいは丘に大きな丸石を押し上げることであれ，仕事をしてタスクを遂行し，一連の目標を達成することです。チームが果たすべきタスクを明確にすることなく，単にチームを作るようなことは，夕食を作らないでゲストのためにテーブルをセッティングするようなものです。それはまた，組織の機能を損ない，組織内のコンフリクトや慢性的な怒り，そして分裂を強めることにもなるでしょう。

チームが取り組むタスクは，チームで取り組むことによって最もうまく成し

遂げられるタスクであるべきです。超大型タンカーの船体を塗装する時には，塗装工はお互いに依存しあったり，決定事項を超えて密なコミュニケーションを行いながら仕事をする必要はありません。塗装作業に携わる塗装工は，単に自分の担当部分がどこなのかを知っているだけでよいのです。ですが，タンカーを港から外に誘導するには，エンジンの改修をするときと同じようにチームワークが必要になるでしょう。同様に，サッカーやホッケーのチームは，（文字通り）ゴールを達成するために相互に依存しあい，絶えずコミュニケーションを取ってお互いの役割を理解し，団結して戦略を実行しなければならないので，チームと呼ばれるのです。

　個人よりもチームの方がうまく成し遂げられることができるのは，どんなタスクなのでしょうか。次に挙げる要素は，組織においてそのタスクがチームワークに適しているかどうかを検討するために使うことができます。

—**完全性**，つまり，全体的なタスクであること——単に車のタイヤに滑り止めスタッドをつけるだけではなく，タイヤに加えて変速機システム全体を組み立てるようなタスクであること。
—**要求の多様性**——そのタスクには，多くのさまざまな個人がもっている，あるいはさまざまな個人によって発展するような広範なスキルが必要であること。
—**相互依存と相互作用の必要性**——そのタスクには，人々が相互に依存しあう形で協働し，コミュニケーションを行い，情報を共有し，仕事をするためのベストな方法について議論することが必要であること。
—**タスクの重要性**——組織の目標やより広い社会に貢献する際のタスクの重要性。航路が込み合っている沿岸地方の救助艇チームや，危険性の高い産業の安全衛生チームは，自分たちの仕事が重要であるがゆえに内的なモチベーションが高まる。
—**学びの機会**——チームメンバーに，スキルや知識を発展させ，伸ばすような機会を与えるタスクであること。
—**タスクの発展可能性**——そのタスクが，チームメンバーにより多くの挑戦を与えるものに発展していく可能性があること。それに伴い，メンバーは次第

により大きな責任をもち，新しいスキルを習得することを求められるようになる。現場の製造チームは，製品に価格をつけるだけでなく，製造リードタイム（製品の発注から配送までの時間）を通じて顧客との直接のやり取りに責任をもつようになるかもしれない。

―**自律性**――いつ休憩を取るのかという些細なことから，新製品や新しいスタッフの決定にいたるまで，仕事のしかたについてチームがもつ自由度。自律性の問題についてはチームワーキングにうまく導入されていないので，これから精査していくことになるだろう。

チームを作っても，チームが最も効果的な方法でタスクを達成できるように意思決定をする自由や権威をチームに与えないでいることは，自転車の乗り方を教える際に，上等なロードバイクを与えておきながら寝室の中でしか乗ることができない，と伝えるようなものです。しかしながら，多くの組織において，私は確かにこのこと――チームが作られても，意思決定をしてそれを実行し，革新的な変化を引き起こすような権限がチームに与えられない状態――を見ています。さらにいえば，組織のヒエラルキーの層の数もほとんど変わっていないのです。その結果，期待に応えることができません。そして，お互いにいかにサポーティブでいられるか，という意味で居心地のいいチームではあっても，チームメンバーはチームワークという概念に対する信頼は失ってしまうのです。チームの自律性の程度は，チームが以下のことに対してどのくらい影響力をもっているかに見ることができます。

・ゴールの定式化――生産には何がどれだけ必要か
・どこでどれだけの時間働くのか（いつ超過勤務をして，いつ帰るのか）
・与えられたタスク以上の活動についての選択
・生産方法の選択
・チーム内での責任の配分
・チームのメンバーシップ（チームでは誰が，何人働くのか）
・個人のタスクをどのように遂行するか

難破船に乗った人々を救助するという責任を負っている救助艇のチームは，各要素（完全性，要求の多様性，相互依存の必要性，タスクの重要性，学びの機会，タスクの発展性，自律性）をとても高く評価する傾向があります。一方で，郵便サービスにおいて，宛名が間違っている封筒に正しい郵便番号を押すという責任をもつ人々の集団は，各要素をとても低く評価する傾向があります。

どのようにして効果的なチームをつくるのか

チームは，これまでに挙げられた社会的手抜きや意思決定のまずさ，タスクの不適切さといった問題のいくつかをどのようにして乗り越えることができるのでしょうか。

サラス（Salas *et al.*, 2009）は，チームワークにおける5つの中核的な要素を以下のように提案しています。（1）**リーダーシップ**——チームがタスクを達成するうえで役に立つ情報の検索と構造化，問題解決のための情報利用，チームメンバーのマネジメント，資源（たとえばIT）のマネジメント，を総括します。ある特定のタスクをチームがうまく成し遂げるためには，その知識やスキル，能力をもっている人が誰かにもよりますが，リーダーシップの機能がメンバーに移行することもあります。その際には，リーダーシップはチーム内でシェアされることもあるでしょう。（2）**順応性**——環境面での変化や何らかのきっかけに応じて，パフォーマンスのプロセスをそれに適応させていくチームの能力のことです。（3）チームワークがうまくいくことを保証するために，チームのメンバー間での**相互のパフォーマンスをモニタリング**します。（4）**「バックアップ行動」**——仕事の負荷に問題があるときにはチームメンバーはお互いに支え合います。（5）**チームの方向性**——プレッシャーやストレス下であっても効果的なチームワークを維持するという，チームの頑健性に関連します。

これらの要素は，以下の3つの協働メカニズムによって促進されます。（1）**メンタルモデルの共有**——チームの仕事やプロセス，まわりの環境についての知識体系や説明がチーム内において（範囲の程度こそあれ）共有され周知されていることで，チームは調和して働くことができます。（2）**閉じられた円環**

的コミュニケーション——あるチームメンバーから送られたメッセージを他のメンバーが受け取り，さらに，メッセージが適切に受け取られ，解釈されたことを送り手が確認します。（3）相互の信頼——チームメンバーがお互いの言動を信頼することができて，お互いに努力しながら支えあっているときに生じます。

　この分析は，効果的なチームをつくる際には，明確で効果的なリーダーシップをもつこと，チームの環境をよく見て順応することを奨励すること，個人のパフォーマンスに対するモニタリングとフィードバックを行うこと，お互いをバックアップすること，タスクやそれぞれの役割や環境に対する共通理解を促進すること，効率的で徹底されたコミュニケーションをとること，全メンバーがサポーティブであることによって信頼感を形成することを，はっきりと推奨しています。

　さらに以下に示す一連のガイドラインは，チームが成し遂げるタスクやフィードバックの管理のしかたに焦点をあてています（Cohen and Bailey, 1997; Guzzo, 1996 を参照）。

チームのタスクは本質的に興味深いものであるべきである

　成し遂げるよう求められたタスクが本質的に興味深く，やる気を引き起こさせ，やりがいがあって楽しめるものであれば，人々は一生懸命働くでしょう。同じナットを同じボルトにはめる作業を何時間も何日間もするよう求められるようなところでは，人々はやる気も起きず，仕事にコミットしようとも思わないでしょう。チームが本質的に興味深いタスクを担っていれば，そこには概して高いコミットメントや高いモチベーション，そしてより協働する仕事が生まれるのです。そのため，チームの目的やタスクについては，とても注意深くデザインする必要があります（第3章を参照）。

個人が，自分たちはチームの運命にとって重要であると感じるべきである

　社会的手抜き効果は，人が自分たちのチームへの貢献がなくてもよいものであると思っているときに最も起こりやすくなります。たとえば，プライマリーヘルスケアのチームと一緒に働いているとき，私と同僚は，看護師や受付係の

中には自分たちの仕事が高く評価されないと感じている人がいることに気付きました。個人が自分の仕事をチームの運命にとって重要であると感じられるようになるひとつの方法として，**役割の明確化と交渉**というテクニックを用いることができます。これらについては，第8章でより詳しく説明します。チームや個人の目標を確認することに加え，チームメンバーそれぞれの役割を注意深く吟味することによって，チーム全体の成功にとって自身の仕事が重要であることをチームメンバーは実感し，また，そのことを他のメンバーに示すことができるのです。

個人が行うタスクは本質的に興味深いものであるべきである

個人のタスクは，有意義でやりがいが感じられるようなものであるべきです。チームにとって本質的に興味深いタスクを担うことが重要であるのと同様に，個人が遂行しているタスクが魅力的でやりがいのあるものであれば，人はもっと一生懸命働くでしょうし，仕事にもっとコミットし，創造的にもなれるでしょう。たとえば，チームミーティングに参加してチームのプロセスを観察している研究者は，質問紙票のデータをコンピュータに打ち込むことを求められる研究者に比べて，もっとやる気が出るでしょうし，タスクに対してもより創造的に関わります。

個人の貢献は必要不可欠なものであり評価されるべきである

自身の仕事がチーム全体のパフォーマンスにとって必要不可欠なものであると認識している場合に，「社会的手抜き」がかなり低減されることが研究で示されています。さらに重要なのは，個人の仕事が評価されるべき対象であるということです。自分たちの仕事が必要不可欠であるだけでなく，自身のパフォーマンスがチームの他のメンバーから**見られている**と感じられなくてはなりません。研究室の中では，チームメンバーは自分たちのパフォーマンスとしての製品がチームの他のメンバーによって見られることがわかっているので，通常，個人のパフォーマンスを達成する程度には努力をし続けようとするでしょう。たとえば，チーム全体の声の大きさに対する個人の貢献を評価するために各チームメンバーの声を測定します，と伝えられれば，古典的な社会的手抜き効果

は起きません。私たちは，医師のパフォーマンスを以下のように測ることができます。診察した患者の数，患者との臨床的なやり取りの質，一般開業医に対する患者の満足度，実施した訪問医療の数，訪問医療における臨床的なやり取りの質，処方状況，他のチームメンバーとのコミュニケーションの量と質。

パフォーマンスのフィードバックを伴った明確なチームのゴールがあるべきである

　個人にとって，明確なゴールをもち，パフォーマンスについてフィードバックをもらうことが重要であるのと同じ理由で，チーム全体にとってもパフォーマンスのフィードバックを伴った明確なゴールをもつことはとても重要です。達成すべき目標がはっきりすると，パフォーマンスは向上する（Locke and Latham, 1990）ということは，研究において一貫して証明されています。しかしながら，パフォーマンスに対する正確なフィードバックを得ることができれば，ゴールはチームパフォーマンスの動機づけの機能をもつにすぎなくなります。たとえばITサポートチームのケースでは，次に示す項目の全て，あるいはそのいくつかについて，少なくとも年に1回はパフォーマンスのフィードバックがなされるべきです。

・得られたサポートの質に対する顧客の満足度
・顧客のケアを改善するためにチームが導入したイノベーションや変革の有効性
・チーム内で与えられた技術的サポートの質
・チームの雰囲気と，チームメンバーが一緒に働くことを良いと感じている程度
・販売，研究・開発，財務，人事といった他部門との関係の質
・財務面での業績と生産性
・顧客の待ち時間を短縮するためのチームの効率
・サポートやガイダンスへの顧客のアクセスの改善

　チームのパフォーマンスを測る指標が正確であればあるほど，チームはパフ

ォーマンスを改善し，社会的手抜き効果を抑えることができます。

Exercise 2 チームのパフォーマンスの有効性を測定する

1．あなたがチームで仕事をする上で，利害関係のあるチームや重要な人物を思い描いてみましょう。たとえば以下のような人々が含まれるかもしれません。
　・経営者
　・顧客
　・サービスの受け手
　・組織内の他のチーム／部門
　・他の組織のチーム／部門
　・一般大衆
　・あなた自身やチームの同僚

2．各々の利害関係者（ステークホルダー）が，あなたのチームの有効性を評価するために用いる可能性のある基準を考えてみましょう。上記の1で挙げた人々の場合には，以下のような基準が含まれるかもしれません。
　・組織の目標を達成しているか
　・時間通りに良質な製品を提供し，良いアフターサービスをしているか
　・有益でタイムリーかつ良いサービスを，思いやりをもって提供しているか
　・有益な情報を提供しているか
　・効果的に協働しているか
　・倫理的に適ったやり方で，社会にとって価値のある製品やサービスを生み出しているか
　・質の高い職業生活を送り，成長や発達の感覚をもっているか
（これらの基準はあなたのチームではもっと細かいものになるかもしれ

ませんし，ステークホルダー各々がおそらく他にもたくさんの基準をもっていることでしょう。）

3．各基準について，1（全く重要でない）から7（非常に重要である）までの7段階で評定しましょう。できれば，他のチームメンバーにも同じことをしてもらいましょう。どこが一致していて，どこが違っているのかを知るのに役立つかもしれません。

4．各基準について，あなたが感じているチームの達成度を，基準ごとに1（全く効果的でない）から7（非常に効果的である）までの7段階で評定しましょう。ここでも，できれば，同僚にも同じことをしてもらいましょう。このエクササイズをすることで，チームが各領域においてどの程度達成しているとあなたは感じているかについて，単純ながらも明確な指標が得られるでしょう。「有効性」の得点と「重要性」の得点との差を見ることで，早急にパフォーマンスを改善する必要性の高い活動領域はどこかについて，良い指標が得られるでしょう。最も良い方法は，ステークホルダー自身に，チームのパフォーマンスの重要性と有効性を彼らの基準で評定してもらうことです。

結　論

　チームの有効性は，パフォーマンスを抑制または改善しうる，多くの心理的要因によって左右されます。

・社会的手抜きやヒエラルキーの効果，あるいはパーソナリティの違いといった複雑なプロセスによって，チームのパフォーマンスはきわめて抑制されることがある。
・組織の中では，チームが集められて，効果的に機能させようとすることもないまま，チームとして機能せよといわれることになりがちである。

・チームマネジメントにおいて最も重要なのは，チームの目標や個々の役割／目標を明確にして，明瞭なリーダーシップを保証することである。
・同時に，チームの有効性を促進するためには，チームのパフォーマンスに対して，定期的に明瞭で正確なフィードバックがなされなくてはならない。

チームのパフォーマンスは複雑であり，チームが最善の機能を果たすためには，チームプロセスについての科学的かつ実用的な理解に基づいた実践的なガイドラインが必要となります。これらのガイドラインは，以降の章に載せてあります。

ケーススタディ

リクショー先生のスチューデント・サクセス・クラスの学生たちは，自分たちで選んだトピックについて30分のチームプレゼンテーションを求められます。リクショー先生は，学生をランダムにチームに割り振ります。学生たちは，授業時間の2時間を含めて，リサーチと準備のために約4週間を与えられます。成績は，チームメンバーによる仲間の評価と合わせて，インストラクターによるプレゼンテーションの評価に基づいて与えられます。

ジェーン，ロバート，ダニィ，シャロン，リズは，チーム3に割り振られました。最初のチームミーティングでは自己紹介をしてトピックを決めはじめました。45分経っても，彼らはトピックを決定するのにまだ苦労していました。彼らは最終的に，資産運用管理を取り上げることに決めました。インストラクターが，他のチームがすでにそのトピックを選んでいて，コンフリクト管理がまだ残っているという情報を与えたにもかかわらずです。授業時間の最後の15分になって，ロバートはコンフリクトについてのロールプレイをするべきだとグループを説得しようとしました。シャロンはリサーチによってより詳細な情報を提供するようなプレゼンテーションがしたいと思っていました。ジェーンはロールプレイのアイデアに刺激されて，ロールプレイのビデオを用いたプレ

ゼンテーションを提案しました。ダニィはトピックが決まるまでの間しばらく寝ていて，リズはチームメイトの議論を静かに座って聞いていました。授業が終わる頃になっても，仕事の分担は何ひとつ決まっておらず，次の月曜日の4時15分にスタディ・エリアで会うということだけ合意しました。

　当日，ダニィが来るのを4時30分まで待って，チームは彼なしで始めることにしました。ジェーンは子どもを5時までに保育所へ迎えに行かなくてはならないので，あと20分で出なければいけないと言いました。ロバートは台本を書きはじめる準備をしていましたが，シャロンは，台本は情報さえ得られれば書けると考えているので，プレゼンテーションの内容についての議論と調査の割り振りをしたがりました。リズは静かに聞いているだけでした。議論は続き，決定にいたる前にジェーンは出なくてはなりませんでした。次のミーティングは翌週の授業時間に行われることになりました。

　次のミーティング前，ロバートはロールプレイをするには時間がかかる，一緒に台本の下書きを作ろうとジェーンを説得し，寸劇を面白く愉快なものにしようと一生懸命に働いていました。ロバートはダニィに会って，ミーティングに参加しないと何の役割も得られない，と忠告しました。その間に，シャロンは図書館から6冊の本を借りて，インターネットで4つの記事を探して印刷しました。彼女はコンフリクト管理のさまざまな側面を詳しく述べるというアウトラインを準備していました。リズは企画全体の中での自分の役割がどうなるかについて心配しているだけでした。

　授業内のミーティングにはチームメンバー全員が出席しました。ロバートは，ジェーンと自分で寸劇をすることを決め，すでに台本ができていることをグループに知らせました。そして，彼はチームメイトに役を割り振りはじめました。シャロンは激怒して，台本の内容は不十分であると主張して，自分の考えたアウトラインに沿って台本を書き直すよう要求しました。ロバートは退屈なプレゼンテーションなら，何も役割は要らないと言いました。

ダニィはその後のチームミーティングに現れませんでした。リズは劇の中で小さな役を担うということに同意しました。ジェーンは小道具と衣装を集めることを約束しました。シャロンは情報を提供するようなプレゼンテーションの準備をすることを断固として主張しました。彼女はロールプレイにこれを結びつけるつもりでしたが，ロバートは台本を変えることに同意しようとしませんでした。彼らは，プレゼンテーションの日である10月16日の午前中の数学の時間に，ロールプレイの練習を計画しました。

　10月16日の朝，ダニィは学校に来ず，リズは小道具を持ってくるのを忘れました。結局，練習は議論をするだけで終わってしまいました。ダニィはスチューデント・サクセスの授業が始まる直前になって現れ，「今日だって？！」と言いました。リズはとても緊張していて，かなり気分が悪くなっていました。彼女は自分の役割をこなせるとは思えませんでした。プレゼンテーションは，シャロンが長いイントロダクションを読むところから始まり，寸劇が始まりました。寸劇は5分間でした。全体のプレゼンテーションは他のクラスメンバーを混乱させたまま進み，30分の持ち時間にもかかわらず，12分しか使いませんでした。

（出典，http://www.oncourseworkshop.com/interdependence001.htm（最終アクセス　2011年8月1日））

　何がうまくいっていなかったのでしょうか，そして，こうなることを防ぐためにどうすることができたでしょうか。

復習のポイント

・チームで働くことの主なメリットは何でしょうか。
・チームで働くことの主なデメリットは何でしょうか。
・チームの特徴はどう定義されるでしょうか。
・組織内のチームのタイプを説明してみましょう。
・それらはどう違うでしょうか。
・どのような種類のタスクがチームにふさわしいもので，ふさわしくないものはどのようなものでしょうか。
・私たちはどうすれば効果的なチームをつくることができるのでしょうか。

より学ぶための文献

De Cremer, D., van Dick, R. and Murnighan, K. K. (2011) *Social Psychology and Organizations*, Routledge, London.

Kozlowski, S.W. J. and Ilgen, D. R. (2006) Enhancing the effectiveness of work groups and teams. *Psychological Science in the Public Interest*, 7, 77-124.

Mathieu, J., Maynard, M. T., Rapp, T. and Gilson, L. (2008) Team effectiveness 1997-2007: A review of recent advancements and a glimpse into the future. *Journal of Management*, 34, 410-476.

Paulus, P. B., Nakui, T. and Putnam, V. L. (2006) Group brainstorming and teamwork: Some rules for the road to innovation, in *Creativity and Innovation in Organizational Teams* (eds L. Thompson and H. S. Choi), Lawrence Erlbaum, Mahwah, NJ, pp. 69-86.

van Knippenburg, D. and Schippers, M.C. (2007) Work group diversity. *Annual Review of Psychology*, 58, 515-541.

West, M. A., Tjosvold, D. and Smith, K. G. (eds.) (2003) *The International Handbook of Organizational Teamwork and Cooperation*, John Wiley & Sons, Ltd., Chichester.

ウェブサイト

・チームづくりのための12のこと。How to Build Successful Work Teams, at http://human-resources.about.com/od/involvementteams/a/twelve_tip_team.htm (last accessed 1 August 2011).

・http://www.nwlink.com/~donclark/leader/leadtem.html（last accessed 1 August 2011）．ここでは，チームとチームの発達の要素についての図式的情報が得られる

第2部

チームを作る

　第2部では，チームを作るプロセス，チームを効果的にリードするプロセス，チームで効果的に仕事ができるように訓練するプロセスについて見ていきます。第3章では，チームにはだれが含まれるべきかという問題を探り，まずはチームワークとはチームタスクに関するものであるという前提からスタートします。チームタスクは，成功にむけて人々の努力やスキルを組織化するために，人々が協働するグループを必要とします。それはつまり，そのタスクを完遂するために最も必要なスキルを明確にすることを意味します。その後，パーソナリティが混在していることがチームパフォーマンスにいかなる影響を及ぼすのか，また，ジェンダーや年齢の多様性，そして機能的な背景の多様性（エンジニア，科学，マネージャー），そして文化の多様性が，チームプロセスやチームパフォーマンスにいかに影響するかについて検討します。この章では，人々が入り混じることによって対立や失敗が起こるのではなく，どうしたら革新的で効果的にしていけるかについて説明します。

　第4章では，チームのリーダーの主な役割について見ていきます。その際，方向性を示す，チームパフォーマンスをマネージする，成功に向けてメンバーをコーチングするというリーダーの3つの関連するタスクを区別します。チームリーダーにとってのいくつかの罠が明らかにされるとともに，優れたチームリーダーになるための実践的なガイダンスが提示されます。

　第5章では，チームトレーニングの問題について考えるとともに，チームを成功に導くためにどのような介入ができるかについて考えます。多くのチームトレーニングによる介入の効果には限界があることを示すことで，

実践とエビデンスの間にはギャップがあることを述べていきます。よく練られたチームトレーニングはチームパフォーマンスの改善につながります。また，この章ではチームの成功につながるようなトレーニングを提供するために必要なものは何かについて説明します。

3章
チームを作る

私は，一日に何度も，私自身の内的あるいは外的な生活のいかに多くが，現在そして過去の人類の労苦の上に築きあげられているかに気付くのです。そして，私がこれまで受けてきたのと同じだけのものをお返しするために，いかに一生懸命努力しなくてはならないかに気付くのです。　　　　　　　　　　　（アルベルト・アインシュタイン）

> **学習のポイント**
> - チームを作る際には，タスクに関連したスキルに焦点をあてることが重要
> - チームメンバーの能力はチームのパフォーマンスのよい目安となる
> - 性格や属性を機能的に混在させることと，チームワークのプロセスと結果との複雑な関係
> - チーム内で働くためのスキルと，それがいかにチームのプロセスとパフォーマンスに作用するか
> - チームにおける多様性からメリットを得る方法

素晴らしいチームでプレイをする時は，個々の選手がいかにうまくプレイするかが問題なのではありません。あなたがいかにうまく一緒にプレイをし，お互いのスタイルや動きを理解するかが大切なのです。それがお互いを生かす直観的な方法なのです。

チームの中には驚くべき才能があります。しかし，どんなに個々人が素晴らしくても，何らかの理由でその才能を引き出せないことがあります。おそらくチームの中にプリマドンナが多すぎるのだと思います。

それは魔法の調合を発見したような感じです。それはスキルや経験をブレンドしたものであり，成長，エネルギー，決断力，創造性が組み合わさっています。それはまるでバレエ団のようです。見るも美しい！

　これらのスポーツチームの選手の言葉からの引用は，仕事のチームのメンバーからもよく出てくるものです。また，それらは，私たちがチームをいかに作るかについて，注意深く考えなければならないことを示しています。しばしば，チームメンバーはチームに新たにリクルートされてきます。それは，そのメンバーが同じ場所や同じ部署で働いているから，あるいはチームリーダーがその人を働き者だと思っていたり，その人のことを良いと思っているといった理由からです。しかし，これらはチームで働く人を選ぶための主たる理由にすべきものではありません。もちろん，チームのメンバーとして一生懸命働いてくれそうな人や大学生を探すというのは賢明なことです。しかし，チームがどうして存在するのかを考えてみてください。タスクがあるからです。そしてそのタスクを成し遂げるためにはお互いに頼りあって，一緒に作業をしていくグループが必要となるのです。大きな岩を丘に押し上げるというタスクをイメージしてみてください。個々がひとりで作業してもうまくいきません。そのためにはグループが必要なのです。グループの一人ひとりの努力を調整して，それを成功するために正しい方向に押し出していく必要があるのです。このチームの人選をするにあたって，私たちは適切な能力やスキル——優れた体力，スタミナ，調整能力をもつ人を求めます。もし，そのタスクが救命ボートを走らせることなら，チームリーダーは，誘導のスキル，舵手のスキル，応急処置のスキル，機械のスキルをもつメンバーを探すでしょう。そして，おそらく誰もが，ボートの上で仕事をしたことがあるという経験を求めるでしょう。メーカーのトップマネジメントチームにおいて，役員は製品，人材管理，財政，R＆D（研究開発），マーケティングのマネージャーとして指名すべき人を探しますが，その際には，各々の領域で優れたスキルをもつ人を任命しようとするでしょう。

　チームを作るためのポイントは，チームによってしか成し得ないタスクを得ることです。したがって，最初のステップはタスクを特定し，そのタスクを遂行するのに必要なスキルを特定することです。もし，最初の段階で，タスクの

特定と明確化，そしてチームスキルの必要性がはっきりしていないのなら，チームは成功しそうにありません。ですが，チームを立ち上げる際に，これらのガイドラインに従うチームリーダーはほとんどいません。マシューとシュルツェは，タスクに関して高度な知識をもつチームは，他のチームよりもよりうまく業務をこなし，より効果的に作業計画を立てることを示しています（Mathieu and Schulze, 2006）。

　コンサルタント会社はチームメンバー個人の性格についてチームリーダーに助言することによってお金を儲けます。しかし，私たちは，彼らの仕事やサービスの価値を保証するエビデンスはほとんどないと思っています。それでも，メンバーの候補者がチームの一員として効果的に働くために必要な性格特性をどの程度もっているかを考慮すべき，ということはもっともなことです。しかし，すべての人がチームワークに適しているわけではありません。そのため，チームメンバーを募集する際には個人の性格や好みが考慮されるのかもしれません。あらゆる複雑な行動に関係するようなスキルがあるように，チームで働くためにも特有のスキルがあります。その候補者はチームで働くためのスキルをもっていますか？　そして，そのスキルをうまく使えますか？　さきの3つめの引用文は，私たちはチームにおいて人々が混ぜ合わさることについて考える必要があることを示しています。もし，ある問題に一緒に取り組む際に，有能で創造的だけれども，感情の起伏の激しい個人主義者から成るチームがあったとしたら，そのチームはおそらく失敗するでしょう。また，もしそのチームが支配的なリーダーによって作られているとしたら，チームの主たる成果は反感になってしまうでしょう。

　ワークチームの文脈を考えると，多様性を考慮する必要が出てきます。多様性には，価値観，スキル，社会的地位，経歴，教育（多様な文化の世界ではとても重要となる），社会的文化といったよりわかりにくいものと，性や年齢のような目に見えてわかりやすい属性も含まれます。冒頭の引用の3番目の人が言っていた「魔法の調合」をどのように判断しますか？　そして，チームにおける多様性はよいことでしょうか？　また，多様性によって生じる避けがたいプロセス・ロスを避けようとするべきでしょうか？　私たちはこの章でこれらの問いについて説明していきます。

58　第 2 部：チームを作る

　最初に取り組む問題は，いかにして適切なチームメンバーを適切な調合で選ぶか，ということです。本章ではこれから，この 2 つの問いについて述べていきます。まずは能力から始めて，それからパーソナリティ，チームワークのスキル，スキルの多様性，そして最後に属性の多様性を見ていきます。これらを見た最後には，驚くべき発見があることでしょう。

パーソナリティと能力

　個人の仕事について，全般的なメンタルな能力はその仕事のパフォーマンスの最もよい目安のひとつです（Schmidt and Hunter, 1998）。当然のことながら，チームメンバーの全般的能力はチームのパフォーマンスを予測します。これは，軍隊の隊員を対象としたある研究によって示されています（Tziner and Eden, 1985）。この研究では，他のメンバー全員も高い能力をもっている時，高い能力の人がパフォーマンスに対して高い貢献を示しました。前の章で，学習のタスクで，能力が混合したチームは能力が高いチームよりもパフォーマンスが高いことを示した研究を紹介しました。とはいえ，特に慣れないタスクの場合には，能力の高いメンバーで構成されたチームは，彼らの能力の合計から予測されるより，パフォーマンスが高くなるであろうことはおおむね明らかなことです（Devine and Philips, 2001）。特に重要なのは，認知能力の平均レベルが高いチームでは，チームでの学びをより良いものにするために，チームの仕事量を均等に割り当てるべきであるということです（Ellis *et al.*, 2003）。

　パーソナリティとは何でしょうか？　パーソナリティの「ビックファイブ」モデル（Barrick and Mount, 1991）は，頑健な(ロバスト)パーソナリティモデルです。このモデルは，私たちがチームにおけるパーソナリティの混合とチームのパフォーマンスの結果を分析するために使えます。このモデルは，パーソナリティの 5 つの次元について説明しています。

　　O　経験への開放性（openness）——新しい考え，経験，想像力
　　C　誠実性（conscientiousness）——適性，秩序，自己統制
　　E　外向性（extraversion）——ポジティブ感情，社交性，思いやり

A 協調性（agreeableness）——信頼できる，正直さ，優しい気質をもつ
N 情緒安定性（neuroticism）——不安，自己意識，傷つきやすさ

　研究では高いレベルの誠実性，外向性，開放性，協調性をもつメンバーで構成されたチームのパフォーマンスが最も高いことが示されています（Bell, 2007）。パーソナリティの次元が効果的なチームワークに関係することは驚くべきことではありません。ここで強調すべきことは，重要とされる特定の次元は，タスクのタイプによるという発見です（Griffith and Steelman, 2004）。チームの成功に対する個人の貢献がわかりやすく，そしてそれが報われるような相互依存的なチームでは，よく働き，信頼できるチームメンバーが最も成功します（Mount, Barrick and Stewart, 1998）。誠実な人は仕事の分担を遂行するうえで頼りになるので，他のチームメンバーは誠実な人を貴重なチームメンバーとみなします。誠実性はチームでは重要です。というのも，チームでは階層的なコントロールは減らして，自己管理能力を求めるからです（Barrick et al., 1998）。組織において，チームをベースとした報酬が適用される（報酬がチーム全体のパフォーマンスに基づく）場合には，自己管理能力は特に重要です。なぜなら，チームメンバーの給料は，すべてのチームメンバーそれぞれのパフォーマンスの成功によるからです。特に，生産性や計画立案というタスクにおいて，誠実なチームメンバーから成るチームは高いレベルのパフォーマンスをあげます。
　一方，高いレベルの外向性をもつチームは，計画立案やパフォーマンスのタスクよりも，意思決定するというタスクにおいてより良いチームです。なぜなら，彼らの優しさや楽観主義は，他の人たちに対して彼らの決定を受け入れるように説得する際に役に立つからです。創造的な決定やイノベーションを必要とするチームにとっては，誠実性や外向性よりも開放性が最も重要なのです。創造的なパフォーマンスを求めるチームでは開放性は重要な性格です。
　ビジネスで人気のある，チームワークにおけるパーソナリティの混合モデルはたくさんあります。したがって，これらのモデルを精査するために，彼らがテストでどう評価されるかを研究のエビデンスに基づいて精査してみるとよいでしょう。たとえば，ある団体は，「マイヤー・ブリッグスのタイプ指標（Myer-Briggs Type Indicator）」という認知スタイルのアセスメント用の質問

紙を使って，メンバーの認知スタイルからチームにおける適合性を見ようとします（Myers and McCaulley, 1985）。広く使われているこの尺度は，外向性－内向性，感覚－直観，思考－感情，判断－知覚という4つの次元を説明しています。最初の基準は，人のエネルギー表出の源と方向を定義します。外向性は主に外界にエネルギー表出の源と方向をもつのに対して，内向性は，主に内界にエネルギーの源をもちます（external の E あるいは internal の I）。2つ目の基準は，人の情報知覚の方法を定義します（S と N）。感覚型の人は，主に外界から直接受け取った情報を信じるのに対して，直感型の人は，主に内界あるいは想像の世界から受け取った情報を信じます（sensing の S に対して intuition の N）。3つめの基準は人がどのように情報を処理するかを定義します。思考型の人は主に論理に基づいて決定しますが，感情型の人は感情に基づいた決定をします（T か F）。4つ目の基準は処理した情報をどのように実行するかを定義します。判断型の人は彼らのライフイベントを整理して計画にそって厳密に行動しますが，知覚する人は代案を即興で作り，探そうとします（J か P）。次元の異なる組み合わせは，それぞれの人を16タイプの中のひとつのタイプとして説明します。そのため，人々はしばしば他のチームメンバーに対して，自分自身を INFJ だとか（私の場合には）ENFP だなどとみなします。人をどれかのタイプに分類することには，よほど極端な場合を除いて実証性はありません。そのため，こういったアプローチにはたいていいくらか問題があります。たとえば，私は T と F の両方が同じ得点ですが，F として分類されます。そして，人は違った状況では違ったふるまいをするというのが現実です。したがって，この方法で，パーソナリティを単純化することは，すでに包括的で単純な概念にしてしまっているものをさらに単純化するので，潜在的には意味がなくなってしまいます。もちろん，このアプローチは，私たちの理解をまさに単純化してくれるので人気があります。チームでは，これらのタイプの組み合わせに基づいて，実に多くのものが作られています。そのため，理想の組み合わせを得るための技術を売るコンサルタント活動の中にはうまくいっているものもあります。しかし，今のところ，マイヤー・ブリッグスのタイプ指標の適合性と，チームのパフォーマンス間の関係性を示すために使える厳密な研究のエビデンスに，説得力のあるものはありません。

シュッツ（Schutz, 1967）の基本的な対人関係志向（FIRO）の理論は，チームメンバー個人の特質がどのようにチームのパフォーマンスに影響するかを説明しようとしたものです。シュッツは，グループの相互作用に現れる，人間の基本的な欲求を3つ見いだしました。それは，包括，統制，愛情です。この理論は，各々の欲求をお互いに適合的に組み合わせた人で構成されたグループ（たとえば強い統制をする人と強い統制をされる人）は，各々のニーズが互いに適合しない人々で構成されたグループよりもより効果的であることを示しました。適合的なグループは，統制，包括，愛情の与え手と受け手のバランスが保たれています。適合的でないグループでは，たとえば，あるメンバーは他のメンバーが与えうる愛情よりももっと多くの愛情を求めるかもしれません。統制と愛情の次元における適合性によって，研究所のマネージャー業務のタスクを完遂するのにかかる時間が予測できることを示した研究もありますが，一方で適合性とグループのパフォーマンスには関係がないことを示した研究もたくさんあります（例えば，Hill, 1982）。実際に，ヒルはシステム分析者のチームでは，FIRO-B（「人間の基本的な対人関係志向の尺度」）における適合性のなさがより高い生産性と関連があることを明らかにしているのです（Hill, 1982）！おそらく，この研究が明らかにしていることは，どうしてもその仕事をチームで成し遂げなくてはならない時には，その人の個人の適合性があるかどうかという問題を超えるということなのです。また，私たちが仕事を終わらせなくてはならないような時には（小児病院の救急病棟で働く場合など），私たちはそれぞれの違いに適応して，適合性の問題が有効性に影響しないようにしなくてはならないことも示されています。本書のひとつのメッセージは，私たちがチームで働くために適切な状況を作ることで，よい人間関係が生まれますが，その逆は必ずしもいえないということです（Mullen and Copper, 1994）。

　チームのパーソナリティの問題に関するもうひとつの有名なアプローチは，ベルビンのチーム役割モデルです（Belbin, 1993）。ベルビンはチームのパーソナリティタイプには9つのタイプがあり，チームにはこれらのチームのパーソナリティタイプのバランスが求められていることを示しました（Box 2参照）。ベルビンはチームが効果的に成果をあげるためには，9つすべてのチーム役割のバランスが必要となると論じました。個々人はその人のパーソナリティによ

って，たいていいくつかのチーム役割タイプに組み込まれます。そのため，たった3，4人のチームの中にも，チーム役割が機能する9つの領域をカバーするような第1，第2のチーム役割タイプがあるでしょう。しかし，これらの予測を支持するようなきちんとした研究のエビデンスはありません。そして，チーム役割タイプ（Belbin, 1981, 1993）を測定するために開発した方法が，心理測定学的に良いものとは思えません（Anderson and Sleap, 2004; Furnham, Steele and Pendleton, 1993）。尺度の内的整合性は低く，高い内的相関があります。チーム役割尺度（Team Role Inventory）は，パーソナリティのビックファイブの尺度を利用しているため，上記に述べたようなパーソナリティタイプとチーム機能で明らかになっていることが反映されるでしょう。しかし，そのモデルは多くの経営者やコンサルタントがチームの力動を考える際に役に立つ，とても実用的なものです。結果的に，チームの役割タイプをアセスメントして，チームを適合的にすることに膨大なポンドやドル，ユーロが支払われるのです。しかし，このアプローチはエビデンスでは支持されていませんし，適合性の調査はたいていこの点を看過しています。私たちがサバンナで羚羊を捕まえる必要がある時，あるいは複雑できつい状況において一緒に作業をする際に大事なことは，私たちがいかにお互いに適合的であるかどうかではなくて，共通の仕事の目的に向かって個人のスキルを結集して動員し，いかにチームとしてうまく機能するかということなのです。

Box 2　ベルビンのチーム役割理論

イギリスのヘンリーにある経営スタッフのための専門学校では経営のビジネスゲームが行われています。そこでの200を超えるチームとの研究に基づいて，ベルビンは9つのチームタイプを特定しました。ほとんどの人がたいていいくつかの役割をもっており，主な役割と次に重要な役割をもっているでしょう。これらの説明に，チーム役割の基礎となるビックファイブの次元を添えておきます。

まとめ役

まとめ役は人を方向づけるリーダーです。この人は信頼される人であり，受容的で，支配的な人であり，チームの目的や目標に注力します。まとめ役は他の人たちの目的の到達や苦労，努力を承認するようなポジティブ思考の人です。まとめ役は，「常に他者の話を聞ける寛大さを十分にもっています。しかし，彼らの助言を拒否できる強さも十分にもっている人」です。まとめ役は，チームの中で際立った人ではないかもしれません。そして，概してするどい知性をもっているわけではありません。——**外向性**

形作る人

形作る人はタスクに焦点を当てたリーダーです。この人は，気力がみなぎっており，達成するための高いモチベーションをもっています。形作る人にとって勝利は最も肝心なことです。形作る人は目的を達成することに注力することで，他者がチームの目的を達成することを「形作る」でしょう。この人は挑戦し，論じ，争い，そして目標の達成の遂行のためには攻撃性を示すでしょう。ベルビンによると，チームの中では2または3人の形作る人がコンフリクトやいらだち，内輪もめを導く可能性があります。——**情緒安定性**

種まく人

種まく人は高いIQを特徴とする専門的なアイデアを作る人です。そして，支配的で独創的ですが，内向的でもあります。種まく人はチームの機能や問題に対して革新的なアプローチをします。また，細かいことよりも大きな問題に関心をもちます。彼らの弱点は理屈っぽいことと，実践的な細かいことを無視する傾向があることです。——**開放性**

調査者

調査者は決して自分の部屋にいない人たちです。もし彼らが部屋にいたら，それは電話をしている時です。調査者はチャンスを求め，関係を

発展させる人です。調査者は情報やサポートを得るために他者を調査し，他者のアイデアを取り上げて，それを発展させます。彼らは社交的で熱意があり，連携する仕事を得意とします。また，チームの外の資源を探し求めます。彼らの弱点は，最初はアイデアに夢中になるのですが，その後で興味を失ってしまう傾向があることです。また，彼らからはたいてい独創的なアイデアは出てきません。——**外向性**

実行する人

実行する人は外部の仕事を意識しており，きちんとしたまじめな人で，ポジティブな自己イメージをもっています。彼らは確立された伝統を尊重しながらも，意志が固く，実践的で，人を疑わず，寛容です。彼らの特徴は不安が低いことであり，チームのために，実践的で現実的なやり方で仕事をする傾向があります。実行する人はより大きな組織で責任ある立場にある時に際立った仕事をします。彼らは他の人がしたくないような仕事をし，しかもそれをうまくやります。たとえば，従業員を訓練するようなことです。実行する人は保守的で，頑固で，新しい可能性に対する反応は鈍いです。——**誠実性**

管理評価者

このモデルによると，管理評価者は判断力があり，慎重で聡明な人です。管理評価者は重要な決定をする際に貢献します。なぜなら，彼らはどちらの提案が良いかを評価する能力があるからです。管理評価者は感情的な議論にまどわされず良識をもって行動しますが，物事をよく考えなくてはならないので決定に時間がかかります。また，決して間違わないことにプライドをもっています。弱点はドライで，おもしろ味がなく，過度に批判的にすら見えるかもしれないことです。彼らは他者を感激させることが苦手でもあります。高い地位にある人はしばしば管理的な評価者です。——**情緒安定性＋誠実性**

チームのために働く人

チームのために働く人は潜在的な摩擦を避けるために仲介をします。そして，チームの中に難しい性格の人がいたとしても，そういう人たちのスキルをポジティブな目標のために使えるようにしてくれます。彼らはチームの精神を高め続け，他のメンバーが効果的に貢献できるようにしてくれます。ユーモアのセンスとともにある外向的なスキルは，チームにとっての強みです。彼らは聴くスキルをもっているので不器用な人にも対処することができます。そして，社交的で，敏感で，人を方向付けるスキルももちあわせています。しかし，彼らは危機的な時の決断力はなく，他者の気分を損ねるようなことはしたがりません。——**協調性**

完成させる人

完成させる人は細部にまで気を配ります。この人は細かいことに注意を払い，完成させること，完全に成し遂げることを目指します。彼らはコツコツと努力をしますし，仕事においては一貫しています。彼らは華々しい成功の魅力に対して，あまり関心を示しません。ベルビンによると，彼らの弱点は不安になりすぎること，そして仕事を手放したり，仕事を人に任せるのが難しいことです。——**誠実性**

専門家

専門家はチームではあまり得られないような知識や技術的なスキルを提供してくれます。彼らはたいていとても内向的で不安です。そして，自己起動型でひたむきで，献身的です。彼らの弱点は，ひとつのことに専念してしまうことと，他人のことには関心がないことです。——**情緒安定性**

チームワークのスキル

チームを作るとき，私たちはパーソナリティのような比較的変わりにくい側

面以上に，チームで働くためのモチベーションや知識，スキルについてもっと考えるべきです。これにはチームで働くことを好むかどうかも含まれます。つまり，他の人と働く際に個人主義者なのか，集団主義的なのかということです。そして，聞く，話す，協働する基本的なソーシャルスキルがあるかどうかでもあります。つまり，コラボレーションや，チームに対する関心があるか，対人関係に意識を向けているかなどのチームワークスキルがあるかどうかということなのです。

ソーシャルスキル

ソーシャルスキルには，以下のものが含まれます（Perterson et al., 2001）。

- 積極的に聴くスキル——他人が言っていることや，相手が訊ねている質問を聴くこと
- コミュニケーションスキル——受け手やメッセージ，伝達方法を考慮しながら，いかに効果的にコミュニケーションをとるかを計画すること
- 社会的感受性——他者の反応に意識を向けて，彼らがなぜそのように反応しているのかを理解すること
- 自己モニタリング——自分自身の行動が他者に与える影響に対して敏感であること
- 利他主義——仲間を助けようとすること
- 優しさ，積極性，協調性
- 忍耐力と寛容さ——批判を受け入れて，フラストレーションに根気強く対処すること（Peterson et al., 2001）

これらのスキルは，チームのパフォーマンスに対して特に価値があるので，チームメンバーを選ぶ際の基準になります。

チームワークのための知識，スキル，態度（KSA）

チームワークをする際には，従業員にはチームで効果的に働く能力と同様に，個人として仕事のパフォーマンスをあげる能力が求められます。なぜなら，チ

表2 スティーブンスとキャンピオンのチームワークのための知識，スキル，態度（KSA）

I 対人関係のチームメンバー KSA

A 矛盾の解決
  1 有益なディベートを促進して，機能不全の矛盾を除くこと
  2 矛盾の原因や性質に合った矛盾の管理方略を用いること
  3 分配の方略（win-lose）よりも統合の方略（win-win）を使うこと
B 協働の問題解決
  4 与えられたどんな問題に対しても適度に参加すること
  5 チームメンバーの相互交流のしかたを構造化することによって，チームの問題解決にとっての障害（たとえば，何人かのチームメンバーによる支配）を避けること
C コミュニケーション
  6 できるだけ開かれたコミュニケーションをすること
  7 開かれた，サポーティブなコミュニケーションスタイルを使うこと
  8 積極的傾聴のスキルを使うこと
  9 非言語的なメッセージに注意をはらうこと
  10 他のチームメンバーに温かい挨拶をして，ちょっとした世間話をすることなど

II 自己管理チームの KSA

D 目標の設定とパフォーマンス
  11 明確でやりがいのあり，チームに受け入れられる目標を設定すること
  12 パフォーマンスをモニタリングし，評価し，フィードバックを与えること
E 計画とタスクの調整
  13 タスク，活動，情報を調整して一致させること
  14 チームメンバーの間で公平でバランスのとれた役割や仕事量を設定すること

(Stevens and Campion, 1999)

ームのパフォーマンスにとってはその両方の能力が重要だからです（West and Allen, 1997）。スティーブンスとキャンピオンは，効果的にチームが機能するのは，チームワークの能力によるとしています（Stevens and Campion, 1994, 1999）。それは，個々の仕事のパフォーマンスに求められているものを超えて，チームの中でどのように仕事をすればよいかに関するチームメンバーの知識に焦点をあてたものです。チームの機能に関する論文を元に，彼らは2つの広いスキル領域（対人関係と自己管理の KSA［知識(ナレッジ)，スキル，態度(アティチュード)］）を特定しました。これは，効果的なチームワークにとって必要な計14の具体的な KSA から構成されます（表2参照）。スティーブンスとキャンピオンは3〜5項目からなる複数回答式の質問紙を開発しました（Stevens and Campion, 1994）。この質問紙で，被検者は彼らが職場で直面しうる課題を提示され，それに対して自

分が最も取りそうな戦略を特定するよう訊ねられます。この質問紙におけるチームメンバーの得点は，チームのパフォーマンスと有意な関係があることが，いくつかの研究で明らかになっています（Cooke *et al.*, 2003; Hirschfield *et al.*, 2005; McDaniel *et al.*, 2001）。タスクの専門性やメンバーのチーム役割に対する好みに関係なく，チームが目的を達成するために，すべてのチームメンバーがもつべき理想的な属性があります。私たちは，スティーブンスとキャンピオンによって説明されたKSAのすべて，もしくはほとんどをもっている人から成るチームを作るか，さらに／あるいは，全チームメンバーのKSAを育てるように訓練をして，チームを作っていくべきなのです。

Exercise 3 チームワークのための知識, スキル, 態度（KSA）

あなた自身のチームワークにおけるKSAについて評価するために，下記の質問に回答してください。

あなたは，チームワークの成果が十分ではない領域（「とても少ない」と答える部分）を特定し，これらの領域におけるあなたのKSAを改善することを目指すべきでしょう。あなたのチームの同僚に，あなた自身について（または，チームの全メンバーについて）これらの側面を評価するように頼むことができればもっとよいでしょう。そうすることで，あなたのKSAについてより客観的なフィードバックを得ることができます。

	とても多い	とても少ない
コミュニケーション		
私はコミュニケーションのためのネットワークを理解し，活用しています。それによって同僚ときちんと連絡を取っています	☐	☐
私は開放的でサポーティブな会話をします	☐	☐
私は積極的にかつ評価をせずに，相手の話を聞きます	☐	☐
私は言葉と非言語の行動が一致しています	☐	☐
私は温かい挨拶とちょっとした同僚との会話を大事にし，実際にそうしています	☐	☐

目標設定とパフォーマンスマネジメント

　私は明確で挑戦的なチームの目標を設定するよう援助します　□　□

　私はチームや個々人の成果をきちんと把握し，サポーティブなフィードバックをします　□　□

計画と調整

　私はメンバー間の活動や情報，協働作業の調整を手助けします　□　□

　私はチームメンバーの業務や役割を明確にして，業務負担のバランスをとるようにします　□　□

　私はチームメンバーからのフィードバックに，積極的かつ柔軟に応えます　□　□

協働的な問題解決

　私はすべてのチームメンバーが参加して意思決定するべき問題を特定します　□　□

　私は意思決定の際には，チームメンバーを適切なやり方で巻き込むようにしています　□　□

　私はチームにおけるイノベーションのための提案を探求し，それを支持します　□　□

コンフリクト解決

　私は望まざる対立を思いとどまらせます　□　□

　私は交渉の際には，勝敗がつく（「win-lose」）戦略よりも双方にメリットが生じる（「win-win」）方略を用います　□　□

　私は対立の種類や原因がわかっており，対立の解決や軽減のために適切な戦略を用います　□　□

チームのメンバーの多様性

　チームメンバーはお互いどの程度類似していて，どの程度異なっているべきでしょうか。全員がとても似たような経歴や見方や経験，価値観をもっている場合には，チームメンバーは規範作りや対立の段階を素早く過ぎて，すぐに良い関係を築き，効率的に仕事を達成する傾向があります。チームメンバーに全く類似性がない場合には，初期の段階，特に規範作りと対立の段階には相互作用をしようとします。メンバーがお互いを理解しようとする中で激しい対立が

起こることもありますが，それを通してチーム内のリーダーシップや役割，目的について合意していくのです。時間の経過とともに，見解の多様性があればあるほどより良い意思決定やイノベーション，より高い有効性が得られるようになるでしょう。しかしそういった相乗効果は，効果的で統合されたチームワークをするために相当の努力をしなければ達成されません。では，実際に，私たちは適切な多様性をもったチームをどうやって作るのでしょうか。この疑問に関する見解のひとつは ASA（「引き寄せ・選択・淘汰（attraction-selection-attrition）」）モデル（Schneider, Goldstein and Smith, 1995）に見ることができます。このモデルでは，チームは現在いるチームメンバーと似た人を引き寄せるとしています。つまり，彼らは似た人を選んで，似ていない人たちはチームを去るという傾向があるのです。他の理論では，私たちは自分に似た人々に惹かれやすく，そのためそれに基づいて，実社会を組織し，評価しようとすると述べています（「類似・引き寄せ理論（similarity-attraction theory）」（Byrne, 1971））。そのため，チームメンバーやリーダーは同質なチームを作ろうとする傾向があります。これは，チームの有効性やイノベーションという点においては良い傾向なのでしょうか。

この疑問に応えるために，スーザン・ジャクソン（Susan Jackson, 1996）は，タスク関連の多様性（たとえば，組織のポジションや専門的な技術的知識など）と，関係指向の多様性（たとえば，年齢，性別，人種，社会的地位や性格など）を区別することを推奨しました（Maznevski *et al.*, 1994 を参照）。より最近のレビュー（Mathieu *et al.*, 2008）では，機能的多様性，パーソナリティの多様性と，属性の多様性を区別しています。以下，これらについて順に検討していきましょう。

機能的多様性

チームを作る時や新しいチームメンバーをリクルートする時に，リーダーやチームメンバーは，チームのタスクを成し遂げられるようなスキルをもった人を選ぶでしょう。たとえば，調剤の研究開発チームの場合，そのチームは化学者，マーケティングの専門家，財務の専門家，そしておそらくその製品分野の専門家を必要とするでしょう。

3章：チームを作る　71

　しかし，これ以上は，どの程度の多様性が望ましいかは疑問です。化学者といっても，その製品分野の専門家を雇用すべきでしょうか。それとも，明らかに無関係な領域から，有益な異種交配をするために，医薬品はもとより化粧品においても経験がある人を採用することで，チームが使えるスキルの幅を広げた方がよいのでしょうか。私たちはそのタスクに絶対的に必要な，極めて狭い幅のスキルを特定して，とても似た経歴や経験をもつ人を集めてチームを作るべきなのでしょうか。それとも，もっと幅広いスキルを特定して，多様な，そして稀有なスキルや経験をもつチームメンバーを求めるべきなのでしょうか。

　これらの疑問にどうにか答えられるひとつのアプローチとして，「技術の混合」があります。それは，異なる集団同士の間だけでなく，あるサービス領域内の経験ある者と未熟な者，資格保持者と非資格保持者，監督と技術スタッフのバランスと定義されます。最小限のコストで，求められる基準のサービスが提供されている時には，最適な技術の混合が成し遂げられているのです。それは，経験者，有資格者，監督者が適切に配置されている状態であり，これらすべてのスタッフメンバーの貢献が最大となっています。技術の混合については，以下のようなことを検討します。チーム内でどんな活動を実行する必要があるのか，それを現在誰がしているのか，それをしているチームの技術レベル，その活動をするうえで最小限必要なスキル，そしてタスクを新しい形で組み合わせて，たとえば新しい役割を作ったり，新しいスタッフのグループ分けをすることができる潜在能力です。そのため，チームのために人選をする際の方向性としては，まだチームにいないような人や，チームの誰かが担ってはいるもののそのコストが高くなっているような特定の技術的スキルを特定することに焦点化することになります。

　チーム内の多様性はイノベーションの影響をうけて発展していくべきとする立場もあります。たとえば，100に上るプライマリーケアのチームを対象として行われた研究で，キャロルとボリルとその同僚たち（Borrill *et al*., 2000）は，専門家の数が多い集団ほど患者に対するケアのイノベーションの程度が高いことを示しました。多様であり，かつ知識や技術を人々が重複して有しているような集団は，特に創造的なのです（Dunbar, 1997）。ワーセマとバンテル（Wiersema and Bantel, 1992）は，メンバーの教育上の専攻が多様な経営陣がよ

り戦略的なマネジメントのイニシアティブをとる傾向があるとしています。これに関する最も大きな研究はユネスコが出資した国際的な研究グループによって行われました。彼らは，1222の研究チームの科学的な研究業績に影響を及ぼす要因を明らかにしようとしました（Andrews, 1979）。彼らは，多様性を6つの領域から評価しました。それは，研究課題，学際的な位置づけ，専門分野，資金源，研究開発活動（R&D），専門家としての機能でした。その結果，多様性と，研究チームの内外でどの程度コミュニケーションをしているかが，チームの科学的な認識や研究開発の有効性，出版物の数，彼らの業績の応用的な価値と強く関係していることが明らかになっています。チームメンバーの専門分野が狭いほど，機能の多様性が問題になりやすい，というエビデンスも存在します（Bunderson and Sutcliffe, 2002）。チームメンバーの一人ひとりが幅広い知識を有している場合には，情報処理やパフォーマンスをさらに高めることができます。

　機能面におけるバックグラウンドの多様性は，まさにその多様性によって，チームメンバーの外部へのコミュニケーションレベルが高まるため，結果としてチームのパフォーマンスにも影響を与えます。多様なつながりがあることで，さまざまな機能領域から得られた多様なアイデアやモデルが組み込まれ，それによってイノベーションが促進されるのです。そして，研究結果では，チームの機能的な多様性が高いほど，チームメンバーはそのチームの枠を超えて外部の人と交流するようになり，それによって高度なイノベーションが起こることが示されています（Ancona and Caldwell, 1992）。

　確かに多様性によってすべてうまくいっていますし，問題はありません。しかし，多様性には好ましくない点もあります。多様性が集団の安全や統合を脅かしはじめると，創造性やイノベーションを達成することは難しくなります。たとえば，多様性がチームの目標に対するチームメンバーの合意を弱めてしまう時には，そのチームはうまくいかないでしょう。そのため，チーム内に十分な多様性を生み出しながらも，タスクについての共通理解や，コミュニケーションや協働を脅かさないことは挑戦すべきことなのです。多様性が低すぎる場合には，集団への圧力は統合というよりも，順応を求めるものとなります。多様性がとても高すぎる場合には，その集団のタスクや仕事の在り方，役割につ

3章：チームを作る　73

いて十分な合意を得られない傾向があります。その結果，コミュニケーションや，お互いの努力の協調がいつも問題となるでしょう。統計学者，マルクス経済学者，量的な組織心理学者，社会構成主義者そして政治学者からチームが構成されたとしたら，あまりに多様性が高すぎます。そのため，病棟の看護チームがどういった環境であれば投薬ミスに気が付き，それについて話し合えるかを明らかにするためのわかりやすくかつ革新的な研究プログラムを開発することは難しいでしょう。ただし，これは，多様性が低い方がそのメンバーにとって統合的で安全であることを意味しているわけではありません。反対に，チームメンバーが統合されたスキルを学び，安全だと感じることができるのは，多様性が効果的にマネージできている状況においてのみといえるでしょう。集団が均質である場合には，その均質性に順応させる強い圧力があります。グループが異質な場合には，（グループプロセスによって）多様性の遠心力をマネージする圧力が生じるでしょう。多様性の遠心力はグループを分裂に導き，グループメンバー個々人を脅かすものだからです（たとえば，他者の異なる考えによってある人の信念が揺らぐなど）。明らかに脅威的な環境がマネージされていないと，私たちは揺らぐことのない安心感を得ることはできません。環境を探索する子どもは，一度も母親からはぐれたことがない子どもよりも自信を持っています。

　この問題に対する答えのひとつは，ある集団の多様性によって生じた損失が最小限である時が，まさに知識やスキルの多様性がチームのパフォーマンスやイノベーションに寄与できる唯一の時である，ということです。その損失とは，見解の多様性によって生じる不一致や，誤解，疑念のことです（West, 2002）。多様な専門性のバックグラウンドや知識やスキルをもつ人々によって構成された集団は，グループ内の問題について有益で多様な意見を持ち寄ることができるので，同質の集団で構成されている集団よりもより革新的であるといわれています（Paulus, 2000）。このような見解の相違は，多角的な見方と建設的な議論の可能性を提供してくれます。また，多様性はチーム全体のタスクと関係したスキルや情報，経験の蓄積を増やすことにも貢献します。もし，情報や見方の違いが，チーム内で勝ちほこったり優勢になりたいという動機に基づいて用いられたり，あるいは私益の対立のために用いられるのではなく，効果的な

意思決定やタスクパフォーマンスのために用いられるなら，その時には，高いパフォーマンスと高いレベルのイノベーションをもたらすでしょう（Paulus, 2000; Tjosvold, 1998）。

パーソナリティの多様性

パーソナリティの多様性がチームのパフォーマンスに与える影響については明確なエビデンスはほとんどありません（チームのパーソナリティを考えることに対して懐疑的となる別の理由は，ベルビンのチーム役割，マイヤー・ブリッグス・タイプ指標（MBTI; Myers-Briggs Type Indicator）などのモデルを使っていることにあります）。外向性と情緒安定性における多様性が，チームのパフォーマンスと正の関連をもつことを指摘する研究や，ビッグファイブの次元の多様性はパフォーマンスの乏しさと関連する，とする研究もあります（Mathieu *et al.*, 2008）。しかし，時間の緊急性に関する多様性（締め切りの捉え方や時間の認識，やらなければならない課題へのスピード）は，チーム内の関係における対立の発生を予測するといわれています（Landy *et al.*, 1991）。しかし，これは驚くほどのことではなく，当然のことかもしれません。

属性の多様性

私がさまざまな組織の文化や慣習を経験する中で，組織のバリエーションによって文化や慣習がいかに多様かを知ることができたのは注目に値することです。ある会社，たとえば私が一緒に仕事をしている大きな建築会社のようないくつかの会社は，白人，男性，イギリス人で30～50代の人がほとんどです。一方で，さまざまな被雇用者がおり，40％以上がイギリス以外の国から来ていて，性別のバランスも組織の中での在任期間も年齢も幅広いという会社もあります。つまり，属性やそれ以外の「関係性」の違いにおいて（たとえば，チームメンバーが一緒にいた期間がどのくらい多様であるかなど），チーム内での構造にはさまざまなバリエーションが存在することになります。そういった関係性の多様性について，私たちは何がわかっているのでしょうか。

さまざまな年齢の人で構成されているチームの方が，年齢が均質な集団の人々よりも退職しやすい傾向があります。さらに，上層部の年齢が多様なチー

ムが経営する会社だと，得る利益が少なくなるという傾向があります（West, Patterson and Dawson, 1999）。しかし，他の研究では逆の結果が出ています（Kilduff, Angelmar and Mehra, 2000）。年齢の多様性とチームのイノベーションの程度はU字型の関連があるというエビデンスもあります。つまり，年齢の多様性が大きすぎたり小さすぎたりすることが，イノベーションレベルの低さと関連しているのです。このことから，中程度の多様性が，高いイノベーションと関連しているといえます（レビューとしては，Webber and Donahue, 2001 を参照）。

　私たちがチームで活動する際の性別の多様性について，チームごとにていねいに検討してみました。その結果，女性がより多くいるチームの方が（ただし，女性のみのチームは除く），チームメンバーはチーム機能についてより肯定的な回答をするという結果が得られました。これは，男性がタスクに重点を置くのに対して，女性の方が同僚の参加や同僚への関与をより重視するからと考えられます（Carli and Eagly, 2011）。さらに，男性は女性がチーム会議に参加するのを邪魔したり，彼女たちの貢献に注意を払いにくいという傾向もあります（West, Borrill and Unsworth, 1998）。しかし，レビューによると，一般的には，こういったチームのプロセスを考慮しないと，性別の多様性はチーム内のコンフリクトやチームのパフォーマンスの両面に有害であることが示唆されています（Mathieu et al., 2008）

　パターソン，ジェレミー・ドウソンと私の研究結果では，製造会社の上層部は同じチームで活動する期間が長いほど，会社が得られる利益がより大きくなることが示唆されています（West, Patterson and Dawson, 1999）。そして，アメリカで行われているさまざまな領域に関する研究では，チームが一緒にいる時間が長いほど，パフォーマンスがより良くなる傾向があることを示すエビデンスが蓄積されつつあります（Hackman, 2002; Wageman et al., 2008）。この結果は納得がいくものでしょう。より長く一緒に働けば，お互いの働き方や強みを理解しあうことができます。当然，チーム内での在職期間がばらばらであるほど，パフォーマンスは低くなります。

　私たちは海外旅行や国際的な交流が当たり前のグローバルな村に住んでいます。社会もどんどん多文化的になってきています。顧客のニーズを理解しそれに応えるために，組織やチームは自分たちのコミュニティの多様性を反映して

いることでしょう。文化の多様性はチームのパフォーマンスを促進するのでしょうか，それとも妨げるのでしょうか。これは簡単な問いではありませんが，この領域で行われている数少ない縦断研究のひとつに，ワトソン，クマールとミッシェルセンの研究があります（Watson, Kumar and Michaelsen, 1993）。彼らの研究では，ビジネスの実例に基づいた演習では，文化において異質なグループは同質なグループよりも，最初はパフォーマンスが低いということがわかっています。しかしながら，グループメンバーが時間をかけてともに経験を重ねていくにつれ，文化的に同質なグループと異質なグループのパフォーマンスの差はほとんどなくなることが示唆されています。この結果は，まさに私の同僚のフェリックス・ブロッドベックが，アストン・ビジネススクールにおける多文化集団を対象に行った研究で明らかにしたことと一致しています。

　文化的な多様性に関して行われた多くの研究から明らかになったのは，グループの中に集団主義の文化（中国や日本など）と個人主義の文化（イギリスやオランダなど）の両方のメンバーがいる場合にも，意思決定は改善されるということです。前者は，決定の際には，どんな議論でもその両側面を見るという弁証法的なアプローチをする傾向があります。それに対して後者は，はっきりと「イエス」と「ノー」の立場を示しながら，問題に対してより極端な決断をする傾向があります。これらの2つの方向性を組み合わせることで，集団主義と個人主義の両方の文化で見られる多文化集団における問題の意思決定プロセスが，より包括的なものになります（Leung, Lu and Liang, 2003）。

　全体的には，文化の多様性に関する研究では文化的な多様性が高い集団ほど規範づくりと対立の段階が長くはなるものの，チームが異なる見方をいかにして統合して協働するかを学ぶことができれば，同質なチームよりもずっと効果的で革新的になれることが示唆されています。難しいのは，いかにして協働して異なる見解を統合するかなのです。本書の残りの大部分はこのことをテーマとして扱っています！

チームの多様性からメリットを得る

　ダン・ヴァン・ニッペンバーグはチームの多様性に関する包括的な分析を行

い，多くの課題や矛盾を解決するための洗練されたアプローチを開発しました。きちんとしたレビューを行うことから着手し，その中で（van Knippenburg and Schippers, 2007），彼はチームの多様性を理解するための2つの主要な理論的アプローチを見いだしました。まず，情報や意思決定という点では，多様性はチームにとって情報源となりうるとしています。人々の多様性が高いほど，より多くの情報を提供することができます。それはタスクに関する情報や知識，チームが使えるものの見方をより広げることになります。これは問題解決や決定の質，創造性やイノベーションのレベルを上げることにもなるでしょう。こういった観点においては，多様性はパフォーマンスに対してプラスに働くといえます。2つ目のアプローチは，社会的カテゴリー化という観点です。チームメンバーは，「彼ら」と「私たち」を区別するように，多様性はグループ間のバイアスのもととなります（技術職に対して科学者，男に対して女など）。この社会的カテゴリー化は，メンバーの集団間のバイアスを引き起こし，異質な人たちに対して好意や信頼をもちにくく，協働がしにくくなります。この観点からいえば，多様性はパフォーマンスを妨げるものとなります。ヴァン・ニッペンバーグはこれらのアプローチはいずれも支持されるものではではあるものの，これには恐らく良い解決方法があると主張しています。彼は，「カテゴリー化・詳述モデル（Categorization-Elaboration Model）」（van Knippenberg, De Dreu and Homans, 2004）を提唱しました。多様性はメンバーにとって情報源とみなされるので，メンバーは情報的な多様性を取り入れることを学びます。タスクに関する情報を交換したり，加工したり，統合していくことによってより効果的な意思決定ができるようになるため，特にタスクが複雑な場合には，リーダーは情報交換をするように促したり，指導したりします。社会的カテゴリー化プロセスにおいては，チームに対する強くて誇り高いアイデンティティをもつので，それによってグループ間のバイアスが生じます。リーダーはこのような社会的カテゴリー化プロセスを減らすようにしなくてはなりません。中でも最も大事なことは，すべてのチームメンバーがチーム機能の多様性のメリットを享受するようにすることによって，デメリットを減らしながらも多様性のメリットを増やすことができる，ということなのです（「多様性への信頼」といわれるものです）。ヴァン・ニッペンバーグとその同僚は，チームメンバーが多様性の

価値を信じている時に，多様性はチームのパフォーマンスやプロセスに最もポジティブな影響を与えることを示しています（van Knippenberg, Haslam and Platow, 2007）。

多様性が示唆すること

　チームを作ることは，タスクを達成するためにさまざまなスキルを組み合わせることでもあります。また，チームを効果的にするためにはどういった行動や態度，スキルや能力が必要なのかについても検討しなくてはなりません。効果的なチーム・パフォーマンスを生み出すために必要な，基本的なチームワークのスキル（コミュニケーション力や対立の解決力）をメンバーがどの程度もっているのか，その見込みを考慮する必要があります。また，仕事や意思決定の際に多様なものの見方をするためには，チームには，メンバーの機能的なバックグラウンドや人生経験，文化や就労経験において，十分な多様性が必要です。チームメンバーがこうした多様性を個々人のアイデンティティに対する脅威と受け取らずに，価値のあるものにしていくことを学びさえすれば，こうした多様性は成功と華々しいイノベーションにつながります。これはチームの多様性がパフォーマンスに対してメリットとなることに目を向けて，多様性に対する信頼をもつことを意味します。同じような考えをもつクローンから成るチームは快適ではあるでしょう。しかし，長期的に見ればそれは効果的ではなく，創造性は停滞してしまうでしょう。

　チームリーダーには，こうしたチームの構成によって生じる影響を扱う力がある人が選ばれるべきです。つまり，チームの異種性のポジティブな影響を促進して，ネガティブな影響を減らす能力があるということです。それにはチームメンバーを共通の旗印の下で動かしていく能力が求められます。その戦略には以下のようなものがあります。リーダーが明確なチーム目標を表明すること，チームメンバーが共通してもっているものに注目してチームメンバーとなっていくような社会化戦略を用いること，違いからメリットを生み出すこと，メンター的な関係を作っていくことです（Anderson and Thomas, 1996）。チームのリーダーはこういったことをしながらも，役割の違いを明確にしなくてはなりま

せん。それによって，チームメンバーはチームに対して独自の貢献をしているという感覚をもつことができるのです。何よりも，チームが多様性による相乗効果からメリットを得られるようなやり方で，多様性の探求と統合，そして時に矛盾する見解を促進していく必要があるでしょう。こういった戦略やスキルについては，次の章で見ていきます。

復習のポイント

- チームにとって，人選をする段階で重要となるポイントは何でしょうか？
- どんなパーソナリティがチームの有効なパフォーマンスの達成に関係しているでしょうか？
- パーソナリティタイプの相補性は，チームの有効性を予測するでしょうか？
- 効果的なチームワークに必要な知識やスキルの主な領域とは何でしょうか？
- 機能面におけるバックグラウンドの多様性は，チームの有効性やイノベーション，チームメンバー間の関係にどのように影響しているでしょうか？
- 年齢や性別，文化の多様性はチームワークにどのように影響しているでしょうか？
- チームの多様性によるデメリットよりも，メリットを得るためにはどうするとよいでしょうか？

より学ぶための文献

Bell, S. T. (2007) Deep-level composition variables as predictors of team performance: A meta-analysis. *Journal of Applied Psychology*, 92, 595-615.

Mathieu, J., Maynard, T. M., Rapp, T. and Gilson, L. (2008) Team effectiveness 1997-2007: A review of recent advancements and a glimpse into the future. *Journal of Management*, 34, 410-476.

van Knippenburg, D. and Schippers, M. C. (2007) Work group diversity. *Annual Review of Psychology*, 58, 515-541.

Wageman, R., Nunes, D. A., Burruss, J. A. and Hackman, J. R. (2008) *Senior Leadership Teams: What It Takes To Make Them Great*, Harvard Business School Press, Boston.

ウェブサイト

- http://ezinearticles.com/?The-Five-Stages-of-Team-Development — A-Case-Study&id=3800957（last accessed 6 August 2011）．チーム発達の5段階についてのまとめ
- http://www.kent.ac.uk/careers/sk/teamwork.htm（last accessed 6 August 2011）．チームワーキングのスキルと会議における人々の役割についての興味深いエクササイズ
- http://en.wikipedia.org/wiki/Group_development（last accessed 6 August 2011）．集団（グループ）の発達を理解するための学問的アプローチのまとめ。有用で正確。

4章

チームをリードする

> 意欲，能力，さらに気質が一体となってリーダーになる……最も素晴らしいリーダーは自らの言葉でビジョンを唱え，自信をもって他者に影響を与え，……人々の価値や大事なことを共有していることを示すことで信頼を獲得する……このような素質は単なる善人ではない。歴史上の多くの偉大なる悪者はカリスマ的な人であった。
> (Nicholson, 2000, p.108)

学習のポイント
- ポジティブなチーム環境を作る
- チームリーダーの3つの主なタスク
- チームをリードするためのスキル
- チームを指導するためのスキル
- チームメンバーを指導するためのスキル
- チームリーダーが直面する隠れた罠
- チーム・リーダーシップ・スキルを成長させる方法
- 変革型リーダーシップ 対 管理型リーダーシップ

チームリーダーは，調整力，創造力，情報の共有，問題のマネジメント，行動力，情動的なトーン（ポジティブ，あるいはネガティブな雰囲気），効率性，エンパワーメント，説得力，チームや組織へのコミットメントに対して影響を及ぼします (Burke *et al.*, 2006)。また，チームリーダーはチームの全体的なパフォーマンスにも影響を及ぼします (Ahearn *et al.*, 2006; Chen *et al.*, 2007)。先行研究において，チームリーダーの機能はタスク中心の行動と人間中心の行動

に集約されました。ブルケら（Burke et al., 2006）は人間中心のリーダーシップ——特に変革的な行動や思いやりのある行動——はチームの有効性に対して有意な影響（$r = 0.34, 0.25$）を及ぼすことを明らかにしました。一般的に，効果的なチームワークのためには，リーダーはポジティブな情緒的環境を作ることが重要です。人々はポジティブな情緒を感じる時に，より創造的で利他的，協力的になります——それらはまさにチームが複雑な仕事をする際に必要となるものです。また，チームの情緒的な雰囲気に影響を与えるのは主にリーダーなのです（Sy, Côté and Saavedra, 2005）。このようなことはリーダーにとって，どのような意味をもつのでしょうか？　まず，リーダーは楽観主義のモデルにならなくてはなりません——そのモデルは妄想的な理想主義ではなく，現実的で皆を勇気づけるような楽観主義でなくてはなりません。チームリーダーがチームの中にこういった雰囲気を率先して作るためには，自信や熱意があり，バランスの取れた楽観主義者である必要があります。さらに，長期にわたる不安や怒りで色あせてしまったようなチームの場合には，リーダーにはその関係修復に取り組むことも求められます。一時的な口論や敵対は避けがたいものですが，チームを動かすためには，それらが必要な時もあります。リーダーが立ち向かわなくてはならないのは長期にわたって解決できていない不安や怒りであり，それに対して創造的に対処することで，それらをチームの中からなくしてしまうことなのです。さらに，リーダーがより大きな組織に対してメッセージを出したり，組織の他のチームや部署との関係性のモデルとなって，新しいチームメンバーを社会化することによって，ユーモアやポジティブフィードバック，自信や熱意が喚起されます。攻撃的なメールのやり取りをしないことは小さなステップのひとつです。また，成功を祝ったり貢献を評価するようにすることは極めて重要なことです。

　これは，チームリーダーはイライラするような同僚に対しても，（本来の性格はそうでもなくても）寛大で外向的であれとか，仕事に向かう時もチームメンバーに向かう時も貼り付いたような作り笑いをしているべきである，ということをいいたいわけではありません。むしろ，バーバラ・フレダリクソンが指摘するように，積極性とはチームメンバーの貢献をきちんと評価すること，アイデアや学び，他者に対してオープンであること，仕事のしかたやチームワー

クのしかたについて今までとは違った新しい改善方法を知ることに好奇心をもっていること，同僚に応対する時には親切であること，そして何よりも，仕事で同僚とやり取りする際には誠実で純粋であることを意味します（Frederickson, 2009）。

　チームの中にポジティブな情緒的な環境を作る上で，チームリーダーには3つの重要なタスクがあります。チームリーダーが成功するためには，積極性と合わせて，これらの遂行すべきタスクを把握することが重要なカギとなります。

チームリーダーシップの3つのタスク

　チームリーダーには成し遂げるべき3つのタスクがあります。そのタスクは，チームが仕事ができるような状況を作ること，課題遂行単位としてのチームを形成し維持すること，また，チームが成功するように指導しサポートすること（3つの課題に関する詳細は Hackman（2002）を参照）。

　まず，適切な状況を作るということは，チームが達成すべき明確なタスクがあり（チームで取り組むことで最もうまく成し遂げられる），チームがその仕事を遂行するために必要な資源をもっていると確信していることを意味します。このことはまた，リーダーは時に，必要な予算や設備，IT装備，あるいは仕事を効果的に行うためのツールを獲得するために戦わなくてはならないということも意味します。チームリーダーは，浪費や非効率であることを促すようなことに対して，過度に寛大である必要はありません。ですが，チームが仕事をするために必要な資源を確保するためには，断固とした物怖じしない態度で要求する必要があります。誰がチームメンバーで，誰がメンバーではないかといった，チームの枠を明らかにすることは重要です。ヘルスケアのチームの中には，毎日一緒に仕事をするコアメンバーと，2週間に半日だけ一緒に働くメンバー（たとえば，乳がんケアチームの腫瘍内科医のように）によって構成されるチームもあります。このような状況を統合しようとして，リーダーは時にこれらの非常勤スタッフをチームメンバーに含めて，彼らをできるだけチームに関与させようとすることもあります。しかし，これは温かい試みではありますが，間違っています。このような場合には，チームのコアメンバーなのか，周

辺メンバーなのかを明確に示した方がよいでしょう。チームとはそのコアメンバーのことです。周辺的なメンバーは常にチームと一緒に働きますが，彼らは他の人と十分一緒にいることはないので，完全なチームメンバーとして機能することができないのです。チームの境界について不適切な期待を抱かせることはコンフリクトを生むことになります。さらに，すでに述べたように，チームは 6～8 人を超えない方が望ましいのです。

　2 つ目は，課題遂行単位としてチームを形成し維持させるために，リーダーは必要なスキルや技術をもったメンバーでチームを構成しなくてはなりません（チームづくりについては第 3 章を参照）。なお，チームには十分な多様性がなくてはなりません。リーダーの単なるクローンのような人で構成されるようなチームは効果的でも，革新的でもありません。さらに，リーダーはチームが効果的にパフォーマンスをあげることができるように，チームプロセスを開発する必要があります。それは，良い意思決定，問題解決，コンフリクトの調整，また新たに改良された協働のしかたを開発するということです。良いチームワークは自然発生するものではありません。それには訓練が必要なのです。あるワールドカップ大会の時に，プローモーターはヨーロッパ戦からエキジビジョンマッチまでの中で一番優秀な選手たちを集めてチームを作りました。しかし，戦ったどのゲームでも負けてしまいました。なぜでしょうか？　その理由は，彼らは個人的には優秀だったのですが，チームとして機能することを学んでいなかったからです。リーダーの仕事は，チームワークとして仕事をするということを学べるように，チームがチームワークの訓練を積むように促すことです。

　チームリーダーの 3 つ目のタスクは，チームを成功に導くためにチームを指導するとともにサポートをすることです。チームを指導することには，リーダーがチームメンバーと直接やり取りをして，チームのタスクを達成するために，チームが協働し，効果的に仕事ができるように援助することが含まれます。これはつまり，リーダーはチームに方向性とサポートを与えることで，チームが仕事をうまくできるように介入するということです。チームリーダーがコーチとしてやるべきことは何でしょうか？　チームリーダーは，チーム内の雰囲気に敏感になること，そしてどうしたらメンバーがうまく相互作用し，コミュニケーションを取ることができるのかを学ぶ必要があります。リーダーはこのよ

うなプロセスに注意を払うべきです。また，特定のメンバーでの打ち合わせをもっと行うように介入したり，もっと情報交換をするように働きかけたり，あるいはチームメンバーによる提案に対して協力的にアプローチするといったことも重要です。さらに，リーダーのタスクには，チームメンバーがスキルや能力を発展させるようにサポートすることも含まれます。つまり，チームメンバーが達成したいことは何なのか，各々が発展させるべきスキルは何か，そして彼らにどんな学習の機会を与えるべきか，といったことについて，リーダーは振り返る時間をもつということでもあります（そのために，正式なトレーニングを受けたり，他の組織を訪問したり，あるいは仕事をしながら学ぶことになるでしょう）。

Box 3　チームリーダーシップは伝統的なリーダーシップとは異なる

　伝統的なリーダーは促進的というよりは指示的であり，アドバイスを求めるよりはアドバイスをする傾向があります。さらに，意見を取りまとめようとするよりも決定しようとします。また，支持的というよりも指示的な役割を担います。有能なチームリーダーはチームに対する責任を共有し，うまく進まない時には，チームメンバーに責任を取るように勇気づけます。「では，ここでの問題は何だと思いますか？　また，この問題を解決するためにはどうすればよいでしょうか？」。リーダーは，決断が必要となる最終的な選択をする際には，その選択に関わらないようにします。「さあ，私たちは今，決断する必要があります。どうしますか？」。リーダーは単に個人をマネージするというより，むしろ，チームを全体としてマネージするのです（試合中のスポーツチームのように）。それは，不安があるか，ストレスはあるか，楽観的か，あるいは自信があるかなど，チームの全体的な雰囲気に焦点を当てることを意味します。チームリーダーシップは，リーダーが個人だけでなくチーム全体に焦点を当てること，そしてチームの機能に対する責任をチームで分かち合うという点において，伝統的なリーダーシップとは明らかに違う

のです。

チームリーダーがこれらの3つのタスクを達成するためには，どうすればよいでしょうか？　この質問に答えるために，チームリーダーの役割をリードすること（leading），マネージすること（managing），コーチングすること（coaching）の3つの要素に分けてみるとよいでしょう。

チームをリードするための3つの要素

リードすること（leading）は，長期にわたって，戦略的な方向性に焦点を当てることであり，人材管理やパワー，そしてコントロールといった問題について考えることが求められます。マネジメントには，中期的な計画と目標の明確化が含まれます。一方，コーチングはチームメンバーと密なやりとりをするような日常的な業務です。これらのチームの有効性を保証するための3つのアプローチは，チームリーダーの仕事の必要不可欠な構成要素です。以下では，各々のリーダーシップの要素を見ていきましょう。まずは，チームをリードするスキルから始めましょう。

チームをリードすること

チームをリードすることは，チームを動機づけて方向性をもたせるための戦略的な介入を適切に行っていくプロセスです。チームリーダーはチームメンバーがお互いに協働して，協力しあいながら働くように励まします。その際，チームがタスクを成し遂げるための能力や潜在力を高めていくようにするのです。リードすることには，直感や鋭い判断力だけでなく，リスクも伴います。また，自信やカリスマさえも求められるのです。

リードすることによって，単なる名目だけのチームではなく，**真のチームを作っていきます**。マネージャーに企業内で動いているチームの規模を訊ねると，「私たちみんながひとつの大きなチームです」と答えられることがあります。ですが，その企業には何百から何千という人がいるかもしれないのです！　企業の中にポジティブで協力的な雰囲気があるのは良いことですが，それは，チ

ームワークではありません。チームをリードすることは，チームが成功するような状況を作ることなのです。リードするということは，チームの仕事に対して向かうべき方向性を提示することであり，チームが効果的に機能するようにチームをデザインすることであり，チームが業務を遂行できるように組織的なサポートを保証することであり，さらには，タイミングを見計らってリーダーシップの介入を行うことを意味します。そのためにはトレーニングが必要です。——つまり，リーダーはそういった能力を高めるために，リーダーシップのスキルの練習をしなくてはならないのです。定期的に訓練することで，ランニングのスキルが高まることにも似ています。

リードすることにはチームの仕事に対して向かうべき方向性を明確に伝えることも含まれます。これは民主的なプロセスではありません。もし，チームメンバーに自分たちで方向性を考えるようにさせたとしたら，メンバーは恐らくどうしたらよいかわからなくなり複数の目標を達成しようとして混乱に陥ることでしょう。——つまり，リーダーの役割は全体的な方向性を示すことなのです（もし，チームが非常に有能なら，チームリーダーはチームに対して共同で方向性を示すようにすることも理に適っています。共有されたリーダーシップについては，本章の後半で述べます）。以下では，ファイナンシャルアドバイザリー部の年金チームが求める方向性には，どのような要素があるのかを見てみましょう。

> 私たちは年金についてアドバイスを求めて来られたお客様を驚かせるようなサービスを提供することを目指します。それをどのように実現するかというと，まずはお客様が本当に求めていることが何かに焦点を当てます。また，お客様にわかりやすい形でさまざまな魅力的なオプションがあることをご紹介します。私たちは協力的で専門的なチームで仕事をするとともに，メンバー全員がポジティブで刺激的な仕事を経験できるようにすることで，それを成し遂げることができるのです。

リーダーがチームのために描くビジョンは**チャレンジングな**ものであり，チームメンバーのモチベーションはそれによって高まります。私たちは「最善を尽くす」というゴールよりも，明確でチャレンジングなゴールに対して最もよく反応します（Locke and Latham, 1990, 2002）。そのために，チームのビジョ

ンは**明確**なのです。それによって，チームメンバーを方向づけ，自分の仕事の頑張りがチームの目的に貢献しているという確信を与えます。最後に，ビジョンの実現は**結果的に生じる**ことなのです——チームメンバーは，ビジョンとは顧客やチームメンバー自身にとって価値があると考えます。だからこそ，メンバーはビジョンを実現しようととことんのめりこむのです。結果的に，メンバーの知識やスキルそして創造性は，ビジョンの実現に貢献することになります。

　リードすることはチームが効果的に機能できるように，チームをデザインし作り上げることを意味します。リーダーはチームの作り方をどのようにして学ぶのでしょうか？　彼らは，チームのタスク，チームの権利，チームのサイズ，メンバー構成，そしてチームの存続期間などを具体化する練習をしなくてはなりません。つまり，チームが一丸となって働くことによってのみ遂行できるような**タスク**をデザインするということです（サバンナの草原で羚羊を捕まえる時のように）。タスクはチャレンジングなものでなくてはなりません。タスクは多様なスキルを必要とするでしょうし，業務全体を示すものになるでしょう。また，タスクは自分の企業だけでなくより広い社会のためにも重要となるでしょう。チームリーダーはメンバーが仕事をする上での**権限**（権限の限界も含め）を明確にします。そして，チームのパフォーマンスについて，明確で役に立つようなフィードバックを与えます。**チームのサイズ**は業務遂行に必要な最小限のサイズである6～8名を超えないようにするのが良いでしょう。そのためにチームリーダーは，このように少ないメンバーで，いかにして顧客へのサービスの質を落とさずに業務を遂行できるかを考えるでしょう。さらに，チームメンバーがもつ経験やスキル，専門性は**多様**です。年齢，性別，文化といった人口統計学的な特性も多様です。したがって，彼らがチームワークをするために必要な**知識，スキル，態度**をもっていれば，良いチームワークを組むことができるでしょう。そのうえ，チームワークというダンスを一緒に，華麗に踊ることを学ぶことを通して，チームを遂行する間ずっと一緒にいることができます——つまり成功するためには十分な存続期間が必要なのです。チームリーダーは，半年ごとに，デザインの次元を見直し，チームの再編が必要なところがあるかどうかを考えなくてはなりません。このようなデザインの訓練をすることによって（彫刻家やエンジニアのように），リーダーはリーダーシップに

おいてどんどん熟達化していくのです。もちろん，彼らはそのプロセスの中でミスを犯すこともあるでしょう。ですが，時には，そういったミスを犯すことなくして，スキルは向上しないこともあるでしょう。

　リードすることには，チームの成功を可能にするための組織的なサポート支援も含まれます。これには，適切な報酬，チームで働いたり仕事をうまくするために必要な適切なトレーニング，仕事をするために必要なリソース（たとえばIT装備，適切なオフィス空間）の確保，企業の業績に関する情報やチームが企業に対して適切に貢献するための戦略といったものが含まれます。さらに，チームが仕事で成功するとともに，チームメンバーのウェルビーイングと成長のために組織から必要とされる全サポートを受けていることも含まれます。有能なチームリーダーは自分のチームが効果的に仕事を行えるように，組織内の人々に精力的に働きかけます。

　チームが成功するためには，**タイミング良く，適切な介入を行うリーディング**が必要となります。チームが形成された最初の段階で，チームはリーダーの介入に対して最も敏感に反応します。さらに，作業が中間地点まで来た時，仕事が一息ついた時，あるいは「製品」ができあがった時や期末にも，リーダーの介入に対して敏感に反応します（Gersick, 1989, 1989）。逆に，仕事が順調に進んでいたり，集中的に仕事を遂行しているような時は，リーダーが介入するとグループの有効性を損ねてしまうので，一般的にこの時期はリーダーは介入しない方がよい時期とされています。

Box 4　効果的なリーダーシップのエッセンス

　効果的なチームのリーダーシップのエッセンスは，明確なビジョンを提示すること，そして，チームにビジョンとそのビジョンを成し遂げるための戦略を示すことです。つまり，リーダーはチームワークについて抱いている熱意や楽観性，そして高揚をメンバーに伝えなくてはならないのです。さらに，効果的なリーダーシップのエッセンスは，チームメンバーがお互いを認め合うように働きかけることでメンバー間の関係を良くしていくことであり，チームメンバー間の違いに対して前向きに，

そして創造的に向き合い，解決する方法を学ぶように支援することなのです。成長や発展は，人の動機づけを高めるものです。したがって，リーダーにはチームメンバーに対して協働するように支援するとともに，仕事やパフォーマンスを持続的に向上させ，能力を高めるように援助するリーダーシップが求められます。リーダーは，チームメンバーに対して柔軟に仕事するように促したり（たとえば，違った働き方を試してみる），チームのプロセスを客観的に分析したり，一緒に働くためのより良い方法について皆で学ぶことで，リーダーはチームに貢献できるのです。良いチームリーダーはチームに関心を示し，風評からチームを守り，他のチームや部署，上層部のマネージャーと信頼関係を築けるように支援します。また，グループやチーム間に生じた意見の対立を解決する手助けをします。リーダーはチームがアイデンティティをもてるようにします。──チームの成功を祝う，チームメンバーの離着任を暖かく迎え入れて歓送迎会を催す，これらのすべてがアイデンティティの感覚につながるのです。私たちは仕事のためにグループに所属したりグループを出たりしますが，その時々に所属したグループのアイデンティティを形成し，それに誇りをもつ必要があります。こういった時に，リーダーは重要な役割を果たします。多くの場合，顧客により良いサービスを提供し，チームメンバーにとっても健康的でポジティブな環境を作り出すために，リーダーにはすでに組織内にでき上がっているやり方に対抗する勇気が求められます。良いリーダーシップの多くには思いやりが関係しています。というのも，思いやりはコミュニティやチームの成功のカギだからです。実際，最近の研究では，奉仕的リーダーシップという概念に焦点が当てられており，奉仕的リーダーシップはチームの潜在力や有効性と関係があることが示されています（Hu and Liden, 2011）。奉仕的リーダーシップは，チームリーダーの以下の7つの行動によって説明されています。それは，倫理的な態度を取ること，情緒的に癒されること，チームメンバーを第一に考えること，メンバーの成長や成功を援助すること，勇気づけること，コミュニティの価値を生み出すこと，概念化する能力，この7つです。

チームのマネジメント

　リーダーの役割の2つ目の要素はマネージすることです。これは，チームの目的やメンバーの役割，そしてメンバー自身の目的を，それぞれのメンバーがしっかり共有していることを確認する作業になります。チームをマネージする作業は，チームの目的，メンバーの役割，チームの構成が確立され定期的に見直されていること，チームのパフォーマンスに正式なフィードバックが与えられていることを確かめる作業です。また，メンバーがどのくらいよいパフォーマンスを示しているかを伝えることでもあります。

　チームをマネージすることは，明確に共有されたチームの目標を設定することです。チームは，リーダーがいわば強制的に設定する方向性と関連させながら，特定の目的について協議しなくてはなりません。リーダーは，組織の目標とチームの方向性，そしてチームの目標が一致し，一貫していることを確認する必要があります。組織やチームの目標は，チームがやっている作業を組織の内外に明らかにするために明文化しておくのがよいでしょう。それによって，チームの成功も適切に評価されます。

　チームをマネージすることは，メンバーの役割を明確にすることです。チームのリーダーは，それぞれのメンバーの役割が誰の目にも明らかであるようにしなくてはなりません。ここで大事なのは，それぞれの役割が部分的にでもその人独自のものであり，チームの仕事において重要で，チームの目的達成に貢献するものであることです。

　チームをマネージすることは，個々人の役割を発展させることです。チームが効果的に機能するためには，個々人の役割やタスクがメンバーにとって，どの仕事も意味があると感じられるものであり，成長や向上，そしてスキルの練習の機会になるものでなくてはなりません（Hackman and Oldham, 1976）。動機づけや熱意，コミットメントを保つには，本当に興味をもてるタスクに取り組む必要があります。それは挑戦や，創造性やスキルの向上の機会を提供してくれるものです。経営には，メンバーの能力を伸ばし，新しい学びや興味を搔き立てるような目標を毎年設定することも含まれます。

　チームをマネージすることは，個々人の貢献度を評価することです。リーダ

ーはメンバー個々人の仕事がチーム全体の目的にどの程度貢献しているかを評価し，パフォーマンスに対するフィードバックを与える際の中心的な役割を担います。そういった評価は年に1回与えられることが普通ですが，より頻繁に行うことも有効です。メンバーが仕事をする中で成長し向上していくためには，パフォーマンスに対する定期的で建設的なフィードバックが必要です。伝統的には，このようなフィードバックは年次査定や査定面接を通してなされてきており，メンバーの上司が年間のパフォーマンスについてフィードバックを与えるという形で行われてきました。水平的なチーム構造では，コントロールするべき範囲が広くなり，メンバー同士のネットワークも拡大します。そのため，メンバーに必要なフィードバックをリーダーが与えることは極めて難しくなります。また，このことは，チームがチームリーダーではなくチームメンバーを評価すべきである，というチーム哲学にも通じます（West & Markiewicz, 2003）。仕組みは単純です。チームメンバーはお互いのスキルやパフォーマンスを評定します。そして，リーダーと他のすべてのメンバーからフィードバックが集められます（普通はアンケートを通じてなされます）。アンケートはチームワークのスキルなどあらかじめ提示された能力について，そのパフォーマンスを評定します。回答は分析され，メンバーにフィードバックが与えられます。このようなアプローチはチームのコミュニケーションプロセスを改善し，責任感や参加意欲を高め，チームのフィードバックの概念を広げるものです。このようなやり方によって，チームメンバーは彼らがもっている価値観について情報を得ることができるのです。

・チームのアウトプットに対する貢献。チーム全体のゴールを元に，あらかじめ決定された目標に対して評価がなされる。
・チームの役割の中でのパフォーマンス。
・コミュニケーション・目標設定・チームメンバーへのフィードバック，計画立案と協調性，共同的な問題解決，不一致の解消，イノベーション，協力性といった領域での貢献。
・チーム風土やチーム機能に対する貢献。

メンバーにフィードバックを与える方法はたくさんあります。

- あらかじめ決められた事項について，リーダーがメンバーの意見をとりまとめて，情報を分析し，個人に対してフィードバックを行う。
- チームのパフォーマンスを評価する段階で，個々人のパフォーマンスも検討する。その際，外部からファシリテーターを導入することもある。
- 個々人のパフォーマンスを評価するためにチームのサブグループが委任され，決まった領域についてのみ個人にフィードバックを与える。

大事なことは，こういったプロセスがメンバー個々人の作業目標を明確にし，自分たちは価値があると評価されているように感じられるようにすること，自分たちが尊敬されておりサポートされていると感じられること，そして個人の望ましい成長のための方法を見つけられるように手助けをすることです。

　チームをマネージすることは，チームのパフォーマンスに対するフィードバックを与えることです。 チームに対する明確で建設的なフィードバックは，チームのパフォーマンスにかなりのメリットをもたらします。しかし，メンバーによる報告が看過されるということもしばしば起こります。メンバーは自分たちのパフォーマンスについてはフィードバックを受けますが，チームのパフォーマンスについては体系だって評価されることはめったにありません。チームをベースとした組織では，チームを評価する基準作りに最大限の注意を払うべきでしょう。チームは下のような点について評価されます。

- **チームの成果**——チームのパフォーマンス，たとえば部品製造，患者の治療，カスタマーサービスなど——こういったものは，チームの「お客様」によって定義・評価されるのがよいでしょう。
- **チームの生存力**——チームが協働して働き続けることができる力です。もしメンバーの中に，あの人とはもう二度と一緒に働きたくない，と思った人がいたとしたら，チームは機能的でなかったといえるでしょう。
- **メンバーの成長とウェルビーイング**——メンバーにとっての学び，発展，そして満足です。うまく機能しているチームでは，メンバーは他のメンバーか

ら絶えず学ぶことができます。

- **メンバーのメンタルヘルスと積極的な関わり**——チームの仕事から直接的に影響を受ける，メンバーのウェルビーイングと元気のよさです。
- **チームのイノベーション**——チームに新たによりよい物事の進め方を導入するというものです。チームの機能を測るバロメーターとしてこれ以上のものはないでしょう。概念的には，チームは創造性やイノベーションを生み出す源泉でなくてはなりません。なぜなら，チームにはさまざまな知識や志向性，能力，姿勢をもつ人，そしてグループ企業において経験を積んだ人が集まっているからです。これは，創造性を求める上では理想的な環境を作っていることになるのです。
- **チーム間の関連性**——組織内での他チームや他の部署との協力です。商品やサービスを提供するには，チームは凝集性があるだけでなく，他のチームや部署と効果的に協働する必要があります。そうでなければ，チーム内での凝集性は組織内の，言うなればサイロの鉄の壁を強化するだけになってしまいます。そのような体制は，組織の目標達成に向けた集団の努力を弱めてしまいます。

チームをマネージするためには，リーダーがチームのパフォーマンスをよく観察する必要があるのはもちろんですが，客観的な質的・量的データを色々なところからもってきてフィードバックをすることも必要です。そこには，チームの仕事によって影響を受ける人からのフィードバックが含まれている必要があります。たとえば，顧客です（外部であっても，内部であっても）。プライマリーケアのチームでは，マネージャーは複数のやり方でフィードバックを求めることがあります。治療に対する患者への満足度調査や，臨床面接に対する患者の満足度調査，サポーティブな関わりに対する家族や親族からのフィードバック，治療の有効性に対する地元の病院からのフィードバックなどです。

チームをマネージすることは，グループのプロセスや戦略，目標を見直すことです。タスクの振り返りを行うことで，成果を最大限にするためのチームの目標や戦略，プロセスをオープンに，かつ積極的に反省し，適切に修正します。チームは定期的に時間を取って，自分たちがやっている方法や目的，手順を評

価し，適切なものに修正するべきです。アメリカの組織心理学者であるクリス・アーギリスは，チームや組織が正しいやり方で物事を進めているかどうかと，正しいことをやっているかどうか，という2つの評価がどう違うのかを指摘し，「二重の学び」と名づけました。アーギリス（Argyris, 1993）によれば，多くの組織は自分たちがいかに能率的にやれているか，つまりいかに正しいやり方で物事を進めているかということにしか目を向けません。たとえば，ある金属バネの製造業者において，製造されたバネに適切な張力があり，その商品によってより大きな市場を獲得できるかどうかを考えること（正しいやり方で物事を進めること）に時間がかけられ，市場を変えるような全く新しいバネを作ること（正しいことをやること）には目を向けられません。「二重の学び」はそこから一歩進んで，組織やチームが正しいことをやっているかどうかを問いかけるものです。たとえば，競合他社の多い市場でワイヤレスネットワークデバイスを開発することは正しいことではないかもしれません。そういう時は，製造業からサービス業に転化し，クラウドネットワーキングを提供するほうがよいかもしれないのです。

　チームをマネージする際には，チーム内で「二重の学び」や振り返りがしっかり生じているかをリーダーが確認する必要があります。その際には，チームの目的や方法論，構造やプロセスを定期的に評価することが重要です。少なくとも，複雑な意思決定を行うチームでは半年に1回はこういった見直しを行うのが良いでしょう。そういった評価の場で，チームは自分たちの半年間の成功度や期間中に直面した困難，チームの失敗について話し合います。

　チームの日々の仕事の中で，時間をとって上記のような振り返りを行う時間を設けるのは通常，チームをマネジメントする者の責任です。チームが忙しく仕事をする中でそのような振り返りの時間をとることのメリットを疑う人もいますが，このような振り返りを行うチームは行わないチームよりもはるかに機能的に働くことを示す確証があります（Hackman & Morris, 1975; West, 2000）。私たちがイギリスの病院のトップマネジメントチームと仕事をしている中で，最も強いプレッシャーにさらされているチームは，最も機能的でない働き方をしているチームであり，結果としてチームの戦略や歩みを振り返る時間が十分にとれていないチームであることがわかっています。それはまるでランニング

マシンの上をものすごい速さで走っているようなものです。一歩その機械から降りれば他の方向に進むことや，エスカレーターに乗ることもできるのに，彼らは忙しいだけのおろか者になってしまっていたのです。

Box 5　リーダーシップの誤りと知恵

　賢く聡明なリーダーであっても時におろかな行動をして，悲惨な結果を招くことがあります。ロバート・スターンバーグ（Sternberg, 2003）はリーダーがおろかな行動をして，時に悲惨な結果を招いてしまうに至る4つの誤った信念を，以下のように特定しています。

　利己心の誤り——リーダーがすべて自分のことだと考えてしまい，重大な決定を下すときにチーム全体でなく自分自身の興味や必要性ばかりに基づいて考えてしまうことです。

　全知の誤り——リーダーは多くのことを知っているかもしれませんが，すべてについて多くのことを知っていると考えるのは誤りです。誤りでないとすると，どうしてチームを組むのでしょうか？

　全能の誤り——リーダーが最強で，なんでもできると考えてしまうことです。自分の目やメンバーの目に，行動の合法性や道徳性がどう映るかが考えられなくなります。

　弱みはないという誤り——リーダーは時に，自分がしたいことはなんでもやりおおせてしまうと考えてしまいます。間違っていても見破られないし，もし見破られたとしてもその状況から脱することができると考えてしまいます。メンバーはリーダーの行動に気付いているし，気にかけています。リーダーが特にこういった誤りに陥りやすいのは，ヒエラルキーの上層にいくにつれ，周りから尊敬され，問いただされることがなく，周囲から承認を求められるようになるからでしょう。テリトリーの広さに伴って，知恵がつくわけではありません。

　反対に知恵というのは次のように定義されます。「自分自身の興味関心と他者の興味関心のバランスをとり，モラルや倫理観を持つことで，知能や創造性を，公共の益のために使うことである」（Sternberg, 2003,

p. 5)。

> **Box 6　えこひいき**
>
> 　リーダーは，コミュニケーションのしかたによってチーム内に内集団と外集団があることを示す行動をとることがよくあります。内集団のメンバーというのは，能力があって好感が持てるとリーダーが認識する人たちです。外集団のメンバーというのは，リーダーが一緒にやっていくことに難しさを感じたり，能力がないと捉えられたりする人たちです。リーダーは内集団の成功は能力に帰属し，失敗はコントロールできない環境要因によるものと考える傾向があります。しかし，外集団についてはリーダーは全く逆に考えてしまうのです。振り返ってみれば，リーダーは外集団のメンバーと時間をとって話すことをほとんどしていないことに気づきます。リーダーは誰が「内」集団に入っていて，誰が「外」集団に入っているかがメンバー全員にわかってしまっているということに恐らく気づいていないのです。これによって憤りが生じ，チームの能力は下がってしまいます。リーダーは，能力があまりないと思われるメンバーや，一緒にいて心地よいと思えないメンバーとも多くの時間を過ごすようしなくてはなりません。彼らを訓練し，コーチングのスキルを使って彼らとも関係を作り，全体が含まれるようなひとつの内集団をチームの中に作るべきです（Graen and Scandura, 1987）。

チームのコーチング

　コーチングとは，チームの日々の歩みを円滑にマネージするためのもので，管理よりも傾聴に重きを置きます。マネジメントではモニタリングやフィードバック，組織全体に関する情報提供などを重視するのに対し，コーチングはよりインフォーマルなものです。

具体的には，コーチとなる人がメンバーに耳を傾け，手助けしたりアドバイスしたり，ガイドしたり提案をします。ハックマンとワグマン（Hackman and Wageman, 2005）はチームのコーチングのための理論を提示しています。そこでは，リーダーがチームをコーチングするための方法として，以下の3つが示されています。

・メンバーのコミットメントやアイデンティティを高め，社会的手抜きを減らすことでメンバーの動機づけを高める。
・重要でない作業を最小限に減らして機能的に調整を行ったり，タスクに専念させてパフォーマンスを高めるための戦略を促進する。
・メンバーの知識やスキルが効果的に活用され，向上するようにする。

以下では，このテーマについてもう一度説明しましょう。コーチングとは，チームが目標を達成し，能力を発揮できるようにするためにリーダーが行う日々の業務です。リーダーはそのために，頻繁に，特定のサポートや激励，手助け，フィードバックなどを行います。メンバー一人ひとりと全体の両方の努力を促進するのです。サッカーの試合中に，ピッチに立っている監督を考えてみてください。これは，リーダーが行うコーチングの役割に似ています。コーチング概念の基盤には，正しい方向に手引きするだけでなく，メンバーがパフォーマンスを改善するために探索できる環境を整えることも必要である，という考え方があります。コーチングでは，傾聴の基本的スキル，感情を認めて開示すること，フィードバックを与えること，そして目標を共有することが求められます。それぞれについて，詳しく見ていきましょう。

傾聴はチームのコーチングのための主要なスキルで，4つの要素から構成されます。それらは積極的傾聴，開かれた傾聴，内面の引き出し，反射的傾聴です。

（a）　**積極的傾聴**——積極的傾聴とは，耳を傾けるプロセスに意識を向けることを意味します。私がよく思うのは，メンバーと話しているとき，うなずいて興味や関心をもっているように見せかけるのはとても簡単です。ですが，実は一方で全く違う前のミーティングのことを考えていたり，娘と話した新しく

できた映画館のことを考えていたりすることがあるということです。積極的傾聴とは，今ここに一緒にいるメンバーに対して積極的な注意を向け，同時に彼らが何を言わんとしているかを理解する，つまり行間を読む，という作業になります。積極的傾聴ができるようになるためには練習を続ける必要があります（マインドフルネスの練習をすることで，能動的傾聴が上手にでき，よいリーダー，コーチになることができるでしょう（Kabat-Zinn, 2004））。

　（b）　**開かれた傾聴**──開かれた傾聴とは，開かれた心をもって耳を傾けることです。いったん評価をお預けにして，メンバーがアイデアについて考えられるようにします。メンバーが問題を提示したり，自分の話を話しきらないうちから，リーダーは答えを知っていると考えるべきではありません。開かれた心をもって耳を傾けることによって，メンバーが問題について十分に探索したり，説明することができるまで，評価はしないようにします。問題解決のための最良の方略は，解決策を探るよりも問題を明らかにすることに多くの時間を割くことです。誤った問題の解決策を探ろうとするのは，明らかに生産的ではありません！　**そこでリーダーは，解決策を提示しようとするよりも，メンバーが問題について十分に探索できるよう促すべきです。**これは実際にやるには難しいことです。たとえば，コーチングのロールプレイに参加したヨーロッパ中の数百人のマネージャーを相手にしていて一番難しいと思うのは，一刻も早くに問題を解決したいという誘惑に対処することです。コーチングにおいては，メンバー自身が問題の本質がどういうものであるかを明らかにし，自力で解決策を探る機会を提供するため，リーダーは待ちます。これによってメンバーは何かに依存することなく，学びを得ることができます。リーダーシップを発揮すべき場面においては，時にはメンバーのために問題を解決することが求められることもあります。しかし，それはコーチングモデルには含まれません。

　（c）　**内面の引き出し**──内面を引き出すことは傾聴の大きな部分を占めます。これは，メンバーに自分たちがもっているアイデアや気持ち，どうしたいかを話すように促すことです。これはオープンな問いを問いかけることで促進されます。たとえば，なぜ？　どうやって？　そして，誰が？　などです。内面を引き出すことの目的は，リーダーに相談している特定の問題について，メンバー自身の探索を促し，それを明瞭に表現できるようにすることです。閉じ

られた質問というのは,「イエス」か「ノー」で答えられるものです。たとえば,「勤務時間が長すぎることによって,家庭で問題は起きていますか？」などです。そのような状況でなされるべき開かれた質問は,「今の労働負荷はどういう問題を起こしていますか？」といったものになります。繰り返しになりますが,やる気のあるコーチの多くは,質問をすることで問題の本質を早く知ろうとしてしまいます。メンバーが仕事にかかる時間が長すぎることについてリーダーに話した場合,リーダーは一見開かれた質問のようでありながら,実は閉ざされた誘導的な質問をしてしまうことがあります。たとえば「どうして仕事の優先順位がつけられないんだ？」といったことです。よいコーチがそこで言うのは,「どうしてそれが起きていると思う？」「今どんなプレッシャーを感じている？」「それについてどう思う？」といった質問です。

　（d）　**反射的傾聴**——反射的傾聴とは,メンバーが話した内容を繰り返すことで理解を示すことです。これには,メンバーがその前に話した内容を要約する作業が重要になります。たとえば,「今君が言っているのは,仕事は楽しいけれども,自分自身で新しいプロジェクトを決めてそれをする自由が欲しいということなんだね？」というようなことです。繰り返しになりますが,これはリーダーが問題の性質を定義してしまうようなことであってはなりません。それは,メンバーによって話された情報を純粋に繰り返して,それを要約する作業であるべきです。これはコーチングにおける強力な方法のひとつであり,これによってメンバーはチームワークの中の特定の問題をより包括的に探索することができます。反射的傾聴は,次の理由から強力です。

・メンバーの話に対して能動的に耳を傾けていることを示す。
・メンバーのことをわかりたいという純粋な欲求を,メンバーに示すことができる。
・リーダーが誤って理解していることを正す機会を与えてくれる。
・リーダーがメンバーの言っていることを正しく理解したことを保障してくれる。
・お互いに共感し,相互理解を促進する。

メンバーが話した情報を単に繰り返すことは，中身のないオウム返しのようなものだと思うかもしれません。しかし，相互作用のプロセスに関する研究では，そのように要約をして伝え返すことは，単に言われたことの正しさを保証するだけでなく，すでにある情報についてより詳しく考えることを促進するとされています。反射的傾聴によって，探索は妨害されるのでなく促進されるのです。

感情を認め開示すること　リーダーがメンバーの業務や体験を促進したいと考えているなら，メンバーの扱いやすい一面だけを見るのではなく，全人的な視点から捉える必要があります。リーダーが効果的にタスクを遂行したいのなら，メンバーの感情を探索したり，明確化することがときに適切かつ必要となります。そのために，メンバーには限られた範囲内で自分自身の感情を表出し，それによって不快になったりせず，かつそれをしているという自覚をもってもらう必要があります。リーダーは時にフラストレーションや怒りを向けられる対象となり，またリーダー自身もメンバーに対してフラストレーションや怒りを感じることもあります。そういった感情に対して，適切なタイミングで適切な方法で対処することはコーチングの重要な部分なのです。

ここで私が提案しているのは，リーダーがメンバーの感情的反応やフラストレーションのすべてのニュアンスを探索すべきである，ということではありません。「感情」について大きな問題がある時に，メンバーはその感情を表出したり探索したりする機会を与えられるべきです。同僚のことを重荷に感じ，フラストレーションがたまっているメンバーにとっては，いま直面している課題の優先順位をつける前に，まずはそのような感情を表す余裕が必要かもしれません。よくあるのは，感情に焦点化すると事実が明らかになる，一方で，事実の方に焦点化してしまうと感情は短期的には隠されたままで表現されないということです（長期的には，感情の爆発といった不適切な形で表出されるかもしれません）。感情表出は人のその時のウェルビーイングによい影響を与えるだけでなく，将来，似たようなストレスにさらされた時の対処能力にも関係します。

リーダーは自分の感情を，建設的で批判的でない形で表す方がいいでしょう。たとえば，「前回のミーティングのあと，注文商品を今夜までに顧客に届ける

と約束したんだけれど，どうやらそれができそうになくてフラストレーションが溜まっているんだ。顧客をがっかりさせるのは本当に残念だ。それに，簡単にできると思って約束したことだからイライラしているんだ。チームとして，何がいけなかったのか，今回のことから何が学べるかを話し合えないだろうか？」といった感じです。リーダーの感情表出の 95% 以上が暖かくポジティブで勇気づけるものであった場合には，このような感情表出はより受け入れられやすくなります。リーダーの仕事は，ポジティブで情熱的な雰囲気を作ることです。これによってチームは，創造的で協力的に仕事ができるようになります。

フィードバックを与える　フィードバックは組織においてよく使われる言葉です。にもかかわらず，誤解されていることが多く，きちんと実践されていることはほとんどありません。フィードバックとは，ある特定の行動に対する明確な反応を繊細かつ建設的な方法で示すことです。ナイジェル・ニコルソンと私が 2000 人以上のイギリスのマネージャーを対象に行った調査では，多くのマネージャーがポジティブなフィードバックをもらえないといって，上司を批判していました（Nicholson and West, 1988）。そこで，上司に時間の使い方を調べてもらったところ，メンバーに対するポジティブフィードバックは彼らの行動リストの一番下の方になっていたのです！

フィードバックを与えるということは，メンバーの行動やその行動の結果に，具体的に注目することです。 たとえば，

> 市場調査の中に質問集を組み入れるかについては，君がそれは適切ではないと思ったから合意させなかったんだよね。それによって他のメンバーからのフラストレーションに面することになってしまった。でも結果的には，もっとよい質問集を作ることができたし，結果的にもっと役に立つ情報が得られるようになると思うよ。

この例では，フィードバックにおいて，特定の行動とそのポジティブな結果に注目しています。フィードバックというのは，人の頭をポンポンと撫でて「笑顔を見せる」だけのことではありません。それでは過保護的ですし，メンバー

に対してコーチが親的な権力をもつことを示すことにもなってしまいます。そうではなく，フィードバックはチームのパフォーマンスを強め，改善することを目的として行われるべきです。

　行動を変えたり強化したりする上でフィードバックが最も効果的になるのは，対象となる行動の直後になされたときです。 組織においてフィードバックは，年に1回の評価面談でなされることが多くあります。しかし，これでは行動に対する影響は非常に限られたものでしかありません。リーダー（そしてメンバーも）は日にち単位，時間単位でフィードバックを行うべきです。

　行動を変容させるためには，ネガティブ・フィードバックよりもポジティブフィードバックのほうがはるかに効果的です。 フィードバックをするときには，ネガティブよりもポジティブのほうにかなり偏った比率で考えておくと良いでしょう（ポジティブ95%に対しネガティブ5%くらいが良いバランスです）。しかし，人は職場で期待される行動と実際の行動の差に目が向きやすいため，このバランスはネガティブ・フィードバックのほうに偏ってしまうことが多いのです。これは環境に対する，人間の正常な反応の結果でもあるでしょう。期待したものと実際が違う時，人は不一致に意識が行く傾向があるからです。しかし，リーダーは不一致よりもむしろ一貫して一致していること——期待と現実の一致——に注意を向けて，それに気づくようにするべきです。そしてその結果としてフィードバックを与えるようにするのです。

　目標の共有　リーダーの一番の仕事は，チームやメンバーが常にチームの方向性や目標，個人の目標を理解していることを確認することです。働く上で，目標設定がパフォーマンスに強力な影響を及ぼすことは基本原則です（Locke and Latham, 1990, 2002）。リーダーの役割にはメンバーが目標を明確にし，それに納得できるよう助けることも含まれます。たとえば，あるメンバーが労働負荷を気にしているのであれば，チームリーダーと他のメンバー，およびそれを気にしている当人との間で目標を合意するように促すという作業もコーチングの一部なのです。社会的手抜きに関する議論のところでも述べましたが，メンバー間に公平な労働負荷があるということは，チームが機能的に働く上で不可欠なのです。同様に，こなせないほどの労働負荷を抱える人がいないようにすることも，リーダーの（そしてすべてのチームメンバーの）責任です。

Box 7 は，リーダーシップにおける重要な機能を示したものです。それぞれ方向性の設定，チーム作業のマネジメント，リーダーシップスキルの向上という見出しとなっています。この見出しはリードすること，マネジメント，コーチングという3つのテーマとおおむね共通するものです。

Box 7　チームのリーダーシップの機能
（Zaccaro, Heinen and Shuffler, 2009 より）

方向性の設定——環境の精査，正しい決断，説明，計画，目標設定。

チーム活動のマネジメント——人材配置，規範形成とコミュニケーションの促進，パフォーマンス期待値の設定，パフォーマンスのモニタリング，フィードバック，外的環境の変化に合わせたチームワークの調整，資源の獲得，チームの代表としての役割，チームの防護。

リーダーシップ技術の発展——専門性の発展，方向性設定のコーチング，計画立案や役割分担のコーチング，集約的な情報収集プロセスのコーチング。

この3つが，リーダーにとっての主要な課題になります。つまり，リーディング，マネジメント，そしてコーチングです。これらの活動をうまくブレンドすることによって，リーダーはチームの成功を力強く成し遂げることができるでしょう。これは，チームの能力，有効性，革新性，そしてメンバーのウェルビーイングをもたらす秘訣となります。これらの処方箋に注意深く心して従えば，チームの素晴らしい成功が約束されるでしょう。ただし，いくつか注意すべき罠も隠されています。

チームリーダーにとっての罠

リチャード・ハックマン（Hackman, 1990, 2002）は，チームリーダーを失敗に至らしめる5つの隠れた罠を見出しました。

遂行単位はチームであるとしながらも，実際にはメンバーを個人として管理すること。チームメンバーの管理には2つのやり方があります。ひとつはチームリーダーがチームの中に個人の責任を割り当てて，個人の活動を協調させるものです。それによって，チームメンバー努力の総和が，チーム全体の成果のために集約されます。2つ目の戦略は，チームにタスクを割り当てて，チームのメンバーにどのようにタスクを達成すべきかについての決定の責任を委ねるというものです。混合型のモデルは，チームメンバーを戸惑わせ，チームの非有効性につながるとハックマンは述べています。というのも，混合型モデルでは，メンバーはチームであるといわれているにもかかわらず，パフォーマンス評価や報酬では，個人として扱われるからです。個々のパフォーマンスは，ボーナスをもって報いられますが，チームのパフォーマンスには注意を払われません。同様に，個々のチームメンバーのキャリアもバラバラに管理され，メンバー間の競争に陥ることもあります。結果的に，チーム業務は阻害されてしまいます。というのも，チームメンバーはおそらく，共有された目標達成に向けて互いに協力するよりも，個人の目標達成にむけて競うようになるためです。

> チームワークの恩恵を受けるためには，実際にチームを作らなくてはなりません。一組の人々をチームと呼んで，彼らに一緒に働くように勧めるのでは不十分です。代わりに，明確な行動をとらなくてはなりません。それは，チームの境界を作ること，メンバーがみんなで説明責任を負うようなタスクを一つ決めること，そして，メンバー個々人の内的なプロセスだけでなく，顧客や同僚のような外部の人々との関係性についてもマネージする権限を与えることなどです（Hackman, 1990, p. 495）。

　権限の平均台から落ちる。チームの中で権限を行使することは，チームメンバーやチームリーダーに対する不安を生み出します。このような時に，不安を解決するための不適切な方法とは，時として過度に，時として過小にリーダーシップを行使することです。リーダーシップは，あるところでは権限を行使し，別のところでは差し控える必要があります。あるいは逆に，あるところでは権限を与え，別のところでは権限を与えずにおくということです。チームリーダ

ーは,それによってチームの業績が達せられるという確信があるなら,権限を行使することに関して弁解する必要はありません。というのも,これはチームの有効性に根本的に貢献するものとなるからです。同時に,チームが自分の目標を達成する手段を決定するための権限は,明確な境界の中で与えられるべきです。チーム自体が明確な方向性に向かっていくことを保証することは,チームの力を落とすのではなくむしろ力を与えることとなります。人が「権限の平均台から落ちる」のは,十分な方向性がないままに,過度な自主性や自由度を与えるからなのです。その結果,チームは不確かさにおぼれ,モチベーションやコミットメントを失ってしまいます。あるいは,チームリーダーは過度な権限行使をして,チームが一丸となって仕事をすることを妨げることもできます。典型的な失敗は,方向性が必要とされるチーム作りの初期段階において,チームに過剰な権限を与えてしまい,後にチームがうまく機能しなくなってから強く干渉するというものです。

大きなグループを単に集めること。グループの構成が不明確で曖昧になっており,組織構造や責任がうまく機能してこなかったような場合には,チームメンバーはプロセス・ロスの犠牲となるかもしれません。それは,はじめに述べた,社会的手抜きやただ乗り効果のようなものです。ハックマンはチームが適切な構造をもつためには,3つの重要な要素が必要であると主張しています。第1は**充分に練られたチームタスク**です。それは,有意義でやる気が出るような仕事となります。その際,チームメンバーにはその仕事をうまく成し遂げるために十分な自律性が与えられるとともに,その努力の結果についても直接的なフィードバックを得ることができます。第2は**入念に集められたチーム**である。チームはできるだけ小規模であるべきです。ただし,チームが仕事を効率的にでき,かつチーム内に必要な技術や資源が入り混じっている必要はあります。第3に,チームは,その権限や説明責任の範囲や限界について,**はっきりした,明確かつ曖昧さのない情報**をもつべきです。それは,チームメンバーが,彼らの(与えられた)範囲を超えて領域をさまようことがないようにするためであり,また,彼らがなすべきではない不適当な意思決定をすることがないようにするためです。

**チームが挑戦すべき目標を特定して,組織的サポートを極端に切り詰めるこ

と。組織内のチームでは，「背伸びした」目標を与えられることが時にあります。それは，チームメンバーにこれまで以上に挑戦的な目標を成し遂げることを求めるものです。これは，パフォーマンスを向上する上で，また，チームメンバーに挑戦の意識を与える上で，非常に有益かもしれません。しかし，もし組織が組織的リソースを適切に与えなければ，チームは仕事をなし得ることはないでしょう。鍵となる資源には以下のものがあります。

・個人のパフォーマンスだけでなく，優れたチームのパフォーマンスに対して，それを認め，報いる報酬システム。
・チームがその目的を達成しうるためのスキルについて，必要なトレーニングを提供する組織内の教育システム。
・チームがその目的を達成しうるようなデータを，適切な形で提供する情報システム。
・そしてチームが仕事を成し遂げるための物的資源。たとえば，資金，コンピュータ機器，快適な空間，スタッフなど。

これらのシステムと資源については，第10章により詳しく述べられています（また West and Markiewicz, 2003 参照）。

　私が見たところでは，多くの組織では，個人というよりもむしろチームに対してどのように報いるか，またチームが必要とするような資源や情報をどのように提供しうるのかについて，ほとんど考えられていません。こういった事実にもかかわらず，まさにチームベースの組織が公私双方の領域において規範となりつつあるのです。したがって，リーダーは自分のチームが適切なサポートシステムを利用できるようにするために上層部に対する，あるいは横への影響力を行使するべきです。

　メンバーがチームとして働くために必要な全ての能力をすでに備えていると思い込むこと。 チームリーダーは，チームの有効性を高めるために，ことあるごとにプロセス介入を行わなくてはなりません。介入の時期もまたとても重要となります。チームリーダーは，チームがうまくいっている時だけでなく困難な時にも，チームメンバーとチームを指導し，援助するための時間をもつべき

です。チームメンバーには新たに起こった難問を処理する能力があると頭から決めつけるのは間違っています。チームリーダーシップには，チームのプロセスをいつも意識していること，そして必要なタイミングでチームをさらに伸ばすために積極的な介入を行うことが必要です。チームワークは盲目の民主主義ではなく，ダンスを創造的かつ効果的に一緒に踊る方法について，たゆまぬ学びをすることなのです。

チームリーダーシップのスキルを伸ばす

チームリーダーは，少なくとも1年に1回，自分のチームメンバーに，自分のリーダーシップタスクがどのくらい充分に達成できているかについてフィードバックを求めるべきです。

- 「あなたの仕事に対して，私はどの程度明確な方向性を与えましたか？」
- 「私たちの仕事によって，あなたはどのぐらい気持ちが沸き立ち，モチベーションが高まりましたか？」
- 「チームのタスクはチームでそれをすることを本当に求めますか？」
- 「そのタスクに対して，どの程度全精力を出し切りましたか？」「また，効果を最大限にするために，どの程度スキルを用いる必要がありましたか？」「どのようにすれば，私たちの仕事はより挑戦的で，動機づけが高まるものとなり得たでしょうか？」
- 「あなたがチームとして仕事を進め，成功するために，私は充分な権限をあなたに与えましたか？」
- 「チームがどの程度のパフォーマンスを上げているかについて，私はあなたにどのくらい充分な情報を与えていますか？」
- 「チームを援助するための私の介入のタイミングは，充分適切でしょうか，あるいは，邪魔になっていますか？」（かならず例を挙げてもらう）
- 「その仕事を効果的に行うための人手は充分でしょうか？」
- 「タスクを成し遂げるための資源，情報，設備，教育訓練を私たちはどの程度もっていますか？」
- 「（個人的報償よりはむしろ）あなたがした仕事に対して，チームとして得

た報酬について，あなたはどの程度満足していますか？」

チームのリーダーシップスキルに関するフィードバックで得られた答えは，今後改善すべき領域を示すものです。こういったフィードバックを求めることは勇気のいることです。しかし，チームメンバーはフィードバックを求めることは，自分たちのリーダーの弱点と見なすよりも，むしろ能力や手腕の証であると考えます（Ashford and Tsui, 1991）。

リーダーシップ力を伸ばす取り組みには，他にも情動知能の訓練や，変革型リーダーシップの養成などが含まれます。

Box 8　情動知能——自己認識を高めること

あなたの情動知能（Emotional Inteligence; EI）は，あなたのリーダーとしての成功を決定づけます（Goldman, 2002）。EI には 4 つの要素があります。自己認識，セフルマネジメント（あなたの衝動をコントロールすることを学ぶこと），社会的自覚（共感），そして関係性をマネージすることです。情動知能の一番目であり，最も重要な要素である自己認識をあなたはどのように高めることができるでしょう？

1. まずは日記をつけることから始めてみましょう。日々の一連の仕事の中であなたが感じたこと，あなたの全般的な気分を記してみましょう。特定のチームメンバーと話している時，あるいはチームミーティングの最中に，あなたはどのように感じていたでしょうか。前向きな気分になった時，後ろ向きな気分になった時はいつでしょうか。そしてそれはなぜでしょうか。週末ごとに，日記を通しで読んでみましょう。そして，あなたの感情表出に何らかのパターンがないかを探してみましょう。そうすることで，自分の感情のパターンについて，より自覚的になることができます。
2. また，毎日マインドフルネスを実践してみましょう（Kabat-Zinn, 2004）。1 日 10 回，自分自身を捉えようとしてみてください。そして，どんな気分であったかを記しておきましょう。つまり，運動選手の

ように，あなたの自己認識を鍛えるのです。

3．1日1回，20〜30分の静かな振り返りの時間をもちましょう。職場のドアを締め，電話が鳴るのを遮断することでできます。あるいは，ひとりで散歩することで，振り返るための時間と静けさを得ることができます。

4．瞑想を学ぶこと，そして1日1，2回は瞑想を実践することを考えてみてください（Batchelor, 2001）。1回目は朝に，そして夕飯前か夜もよいでしょう（もしくは，電車での移動時間やフライトの時間も良いです）。夜，目が覚めてしまった時にも，瞑想をすることで時を満たすことができます。それにより，あなたは瞑想の練習ができ，休息を取ることができ，そしてまた眠りにつけるかどうか不安にならずにすむことができます。瞑想は無意識のうちに，あなたの自己認識を高めてくれるのです。

5．毎日，職場に着いた時に，あなたが感じていることを記してみましょう。あなたは楽観的で，自信に満ち，意気込んでいますか？　それとも気分が落ち込み，不安や怒りに満ちていますか？　ネガティブでいるよりはむしろ，楽観的で自信に満ちた状態でいることを選ぶとよいでしょう。静かな自信と楽観は実に良いものです！

6．あなたのマネージャーとして，あるいはリーダーとしての仕事は，自分の気の向くままにすることではなく，あなたが導く人々を助けることであるということを忘れないようにしましょう。そのために，自分の人生や仕事への取り組みに対して常にポジティブでいましょう。そのためには，情熱的で楽観的で，——そして何より大切なのはユーモアや笑いを奨励することです。

7．ものごとをポジティブに考えましょう。そうすれば，ポジティブな気分になるでしょう。(Seligman, 1998)

変革型チームリーダーシップ

リーダーシップの2つの主要なスタイルは，変革型と管理型です（Howell

and Avolio, 1993; Yukl, 1998)。**変革型リーダーシップ**とは，次のようなリーダーシップとして定義されます。それは，部下がリーダーを信じ，高い水準のパフォーマンスを発揮し，組織の目標達成に貢献するような気持ちを起こさせるリーダーシップです。バス（Bass, 1985）は，変革型リーダーシップには，次のような4つの鍵となる要素があると述べています。

・**理想化された影響力**――リーダーは実に見事な立ち振る舞いをします。それによって，部下はリーダーに対する同一視をすることがあります（たとえば，リーダーは信念を示します，リーダーはビジョンと一貫したロールモデル的行動を演じます，それによって，リーダーは部下に対して，理性的なレベルだけでなく感情的なレベルにおいてもコミットメントや忠誠に訴えかけるのです）。
・**奮い起こされるモチベーション**――リーダーは，部下に訴えかけ，鼓舞するようなビジョンをはっきりと述べることができます（たとえば，これによって仕事のタスクの意義を高めます，チームリーダーは，高い基準を設定して，ビジョンの達成について楽観的なコミュニケーションをします）。
・**知的刺激**――リーダーは部下の創造性を刺激し，創造性を高めます（たとえば，問題の見立てたり，リスクを取ります。そして，リーダーは部下に対して，どうしたらそれを実践に移せるかについての意見や提案を求めます）。
・**個人的配慮**――リーダーは個々の部下に対して個別の対応をします（たとえば，メンターやコーチとして振る舞ったり，部下の気がかりに耳を傾けたり，部下のニーズを気に掛けるということです。ニーズにはスキルやキャリアの向上も含まれます）。

これらの理論は変革型，**管理型リーダーシップ**と呼ばれる2つの行動スタイルを対照的に描き出しています。管理型リーダーシップは，良いパフォーマンスに対する報酬と，失敗や標準以下のパフォーマンスに対する注意や懲戒を交互に使い分けることで部下を動機づけます。管理型リーダーシップは，リーダーの行動に基づく次の3つの側面から構成されています。

- **条件付きの報酬**——リーダーは部下と建設的な契約あるいは取り交わしをします。たとえば，期待を明確にすること，彼らの業務遂行への動機を高め，形成するために報酬を設定することです。その他の例としては，適正な水準の努力に応じて報酬を交わすこと，あるいは仕事を完遂する限りにおいては，彼らの個人的関心を許容することなどです。
- **問題発生に対する積極的な管理**——リーダーは，部下の行動，予想される問題をモニターし，深刻な困難が発生する前に矯正措置をとります。
- **問題発生による消極的な管理**——リーダーは，部下の行動が問題を起こすまで待って，それから行動を起こします。

　変革的行動と管理的行動は互いに排他的なものではありません。研究では，有能なリーダーは両者を用いることが示唆されています。しかし，最も有能なリーダーは，変革的なアプローチをより多く用います。なぜなら，それが部下のモチベーションやパフォーマンスをより高めるからです。問題発生による消極的な管理は，有効性に対して負の相関があります。条件つきの報酬と変革的リーダーシップの両者は，リーダーシップの有効性との間に正の比較的強い相関があります（Judge and Picolo, 2004）。

　別のカテゴリーとして，**無干渉主義リーダーシップ**があります。これは，リーダーシップの不在を意味します。これは，少なくとも何らかの問題が発生してから何らかの影響力が行使される消極的な管理とも異なります。実際のところ，これは彼らの能力や業務構造のニーズにかかわらず部下をほうっておいて自分自身で管理させ，自己決定させるものです。これは有効性と強い負の相関があります（Judge, Picolo and Illies, 2004）。

　研究によるエビデンスでは，総じて以下のようなことがわかっています。まず，変革型リーダーシップは効果的であるということです。そして，変革型リーダーシップと条件つき報酬の組み合わせは，有効性（生産性，収益性），イノベーション，従業員のコミットメントや参加，従業員のウェルビーイングのような望ましい結果を生み出す，という点において最も強力であるということです。これらはチームリーダーにとって重要な教訓です。また，最初に述べたリードすること，マネジメント，コーチングの原則とも一致するものです。

チームリーダーは，自分の変革型リーダーシップを伸ばすことができます。そのためには，（非現実的ではなく）楽観的であることを学ぶことです。また，怒り，不安，不満，苛立のようなネガティブな感情よりは，熱心さ，興奮，感謝，喜び，満足，そして賞賛といったようなポジティブな感情表現をすることです。仕事やあなたの周囲にポジティブなエネルギーを持ち込むためには，あなたのエネルギーが重要となります。塞ぎこんでいるのは特によくありません。変革型リーダーシップは，チームメンバーを刺激することもできます。それは，メンバーに対して，彼らが達成できそうなことについて，魅力的で動かずにはいられないようなイメージを想い描かせてみるのです。そして，それが叶う方法を考えさせるのです。そのためには，チームが何を達成しようとしているのかについてよく考えてみること，成功に向けて賢明で効果的な計画を練ること，そして，これらの計画をあなたのチームに伝え，議論し，納得させることが求められます。そうすることで，彼らは，自分のタスクをより強く自覚するようになるとともに，組織に対するそれらの重要性を感じるようになるでしょう。そして目標を達成すること，そして，自分のタスクを行うことに対して動機づけられることでしょう。さらに，彼らは，個人的な報酬や利益だけでなく，チームや組織のために働くことに動機づけられるでしょう。

あなたは次のようなことをすることで，チームメンバーを変えることもできます。それは，チームメンバーの知識，スキル，能力，そしてキャリアを伸ばすために，あなたが彼らをどのように助けることができるかについて，あなた自身がエネルギーを注いで考えてみるのです。そして，このことについて，チームメンバーと共に議論し，計画を練ってみるのです。そうすることで，あなたは彼らに自分自身の成長に注目させ，彼らのスキルと自信を伸ばし，基本的な人間の欲求のひとつを満たすことができるのです。——その欲求とは，私たちの環境に関わることによって成長し，発展し，何かを発見をしたいという欲求のことです。そしてもちろん，それは彼らが恐らくより高いパフォーマンスを発揮するであろうこと，そして結果的に自分の仕事により満足するであろうことを意味します。

カリスマと自己効力感についての警告。カリスマ的リーダー，彼らは第一義的に自己成長の欲求によって動機づけられており，自分自身の目標を達成する

ためだけにチームメンバーを利用します。彼らは間違いなく組織におけるはずれもの（歴史の中でも）なのです。彼らは宗教的カルトのリーダーと同じです。彼らは，彼らの部下を助けるよりも，むしろセルフイメージや信念を確かめるために部下を利用することに関心があるのです。あなたの意思決定が，顧客やチームメンバーのニーズを最優先に，第一に考えてなされたものかどうかを確かめるとよいでしょう。

もしこの水準に至っていないなら，全てのリーダーには謙虚さが求められます。これは，私たちはひとりの人間として，自らの不適切さと，他者の強みを意識していなくてはならないということです。そして，私たちは自分の権力によって無配慮で尊大で，無神経な振る舞いをしてもよいと思い込むべきではないということです。古い禅の教えですべてのものについて言われていることですが，それは特にリーダーにも当てはまるでしょう。それは「拓かれた心でいなさい，ただただ拓かれた心のままでいるのです」という教えです。

Box 9　リーダーシップスタイルを状況に合わせる

チームリーダーシップについて別のやり方で考えるために，4つの総合的スタイルを見てみましょう。それは指示型，達成志向型，サポート型，参加型です。最初の2つは主に管理的で，後の2つはより変革的です。この中からどれを選ぶかは，あなたのパーソナリティ傾向にもよりますが，状況にふさわしいものであるべきです。これはチームがなすべきタスク（それがいかに明確で，予測可能であるか）と，スキルやモチベーション，自信などのチームメンバーの強みがどの程度あるか，この両者の組み合わせなのです。

もし，あなたのチームメンバーがなすべきタスクが明確でない，あるいは簡単な仕事ではないような時，あるいはメンバーのスキルが高くないとか，タスクに対する自信がないような時は，指示型，管理型スタイルを選ぶのが良いでしょう。そして，目標を設定して適切な指導と報酬を与えるのです。

達成志向型スタイルを選択するなら，挑戦的な目標を設定してあなた

のチームメンバーが最も高いパフォーマンスをすると思う，と伝えるとよいでしょう。達成したら報酬を与えましょう。タスクがとても明確な時やあなたのチームメンバーが仕事に対して高い水準のスキルや能力，モチベーションをもっているような時には，このスタイルを使うとよいでしょう。

　部下に対する関心を示すサポート型（変革型）スタイルは，タスクがとても明確で予測可能なものであるにもかかわらず，チームメンバーがもつスキルや能力，自信もしくはモチベーションが低いような時にふさわしいでしょう。

　最後に，リーダーが意思決定する前にチームメンバーと相談するという特徴をもつ参加型（変革型）スタイルは，タスクが複雑で明確ではないものの，チームメンバーがそのタスクに対して高い水準のスキルをもっている時，そしてメンバーの動機づけが高い時がよいでしょう。

セルフマネジメントか共有されたリーダーシップ作業チームか

　この章の多くの議論の中で，リーダーシップやマネジメントやコーチングは，チームのひとりのメンバーに権限を与えるものであることを示唆してきました。マネジメントやリーダーシップをこのように述べることは，確かにわかりやすくはあります。しかし，リーダーにとっては，チームの全メンバーがマネジメントやコーチング，リードすることに対して責任をもつべきである，ということを意識しておくことが重要なのです。もしチームメンバーが，自分自身のチームにおける方向性やサポート，影響力や権限について避けてとおるならば，そのチームは効果的なものではなくなってしまうでしょう。たとえば，マネジメント会議は，チームの個々人の責任です。もし，チームの有効性を最大にしたいなら，チームが不適切な状況に陥っていると思う時には，メンバー自身が声をあげるということが彼らの責任なのです（リーダー中心 対 チーム中心リーダーシップの議論については，Zaccaro, Heinen and Shuffler, 2009 を参照）。この分野の研究では，共有されたリーダーシップは，さまざまな名称（創発的，共有的，

分配的，そして水平的（Day, Gronn and Salas, 2004））で呼ばれてはいるものの，概念としては徐々に受け入れられてきていることが明らかになっています（Bennett *et al.*, 2003）。研究のエビデンスでは，一般に，共有されたリーダーシップはチームのパフォーマンスと正の相関があることが示唆されています（Garson, Tesluk and Marrone, 2007; Mathieu *et al.*, 2008）。

　この章ではチームのリーダーシップについて考えてきました。チームをマネジメントし，チームをリードするための簡単な処方箋はないことがわかりました。民主的であるか権威的であるか，支持的であるか指示的であるか，無干渉か干渉的か，これらはすべて，チームを率いる上で必要な要素です。チームの存続期間，遂行しているプロジェクトの段階，働いている組織の文脈，チームメンバー個人のパーソナリティやスキル，そしてチームリーダーとして職権を委ねられた人のパーソナリティなどにもよるところも大きいのです（これらの関連事項に関する発展的議論については Kozlowski *et al.*, 2009 を参照）。

　チームのリーダーシップは，全チームメンバーの責任です。そしてその責任は，たとえ一人の人がチームリーダーとして任命されるような場合にも無効とはなりません。効果的なマネジメント，コーチング，そしてリーダーシップがあるかどうかの裏づけとなるのは，多様な個人のスキルや能力がチームとしての優れたパフォーマンスを生み出すために結集されているかどうか，そしてそこに理想的な相互作用が実際に起こっているかどうかです。成功したチームで働いた経験がある人は，個人的な満足の結果として，有能さや同僚間の協働の感覚が非常に強められること，そして効果的でダイナミックなグループの一部であるという感覚を得られることこそが何よりも報いとなることを知っているでしょう。

復習のポイント

・チームリーダーは，チームの成功を確かなものにするために，どんなことに焦点を当てるでしょうか？
・チームリーダーの3つの主なタスクとは何ですか？　また，それらはなぜそんなに重要なのでしょうか？

- 伝統的なリーダーシップとチームリーダーシップとはどのように違うのでしょうか？
- チームへの関与は何によって引き出されるでしょうか？　これはチームをマネジメントすることやコーチングすることとどのように違うのでしょうか？　それはチームのパフォーマンスにどのように影響を与えるでしょうか？
- チームをマネジメントすることに関する，主なタスクとは何でしょうか？　また，チームの有効性にとって，なぜそれらが重要なのでしょうか？
- チームをコーチングすることに関する，主なスキルとは何でしょうか？　また，チームの有効性にとって，なぜそれらが重要なのでしょうか？
- チームリーダーが直面する主な罠とは何でしょうか？　また，どうすればそれらを避けることができるでしょうか？
- チームを率いるための変革型と管理型のチームアプローチはどのように違うのでしょうか？
- 指示型，達成志向型，サポート型，参加型というチームリーダーシップのスタイルが最も効果的なのは，各々どのような状況でしょうか？　またそれはなぜでしょうか？
- 共有された，あるいは新しいリーダーシップとは何でしょうか？　またこれはチームの中でどのように作られるのでしょうか？

より学ぶための文献

Bryman, A., Collinson, D., Grint, K. *et al.* (2011) *The Sage Handbook of Leadership*, Sage, London.

Burke, C. S., Stagl, K. C., Klein, C. *et al.* (2006) What types of leadership behaviors are functional in teams? A meta-analysis. *Leadership Quarterly*, 17, 288-307.

Goleman, D., Boyatzis, R. and McKee, A. (2002) *The New Leaders: Transforming the Art of Leadership into the Science od Results*, Little Brown, London.

Hackmanm, J. R. (2002) *Leading Teams: Setting the Stage for Great Performances*, Harvard Business School Press, Boston.（田中　滋訳（2005）『ハーバードで学ぶ「デキるチーム」5つの条件──チームリーダーの「常識」』生産性出版）

Hu, J. and Liden, R. C. (2011) Antecedents of team potency and team effectiveness: an examination of goal and process clarity and servant leadership. *Journal of*

Applied Psychology, 96(4), 851-862.

Kozlowski, S. W., Watola, D. J., Jensen, J. M. *et al.* (2009) Developing adaptive teams: A theory of dynamic team leadership, in *Team Effectiveness in Complex Organizations: Cross-disciplinary Perspectives and Approaches* (eds. E. Salas, G. F. Goodwin and C. S. Burke), Routledge, London, pp. 113-115.

Nohria, N. and Khurana, R. (eds) (2010) *Handbook of Leadership Theory and Practice*, Harvard Business Press, Boston.

Sy, T., Côté, S. and Saavedra, R. (2005) The contagious leader: Impact of the leader's mood on the mood of group members, group affective tone, and group processes. *Journal of Applied Psychology*, 90, 295-305.

West, M.A. (2004) *The Secrets of Successful Team Management. How to Lead a Team to Innovation, Creativity and Success*, Duncan Baird Publishers, London.

Yukl, G. (2008) *Leadership in Organizations*, 7th edn., Prentice Hall, London.

Zaccaro, S. J., Heinen, B. and Shuffler, M. (2009) Team leadership and team effectiveness, in *Team Effectiveness in Complex Organizations: Cross-disciplinary Perspectives and Approaches* (eds. E. Salas, G. F. Goodwin and C. S. Burke), Routledge, London, pp. 83-111.

ウェブサイト

http://www.businessballs.com/action.htm (last accessed 8 August 2011).
ジョン・アデールの行動中心リーダーシップ論の短いまとめ。

http://www.teal.org.uk/et/page5.htm (last accessed 8 August 2011).
何によってよいチームリーダーになるか。

http://www.leader-values.com/Content/detail.asp?ContentDetailID=57 (last accessed 8 August 2011).
デイビッド・クラッターバックによるコーチング・チームについての興味深い記事。

# 5章

チームトレーニング

いかだ作りとチーム作り競争で1日が始まります。このイベントに参加することで，あなたは考えたり，コミュニケーションしたり，協働することができます。この競争というテーマは，午後に行われるペイントボールゲームでも続きます。ここではひとりがもてるペイントボールを500個までに限定するという形で，資源管理が行われます。この日1日を勝ち抜くためには，チームワークとリーダーシップ，そして良好なコミュニケーションスキルが求められます。ポイントは1日を通して加算されていきます。　　（コンバット・ゲーム社，2002, www.paintball-games.co.uk）

私たちは一生懸命トレーニングをしました。しかし，いつもチームを作りはじめようとしているようでした。私たちは再編成されるのです。私はその後の人生で，私たちは再編成することによってまた新しい状況に遭遇しうること，そして，混乱や非効率，堕落というものを生み出しながらも，前進という幻想を生み出すすばらしい方法に出会えることがわかりました。
（ペトロニ・アルビトリ・サティリコン，紀元66年より。後に自死したローマ総督ガイヌス・ペトロヌスに宛てて）

学習のポイント

・チームの発達段階
・チームの有効性とチームメンバーの態度のためのチームトレーニングの効果
・チームトレーニングの7つの主なタイプ
・チームトレーニングのセッションの進め方
・職場外研修で扱われるトピック
・役割明確化と交渉

チームが組織における主要な機能単位として発展してきたことと並行して，コンサルタントやポピュラーな本，人事専門家が提唱するチームトレーニングによる介入が無数に発展してきました。しかしながら，チームトレーニングの有効性をレビューした研究によれば，チームメンバーのメンバー相互に対する態度については確かに効果が認められる一方で，チームのタスクパフォーマンスに対する影響はほとんどないことが明らかになっています（Tannenbaum, Salas and Cannon-Bowers, 1996）。

最近の研究（Salas, Nichols and Driskell, 2007）では，3つのタイプのチームトレーニングの有効性が比較されています。クロストレーニングは，相互の役割について学び，必要とされる知識とスキルの理解を促進するために，チームメンバーの立場を交替させるというものです。チーム調整・適合トレーニングは，有効性を高めるためにチームメンバーが協調戦略とコミュニケーションを身に付けて，効果的なタスクパフォーマンスに必要なコミュニケーション量を減らすという介入です。最後に，チームの自己修正トレーニングはチームの問題を特定し，効果的な解決を見つけ出すというものです（178チームの695人のメンバーが含まれる）。研究者は7つの研究からデータを蓄積して，これら3つの方法のうちどれが最も効果的かを調べることができました。クロストレーニングはパフォーマンスに対しては全く効果がなく，自己修正トレーニングはわずかに効果があり，チーム調整・適合トレーニングはチーム・パフォーマンスに対して最も高い効果がある（しかし，それでも中程度でしかない）という効果が見られました。研究者によれば，この方法は，特に仕事をしていない時期に，潜在的な問題を予期し議論しておくことで，チームメンバーが自身のパフォーマンスについて学ぶことを目的としています。これは（第1章で説明した）振り返りというやり方です。つまり，目標や戦略，プロセスをふり返り，状況に応じてそれらを調整するのです。

しかしながら，概してたいていのチームトレーニングがパフォーマンスに対してもつ影響は限定的であるということは明らかです。チームトレーニングの数は増加する一方で，その有効性を示すエビデンスが欠如しているという矛盾に対してどのように折り合いをつければよいでしょうか。

多くのチームトレーニングは，チーム内の関係性と連帯感に焦点を当ててお

り，「連帯感の向上がチームのタスクパフォーマンスの改善につながる」とい う誤った前提に基づいています。主にタスクに焦点化した数少ない介入研究で は，タスクに関するパフォーマンスの改善がいくらかは見られています。しか し，その結果は一貫してはいません。したがって本章では，チームのタスクプ ロセスと社会的プロセスを明確に区別します。

チームは仕事をするため，タスクをこなすために存在します。約20万年前，チームはサバンナにおいて羚羊を捕獲していました。今日では，地方で郵便サービスを行っていたり，スラムで健康管理をしているかもしれません。チームメンバーがお互いに好意的かどうかよりも，各自の役割が明確かどうかのほうが羚羊の捕獲には重要です。彼らが必要なのは，チームメンバーのだれが平原で群れを駆り立てるのか，だれが標的を決めるのか，だれが岩に隠れて獲物を待ち，躍り出て仕止めるかを理解することです。さらに，ここでの暗黙の戦略について理解を共有していなくてはなりません。お互いに温かさや好意を感じているかどうかは，羚羊を捕獲して，共同体が生き延びるために十分な食料を得ることに対して全く重要ではないのです。

成功を収めたチームは，成功をともに経験することで好意が高まるため連帯感も高まります（Mullen and Copper, 1994）。ですが，連帯感のあるチームが必ずしも成功するというわけではありません。連帯感のあるチームは会社で一生懸命働かないという方向で結託するかもしれません。また，顧客に最上のサービスを提供できるかどうかについて活発に議論することよりも，皆の意見が一致しお互いに温かい関係でいることにより大きな関心を寄せるかもしれません。成功は連帯感を醸成し，失敗は士気を下げるのです（Worchel, Lind and Kaufman, 1975）。

私たちは一般的な方法によって一般的な効果を見込むのではなく，チームで働く際に必要となるチームトレーニングのタイプを明らかにして，そのチーム特有の目標を明らかにする必要があります。多くのチームトレーニングは，1日か2日でチーム作りを行うことによってチーム機能が劇的に改善するという期待に基づいています。これは1セッションの心理療法によって個人の人生が劇的に変化することを望むことと同じことなのです。機能改善につながるのは，どんな「応急処置」よりも，絶え間ないやり取りと努力であるということがエ

ビデンスによって示唆されています。

その前に,チームがそのライフスパンを通じてどのように発達するかを見ておきましょう。というのも,それはどのようにしたら効果的なチームを作ることができるかを理解するための文脈となるからです。チーム作りの最初期に考慮すべき問題は,後の遂行期における問題とは随分異なります。チームをどのように作るか,その作り方を理解するためには,チームプロセスが発達段階によって変わるということ,そして最初期には特に配慮が必要であることを理解しておく必要があります (Kozlowski et al., 2009)。あらゆる生命体がそうであるように,チームの人生も発達し変化します。そして,その人生のある時点で重要なことも,新しい影響を受けることによって,別の時点では別のものに置き換わっていくのです。

チームの発達段階

最もよく,そして広く用いられているチーム発達のモデル (Tuckman and Jensen, 1977) では,5つの段階(形成,ストーミング,統一,遂行,解散)が提唱されています。(著者によるグループやチームに関する先行研究の概観によれば) それぞれの段階には,特徴的な対人関係とタスクにまつわる活動があります。

形成期──形成期にはかなりの不安が存在します。チームメンバーは役割に関する懸念を反映する質問や──特にリーダーシップ役割とはどういう性質のものかについて──,チームが利用できる資源について質問します。チーム内の人々は,他のチームメンバーに関する情報,特にチームがこれから着手するであろう仕事について,その人がどのようなバックグラウンドや経験をもっているのかに関する情報を求めます。彼らは,チームの外から抱かれている期待について不安を感じやすく,チームの仕事のしかたに影響するようなルールや規則に関する情報を求める傾向があります。このような早い段階では,チームメンバーは自分が人に明かす情報について慎重であるかもしれません。したがって,お互いに対する最初の判断は限定された情報に基づいているといえるで

しょう。この段階で最も重要なことは，チームの目標を明確に設定し，合意を得ることです。それによって，チームが成しうるパフォーマンスに対して楽観的かどうかも見えてきます。チームの楽観主義は，チームが新たに形成された際には，チームの成果を予測する重要な指標であることが示されています (West, B. J., Patera and Carsten, 2009)。

ストーミング期――ストーミング期にはメンバー間やサブグループ間で意見の対立が発生します。リーダーの優秀さや権威，そして／あるいは能力が試され，メンバーはリーダーがチームプロセスをコントロールするためにやろうとすることに対して抵抗します。メンバーはチームのタスクの価値と実現可能性を問います。この段階で，隠れていた緊張が表面化します。個々人が強く反応して，意見が対立するかもしれません。また，対立を通してチーム内に正直さと率直さが出てくることもあります。チームリーダーは，積極的にこういった正直さや率直さを培っていかなくてはなりません。リーダーはその上に，チーム目標に対するメンバーのコミットメントを得て，信頼を築いていくのです。そして，チームの役割を明確化して，コンフリクトを解消するための戦略を練り上げていくのです。

統一期――統一期にはコンフリクトが解消され，チームは協調的にタスクに取り組み始めます。計画が立てられ，仕事の基準が設けられます。チームと個人の行動に関する規範あるいは同意が得られたルールや仕事のしかたがはっきりしてきます。チームメンバーは進んで意見や感想を伝えあいます。そうすることで，相互に協力し合うネットワークができてきます。この段階において，チームリーダーはチームがその計画とチームプロセスについて，さらに責任を果たせるようにするべきです。ときには，チームメンバーの失敗を容認して，チームがそれらについて反省するように促すことが必要かもしれません。チームはチームが効果的に機能する上で有害となるような規範（たとえばチーム会議への遅刻や欠席も容認する）を発展させてしまう可能性もあるため，規範は会社のニーズに合ったものを設けることが重要です。

遂行期――チームメンバーがタスクに建設的に取り組むことで，成功が見えはじめます。彼らは効果的なチームワークの構造をもち，そこでは個々のメンバーが居心地良く感じ，より柔軟に協働しはじめます。通常，チームリーダー

は日常的な関与はしなくなりますが，このような変化はチームメンバーから認められ，受け入れられます。この段階では，チームが引き続き効果的であり，かつ環境に対して責任をもち続けるために，定期的に振り返りをするシステムが作られるべきでしょう。

　解散期——全てのチームが，チームとして最後の段階である解散期を迎えるわけではありませんが，チームの生涯の様々なタイミングで，重要なメンバーが抜けたり大きなプロジェクトが終了したりまたは短縮することがあります。このような変化がチームの人生に与える影響を認識しておくことは大事です。チームは成熟度や安定性，変化の大きさによっては，発達の早期段階に戻る可能性があります。多くのチームが仕事が終わる時にごく自然に行っているのは，会食やパーティ，小旅行でチームの転機を祝うということです。このような祝賀会や公式の送別会は，社会的あるいは業務上の単位としてのチームの重要性を認め，チームに積極的な幕引きをして，メンバーが次の段階に移行することを促すための重要な儀式なのです。このような儀式は，人間社会においては重要なものであり，組織でも決しておろそかにしてはいけません。こういった儀式を象徴的にそして感情的に味わうことで，メンバーは満足してチームの仕事に区切りをつけるのです。

　ただし，必ずしも全てのチームがタックマンのチーム発達の順序に当てはまるわけではありません。チームは行ったり来たりして一度通った段階に再び戻ってまた違うレベルで段階的にその段階に取り組むかもしれません。チームリーダーは効果的なチーム発達プロセスを導入し，チームのタスクを明確にすることでチームを促進することができます。それには，たとえば対立が満足のいく形で処理されること（理想的には創造的なもの），チームメンバーの役割を明確にすること，ポジティブな規範を設けること，チームが首尾よく作業できるようにすること，タスクが完遂した程良いタイミングで前向きにチームを解散することが挙げられます。

　チーム発達の別のモデルによれば，「グループや個々のメンバーは，仕事状況の一時的な状態に合わせて仕事の割合を調整することができる。しかし，一度その調整がなされると，環境における状況が一時的に変化してもある程度それが貫かれてしまう」ということが示唆されています（McGrath and Kelly,

1986, p. 100)。また、ガーシック（Gersick, 1988, 1994）は、チームには惰性と変化のサイクルがあり、時間的なマイルストーンによって（チームプロセスの中間点や、失敗や対立といった特定のイベントが発生した時など）、チームの仕事の割合やチームの仕事のパターンが変化することがあることを見出しました。チームの中で習慣化されたルーティンな作業が仕事の中間点やプロジェクトの終わりに向かう時点で変化した、というチームもあります。より効果的に仕事をするようにチームに介入するのであれば、特にチームの仕事の最初期や中間点、あるいはチームの仕事が終了する少し前の時点に介入するとよいでしょう。

チームトレーニングの種類

チームづくりは主に7つのタイプに分けられ、それぞれ異なった取り組みが必要となります。介入を始める前に、チームは必要とされるチーム作りの介入のタイプをきちんと知っておく必要があります。

チームのスタートアップ

このタイプのチームづくりはまさに仕事に着手しはじめた段階にあり、この段階では目標、戦略、プロセス、役割の明確化が必要となります。チームの人生の始まりは、その後の発達や有効性に、危機が訪れたときに特に大きな影響を及ぼします。スタートアップ段階における介入は、チームの特性を作り上げるとともに、チームの方向性を明確にし、チームの実践的な仕事を作り上げるのに役立つでしょう。スタートアップ時の介入で扱われるべき問題の多くについては、第1章と第2章で扱っています。それには、以下のようなものが含まれています。

- チームには自らが為すべき全体的で意味のあるタスクがあることを確認すること
- チームの目的を明らかにすること
- チームメンバーの一人ひとりに全体的で意味があり、その仕事をすること

に本来的に興味がもてるようなタスクがあることを確認すること
・チームメンバーの活動が評価されることを確認すること
・チーム全体としての活動がモニターされ，チームメンバーが定期的に個人とチームのパフォーマンスに関する明確なフィードバックを受けることを確認すること
・チーム内に定期的なコミュニケーションと見直しの方法を確立すること

(Guzzo, 1996)

チーム機能に関してあらゆる領域で確立された手順を，開始時に導入するのは難しいことです。むしろ，チームの全体的なタスクと目標，チームメンバーの目標との相互役割を明らかにすること，個々のチームメンバーとチーム全体へのパフォーマンスに対するフィードバックを組み込むこと，定期的なコミュニケーションとチーム機能の全側面について見直すための仕組みを作ること，を決めることに努力すべきでしょう。

定期的なフォーマルな見直し(レビュー)

フォーマルな見直しは通常，1日から2日かけて行われる「職場外研修」という形で行われます。その間，チームは効果的な機能を維持・促進するために，目的，役割，戦略，プロセスについて見直しを行います。

人間のいかなる活動領域においても，定期的に機能を見直すことは，長所，技術，短所，問題のある領域に関する大いなる気づきにつながり，将来的には機能の改善に結びつきます。個人，カップル，家族，チーム，組織のどれであっても，進行しつつある日々のプロセスから一歩下がって活動領域を吟味し，現在のやり方が適切かどうかを見直すことには価値があります。作業チームにとって定期的に職場外研修を行うことは，チームの有効性を保つために有効な方法です。実際，プロセスを見直す時間を確保するチームは，そうでないチームよりも効果的であることを示すエビデンスは多数あります。

では，チームはいつ職場外研修の時間を設けるべきなのでしょうか。チームが効果的に仕事をこなしており，タスクに関連した問題にかかりきりになっているような時に，活動を見直すために職場外研修を行うことが有害となること

すらありえます。職場外研修を行うのに適した時機は，チームが大きな仕事を終えた時です。しかしながら，もし職場外研修が定期的に（たとえば6カ月ごとに）設定されているのであれば，必ずしもチームの通常の機能を妨げることにはなりません。なぜなら，それが行われることは予期できますし，チームに生じた特定の問題を扱うために用いることもできるからです。通常，予想よりも話すことが多くなるため，職場外研修は少なくとも丸1日かけて行う必要があります。多くのチームにとっては2日間が理想的ですが，場合によっては時間を取りすぎと感じられるかもしれません。

　チームのふだんの職場環境から離れた心地よい場所で職場外研修を行うことには大きな利点があります。私はベルギーにある一流のブリュッセル・ゾーデホテルでBP（英国石油）オイル・ヨーロッパのチーム作りのセッションを行ったことがあります。欠点は，そのホテルがBPオイル・ヨーロッパ本社から200 mしか離れておらず，チームメンバーが「緊急の」仕事に向かうために「抜け出す」ことができたということでした。そのような中断がないようにするためには，仕事場から十分に離れたところでチームセッションを行う方が賢明でしょう。同時に，ホテルや会議場の快適さや設備には，多くの利点があります。フリップチャート，ペン，用紙，付箋，よい食事，心地よい環境といったものが十分にあれば，特に最初は乗り気でなかった人たちも，チームの仕事を楽しむようになり，満足を得られるようになります。お金と時間をしっかりつぎこんだ集中的な職場外研修であれば，これから得られるであろうパフォーマンスによって十二分な見返りを得ることができるでしょう。

　職場外研修にはチームの全メンバーが出席し，可能であればファシリテーターは委託すべきです。ファシリテーターがいることで，チームリーダーと他のチームメンバーはプロセスに対する責任に気を取られることなく，その日の内容に集中することができます。また，ファシリテーターは，ときに，プロセスに対して外からの見方を投げかけたり，明らかな脱線や行き詰まりを指摘することもあります。ファシリテーターは慎重に選ぶべきです。チーム介入の経験をもっていることや，チームプロセスについて知識があることが望ましいでしょう。理想的には，他の企業環境におけるチーム作りの実績があり，かつ企業の中でその人の介入の有効性を保証してくれるような知りあいの名前が挙がる

ような心理士が良いでしょう。ファシリテーターは，仕事上のチームに関する研究について，十分な知識をもっているべきです。また，介入の効果評価のしかたについてアドバイスもできるべきでしょう。効果的なチーム作りに熟練したファシリテーターを探すには info@astonod.com にアクセスすると良いでしょう。

　職場外研修は慎重に計画されなくてはなりませんが，研修で扱うべき適切なトピックが出てくるように，十分な柔軟性をもっているべきです。生産的な職場外研修には十分に構造化された行動計画が不可欠です。個人ワーク，ペアワーク，小集団ワーク，全体グループワークを併用するとよいでしょう。個人ワークは，しばしばチームメンバーがグループ全体の多種多様な考えに曝される前に，さまざまな問題に対する自分自身の思考や反応を明らかにするために必要となります。ペアワークは，全てのチームメンバーが活動について，積極的に再検討するように促すための貴重な方法です。また，チームメンバーの何人かにとっては，より大きいグループで作業する場合よりもはるかに脅威を感じないやり方でもあります。集団ワークには，協働でチームワーキングをする小さなサブグループがあり，ふだんは一緒に仕事をしないチームメンバーが知識や専門的技能を共有することを促します。最後に，全体グループワークは，成果はチーム全体のものであることを保証する点で価値があります。これは，生じうるあらゆる密約や政治的策略に対する疑念を最小化することにもなります。

　では，どんなトピック，またはどんな内容が扱われるべきなのでしょうか。全てのトピックについて1日で網羅しようとすることは，ほとんど意味がありません。行動を変化させることはとても難しいので，1セッションで複雑なチームを変化させることはほとんど不可能に近いことです。職場外研修では，目標やコミュニケーションなど，限られたトピックに焦点を当てるべきです。その日の終わりが慌ただしくなり，行動計画がはっきりせず，まとまらなくなってしまうような時は，職場外研修の中で多くの領域を網羅しようとし過ぎていた，ということなのです。

　職場外研修で扱われるべきトピックは，以下の通りです。

　・最近6カ月または1年の間におけるチームの成功と困難，そしてそこから

学べること
・チームの目標とその適切さの見直し
・チームメンバーの役割
・チームのコミュニケーションの質
・チームの相互作用の頻度
・チームミーティングとそれがどの程度価値があったか，改善するためには何が必要か
・チームの意思決定のプロセス
・チームワークにおいて良かった点
・イノベーションのためのサポート
・チームの社会的サポート
・チーム内のコンフリクトの解消
・個人的な成長と発達のサポート

Box 10　既知の問題に取り組む

　ウェンディはボランティア団体の人事部のアシスタントチームリーダーでした。彼女はチームの不和と敵意に問題を感じたため，チーム作りのワークショップをしたいと思っていました。ファシリテーターにチームの歴史や持続期間，構成について事前に説明した後，ファシリテーターはチームのメンバーに対して，チームの機能を障害する主な障壁と感じているものは何か，などの質問を含んだ質問紙を配布しました。その回答を調べたところ，チームメンバーはウェンディがリーダーであることに対して強い不満を抱いていることが明らかになりました。多くのチームメンバーは彼女のことを，過剰に指示的である，お役所的，お気に入りを作りやすい人，と述べていました。何人かのチームメンバーはさらに，彼女がチームメンバーのパフォーマンスの悪さについて陰口をたたいていることを責めていました。彼女が陰口をたたくことで，ウェンディのお気に入りたちと彼女に悪口を言われる被害者たちの双方が嫌な気持ちになると訴えていました。ウェンディは管理職の立場に就くのは

初めてだったので，よくわからなくて不安だったのですが，こういった気持ちが彼女の指示的なスタイルや，不適切な形で報酬と罰を与えることにつながっていたのかもしれません。

　チームプロセスを検討するために，チーム作りの介入に1日を費すことになりました。ウェンディは体調不良との電話連絡を入れて，その日は研修に来ることができませんでした。ウェンディの不在は困ったことではありましたが，チームは問題に取り組むことにして，その日をどう過ごすかについて話し合いました。ウェンディのいない場所で彼女の悪口を言ったり噂をするのは，全体の問題をさらに悪化させるだけである，ということについては皆の合意が得られました。そこで，まずは基本原則が作られました。そして，チームは，その基本原則をその日の議論にどのように浸透させるかについて考えました。さらに，その基本原則を，より長期的なチームの全体的機能にどのように適用するか，という問題にも取り組みました。それには，守秘義務の尊重，論点をオープンに話し合うこと，個人的攻撃をしないこと，確かな尊敬とサポートを育むこと等が含まれます。そして，ここで話し合われたことは，チーム全体の基本原則とするべきであるということで，合意しました。チームはまた，チームリーダーの役割と比べて，アシスタントリーダーのウェンディの役割がはっきりしていないことを確認しました。この点については，チームメンバーとチームリーダーとウェンディ自身が参加する別のミーティングで取り扱うこととしました。そして，そのミーティングでは，彼女がチームメンバーに対してもっとサポーティブになれるように，彼女の役割を明確化するとともに，彼女の強みとスキルを引き出す，ということが決定されました。チームメンバーは，その日に話し合ったことのすべてをウェンディに報告するとともに，提案された解決方法の概要を伝えるための時間を設けることで合意しました。

タスクと関連する既知の問題に取り組む

　ある特定の既知の問題を扱うためには，チームは直面しているタスクに関す

る問題を慎重に特定するために時間を割かなくてはなりません。その後で，チームは問題を克服するための代替案を作ったり，選んだ方法を実際にやってみるための行動計画を立てます。

　問題が特定されており，かつ，チームメンバーがチームの深刻で未解決な問題の単なる症状一つではなくて，その問題の本質を十分正確に把握できている場合には，より焦点化した介入に時間をかけるとよいでしょう。介入の内容とプロセスは，問題の性質にかなり依存します。もし，問題の目標，参加，できるだけ頑張ること，イノベーションへのサポートに関するものであれば，この本の第9章から10章に書かれているエクササイズが役に立つでしょう。しかしながら，状況によっては問題の性質上，チームを手伝うファシリテーターが必要になる時があります。

　Box 10の例では，既知の問題はチームによって，チームの関係性と機能を改善するという方向で扱われました。ウェンディを含むチーム全体が，今後もチームのための職場外研修を定期的に行うと決めたことは，その日の研修が成功であったことを示唆しています。

　時には，その問題にはチーム内部の機能は関係ないこともあります。以前に，フォード自動車会社に使用されるバネの製造を請け負うチームと仕事をしたことがあります。その会社はフォード社から，そのチームで製造されるバネの品質が要求水準を満たしていないことを指摘されており，バネの返品率が高いという問題に直面していました。これに対して，専門家から全体の品質マネジメントと継続的改善のスキルを学ぶためにチーム会議がセッティングされました。それによってチームの目的，戦略，そしてプロセスの変化につながり，品質に画期的な影響を与えました。チームは後にフォードの公認納入業者リストの上位に昇格しました。

問題は何かを特定する

　ここでは，介入の焦点をタスクに関する問題の診断に当てます。特定の問題の性質が何かについて合意がなされた後，チームはこれからその問題を解決していくための戦略を使いはじめます。

　チームが効果的に機能していないにもかかわらず，その問題が何かがよくわ

からないような時には，以下のような3つの代替案を使うことができます。ひとつめは，問題の性質を探索し，明確化するグループディスカッションです。先述したように，問題の性質を探索し，明確化するためにかけた時間の量は，その問題を解決するためにかけた時間の量に比べて極めて価値が高いものです。どこに問題があるのかを特定するために，拡大グループディスカッションを行うことも，問題を同定するための良い方法です。2つめの代替案は，チームメンバーが，オープンクエスチョン（開かれた問い）による短い質問紙に答えることで，問題の性質に対する個々人の考えを個別かつ非公式に提供することです。3つめのアプローチは，チーム風土尺度（Team Climate Inventory; Anderson & West, 1998 を参照。チームの機能を測定する質問紙），もしくはより包括的なATPI（アストン・チームパフォーマンス質問紙（Aston Team Performance Inventory）www.astonod.com を参照）を使う方法です。これらの質問紙は何千ものチームに使用されており，妥当性が確認されているとともに高い信頼性を有しています。これらの質問紙は，チーム機能の問題を特定するための診断ツールとして効果的に使えます。また，チームの特定の問題に関する技法を検討する際にも役立ちます。このような取り組みを効果的に行うためには，チームメンバー全員が質問紙を完成させなくてはなりません。

搭乗員資源のマネジメントトレーニング（CRM）

搭乗員資源のマネジメントトレーニング（CRM; Crew Resource Management Training）は，ポートランドのユナイテッド航空173便やフロリダ・エバーグレーズのイースタン航空402便の墜落事故など，アメリカ航空業界において複数の深刻な事故が立て続けに起きた後の1970年代に，チーム作りの戦略として導入されました。最初のケースでは，着陸時に，搭乗員がギアのトラブルに気を取られていたために，燃料が足りなくなっていることに気づけなかったことが問題でした。次のケースでは，着陸時のギア測定器の故障を解決しようとしている際に，自動操縦のスイッチを切っていなかったことに気づけなかったことが問題でした。

CRMは操縦席の搭乗員が，人・情報・機器等の資源を効果的に使えるようになるためのトレーニングを目的として開発されました。CRMはその後，特

に医療現場を中心に，航空交通管制官，外科チーム，海上石油チームなどさまざまな現場に広がっています。CRMトレーニングの目的はトレーニングの受講者に，タスクに関する重要な情報を提供したり，効果的なもしくは効果的でないパフォーマンスについて説明したり，練習の機会を与えたり，練習の後にもタイムリーで役に立つフィードバックを提供することです (Salas *et al.*, 2006)。そのようなトレーニングによって，運送，医療，エネルギー，化学等の重要な産業を含む，多くのチームの有効性が高まることが期待されています (Salas, 2006 a)。

アメリカのチームワーク研究の第一人者であるエデュアルド・サラス (Eduardo Salas) は，CRMが焦点を当てることができる，そして焦点を当てるべきチームワークのスキルを特定しました (Salas, 2006 b)。

・コミュニケーション——チームメンバーが正確な情報とフィードバックを送り，受け取る能力
・状況説明／ミッションの分析と計画——チームメンバーが行動と戦略の計画を立て，タスクが効果的に成し遂げられたことを確認する能力
・バックアップ——チームメンバーが互いに相手のサポートの必要性を予測し，有効性を確保するために資源や労働力をシフトする能力
・パフォーマンスの相互モニタリング——チームメンバーが互いのパフォーマンスを監視しあい，適切に介入し，フィードバックを与える能力
・チームのリーダーシップ——目標を設定し，チームプロセスをマネージし，チームを指導する能力
・意思決定——入手可能な情報を元に，チームメンバーが適切な判断をする能力
・タスクに関する自己主張——適切な介入をすることによって，チームメンバーがチームタスクの決定に影響を及ぼす能力
・チームの順応性——チームメンバーが環境や需要の変化に順応する能力
・状況認識の共有——チームメンバーが，チームが活動している環境について，共通理解を得るために情報を活用する能力

CRMはきちんと機能しているでしょうか？　CRMの評価では (Salas *et al.*,

2006a)．受講者は CRM を肯定的に評価している一方で，チームへの介入としての効果の証拠はほとんどないことが指摘されています。というのも，CRM介入の内容と評価基準が多岐にわたっているために，研究の数が少ないからなのです。したがって，研究者は研究の評価デザインを改善する必要があります。サラスらの研究チームは，CRM トレーニングを向上させるために，チームワークの知識や学習の心理学，トレーニング評価の文献に基づいたチェックリストを提供しています（Salas *et al.*, 2006c）。

社会的プロセスへの介入

社会的介入は，個人間の関係，社会的サポート，チームの風土，チームメンバーの成長と発展のサポート，コンフリクトの解消に焦点を当てます。そして，ポジティブな社会的風土を促進するとともにチームメンバーのウェルビーイングの向上を目指しています。

チームの社会的プロセスへの介入は，チームが Exercise 4 のリストでひとつ以上，不満足であると回答している時に行うのがよいでしょう。

介入の際は，一度に全ての変化を引き起こそうとするよりも，ひとつの領域に焦点をあてるべきです。たとえば，チームにおけるソーシャルサポートの欠如が主な問題である場合には，各チームメンバーに簡単な相互カウンセリングのテクニックについてトレーニングするのも一案かもしれません。相互カウンセリングでは，チームのパートナーに対して月に1回30分〜1時間程度の決まった時間をとることを約束して，その時間に仕事に関する問題を話し合います。全てのチームメンバーは同一セッション中に同じだけの時間を割り当てられること，そして定期的な社会的サポートが受けられることを保証する，ということについて互いに契約をします。コ・カウンセリングの基本的な技術はコースの介入時もしくは介入の途中で教えられます。

問題が成長と発展のサポートにより深く関連している場合には，チームは各自のスキルトレーニング，あるいは人格の成長の必要性を特定することに1日を費やすかもしれません。そして，その後で，どのようにしたらそれらのニーズを満たすためのサポートをより良く提供できるかについて，行動計画を立てるでしょう。一般的な社会的な風土の問題については，チームメンバーにチー

ム機能を向上するためのごく簡単な行動規範に合意するように求めることで取り組むことができます。それはたとえば，定期的にさまざまなソーシャルイベントをアレンジするといったようなことです。ここでも，行動計画を立てることや，チーム内で契約の取り決めに合意していることで，目的がうまく遂行される可能性が高まるかもしれません。最後に，問題が対立をタイミングよく解消できないことに関するのであれば，自己主張と倫理的な交渉の理論に基づいた対立解消のテクニックが用いられるでしょう（De Dreu and Van de Vliert, 1997, Fisher, Ury and Patton, 1999）。

Exercise 4　チームの社会的プロセスに対する満足度

	はい 本当に そうだ	はい 少しは そうだ	いいえ 少し 違う	いいえ 全く 違う
1．チームはメンバーに対して社会的サポートを十分に提供しているか？	1	2	3	4
2．チームはコンフリクトの解決に対して建設的で健全なアプローチを有しているか？	1	2	3	4
3．チームは一般的に温かくポジティヴな社会的風土を有しているか？	1	2	3	4
4．チームはメンバー全員のスキルの向上やトレーニング，個人的成長のために，十分なサポートを提供しているか？	1	2	3	4

この質問紙に対するチームの得点について，チーム全体で話し合いましょう。そして，チームの社会的機能の領域の中で改善すべきところがあるかどうかについて，話し合いましょう。

役割の明確化と交渉

　チームの役割が不明瞭であることが，チームの潜在的な問題となっていることがあります。この問題に対処するために，チームメンバーは以下のような役割の明確化と交渉のエクササイズを行うことができます（Exercise 5）。

Exercise 5　役割交渉のエクササイズ

チームメンバーは，チームの行動を変化させ，チームの機能を向上させるために，相互に影響し合い，交渉していきます。

ステップ 1

フリップチャート紙に，各チームメンバーがそれぞれ，自分の目標や行動指針を列挙します。

ステップ 2

各自の目標や行動指針が描かれたフリップチャート紙を部屋の壁に貼り，チームのメンバーが各メンバーの役割を吟味します。

ステップ 3

1枚の紙に3つの見出しを付けて，そこに各チームメンバーが職場での関係において，その人に対して，①減らしてほしい行動，②増やしてほしい行動，③現在のレベルを維持してほしい行動，の3つを書きます。たとえば，受付の個人助手が一緒に働くシニアマネージャーに対して，マネージャーの最新の動きを把握しておくために，来月の予定を十分に教えておいてほしいというかもしれません。また，受付の人はマネージャーに対して，事務処理が終わったかどうかをあまり頻繁に確認するのはやめてほしいと頼むかもしれません。というのも，マネージャーの行動は，彼らの役割を信頼しているというよりも，彼らをコントロールしているような気持ちになるからです。最後に，彼らはマネージャーに，コミュニケーションを改善する試みを続けてほしいと頼むだけでなく，さらに，必要な時にはマネージャーの仕事に関して受付の意見も聞いて，もっと仕事に関わらせてほしいと頼むかもしれません。

増やしてほしい行動，減らしてほしい行動，維持してほしい行動の後ろに，各自が自分の名前をサインします。

ステップ 4

それから，チーム内で個々にペアを作り，2人で最終的な目的を検討するために会合をもちます。2人は役割に対するさまざまな要求に対し

て，一定の合意を取り付けるために交渉をします。これは，エクササイズの中でもとても参加型な段階です。チームの中には交渉をマネージする際に助けが必要となる場合があります。特に，合意に達するのが難しいペアの場合には，援助が必要となります。

役割交渉の作業を通して，各個人がもつ役割へのニーズはより効果的に満たされます。それと同時に，各メンバーの機能はチーム全体の目的とニーズに一致するようになります。このエクササイズはチームの機能を大幅に改善するとても効果の高いエクササイズであり，これによって第1章で説明したプロセスの損失や調整の問題を乗り越えることができるのです。

結　論

多くの企業で取り入れられている包括的なアプローチは，ほとんどのチームでは効果的ではないでしょう。チームに介入する際には，どういったチームに対して，時間経過の中のどの段階において，どういった介入が最も適切か，を自問する必要があります。その際，介入の適切な焦点を確認するために，以下のチェックリストが役に立つかもしれません。

1．トレーニングの介入目的は明確か？
2．チームが直面している特定の論点に対して，その介入は適切か？
3．その介入の時期は適切に選ばれているのか？
4．その介入は，あまりに多くの領域をカバーしようとしていないか？
5．介入の中に，持続的に変化する方法が組み込まれているか？
6．チームトレーニングを実施するために必要な知識とスキルがあるファシリテーターが起用されているか？
7．チームトレーニングの結果，明確な行動計画が立てられるか？
8．チームトレーニングの結果，定期的に見直す機会は設けられるか？

効果的に実施されれば，チームトレーニングは間違いなくチームのパフォーマンスにとって大変役に立ちます（そのようなトレーニングを計画する優れたガイドはSalas *et al.*, 2006c を参照のこと）。さらに，チームのメンバーに対して，ふだん行うようなチームワークスキルの中のひとつのチームとして，トレーニングをすることが役に立つことが実証されています。近年の研究では，CDやコンピュータを使ってチームトレーニングをする方法には効果がないことがわかっています。そして，チームトレーニングは，各々孤立した状態で各自のスキルを発展させるチームよりも，他のチームや重要な部局などの組織（単に自分のチームの必要性だけでなく）や組織の文脈を考慮する必要があることもわかっています。

この章では，チームが定期的にそれぞれの機能を見直す必要性を強調してきました。タスクの振り返りをしないチームは，うまく順応できなかった失敗に向き合う必要があります。質問を投げかけることは，チームの方向性に対して対立や不安を引き起こすのではないかという不安が生じるかもしれません。そのような振り返りには，チームメンバーに有能感と自信，強い願望を生み出すような機会とより高い有効性を育む種が内在していることを，チームメンバーに伝えることが重要です。さらに，振り返りに関する研究結果では，このように自らの戦略を振り返るチームは長期的なパフォーマンスがとても良いことが強く支持されています（West, 2000）。それゆえに，振り返りはチームを作る時だけに行うべきではなく，チームの日々の生活という文脈の一部として組み込まれるべきです。

復習のポイント

・チーム作りの段階とは何でしょうか？
・チームトレーニングの有効性に関するエビデンスにはどのようなものがあるでしょうか？
・チームトレーニングとは何でしょうか？
・チームトレーニングは機能するのでしょうか？
・チームトレーニングの介入の主なタイプはどのようなものでしょうか？

- チームトレーニングのどのタイプをいつ使ったらよいでしょうか？ それはなぜでしょうか？
- あなたは自分のいるチームについて，この章に基づいてどのようなチームトレーニングを企画するでしょうか？

より学ぶための文献

Guzzo, R. A. and Dickson, M. W. (1996) Teams in organizations: Recent research on performance and effectiveness. *Annual Review of Psychology*, 47, 307-338.

Salas, E., Wilson, K. A., Burke, C. S. and Wightman, D. C. (2006a) Does crew resource management training work? An update, an extension, and some critical needs. *Human Factors*, 48, 392-412.

Tannenbaum S. I., Salas, E. and Cannon-Bowers, J. A. (1996) Promoting team effectiveness, in *Handbook of Work Group Psychology* (ed. M. A. West), John Wiley & Sons, Ltd, Chichester, pp. 503-529.

West, B. J., Patera, J. L. and Carsten, M. K. (2009) Team level positivity: investigating psychological capacities and team level outcomes. *Journal of Organizational Behavior*, 30, 249-267.

ウェブサイト

http://www.teamtechnology.co.uk/tt/t-articl/tb-basic.htm (last accessed 9 August 2001).
　チームづくりの基本的な概念の入門——そして焦点を定めるのが個人のスキルか，小さなチームの中の関係なのか，チームの中のタコつぼを打ち破ることなのか，組織文化を変えることなのか，を紹介する。

http://www.teamtechnology.co.uk/team-building-activities.html (last accessed 9 August 2001).
　このサイトではチームづくりの活動について包括的な概観を紹介する。チームの中で何ができるか，アイデアを提供するだろう。

http://www.innovativeteambuilding.co.uk/pages/articles/basics.htm (last accessed 9 August 2011).
　チームワーキングとチーム作りについてまとめた記事。

第3部

チームワーキング

　第3部ではチームで仕事をする際の中核的なプロセスに焦点を当てます。チームワーキングのカギとなる要素を特定するとともに，チームが効果的に機能していることを確認するためのガイダンスをします。それによってチームがダンスを踊るための要素や，目標を立てる，コンフリクトのようなプロセスの，ポジティブあるいはネガティブな影響とは何かを検討します。最も重要なことは，チームが明確で適切な方向性——これをチームビジョンといいます——をもっていることです。そして，その目標は，人を鼓舞するような形で表明され，さらに明確な目的に，慎重に翻訳されていくのです。これが第6章のテーマです。

　第7章では，チームのプレイヤーになるとはどういうことかについて検討します。他のチームメンバーと相互交流し，情報を共有し，意思決定に影響を及ぼすことの重要性について考えます。相互交流は頻繁でかつ有用なやりとりです。それは有益な情報をシェアすることに繋がり，最終的には効果的なチームの意思決定に繋がりますが，それには全チームメンバーの知識やスキル，能力が頼りとなります。この章では，良いチームワークの障害となるものを特定します。その障害とは，支配，人の話を聴かないこと，地位の高い人にこびへつらうこと，そして軽はずみな判断といった，人間の多くの相互作用に特有なものです。この章では，これらに打ち克つための実践的で経験豊かな戦略を紹介します。

　第8章では，チームにとって不可欠な態度となる，質へのコミットメントという考え方を導入するとともに，チームワークが質の高い素晴らしい成果を生み出すために，チームメンバーがどのように協働できるかを考えていきます。この章では，チームが品質の高い成果にコミットしようと思

うだけでなく，実際にコミットするために使える戦略や手段，技術について述べます。

　もちろん，チームで仕事をすると，多くの問題が起こります。これには，要求水準が高い状況でチームメンバーとして働く際に抱く情緒的欲求や，さまざまなバックグラウンドや経験をもつ多様な個人で形成されたチームで仕事をする際に特徴的に見られる避けがたいコンフリクトなど，解決すべき複雑な問題が含まれます。第9章では，チームに創造的な考え方を促したり，高いレベルのイノベーションをするためのさまざまな方法について述べます。それは，ブレインストーミングといった基本的なものから，現状に挑戦する多様でラディカルな考えを促進するようなアクティブなエクササイズにまで及びます。イノベーションのレベルは多くの場合，チーム機能のかなり正確なバロメーターになります。というのも，イノベーションのレベルは，彼らの仕事から得られる高品質で適切な成果を得るために，チームメンバーが彼らの多様なものの見方を真に統合できる程度を示しているからです。

　私たちのウェルビーイングと有効性とは，それが仕事についてであろうとなかろうと，私たちの感情体験にかなり影響されます。チームが生みだす情緒的な環境が個人のウェルビーイングやチームのパフォーマンスに影響します。ポジティブなチームはより効果的に働きますし，その上より生産的でより革新的でもあります。第10章では，チームメンバーにとって，そのようなポジティブな環境に貢献するようなソーシャルサポートをお互いに提供することの必要性を強調します。その際，情緒的サポート，評価的サポート，道具的サポートの違いについて述べます。チームメンバーの仲間をサポートする実践的な方法について述べるだけでなく，必要なものを判断し損ねるいくつかの落とし穴もお伝えします。事例を提示することによってこれらのガイダンスをより生き生きとお伝えしますが，それによって類似性を感じることで，読者はソーシャルサポートの提供を自分自身の経験と関連づけることができます。

　異なるバックグラウンド，経験，態度，スキルそしてモチベーションをもつ人々が共通の目標を達成するために集まる時に，彼らの意見が一致し

ないことは避けがたいことです。そのような意見の不一致は，一般的には，チームの健全なプロセスです。しかし，それがコンフリクトに発展してしまったり，ネガティブな感情を抱かれ続ける時には，それは個人やチームの有効性にダメージを与えるものとなります。第11章は，このような難しいチームの対立という問題を扱うとともに，破壊的な対立を最小化し，対立のかわりに，たとえチームに不一致があったとしても，チームメンバーが同僚から支持されていると感じられるような「建設的な議論」を行う方法をお勧めします。この章ではまた，「難しい」同僚の扱い方についても述べます。たとえその人をチームから排除しなくてはならないことがあっても「スケープゴート」というやり方で扱うことはしません。

　つまり，第3部では，学術的な研究や専門家の実践から集めた知識を使って，チームメンバーやチームリーダーに対して，日々の問題やチームワークのプロセスについて実践的なアドバイスを提供します。それはチームワークのダンスはエレガントで，調和的で，魅力的でとても効率的なものであることを確信するためのガイドです。この章でお伝えする処方箋に従えば，読者の皆さんは夢のチームで働けるようになるでしょう。それは，現代の組織の大多数のチームよりはずっと効果的なチームなのです。

6章

チームの方向を定める

あなたがに何ができようと，あなたが何を夢見ようと，まずは始めてみなさい。思い切ってやってみることにこそ才能や力が宿り，奇跡が起こるのです。それをするのは今です。
(ゲーテ)

> **学習のポイント**
> ・チームの目標，ビジョン，ミッション，行動計画を明確にすること
> ・なぜビジョンと目標がチームの有効性において重要なのか
> ・チームビジョンの次元と要素
> ・チームビジョンの発展
> ・チーム戦略の明確化と発展

チームの目標

　チームは，ひとりであるいは同時並行で仕事をしていては達成できないタスク，あるいはもし達成できたとしても大変な困難を伴うであろうタスクを遂行するために作られるものです。したがって，チームがタスクを決めるのではなく，タスクがチームを決めるといえます。ひとたびタスクが決定されれば，チームはそこからその目標を明確化することができます。さまざまな組織，部門，国などのチームを対象とした私たちの研究からは，チームの目標の明確化がチームの成功の最も重要な予測因子であることが見出されています。しかしながら，多くのチームは明確な目標をもっていなかったり，メンバー間で目標が一致していないことがあります。また，チームが目標を達成するための挑戦に向

けて，実際的な価値もないのに，ただ感じがいいだけの曖昧な目標を述べているにすぎないこともあります。したがって，チームはいつも目標を明確にするべきなのです。目標設定理論（社会科学においては公理として支持されている理論）は，目標は明確でやりがいがあるものであり，理想的には目標設定にメンバーが関わることが望ましいことを明らかにしています（Locke & Latham, 1990, 2002）。チームは目標を6〜7個以下にするべきです。そして，それらの成果は測定できるものであり，期間も特定されているべきです。「私たちは年度末までに出来高を15%増にする」というようにです。

しかしながら，読者の皆さんもそう思われるでしょうが，出来高15%増という目標は，チームメンバーにとって，最もモチベーションが上がるような目標ではないかもしれません。特に，もしパフォーマンスが向上したとしても，それによってメンバーが得られるものがない場合はそうでしょう。そのために，チームリーダーはチームにもっとやる気を起こさせるものは何かを考えるのです。そのために多くのチームや組織で使われているのが，仕事の方向性を示す「ビジョン」という概念なのです。目標設定に関してはまた近いうちに議論を戻しますが，まずは，チームの方向性に関する多種多様な用語について説明しておいた方がよいでしょう。具体的には，ビジョン，ミッション，目標そしてゴールについて説明します。

・「ビジョン声明」──チームがどうなりたいか，どのような方法でどのように世界に影響を与えたいかなどについて，アウトラインを作ること。それは未来に焦点をあてるものであり，感動を呼び起こすものである。
　「私たちのコースが，英国において最も人気のある大学のマーケティングコースにすること」
　「社内で一番アフターセールサービスが優れたチームであると評価されること」
　「市内での全てのプライマリーヘルスケアにとって，よい実践モデルとなること」
　「社内で最もフレンドリーで役に立つ小売チームになること」

・「ミッション声明」──チームの根本的な目的を明確化すること。対象は誰なのか，仕事において重要なプロセスは何か，そして，チームのパフォーマンスとして望ましいレベルを特定する。

「私たちは研究に基づいた，厳密でかつやりがいのある学びの機会を学生に提供する。それによって学生が，国内外のリーディングカンパニーにおけるマーケティングの仕事に就けるようにする」

「お客様のニーズに対して，タイムリーに，役に立つように，ていねいに応えることによって，お客様にいつも満足していただけるようなアフターサービスを提供する」

「コミュニティのニーズや，患者および彼らの援助者の好みに基づいたヘルスケアを提供するとともに，コミュニティ全体の健康に良い影響を与えるためにヘルスケアの増進に関わる」

「お客様が求める商品を必要な時に確実に入手できるようにすることによって，素晴らしい小売りサービスを提供すること。そのためにはスタッフはフレンドリーで，助けになり，かつ愛想があること。そして，遅延や混乱を最小化し，お客様の安心と楽しみを最大化すること」

チームのビジョン，ミッション，さらには目的の明確化に時間をかけることによって，チームメンバーが仕事においてより効果的かつ創造的になる機会が得られます (Pritchard et al., 1988: Tubbs, 1986)。ビジョンはそれのみを取り出して考えられるべきではありません。組織におけるより広いビジョンやミッション，そしてチームメンバーの価値観と関連づけられるべきです。ひとつ例をあげて説明しましょう。スプリングウッド・プライマリーヘルスケア (Springwood Primary Healthcare) チームのビジョンについて考えてみましょう。

スプリングウッド・プライマリーヘルスケアチームの例

ビジョン——ヘルスケアが最先端かつ人道的なものであることを確かにすることで，私たちサービスを提供する人々のQOL（生活の質）を向上させること。

ミッション——私たちのコミュニティに属する全ての人（患者，親族，コミュニティの成員，実践者）の健康・成長・幸福を促進すること。その際，私たちメンバーは個人を尊重し連携と協働をするとともに，私たちが行ったすべてのことが素晴らしいものであることを強調する。

チームのビジョンは高品質で安全なケアをコミュニティの全ての人に提供するという，組織のより大きな目標に基づいたものである。それはまた，チーム

メンバーの価値観にも基づいている。それは，たとえば次のようなものである。

・サービスを提供する相手を尊敬し大切にし，サポーティブであること
・最高品質のケアを提供するために専門職種で協働すること
・すべての個人が選択の自由をもつこと
・すべての人が平等に治療にアクセスできることの重要性
・病気の治療と同様に重要である健康増進の価値

チームの目標——スプリングウッドはビジョン声明を検討した結果，以下のような目標を定めた。

1. 病気の治療と同等の資源（人，時間，金）を健康増進に充てること。そして，それは資源の配分によって測定される。
2. メンバー全員が目標設定に関わり，チームの機能を連続的に向上させること。それらは ARTP（アストン・リアル・チームプロファイル Aston Real Team Profile[+]）で測定される。
3. 慢性疾患（糖尿病，ぜんそくなど）をもつ人のコントロール感や QOL を促進すること。それらは，当事者の症状に対するコントロール感やケアに対する主観的評価によって測定される。
4. 心臓疾患，がん，肥満，薬物・アルコール依存症が減少したかどうかを確認することで，スプリングウッドのコミュニティの健康面における成果を向上させること。
5. 協働しなくてはならない他の組織やチーム（病院，他のプラリマリーヘルスケアチーム，社会的サービス）との関係性の質を向上させること。それらは，我々の協働性に関する他の組織からの通年評価によって測定される。

これらの目標は，チームのビジョンとそのミッションから直接的に導かれます。彼らはチームメンバーが実際に仕事をする際にもつべき全体目標も明示しています。

目標を具体化するためのキーポイントとして，下記のものが挙げられます。

- **目標は明確であるべき**――チームの全員が目的を理解しており，理解にずれがないことが重要です。
- **目標はやりがいがあるものであるべき**――簡単に達成できる目標ではモチベーションが上がりません。やりがいがあるものでありながら，達成可能な目標にすることが重要です。
- **目標は測定可能であるべき**――たとえば，売り上げの増減，消費者の満足度，他チームからのチームの効果評価，あるいはチームメンバーの欠勤数等のデータを用いることで，どの程度うまく目標が達成できているかを証明することができます。測定しないと，チームは自分たちがうまくできているのかどうかについて，明確に認識することができません。
- **目標はチームメンバー全員に共有され，理解されるべき**――チームの目標は何かと聞かれたら，どのメンバーが答えても（完全にではなくても概ね）同じリストが作れるようにしておくべきです。それらを記憶しておくことは素晴らしいことではありますが，必ずしもそうする必要はありません。リストを引き出しかコンピュータに入れておくだけで十分です。しかし，それらはチームメンバー全員がその大部分を思い出せる程度に，十分になじみのあるものであるべきでしょう。
- **チームメンバーは目標設定に参加するべき**――目標設定に関わると，目標に対するコミットメントが劇的に高まります。
- **目標の数は6～7個以下であるべき**――短期記憶には限界があるために，人間は7個より多い数のものを記憶保持することが難しいのです。さらに，目標が多すぎると優先順位を失ってしまうために，結果的に効果的でなくなってしまいます。
- **目標のひとつをチーム間のチームワークの向上に焦点をあてたものにするべき**――商品やサービスを効果的に提供するためには，チームは組織内（または外）のチームと効果的に連携しなくてはなりません。これはあらゆるチームにとって必須事項といえます。
- **目標は期間に基づいたものにするべき**――たいていの場合，チームは目標を年間で設定し，その遂行は期間中に目標が達成されたかどうかによって評価

されます。これよりも短い期間にしか存続しないチームにとっては，同じ期間設定では意味をなさないことがあるので，存続期間よりも短い期間設定が必要となります。いずれにせよ，目標達成のための期間を明確に設定することは，明らかに重要です。

こうして，ビジョンはゆるぎないミッションを生み出し，そしてそれによって，今度はチームの目標を考えることができるのです。チームの目標は，チームメンバーの具体的な行動を示す，より詳細なアクションプランの開発につながっていきます。ビジョンを明言することは，チームの全ての活動の基盤を提供することになるのです。しかし驚いたことに，多くのチームでは，ビジョン，ミッション，目標，そしてアクションプランを明確にすることに時間をかけていません。しかし，多くの研究では，そのようなプランニングによって行動をより起こしやすくなることが明らかになっています（Gollwitzer and Bargh, 1996）。アクションプランが行動につながるのです。そのため，以下では紙面を割いてビジョンの諸側面について精査するとともに，チームビジョンがどのようなプロセスによって生み出されるのかについて説明していきたいと思います。

ビジョンとはチームワークに対するモチベーションを高めるような価値ある成果とは何かについて，共有された考え方である。 チームビジョンを明確にするためには，多くの次元を考慮しなくてはなりません。それらの次元には明確さ，動機を高めるような価値観，達成可能性，ビジョンがチームメンバーに共有される程度，すでに進行中のビジョンの発展などが含まれるべきです。これらの各次元について，以下に述べましょう。

明確さ。 チームが目標や行動を決定するためには明確なビジョンをもち，そのチームが所属する組織にとって最も重要な目標とは何かを知っていなくてはなりません。もし，チームメンバーが組織で共有された方向性や，同僚の価値や目的がはっきりとわかっていないのであれば，これらの方向性や価値を含めた明確なビジョンを打ち出すことは難しくなります。ビジョンを明確にするためには，メンバーの仕事の方向性や価値観についてメンバー間でコミュニケーションをとる必要があります。そうすることで，チームはチームに共有された

価値や関心，やる気を，どのようにしたら明確に言葉で表現することができるかがわかってくるようになるでしょう。この章の後半で，明確なビジョン声明の作り方について，改めて説明します。

動機を高める価値。仕事に対する価値は，私たちが仕事に注ぐ努力に影響します。したがって，チームがより良く協働するためには，チームメンバーは仕事の価値観についてある程度共有しておくことが必要になります。たとえば，ヘルスケア領域では，人を助けるという基本的価値観においては一致して仕事をしています。ビジョンがチームの価値観をどの程度反映しているかが，チームの忠誠心，努力，コミットメントに影響を及ぼすといわれています（Locke, 1990; Locke & Latham, 1990; Locke *et al.*, 1981）

他の領域では，チームの組織的な価値観に個々人の価値観を取り込むのは簡単ではないかもしれません。しかしながら，優れた仕事をすること，個人を尊敬すること，チームメンバーの成長とウェルビーイングを求めることといった価値観は，ほとんどどの領域においても表現されうるものです。たとえば，個人の負債を徴収する業務に従事するチームは，尊敬と思いやりをもって全ての人と接することに価値をおくかもしれません。あるいはまた，チームワークとチーム外の関係性のいずれにおいてもすばらしい成果を達成するために，チームメンバーのスキルを高め，発展させることを決めるかもしれません。チームのビジョンや価値観が自分自身のそれと一致しないようなチームで働くのは，大変なことです。たとえば，人事部門の中でも，業務の安全が確保されておらず低賃金で，キャリア発達のチャンスも少ない職場に人を任命するようなチームでは，そのチームメンバーはあまり一生懸命働かないかもしれません。というのも，このチームにおける彼らの仕事のしかたは彼ら自身の価値観と一致していないからです。多くの人は，命じられた仕事が，自分の中核的な価値観と矛盾するような状況で仕事をしたことがあります。その結果，私たちは一生懸命働かなくなるか，転職を考えるようになります。つまり，モチベーションが低下し，仕事に対するコミットメントが下がってしまうのです。

達成可能性。
自分にできることをしたいと思う人や自分が望むことをする人は，本当の意味で自由である。
（ルソー）

チームが達成不可能な目標を設定してしまうと，それはモチベーションの低下につながります。それだけではなく，「ただ乗り」や「社会的手抜き」などの問題にもつながるかもしれません。結果的に，チームメンバーのコミットメントとモチベーションは大いに減退してしまうかもしれません。これは，ある程度は，頼まれた仕事の性質にもよります。オックスファム（OXFAM）のトップマネジメントチームでは，目標達成が難しいことによってモチベーションが低下するようなことはさほどなかったかもしれません。というのも，チームのビジョンにモチベーションをかきたてられるような大きな価値を感じていたからです。つまり，チームビジョンの価値に対する動機づけと達成可能性にはトレードオフがあるといえます。

　共有の程度。ビジョンは共有されるべきです。しかし，それはビジョンについて協議した程度にもよります。チームメンバーが，ビジョンの決定に本当に貢献したと感じ，そしてこれがより重要なことなのですが，ビジョンが個人の価値と一致していると感じた時，その達成に向けてのモチベーションやコミットメントが高まります（Latham & Yukl, 1975, 1976）。

　発展力。チームワークにおいて危険なことは，ある時点で作られたビジョンが変化しないことです。なぜなら，チームは常に変化し続けるものだからです——チームのメンバーのものの見方は変わっていくものであり，新しいスキルを獲得して価値観を変えていくのです——。これと同様に，チームのビジョンも進化していくことが重要なのです。同じように，チームを取り巻く環境も変化していきます。そして，組織は戦略を変え，社会も考え方を変えていきます。近年ではより柔軟な働き方や環境保護，機会の均等についてより強調されるようになっています。これらのことについてこれまできちんと考えてこなかったチームは，今こそ慎重に考え直すことが必要かもしれません。チームのビジョンは定期的に見直される必要があります。その際には，そのビジョンは今も意味のあるものになっているか，進化しているか，アップデートされているか，チームメンバーの変わりつつある価値や方向性を反映したものになっているか，などを確かめるのです。そうしないと，チームのビジョンが新しい方向に発展するのを妨げることになりかねません。

チームビジョンの要素

チームビジョンにはチームビジョンが注目する8つの主要な要素があります。

1．組織目標の一貫性

　チームビジョンは組織全体の目的や戦略に合ったものであるべきであり，それらから生み出されるべきものです。チームはより大きな組織構造の下部組織であり，チームの成功は組織全体の目的に対して，どの程度価値のある貢献をしたかで判断されます。状況によっては，チームは自分たちの価値や目的，方針のために，組織の目標を変えようとするマイノリティグループとなることが重要とする決断をするかもしれません――このような珍しい状況については，第12章で詳細に検討します。

2．顧客／サービスを受ける人のニーズ

　顧客が組織内にいる場合にも組織外にいる場合にも，チームは顧客に上質のサービスを提供することに焦点化しなくてはなりません。顧客のニーズに焦点化して極めて優れたサービスを提供しているチームは，そうでないチームよりも一般的により効果的であることを示すエビデンスはたくさんあります。サービスの受け手は，利用できる最高のサービスを提供されている人としてよりも，サービスにただ満足している人と見なされてはいないでしょうか。たとえば大学の学部におけるティーチングチームの場合，生徒に提供する授業の質よりも，研究の優秀さを強調することが好まれるかもしれません。しかし，そうではなく，彼らは教育面での優秀さを二の次にして，できるだけ多くの生徒を受け入れるために努力をするかもしれません。自動車のメンテナンスチームは増え続ける利益よりも，顧客の満足を強調するかもしれません。

3．製品，サービスあるいは機能の質

　組織において特に強調されるのは，組織におけるサービスや機能の質です。チームメンバーはまたサービスの質の高さによって，自分たちの仕事上の関係がどの程度特徴づけられるかについて，議論するかもしれません。これはチー

ムの中で必要な情報が得られるスピードや最終的に得られる情報の質に反映するかもしれません。

4．より広い社会に対する価値

チームが自分たちの仕事がより広い社会のためになっているのかについて考える時間をもつことはあまりありません。こういったことを考え，社会のためになる方法について考えることは，チームの凝集性と有効性の両方を高めるための重要な方法のひとつです。チームメンバーが自分たちの仕事が広い社会にとって関係のないものであると感じたり，あるいはチームの仕事の潜在的な価値についてメンバー間にコンフリクトがある場合には，このようなことを考えることによって対立が起こるかもしれません。しかしながら，そのようなコンフリクトによってチームメンバーは仕事の目的をはっきりと認識することができ，それによってチームの有効性や創造性は高まるのです。

5．チームの雰囲気

チームの機能について議論する時，チームの雰囲気はしばしば無視されます。チームメンバーに，メンバーの誰かがチームを去りたいと思うような難しい関係性がある場合には，チームが長期間にわたって存続しつづけることは難しくなります。そのため，チームは自分たちが作りたいと思うチームの雰囲気はどういうものかについて考える必要があります。チームの雰囲気とは，次のようなチームワークの諸側面のことを指します。それは，温かさ，ユーモア，コンフリクトの量，相互サポート，共有すること，陰口を言うこと，社会的地位の強調，参加，情報の共有，お互いの仕事に対する批判のレベル，新しいアイデアに対する支持などです。第6章から第10章ではチームの雰囲気を高めるさまざまな方法について考えます。

6．チームメンバーの成長とウェルビーイング

ビジョンのその他の要素に，チームメンバーのスキルの向上やウェルビーイングに対するサポートがあります。成長やスキルの向上ややりがいは職業生活における中心的な要素であり，チームは主なサポート源となりえます。チーム

はスキルを共有する機会や、新たな訓練をサポートしてくれる機会を与えてくれるかもしれません。しかし、サポートをしてもチームの有効性にはすぐには貢献しないかもしれません。それにもかかわらず、チームメンバーが他のメンバーのキャリアを促進するようなスキルの向上や訓練をどの程度サポートしてくれるのかが問題です。

チームの他の関心事に、メンバーの一般的なウェルビーイングがあります。これは介護専門職として高いストレス状況で働いている人には、特に当てはまります。チームのメンバーが提供する社会的サポートは、ストレス関連の疾患を防ぐための緩衝効果となりえます。

7．組織の他のチームや部門との関係

チームが孤立して作業を行うことは滅多にありません。チームは、組織の中の他のチームや部門と相互作用を行っています。たとえば、機能横断型チームの中で協働することもあるでしょうし、わずかな資源を求めて競争することもあるでしょう。チームは組織内で効果的に働かなくてはなりませんし、組織の中の他のチームや部門のサポートもしなくてはなりません。

集団は「集団への同一化」の結果として競争することがあります。そういう時、人は自分の集団を好んで他の集団を差別する傾向があります。その結果、仕事関係が破壊的になってしまうことがあります（第11章参照）。

8．組織外のチームとの関係

似たような問題は、他の組織との関係を考える際にも起こります。たとえば、BBCテレビの「生涯教育」の制作チームは、コミュニティ全体に影響する問題に関心をもっています。そのため、どうすれば家族が最も効果的に機能しうるかという番組を作る際に、彼らはそれに関連したボランティア団体や専門家集団と一緒に作業を進めようとするかもしれません。しかし、チームはこれらの組織がしている仕事に対してかなり批判的な姿勢を取るという決断をするかもしれません。そして、番組を作成する際には、彼らと距離をとりたいと思うかもしれません。チームが自分たちの仕事について明確で共有されたビジョンをもつためには、組織や個人が求める関係性のクオリティや性質を明確にしな

くてはなりません。

　ビジョン，ミッション，目標に関連した概念に「戦略」があります。この概念を明らかにするとともに，これまで考えてきたトピックとの違いを明確化するために時間を割くことは価値があります。戦略は戦闘や戦争といった領域に由来するメタファーです。ここからは，チームワークという文脈の中における戦略という概念について考えていきます。

チームの戦略

　戦略を立てるためのひとつのやり方に，戦略を作っている要素を分解するというやり方があります。その要素とは，活動範囲，手段，差異化の要因，経済的論理，および順序や段階です。これらについては，以下で，あるビジネスコンサルタントチーム（Aston Organization Development, www.astonod.com）を例にして説明したいと思います。このチームは，大学の産業心理学部の仕事から発展してできたチームです。

活動範囲

　活動範囲はチームが提供する活動や商品，サービスの内容のことです。アストン・オーガニゼーション・デベロップメント（Aston Organization Development，以下 AOD と表記）の場合，これにはチームによる仕事を導入したいと思っている組織に対して行うコンサルタントや，チームによる仕事の導入を助けるマニュアルやガイド，テスト道具の商品が含まれます。また，イノベーションや創造性を高めたいと思っている企業に対するコンサルテーション，さらには，イノベーションを引き起こすために環境がどれだけサポーティブかをアセスメントするためのツール，組織の創造性やイノベーションのレベルをアセスメントするためのテスト道具といった商品が含まれます。

伝達手段

　手段はこれらの商品やサービスが開発され提供される方法のことであり，こ

れには人や市場，パートナーシップや連絡なども含まれます。AOD では，ビジネスにおいてプリンシパルコンサルタント（大部分は心理学者）と，準コンサルタント（AOD には雇われていないが，正規の仕事以外の仕事も歓迎する有能な実践者としてプリンシパル・コンサルタントに知られている技術力の高い同僚）も伝達手段であると考えています。AOD はまた，組織の部長や人事取締役との幅広いネットワークは，彼らが仕事をする上で重要な手段であると見なしています。というのも，このようなつながりは，潜在的に重要なビジネスチャンスとなるからです。

差別化の要因

何がチームワークを差別化し，独自のもの，特定のものにしているのでしょうか。この問いは，メンバーにとって価値のあるアイデンティティに関係しているだけでなく，チームワークの商業的な価値にも関係しているため，解を得るべき重要な問いといえます。もし他のチームと差別化されるところがないとしたら，人はどのようにしてチームのことを覚えているのでしょうか？ AOD はプリンシパルコンサルタントの学問的な評判や，彼らの調査に関する高度な専門的知識や資格によって，AOD のチームは一般的なコンサルタントよりも抜きん出ていると認識していました。このコンサルタント会社は，厳格な調査に基づいているということで，顧客から支持されていました。さらに，彼らのチームによる仕事の着眼点はとても独特でした。というのも，チームによる仕事の組織レベルでの導入を手伝うサービスを提供するコンサルタント会社は，もしあったとしても，ほんのわずかしかないからです。

経済的論理

チームは仕事をするための資金をどのようにして獲得し，戦略を実行するための十分な資源をどのように確保するのでしょうか。いかなるチームも，戦略についての経済的なロジックを組み立ててそれをきちんと明言する必要があります。AOD は，初期段階においては，コンサルタント会社からの収益を収入源と見なしていました。そして，その収入により，徐々にウェブや CD ベースのツールを開発し，それらを商品として販売することが，潜在的な主収入とな

ることと見込んでいました。初年度は，とても有名な2人のコンサルタントによる講演によって安定した収入を確保しました。最終的にAODのチームは，組織の創造性やイノベーションを発展させる上で，マネージャーが実践的なアドバイスを行うために作られたパンフレットには価値があることを特定しました。このパンフレットは，組織で調査を行ったり，経営変革の際にも使われました。これらによってどのレベルのマネージャーも市場で広く評判を得ることができ，会社経営の初年度に新たな収入の流れを作ることができたのです。

順序と段階

戦略には，現実的なタイムプランが必要です。そして，タイムプランを作ることによって，チームメンバーに対して一度にあまりに多くのタスクを成し遂げることを求めないことも必要です。計画はどのような順序でどのぐらいの期間にわたって実施されるのでしょうか？　AODは最初の2, 3年間は，チームによる仕事を導入したり，創造性やイノベーションを促進する手伝いを求めるような顧客企業に対しては，大規模なコンサルティングを行うことを最重要課題としました。中間段階（2～4年）では，組織が機能をアセスメントするために使えるパンフレットや，ウェブベースの質問紙調査ツールの試作品の開発をすることにしました。チームの5年計画の最終段階ではユーザーのツール使用をライセンス化し，大々的に宣伝することになるでしょう。

　これらの5つの戦略の要素を考えることによって，チームが未来の方向性や活動を思い描くための戦略を明確にすることができます。ビジョンは目的地を示してくれるものであり，戦略は目的地にたどり着くための手段を与えてくれるのです。

　この章は，効果的なチームワークのためのビジョンについて，その根本的な重要性を強調することから始まりました。というのも，明確な指針がないと，組織の要求やチームメンバーの興味の変化や他の外圧によって，チームは軌道から外れてしまうことがあるからです。メンバーによって共有された価値観に基づく明確なビジョンと，実践的で徹底的に作られた戦略があれば，チームは価値ある目的や目標に向けてきちんと軌道に乗りつづけることができるでしょう。

復習のポイント

・チームにおけるビジョンとミッションと目標の違いは何でしょうか？
・チームの目的を決めるときに考えるべきキーポイントは何でしょうか？
・チームビジョンの次元および要素とは何でしょうか？
・チーム戦略の要素とは何でしょうか？
・チームにおけるビジョンと戦略の違いは何でしょうか？

より学ぶための文献

Gollwitzer, P. M. and Bargh, J. A. (eds.) (1996) *The Psychology of Action: Linking Cognition and Motivation to Behavior*, Guilford Press, New York.

Locke, E. and Latham, G. (1990) *A Theory of Goal Setting and Task Motivation*, Prentice Hall, Englewood Cliffs, NJ.

Locke, E. and Latham, G. (2002) Building a practically useful theory of goal setting and task motivation, *American psychologist*, 57, 705-717.

Pritchard, R. D., Jones, S. D., Roth, P. L. *et al.* (1988) Effects of group feedback goal setting, and incentives on organizational productivity. *Journal of Applied Psychology*, 73, 337-358.

ウェブサイト

http://www.leadership-and-motivation-training.com/developing-a-team-vision-statement.html (last accessed 9 August 2011).
　よいチームビジョン声明を練るのに役立つリソース。

www.astonod.com (last accessed 3 August 2011)
　アストンOD (AOD) はアストン経営大学院から生まれたもので、イギリスにおいて組織内または組織横断的なチームワークを展開させ、チームとチームを基盤とした業務のための豊かな実践的リソースを提供している。

7章
チームプレイ

見解の違いは探求に，探求は真実に結びつく。　　　（トマス・ジェファソン）

> **学習のポイント**
> ・チームの交流頻度とパフォーマンス
> ・チームにおける情報共有
> ・チームの意思決定を妨げる要因
> ・どのようにチームの意思決定を促進するか
> ・どのようにチームの安心感を育むか

　チームメンバーであるということは，チームが目的を達成できるよう，そして目的に向けて仕事を完遂できるように注力するということです。それは同時に，他のメンバーに対してポジティブかつサポーティブであり，そのチームの中に自信や楽しさ，積極的な関与を生み出す雰囲気を作り出すということでもあります。また，継続的にチームの中に，またチームと組織の他のチームとの間に良い関係が育まれるように機能する必要もあります。つまり，チームの良いメンバーであるということはチームにしっかりと参加するということなのです。

　チームを作ることでメンバーのもつスキルや知識，能力を活かし，集合的に努力することで，ひとりでは達成できないような仕事を達成できるようになります。チームに参加するというのは，チームメンバーがお互いに会って情報とアイデアを共有し，顧客やクライエントに製品やサービスを提供するための最善の方法について，しっかりと知的な議論をさせるということです。チームに参加するということは，チームの目標や戦略，およびそこに至るプロセスに対

して，メンバーが個々人かつ集団で責任を果たすということです。チームワークにはさまざまな役割や責任があり，誰かがリーダーシップをとります。しかし，リーダーだけがチームの目標や戦略，プロセスや成果に対して責任をもつわけではありません。反対に，効果的なチームワークにおいては，全てのメンバーがチームの機能に自覚的であり，それを気にかけています。そのため，チームメンバー全員が成功の実現に対して責任をもっているのです。

チームへの関与には4つの重要な要素があります。相互作用（interacting），情報共有（information sharing），影響力（influeincing），安心感の育成（ensuring safety）です。

相互作用

共通の目標を共有するメンバーたちは相互に影響を及ぼし合い続けています。さもなくば，彼らの努力は根本的に統制されることなくばらばらになってしまいます。チームはパフォーマンスという点でも社会的にも相互に影響しあっており，いずれも同じように重要です。社会的な相互作用にはパーティやランチ，家族問題やスポーツイベントについて，廊下でおしゃべりすることが含まれます。これらの相互作用は愛着や結合，家族性を強め，人々はお互いに安心感を得ることができます。パフォーマンス上での相互作用は，知識の交換やコミュニケーションなどを生み出します。それによって，チームは個々人の努力を調整して共有した目標を達成することができるのです。それらの相互作用は，その仕事の本質とは何かや，仕事をどのようにして達成するべきかについて共有されたメンタルモデルを発達することにもつながります。実際，人はチームワークというダンスを踊ることをうまく学べば学ぶほど，一緒に踊ることによって多くの時間を費やすのです。年に1，2度プレイするために会うだけのフットボールのチームと，毎週一緒にプレイしパフォーマンスについて議論するチームのどちらが成功するか考えてみてください。

共有されたメンタルモデルとは「メンバーに共有された知識についての体系的な理解あるいは心的表象」（Mathieu et al., 2005）と定義されます。近年の研

究では，単にチームの仕事や技術，相互作用についてのそのような心的表象がどれほど共有されているかだけでなく，モデルの正確さや質が重要であることがわかっています（Edwards *et al.*, 2006）。チームでの相互作用，情報共有，影響力の結果は（これから見ていくように），そのような共有されたメンタルモデルの正確さによって改善されるのです。

ケーススタディ
チームの相互作用

私はかつて大企業にコンサルタントサービスを提供するチームのファシリテーターをするよう依頼されました。初日，彼らは自分たちがチームとしていかに効果的に機能するかを強調しました。しかし，1，2時間の交流の後，強い怒りと敵意を表しながら，チームは2つの対立するグループになって別々の部屋に分かれてしまいました。チームは18カ月以上も顔を会わせたことがなく，仕事におけるチームの方向性や目的を共有していると思い込んでいたことがわかりました。実際，メンバーは別々の目的に向かって仕事をしていたのです。そして，2日間一緒に過ごした後でさえ，仕事の方向性の違いによる緊張がありました。これは，チームの方向性に関して何らかの本質的な不適合があったというより，むしろこれらの違いに気がついた驚きによるもののようでした。彼らは仕事や相互作用，チーム全体としてのメンタルモデルを共有していたつもりでいたのですが，それは実際とは程遠かったのです。

このケーススタディが示唆しているのは，相互作用や会議がチームの機能にとって非常に重要であるということです。公式なものであっても非公式なものであっても，定期的な会議がないと，重要な情報は保留され，真実とは異なった仮説や期待が生まれてしまうかもしれません。実際，私たちの研究結果では，貧弱なチームミーティングでさえ，全くミーティングがないよりもましであることが明らかになっています。それはメンバーが会議の前後に非公式な形でペ

アやグループで情報共有を行うからです。頻繁な相互作用がないと，チームにとって何が重要であるのかについての見解がメンバーによって分かれてしまい，他のメンバーの行動に対する理解や期待がもっと不正確なものになってしまいます。誤認と誤解は協調を弱め，コンフリクトにつながります。そしてこれらが今度はチームの非有効性につながるのです。関係の乏しさや否定的な態度，懐疑は不十分な相互作用によって起こるものであり，確実にチームの機能を弱めます。

　メンバーはどれくらいの頻度で会うべきでしょうか？　チームによっては，他のチームより頻繁に会う必要があるでしょうし，チーム内のあるメンバーは他のメンバーよりも頻繁に会う必要があるということもあるでしょう。仕事が複雑であればあるほど，そして時間が差し迫っていればいるほど，頻繁に会う必要があります。最低でも月1回，お互いの成果を最新のものとし，目標に向かうメンバーの活動を再調整する必要があるのです。少なくとも6カ月ごとに（1，2日使って），チームの目的やそれに向かう戦略，コミュニケーションや意思決定への参加などのプロセスを振り返り，修正する必要があります。そのような振り返りは時間の無駄ではなく，チームのイノベーションと有効性を生み出すことにつながるのです。このような振り返りをするチームは他のチームより生産的で革新的です（Widmer, Schippers and West, 2009）。

　大した会議でなくても，全くないよりはましです。しかし，より実のある会議はチームに潜在能力（チームが成功するであろうという信念）を生み出し，メンバーが一緒になって目標の達成に向けて効果的に仕事をすることにつながります。チームミーティングで効果的な相互作用をするにはどうしたらよいのでしょうか。大切なのはチームミーティングの取りしきり方です。

会議の取りしきり

・明確なアジェンダをもって会議をセッティングし，そのアジェンダには重要な項目のみを入れましょう。どうしても起こってしまいがちですが，毎回同じようなことを話して時間を無駄にしないで下さい。アジェンダの項目の選択はとても重要で，理想的には6個か7個の項目にして，他には何も含めないようにして下さい。そのアジェンダについては何が必要か，そしてどうい

う順番が良いのかについて考えることに時間を使うとよいでしょう。アジェンダが少ない方が，深くて生産的な会議となります。前もって，開始時間および終了時間を明確にしましょう。チームメンバーは時間通りに到着するという規範を作りましょう。快適な（目線を外す窓があるとか）場所で会合を行い，適切な設備（フリップチャートやプロジェクター，必要に応じてウェブを見ることができる機器）を用意しておきましょう。会合をしきったり調整する人がいることをみんなにわかってもらいましょう。会議のしきりを順番に交代するのは民主的な良い考えですが，チームミーティングは効果的に訓練された人によって取りしきられるべきです。話し合う項目について前もって大体の時間を決めておいてアジェンダを消化するためには，どのようなタイムスケジュールで何がなされるべきかついて，感覚をつかんでおくとよいでしょう。絶対に必要なことでない限り，アジェンダに従いましょう。

・自分の意見をもっているであろう人々には，彼らの意見を共有するように促しましょう。アイデアを探し求めることは意思決定の役に立ちますし，議論を抑圧するよりも，会議はより生産的で（早く）なるでしょう。常識に反するように感じるかもしれませんが，たいていすべての参加者に貢献する機会があるときに，より早く合意が得られるものです。議論を起こしていくためには，当該トピックに関して専門的知識がある人に，より早い段階で意見を述べてもらうのがよいでしょう。議論を促進させるさまざまな方法を使うこと（ペアや少人数で議論させて報告させるなど），頻繁にまとめること，リーダーや他の人たちに場を支配させないことも重要です。

・意見が出されると，決定に向かってより効率的に議論されるようになります。そうしたら，（重要な情報が入ってこない時など）本当に必要性がある時を除いて，決定を先延ばしにするべきではありません。（関係者の知識やスキル，ポジションという点で意味がある場合を除いて）他の会議や委員会まで，決定しないでおくようなことをしてはいけません。今後の会議に向けてサブグループを準備しましょう。投票は，どうしようもない最後の手段としてしか使わないでおきましょう。

・会議をコントロールすると同時に，楽観的で温かく，礼儀正しく，熱意をもつことで，ポジティブな雰囲気を維持しましょう。そして，会議に関する仕

事にコミットするのです．メンバーの貢献を認めて，感謝しましょう．議論が白熱し過ぎる時には，いったん中断するとよいでしょう．
・最後に，今回の会議がどれほど有益であったかを振り返り，改善点について議論しましょう．

このセクションではなぜ積極性を強調するのでしょうか？　それは，積極的に交流するチームは他のチームよりも良い成果を出すからです．ロザダとヒーシィ（Losada and Heaphy, 2004）は，60のビジネスチームの相互作用をパフォーマンスの観点から分析しました．その結果，高パフォーマンスのチームは会議で，消極的な相互作用の5.6倍の積極的な相互作用がありました．一方，中パフォーマンスのチームは1.9倍，低パフォーマンスのチームは0.363倍でした．さらに高パフォーマンスのチームにおいては，自分の意見の擁護と他の人の意見に対する質問がほぼ1対1でした（どの擁護的な相互作用に対してもひとつの質問がありました）．中パフォーマンスのチームでは，その数字は0.7であり（すべての擁護に対して0.7の質問がありました），低パフォーマンスのチームではその数字は0.052でした．低パフォーマンスのチームでは，メンバーはほとんどすべての時間を他の意見についての情報を求めるよりもむしろ，意見の擁護に費やしていたのです．

Box 11　会議の基本原則

参加者は全員，次のことに責任をもちましょう．
・本題から離れない
・自分の意見を通すだけでなく，他のメンバーの発言を促す
・手続きについて質問する（議論がどこに向かっているかを明らかにする，みんなが理解できるように議論されてきたことについてまとめをする）
・傾聴力を使う．進行中の議論をさらに続けるのか，あるいは議題を変えたいと思っているということを示して，そうしてもよいかどうかを尋ねる

情報の共有

チームの中では，情報はチーム全体の，そして／あるいは個々のメンバーの理解を変えるデータとなります。それゆえ情報の流れをマネージすることは，チームの有効性に非常に重要であり，これはトップマネジメントチームや看護チーム，研究チームなどの複雑な仕事においては，特にいえることです。

情報は豊かにも貧しくもなりえますが，それは情報によって理解が変わる程度に応じたものとなります。つまり理解が変われば変わるほど，その情報はより豊かなのです。たとえば，化学処理工場におけるチームの交代において，前のシフト勤務の間に爆発性の反応が潜在的にあったという情報は豊かな情報です。それはチームにリスクを引きつぐことを知らせてくれます。これに対して，看護師が１カ月のコースの間に５歳以下の子どもに対する訪問回数を書いたプリントアウトは，スーパーバイザーにあまり多くのことを教えてくれません。というのも，そこからは訪問の難しさや仕事の質について何もわからないからです。

情報の伝達手段は，情報の豊かさによって決められます。紙や電子メールのメッセージは全く豊かではありません。電話やビデオによる情報はもう少し豊かです。しかし，情報が最も豊かに伝えられるのは対面での会話です。抑揚や表情，姿勢，身振り手振りのすべてが豊かな情報となります。さらに対面での会話では，質問したり，問題をより深めていくことができます。一般的には，情報交換やニュースのやり取り，質問の際にはプリントやメールを使うのが良いでしょう。ですが，懸念や不満を示す場合には，常に対面による会議をするのが良いでしょう。それによって，対立を解決する方法を見出だすのです。また，他者を攻撃したり，説教したり，罵るためにメールを使うのは無責任なことです。複雑な意思決定は対面で行われるのが一番良いのです。これについては，第13章で詳述します。

つまり，チーム内での理想的な伝達手段は対面なのです。もちろん，チームは明らかに多くの時間を使うことになるので，そのような直接的なコミュニケーションは避けたいという気持ちも起こるでしょう。私たちの多くは，組織の

パフォーマンスを本当に左右するほどの収穫がほとんど得られないような仰々しい会議に出た経験があります。ですが，会議が生産的である場合にも，チームはメールでやり取りをして対面でのコミュニケーションはほとんどしない，という間違いを起こしがちです。しかし，チームワークのすべての基礎はコミュニケーションであり，対等な関係であり，協力であり，できるだけ豊かな形で情報伝達が行われることなのです。組織におけるチームに関する私たちの研究（www.astonod.com）では，ほとんどのチームでは情報共有とコミュニケーションを改善して，情報伝達のしかたを変える必要があることがわかっています。

　分散したチームで仕事をすることは徐々に多くなってきています。他国に住む同僚がいることもあるでしょうし，公式あるいは定期的にコミュニケーションをとる機会がほとんどないこともあるでしょう。そのようなチームには公式の，定期的なコミュニケーションと会議の機会が必要です。というのも，そこで非公式な形で話をしたり交流することによって，団結や信頼が高まるのです。メールでの個人的なおしゃべりを禁止する国際的なコンピュータ企業はわずかな時間と費用を節約できるでしょう。ですが，それによって，国際的なチームの中にすでにある溝が強化されるので，もっと多くを失ってしまうのです。

ケーススタディ
成功を作り出す

　組織の状況によって情報の流れは全く違うものになります。スコットランドの革新的なメーカーを訪問した際に，政府機関で働いていたこともある人に会いました。彼はその会社で1年間に受け取る提案書の数と，政府機関で1週間の間に受け取る提案書の数がほぼ同じであることを教えてくれました。また，その会社では対面でのコミュニケーションのレベルがとても高く，それによってとても豊かに理解することができるそうです。その会社はとても柔軟性があって，ルールや規制はほとんどなく，革新性のレベルが高いという点でも特徴的でした。

バーチャルチーム（たとえばメンバーがヨーロッパの国々に散らばっているような）は，メールやテレビ会議，電話会議に頼りますが，メンバーが同じ場所にいるチームよりも有効性や革新性は劣ります（Agarwal, 2003）。情報伝達の豊かさやチームワークでの学びは，同じ場所で顔を突き合わせているチームで仕事をする際に，単純に最大化します。結果的に，バーチャルチームは効果的なコミュニケーションがとても難しい中で仕事をせざるを得ません。最低でも，一緒に仕事をする前に数日間会って，チームの目的や戦略，意思決定やコミュニケーションプロセスについて合意しておくべきです。私たち人間は顔から情報を読み取るハードウェアなのですから，バーチャルチームにおける情報源の不足は，確実にバーチャルチームでない場合よりもチームの有効性は下がります。この問題については，第13章でより深く扱います。

影響力と意思決定

組織的機能の構造化がチームという形で成される背景には，個々のチームメンバーがひとりでするよりもチームの方が良い意思決定を下せるということが基本的に想定されています。多くの研究で，チームは社会的プロセスの影響を受けやすいために，意思決定の有効性が低下してしまうことが示されています。チームは個人によって下される意思決定の平均よりも良い決定を下すという傾向がある一方で，最もすぐれた個人によって下された意思決定の質には一貫して及びません。このことは，重役会やシニアの経営チームの機能を考える上で考慮されるべきことです。そのために，組織行動主義者や社会心理学者は，チームでの意思決定における不備を生み出す社会的プロセスを明らかにするために多大な努力をしてきたのです。

Exercise 6 チームにおける情報共有

最近，各チームメンバーからどんな情報を受け取りましたか。

メンバーの 名前	受け取った 情報の内容	現在の頻度 (毎時, 毎日, 毎週)	望ましい頻度
1.			
2.			
3.			
4.			
5.			
6.			
7.			
8.			

各チームメンバーからどんな情報を受け取りたいですか。

メンバーの 名前	希望する 情報の内容	希望する媒体	希望する頻度
1.			
2.			
3.			
4.			
5.			
6.			
7.			
8.			

1. メンバーはチームの意思決定に潜む危険性を考慮しなくてはなりません。そのひとつが，すべてのメンバーが議論が始まる前から共有している情報に焦点を当てて，1人か2人のメンバーしか知らない情報を無視する傾向が強いということです。たとえ情報がもたらされても，その情報を全員が共有していないという理由で，メンバーは無意識にそれを無視する傾向があります。心理学者はこれを**隠されたプロフィール**現象と呼んでいます。これを避けるためには，メンバーのそれぞれが潜在的な独自で重要な情報をもっている情報源であることが明示された役割を担うようにします。それによって，メンバーは意思決定における仲間の貢献に対して注意深く耳を傾けるようになり

ます。あるいは，リーダーがメンバーに対して，1人か2人から独自にもたらされた情報に注目するよう呼びかけるという方法もあります（Stasser and Stewart, 1992）。この現象を乗り越えるには注意が必要です。たとえ参加者がチームミーティングにおけるこういった問題を知らされていても，メンバーから独自にもたらされた重要な情報を考慮し損ねてしまうことがあるからです。

2．**パーソナリティ要因**はさまざまな形で社会的行動に影響を及ぼす可能性があります。たとえば，チームミーティングで自分の意見や知識をはっきりと述べるのをためらうシャイなメンバーは，チームの知識の蓄積に十分に貢献することができません（Barrick *et al.*, 1998）。それによってチームは不十分な意思決定をすることになってしまいます。

3．チームのメンバーは**社会的同調**の影響を受けやすいものです（Brown, 2000）。そのため，メンバーは多数派の意見，特に組織的に支配的な見解に反する意見や情報を抑えてしまいます。当初はその立場に反対という時にも，チームメンバーは多数派の考えに同調することがよくあります。

4．チームのメンバーに**コミュニケーションスキル**に欠けていると，自分の意見や知識をうまく表すことができません。印象操作にたけていて，スムーズに自分の立場を提示する人は，たとえ専門的知識がなくても，チームの決定に過度に影響を与える可能性があります。

5．チームは特定の個人によって**支配される**可能性があります。特定の個人とは，その人が話す「放送時間」が不適切に長かったり，自分たちの意見が優勢になるように，他者の意見に対して非常に力強く議論するような人のことです。「放送時間」と専門的知識はパフォーマンスの高いチームにおいては関連があるのですが，パフォーマンスの乏しいチームにおいては両者の関連がないということは注目すべきことです。たとえば，パフォーマンスが高いチームでは，ある問題の専門家は，その問題について議論されるときには，自分の意見を聞いてもらおうとする傾向があります。

6．特定のチームのメンバーは**自己中心的**であることがあります（たとえば自己中心性によってトップに登りつめた幹部メンバーなど）。そのため，自分自身の意見に比べて，チームのメンバーから提出された意見や知識を考慮し

たがりません。

7. **地位や階級**の影響によってあるメンバーの貢献が不適切に価値づけられたり，尊重される可能性があります。幹部役員がミーティングに出席しているときには，その人の意見が結果に必要以上の影響をもつ傾向があります。

8. 「**集団極性化**」とは，チームがメンバー個々人の意見や決定の平均よりも極端な決定を下してしまう傾向のことです。チームの決定は個々人の意見や決定の平均よりも危険なものか，あるいは慎重なものになってしまう傾向があるのです。このように，組織の競争的戦略に影響を与える決定が極に偏ってしまうのは，合理的または正確な判断の結果として生じるというよりもむしろ，単なるチームプロセスの結果として生じる可能性があります（Semin and Glendon, 1973；Walker and Main, 1973）。

9. 社会心理学者アーヴィング・ジャニス（Irving Janis）は，彼の政治的決定における失敗に関する研究の中で，結びつきの強いグループは下された決定の質よりも合意を達成することに重きを置くため，意思決定において過ちを犯す「**集団思考**」という現象を明らかにしました。このような現象は，特に，異なる部署同士が互いに競い合っているような組織では，組織の機能を脅かすものとなるでしょう。というのも，そういった組織では「内集団」びいきや集団思考が促進されるからです（第9章参照）。これは特に，チームの中に支配的なリーダーがいる時に起こりやすいと考えられます。

10. **社会的手抜き効果**とは，チームの中の個人は，個人の貢献が特定されたり評価される形で働くときよりも，一生懸命に働かない傾向のことです。もし，自分の貢献がチームのパフォーマンス全体の中に埋もれてしまうと思えば，会議の場においても個人は質の高い決定するための努力をあまりしないでしょう（Karau and Williams, 1993）。

11. **責任**の拡散によって，個人は他者が存在するときには行動の責任から逃れることができます。人々は行動を求められた状況に他者がいることによって，その行動の責任が他者に肩代わりされるだろうと思っているようです。組織では，高価な技術的機能が関係するような危機状況において，個人はうまく行動できないということが起こります。なぜなら，チームの他の人が必要な決定を下す責任を負ってくれるだろうと思っているからです。結果的には，

全体としてのチームの決定における質は脅かされます (Latané and Dalrey, 1970)。

12. ブレインストーミンググループの研究では，個々人が別々に生み出したアイデアの量，そしてしばしば質は，結果としてグループワークで協力して生み出したアイデアよりも一貫して優れていることが示されています。これは主に「**プロダクション・ブロッキング**」効果によるものです。個人は，他者と言語化を競い合うことによって，新しいアイデアを考えることも，それをグループ内で口に出すことも抑制されてしまうのです (Diehl and Stroebe, 1987)。

意思決定において，リーダーはどのような役割を演じるのでしょうか。チームがリーダーを必要とする状況はたくさんあります。危機的な時には，チーム全体で適切な行動行程について徹底的に話し合う時間はないでしょう。個人はチーム全体の利益のために責任を引き受けて，決定を下すことを求められます。しかし，ほとんどの状況において，チームは個人に，チーム活動の特定の領域について決定する許可を与えることができるのです。過度な民主主義と過度な権威主義のバランスをとるためには，半年から1年ごとに，チームの意思決定のプロセスの振り返りを行う必要があります。この振り返りの目的は，どのメンバーがチームの利益のために重要な決定を下したのか，そしてその決定はどの領域において行われたのかを判断することにあります。

意思決定の段階的技術

上述したチームの意思決定に関する問題を乗り越えるために，フォーゲルバーグとその同僚 (Fogelberg, Barnes-Farrell and Lowe, 1992) は「段階的技術 (the stepladder technique)」と呼ばれる戦略を提案しました。これは，チームの各メンバーが最初は他のメンバーの意見を聞かずに，チームに対する自分自身の見解を提出するというものです。その目的はメンバーが集団主義的な問題解釈や決定を考え始める前に，チームのさまざまな意見の完全な全体像をつくることです。このやり方は，Eメールやシェアウェアが幅広く使用されているのであれば，電子デバイスを用いることによって非常に効果的に適用することがで

きます。各メンバーは自分自身の意見を出すためにチームに書類を送る前に，特定の問題や議題について熟考する時間が与えられます。各メンバーは他の人が出した仮の意見を検討する前に，適切な行動行程に関する自分自身の仮の意見をEメールで送ります。最終決定はチームの全メンバーが自分の意見を出す機会を得て，十分に包括的な対面のディスカッションが行われるまで延期されます。このアプローチによって，各メンバーには他のメンバーに依存することなく自分自身の主張の準備をするために，特定の問題について熟考する時間が与えられます。

　このアプローチは意見を集約するプロセスが最小化されているので，出されたアイデアの数や範囲は非常に多くなります。このアプローチによって個人の責任が強調されるので，他の人の貢献の影にかくれることはできなくなります。さらに，各メンバーは，全メンバーの意見を聞くというメリットがないまま自分の意見を出すことを求められるので，建設的な議論につながるような多様な見解がより提案されやすくなります。これにより，議論と意思決定の質は向上します。チームは，チームの規範に影響されていない新鮮なアイデアに継続的に触れることによって，対照的なアイデアについて，より精力的に探索したり評価することができるのです。このようなチーム内での多様な意見の探索は，意思決定のよりよい質につながることが多くのエビデンスによって示されています（Tjosvold, 1998）。意思決定が貧困になる別の理由のひとつに，解決策の幅を生み出して，そこから最善の選択をする（「満足化」と呼ばれる現象）よりも，むしろ最初に出た容認可能な解決策を選択する傾向があります。全メンバーが自分の見解を提出する機会を得るまで意思決定を遅らせることによって，チームが使える解決策や意見の数は最大となるのです（Lam and Schaubroeck, 2000）。

Excersise 7　簡易版　意思決定のための段階的技術

1．10分時間を取ってください──チームの全メンバーは問題を分析し，潜在的な問題解決策を見つけ出します。
2．10分時間を取ってください──メンバーはペアになって，他の

メンバーと，各々の解決策を提出して話し合います。
3．10分時間を取ってください――2組のペアはお互いに自分たちの解決策を提出して，話し合います。チーム全体が一緒になるまで，このプロセスを続けます。
4．チーム全体で提出された解決策について検討したら，最終的なディスカッションを行って，意思決定をします。問題に対する最善の解決策を生み出すために，約40〜60分時間を取ってください。

段階的技術は，チームでの意思決定の問題に打ち克つことのできる意思決定の方法です。メンバーが十分に参加できるようにすることで，関与，内発的関心，創造性，全メンバーの能力の提供，知識と技術を高めることができます。

　実証的な研究では，チームはしばしば意思決定の質において，最も優れているメンバーほどには優れたパフォーマンスを発揮できないことが明らかにされています。段階的技術では，個々のメンバーが意見を聞いてもらう可能性が増えるので，最も優れているメンバーが自分の専門的知識を提示する機会も非常に多くなります。近年の研究では，最も優れたメンバーがたまたま主張的で支配的でない場合には，彼または彼女は十分にチームの決定に影響を及ぼさないことが示されているため，このことはとても重要です。専門的知識と「放送時間」が相関する場合，チームはよりよいパフォーマンスをする傾向があります。パフォーマンスの低いチームでは「放送時間」と専門的知識が相関しない傾向があります。
　段階的技術はどれほど効果的なのでしょうか。研究のエビデンスによって，チームが段階的技術を用いたときと，より慣習的な技術を用いたときとでは，意思決定にかかる時間に差がないことが示唆されています。しかしながら，チームの意思決定における成績の質は，一般的に，慣習的な技術を用いたチームより有意に優れています。さらに，慣習的な技術を用いたチームでは最も優れたメンバーの成績を上回ったのはたった10分の1であったのに対し，段階的

技術を用いたチームでは半数以上が上回っていたのです。

　これらの統計的知見によってひとつの仮説が成り立ちますが，段階的技術を用いた集団における効果はもっと重要な情報を明らかにしているのです。段階的技術を用いた集団のメンバーは，同調に対する圧力をあまり感じなかったと報告しています。また，最終的な集団の決定において合意が得られ，いつもよりうまく協働できており，集団に対してより親しみがあると感じる傾向があります。彼らはまた，慣習的な技術を用いた集団のメンバーよりも精力的に仕事に取り組んだと感じています。さらに，段階的技術を用いた集団では，慣習的技術を用いた集団よりも見解やアイデアに対して疑問をもつ傾向があります。

　実際，段階的技術を用いた集団は絶えず彼らの決定を考え直すのですが，このことはチームの意思決定に対して有益な効果があります。段階的技術を用いた集団において，最も生産的なメンバーが，自分が望むことを発言するための機会をより多く（他のどのメンバーよりもっと）もつのは重要なことです。このことは，段階的技術のアプローチによって，他のメンバーが，知識や個人の専門的見解に触れることを示唆しています。言い換えると，よりよいアイデアが出されやすいだけでなく，そのアイデアに対してより関心が向けられ，よりよいアイデアと認識される傾向があるということです。

チームにおける安心を作る

　関与，探索，専心は人々が安全を感じているときに最も生じやすいということは，人間行動の自明の理です。両親と強く安全な絆を持つ子どもは周囲をより広く探索しやすいように（Ainsworth, 1982），チームにおける人々も，他のメンバーによって攻撃されたり侮辱されそうにないと感じれば，ものごとを実行するために新しく改良された方法を取り入れるリスクをより負いやすくなります。両親によって公園に連れて来られた子どもが，両親と安全に結びつき，愛着を形成していれば，両親のそばをよりすばやく離れ，より長い間公園の中にいることができると考えられます。もし両親との関係性が乏しければ，彼らは新しい環境を探索するよりもむしろ，不安げに近くをうろつくことが多いでしょう。心理療法では，クライエントが攻撃を受ける心配がなく，セラピスト

に支持されていると感じるとき，彼らは自分自身の体験の脅威的な部分を探索しやすくなります。カール・ロジャースが患者に対して無条件の肯定的配慮の態度をとるようセラピストに勧めたのは，単に観念的な理由からではありません。このような姿勢は安心感を誘発しやすく，それによって困難な経験に対して，より多くの探索がされやすくなるのです。同じように，チームの風土が肯定的で，サポーティブで，権限を尊重するようなものであれば，メンバーは彼らの仕事に取り組むために新しく改良された方法を探索し，実行しやすくなり，それによってイノベーションや有効性が促進されます。目標の明確さ，普段の相互作用，理解と承認，ユーモア，お互いに支え合うこと，そして開放性は全てチームの心理的な安心感を高めるでしょう。

　チームが安全でないと感じられれば，メンバーは慎重にふるまい，仕事をする上でもある種の不安によって高い警戒心を持ち続けます。私は，衝動のコントロールが苦手で，しばしば激怒し，他のメンバーに攻撃する支配的なマネージャーによって率いられた経営幹部チームをいくつか見てきました。結果的には，こういったチームは顧客サービスを提供し，チームの機能を向上するためのアイデアを提案する新しい方法を提示しようとしませんでした。リーダーは強い影響をもっていますが，各メンバーには安全を促進する責任があります。つまり，他の人に，自分の意見を言うように促し，それらのアイデアをサポーティブに探索するのです。チーム内の信頼は，メンバーが協働していくために不可欠なのです（Korsgaard, Brodt and Sapienza, 2003）。

Box 12　信頼，サポートそして安心な風土を作る

　チームリーダーはメンバーに対して，仕事に関わっていて，仕事に対して精力的で，熱中していると感じてもらうように促すことによって，チームにおける信頼，サポート，安全な風土を作ることができます。もしメンバーが苦痛を感じ，不信感を抱き，神経質になっていれば，チームの風土はこれを反映するでしょう。信頼を生み出すためには，リーダーはメンバーに対してリスクを負い，お互いに頼り合うように励まさなくてはなりません。そうするための一番良い方法は，リーダー自身が彼

らを信じるモデルになってみせることです。リーダーは，チームに対してチームは何をすることが求められているのかをはっきりと明示し，彼らがそれを達成するための最善の方法を見つけることを信じるべきです（目標を明示するのであって，手段を明示するのではありません）。リーダーは，メンバーが望めばもちろんサポートを提供しなければなりませんが，チームがその仕事を成し遂げ，しかもうまくやると信じているということをはっきりと示さなくてはなりません。リーダーは，メンバーがお互いにリスクを負うように促すべきです。私たちは自分がリスクを負えると思った時に，信じることができるのです。リーダーは，メンバーが同じ運命を共有していることを強調することができます。すなわち，同じ目的を達成する運命にあるなら，彼らはお互いを信頼しなければならないのです。メンバー間では開かれた，率直なコミュニケーションをするように促すことで，リーダーは，メンバーが彼らの仕事において同じ価値を共有していることに気づかせることができます。

　そのチームは安心できないと感じられると，メンバーは慎重に振る舞うようになり，仕事においてもある種の不安からくる警戒心を維持するようになります。たとえば，あるメンバーが他のメンバーによって一貫して批判され続けていると感じていれば，彼女は物事の新しく改良された進め方を提案しようとはしないでしょう。各メンバーには安心を促進する責任があり，この責任については早い段階で合意を得るべきです。

　しかし，安心は快適さと同じではなく，危険が生じることがあります。したがって，メンバー間のサポートを促すとともに，脅威を阻止することによって安心を確立するべきです。もし，あるメンバーが他のメンバーに脅威を感じさせたのなら，そのメンバーを指導し，問題に対して効果的に対処すべきです。チームにおける慢性的な不安と怒りは，チームの安心を損なうだけでなく，メンバーの健康にも害を与えます（Goleman, 1995）。メンバーがお互いを受容し，ユーモア，温かみ，サポートを促進するよう促すことで，安全を作っていくべきなのです。

チームにおける安心について行われた研究の中で，エドモンドソン (Edmondson, 1996) は，新しく形成された集中治療看護チーム間には，医療ミスの管理について大きな違いがあることに気付きました。彼らの医療ミス（薬物を過剰あるいは過少に与えた，または誤った薬物を投与した）をオープンに認め，話し合い，医療ミスの発生を防ぐ方法について議論するチームもあれば，メンバーがミスに関する情報を口外しないチームもあったのです。チームとして，これらのミスの原因について学習したり，将来のミスを防ぐ工夫を考えることができたのは，前者のタイプのグループだけでした。これらのグループでは，安全の風土が作られていましたが，その一部はリーダーによるものでした。エドモンドソンは，ある学習志向のチームで，最近のミスに関する議論がいかにして備品のイノベーションにつながったかについて，事例を提示しています。静脈内投薬ポンプが継続的なミスの原因と判明したため，違うタイプのポンプに取り換えられました。彼女はまた，ハッブル望遠鏡開発プロジェクトで問題について話し合えなかったことやイノベーションを生み出せなかったことが，いかにして多くの犠牲を伴う失敗につながってしまったかを例示しています (http://ntrs.nasa.gov/archive/nasa.casi.ntrs.nasa.gov/19910003124 _1991003124.pdf)。エドモンドソン (Edmondson, 1996, 1999) は，学習とイノベーションはメンバーが他のメンバーの意図を信頼しているときにのみ生じると述べています。この場合，よく意図された行動はチームからの罰や拒絶につながらないであろうことを，メンバーは強く信じています。エドモンドソンは，安心とは「……努力やミス，変化に対する現実的で学習志向的な態度を示唆しているのであって，いい加減な寛容さや，容赦のない頑なな態度を示しているのではない。安心は快適さと同じではなく，それとは対照的にリスクを促進するものとされている」と述べています (Edmonsdson, 1999, p. 14)。

　安心とは，信頼と受容と，ユーモアと温かみとサポートに基づいた効果的なチームワークに，人々がもっと関わるようになる情緒的な環境のことなのです。これらが相まって，メンバーのチーム機能における専心や，関与，創造性につながります。同様に重要なこととして，これらは仕事をする人のメンタルヘルスを高めるポジティブな風土にもつながるのです。次章では，チームの中に明確な見通しや目的，そして高いレベルでの参加があっても，チームがうまくい

かなくなることについて検討しましょう。

復習のポイント

- なぜ，チームの相互作用は非常に重要なのでしょうか？
- チームはどのくらいの頻度でミーティングを行えばいいのでしょうか？
- チームが使用する主要な情報メディアは何でしょうか，そしてどれが最もうまく情報をやりとりすることができるでしょうか？
- 効果的なチームが意思決定する際に主な障壁となるものには何があるでしょうか？
- それらはどのようにして乗り越えられるでしょうか？
- チームにおける心理的な安心感はどのようにして作られるでしょうか？

より学ぶための文献

Borman, W. C., Ilgen, D. R. and Klimoski, R. J. (eds.) (2002) *Comprehensive Handbook of Psychology (Vol.12): Industrial and Organizational Psychology*, John Wiley & Sons, Inc., Hoboken.

Gold, N. (ed.) (2005) *Teamwork: Multidisciplinary Perspectives*, Palgrave Macmillan, Basingstoke.

Guzzo, R. and Salas, E. (eds.) (1995) *Team Effectiveness and Decision Making in Organizations*, Jossey-Bass, San Francisco.

Kozlowski, S. W. J. and Bell B. S. (2002) Work groups and teams in organizations, in *Comprehensive Handbook of Psychology (Vol.12): Industrial and Organizational Psychology* (eds. W. C. Borman, D. R. Ilgen and R. J. Klimoski), John Wiley & Sons, Inc., Hoboken.

March, J. G. (1994). *A Primer on Decision Making*, Free Press, New York.

Mathieu, J., Maynard, T. M., Rapp, T. and Gilson, L. (2008) Team effectiveness 1997-2007: A review of recent advancements and a glimpse into the future. *Journal of Management*, 34, 410-466.

Thompson, L. (2000) *Making the Team : A Guide for Managers*, Prentice Hall, London.

ウェブサイト

http://ntrs.nasa.gov/archive/nasa/casi.ntrs.nasa.gov/19910003124_1991003124.pdf
 (last accessed 8 August 2011).
 ハッブル望遠鏡問題についての説明。

http://www.foundationcoalition. org/publications/brochures/effective_decision_making.pdf (last accessed 8 August 2011).
 チームにおける良い意思決定についての詳しい記事。

www.astonod.com (last accessed 3 August 2011).
 チームによる仕事と効果的なチームワーキングについての多くの資料。

8章
チームの質の管理

地獄の中の最も苛酷なところとは，大いなる道徳的危機の時代にも中立であり続ける人がいる場所のことである。
(ダンテ)

あなたは，あなたを尊敬していて，あなたに対して優しく，あなたのためにそばにいてくれる，そんな人のレッスンからしか学んできていないのではないでしょうか？ あなたに対して身構えたり，あなたが進む道のりを疑ったりする人からすばらしいレッスンを受けたことがないのではないでしょうか？
(ウォルト・ホイットマン)

> **学習のポイント**
> - チームにおける服従のプロセスと「集団思考」の危険性
> - チームの防衛メカニズムと，どのようにしてそのメカニズムを打開するか
> - 建設的な議論の価値
> - チームがタスクに集中するように促す技術
> - チームの少数派の意見と意見の相違

チームは仕事を成し遂げたり，目標を達成するために存在します。そのため，チームがやらなくてはならないことは，仕事を成し遂げ，目標を達成することなのです。うまく機能しているチームでは，必ず，チームのメンバーはいかにうまく業務を成し遂げられるかについて建設的な議論を行います。本章では，チームには集中して取り組むべきタスクがあり，チームは質の高いプロセスと結果の保証に関わることを確認していきます。

これまで，チームにしっかりと関与するだけでなく，明確なビジョンや一連

の目標を持つことが重要であると考えてきました。しかし，これら2つの要素は必要なものではありますが，効果的なチームワークを保証するには十分ではありません。これらの要素だけでは破滅的な結果の種となり得るというエビデンスもあるのです。以下の例から，明確な目標やチームへの関与と凝集性の高さがいかにして効果的なチームワークとは正反対の結末になってしまうのかについて，考えてみてください。1961年，アメリカ大統領のまわりは楽観主義や，熱気や活力といった雰囲気に包まれていました。当時，ケネディ大統領と彼のアドバイザーは若くて熱狂的でした。そして市民権や民主主義に傾倒する多くのアメリカ国民の楽観主義を取り込んでいました。しかし，ケネディ大統領が統率した初期，目標や凝集性，コミットメントの高さを特徴とするこのグループは，10年間の主要な外国政策の失敗についてその責任の一部を負うことになりました。それがピッグス湾事件のキューバ侵攻です。このような冒険は失敗しやすいものであることを示す諜報部の資料がたくさんあったにもかかわらず，ケネディ大統領とアドバイザーは侵攻中のキューバ人亡命者を支援するためにCIAに権限を与えたのです。キューバ軍は侵攻軍を簡単に撃退して亡命者を捕まえ，殺害してしまいました。その後，多くのコメンテーターは，ケネディらはどうしてこのような冒険がうまくいくという結論に至ったのかについて，疑問を呈しました。

集団思考

アービング・ジャニス（Irving Janis, 1982）はこの事件の真相を明らかにする中で，それは集団プロセスの危険なパターンに陥ったため，という結論に至りました。そして，ジャニスはケネディの閣僚が「集団思考」の悪い影響を受ける傾向があったと主張したのです。集団思考は以下の5つの条件がある場合に起こります。

1．そのチームは意思決定の質よりも，凝集性や満場一致をより重視する人が強く結束したグループである。
2．そのグループは概して，外部からの，特にそのグループの意見に反対す

る人たちからの情報や意見を遮断してしまう。
3．グループのメンバーは，問題を適切に解決するために入手可能な選択肢について，系統的に調べるようなことは滅多にしないで，コンセンサスが得られそうな最初の選択肢を選択する。
4．そのグループには決定事項を成し遂げるプレッシャーがかかっている。
5．特定の個人がそのグループを支配している。これは集団思考が起こる際の特に重要な要素であり，支配的なリーダーであればなおさらである。

以下は，集団思考の兆候です。

- 集団思考の条件がそろっている場合には，凝集性の高い集団が意義を唱える個人に多数派の見解に従うように強い圧力をかける。
- そのグループは皆，満場一致と正当性について思い違いをしている。ケネディ時代の防衛大臣だったディーン・ラスクはそのグループの中に「きっとコンセンサスが得られるという変な空気」がどのような感じであったかについて述べている。
- メンバーは，グループの中に意見の相違があるかもしれない手がかりを無視したり，あるいは取り合わないことがある。実際，ケネディの閣僚のメンバーの中には，後に以下のようなことを述べる者もいた。それは，個人的にはその計画には大きな問題があると思っていても，ピッグス湾計画に反する意見や見解を申し出ることがいかに抑制されていると感じていたか，である。
- グループのメンバーは外部のグループからの情報を受け付けない。ロバート・ケネディ（当時のアメリカの法務長官）は，自分がいかにグループの「マインドガード」を買って出たかについて述べている。当時，彼は反対意見を主張する外部の人々を脅して，彼らを大統領に対する忠誠心が欠けるとして告発した。
- 強い集団思考の圧力があると，外部のグループは脅すほどもないくらい愚かである，あるいは交渉することもないくらい信頼できないとして馬鹿にされる。しかし，実際には，彼らはそれゆえに固く結束したグループとなって，**外部の影響から孤立してしまうのである。**そして，仮想規範的に「正しい」

見解に急速に収斂してしまうのである。その後は，自分たちが正しいのであり，その他全ての競合する意見は劣ったものであると思い込んでしまうのだ (Brown, 2000, p. 213)。

集団思考には，以下のような特徴があります。

・攻撃を受けるのではないかという幻想
・過度の楽観主義とリスクテイク
・危険を合理化し，無視する傾向
・反対意見のステレオタイプ化
・自己検閲
・専門家の意見を取り入れない

これらはいずれも満場一致と凝集性を求めるので，問題を効果的に解決することはできません。

次の研究は，ジャニスの見解を全面的にではありませんがいくらか支持するものです。より最近に行われたこの研究では，集団思考が現れる重要な要素は凝集性ではなく，リーダーのスタイルであるということが示唆されました。ヴィノクール (Vinokur, 1985) は新薬の技術を評価することを目的に行われた専門家と消費者からなる6つの会議における意思決定について研究しました。その結果，意思決定のプロセスと結果は集団の凝集性によって悪い影響を受けるのではなく，その会議の議長がファシリテートをしない時により質が悪くなることが示唆されたのです。この研究の根拠は明らかです。つまり，指示的なリーダーは反対意見が出てくることや，そういった意見を探索することを抑え込んで，自らの意見を強く押し付けることによって意思決定の質を低下させてしまうのです。これがもし，たとえば乳がんの診断や治療を仕事としている場合だとすると，チームの結果やチームが提供する結果は悲惨なものとなりえます。ピーターソンとハント (Peterson and Hunt, 1997) は，意思決定の結果や結末に対して（チームを自分たちの意見に取り込もうとする）指示的なリーダーは，チームに良い意思決定をさせないことを明らかにしました。それによって，ジ

グソーパズルのピースをもうひとつ加えたのです。会議のプロセスに対して指示的なリーダーは，意見を言うことに尻込みしている人が意見を言うように促して，より支配的で手におえないメンバーが意見を言うのをコントロールします。それによって，質の高い意思決定ができるのです。ここで重要なことは，会議のはじめに意思決定のしかたを決めておくこと，そして危険性（議論も共有もされていない情報，隠れた問題）を評価するとともに，会議の基本的なルールについて同意しておくことです（第7章参照）。

同調圧力

　個人に対して集団に従うことを求める集団圧力の影響はよく知られています。アッシュ（Asch, 1956）の研究では，参加者はすでに他者がいる部屋に入るように指示されます。実験参加者には彼らが入る前に部屋に入っていた人たちのことは知らされていませんでしたが，その人たちは研究のサクラなのです。いくつかの直線がスクリーンに映し出され，実験参加者とサクラの人たちは，3つの線の中から基準線と同じ長さの線がどれかを決めるように求められます。これらはあいまいさのない刺激条件です。ほとんどの場合，サクラは基準線と同じ長さの線を選びますが，ある時満場一致で誤った線を選びます。すると，後でその線が誤った線だと気付いていたと報告するにもかかわらず，実験参加者の4分の3は少なくとも一度は多数派に従ったのです。実験参加者たちは，これは多数派と異なりたくないという想いがあったからであり，多数派が満場一致である時には特にそうだったと述べています。多数派がチーム内の人々の行動に強い影響力をもつという似たような結果は，多くの研究で明らかにされています。

　しかし，少し元気づけられることに，多数派に従う程度には個人差があることがわかっています。アッシュの研究では，多数派に決して従わない人もいましたが（25％の人），一方で全ての条件で多数派の意見に同調した人もいました。さらに，グループの大きさは多数派が影響を及ぼす上で重要となります。研究結果から，一貫性のない答え方をしている人がたったひとりの時には，その人の影響は受けにくいことが明らかになっています。そういう人が半数の場

合には 14％しか同調しませんが，4分の3になると同調する人は 32％にまで急増しました（Bond and Smith, 1996）。グループの中に異なる意見をもった人があとひとりしかいなかった場合には，参加者はたったの9％しか間違わなかったのに対して，自分だけがマイノリティだった場合には 36％もの人が間違いをしました。さらに，人に従う程度には文化差もあります（Smith and Bond, 1993）。中国，日本，ブラジルのような集団主義の文化圏の人は，イギリスやアメリカのような個人主義の文化圏の人よりも多数派に従う傾向がより強く見られます。

権力への服従

ヒエラルキーのあるグループでは，メンバーは権力に服従する傾向があります。支配的リーダーがいるチームでは，人々は自分たちの意見を主張するよりもリーダーに同調する傾向があるのです。この危険を示す恐ろしい例のひとつに，スタンレイ・ミルグラムの実験があります。彼は対単語を学習する人に対して電気ショックを与えなさいという実験者の命令に，人はどの程度従うかを調べました（Milgram, 1963, 1965a, b）。実際には，単語を学習する人は，電気ショックを受けたふりをする実験者のサクラです。この実験に参加した 40 人のうち 26 人は，最後まで実験者の命令に従って学習者に電気ショックの罰を与え続けました。彼らは学習者が深刻な損傷を負ったとわかる最大限度を超えて，それ以上のところまで電気ショックを与え続けました。多くのケースで電気ショックを与えている人は明らかに強い緊張状態にあり，自分が何をしているかわかっているにもかかわらず，こういうことが起こってしまったのです。

> 私は，熟年で最初は落ち着きのある感じの重役が，微笑みながら自信をもった様子で研究室に入ってくるのを見ました。20分の間に彼はけいれんし始め，ボロボロになってどもり始めました。それは，急速に神経衰弱の状態に達してしまった様子でした。彼は一貫して自分の耳たぶを引っ張り，手をねじっていました。ある時点で，彼は拳を額に押し当ててつぶやきました。「神様，もうやめてくれ。」

しかし，被験者は実験者のすべての言葉を聞き続け，最後まで従ったのです。

この研究によって，与えられた行為に反する明らかな合理的な証拠があるにもかかわらず，権力に同調してそれに服従してしまうことが起こりうるチームの状況のなかにこそ，危険があることが示されました。

チームの防衛メカニズム

チームを何か「生命体」のようなものと考えてみれば，変化する環境の中でチームが生き残るためにメカニズムを発展させていくことは驚くことではありません。ちょうど生物と同じように，チームは安定性を脅かす脅威と闘うために免疫システムを発展させます。このシステムは，チームの規範や暗黙のルールが統合されたようなものであることが多いので，見つけ出すことがとても難しいのです。そのようなチームの防衛は「防衛ルーティン」といわれるものであり，特定の個人が意図的にするものではなく，自動的に作動するものなのです（Argyris, 1990）。

防衛ルーティンの一例は，チームがパフォーマンスにおける困難にぶつかった時に，チームのメンバーが組織や他のチームや部門，年配の管理職や資源が得られないといった問題をずっと責め続けるということです。したがって，あるメンバーが仕事をうまくこなせなかったということがチームの中で起こっているにもかかわらず，チームメンバーはその問題をチームの外の環境によって引き起こされたととらえる傾向があります。チームのメンバーはパフォーマンスの問題に対処するのではなく，表面的なまとまりを維持して結託するのです。もし，チームの仕事が（先ほどの例でいうなら）女性の乳がんの診断を下すように重大なものであるなら，その結末は悲惨なことになりえます。ある研究で，無能であるにもかかわらず支配的で独断的な外科医が，チームに議論をさせないというミスを犯していたことがわかりました。私たちはそのチームに介入し，チームメンバーに対して問題について病院幹部に報告するように説得しました。

状態がいい時には，これらの防衛ルーティンは不要な混乱からチームを守る上で役に立ちます。しかしながら，防衛ルーティンは痛みを感じたり困惑しないように作られているので，それによってチームの機能は抑制されてしまうのです。さらに，チームが現状を維持しようとする時にも，チームメンバーは防

衛ルーティンを用います。それによって，チームは問題の根源にある原因を対処しないままにしておくことになってしまうのです。防衛ルーティンは防衛ルーティンについて議論しない，という特徴をもっています。そのため，彼らが議論することができないこと自体についてもまた議論されないのです！　防衛ルーティンは見つけ出すこと自体が非常に難しいため，それを明らかにすることはもっと難しいのです。人々は明らかに賢明なイノベーションを実行する際に起こるコンフリクトに対して強いストレスを感じます。なぜそれがそれほどまでに困難なのか，またなぜそれによって多くの反発が生じるのかが理解できないときには特にそうです。そういうときの障壁となっているのが防衛ルーティンであることが多いのです。

　防衛ルーティンによって不合理なことが理に適ったことのように思われることもありますし，防衛ルーティンが配慮や外交上の駆け引きという名のもとに使われることもあります。防衛ルーティンの一つに，チームが陥っている困難に対して，特定の組織やシニアマネージャー，あるいは根源的な問題を責めつづける，ということがあります。結果的に，メンバーは結託して自分たちのパフォーマンスの問題に対処するのを避けて，ある種の凝集性を維持するのです。

　防衛ルーティンは，特に「非難的な文化」を有する組織のチームの中で起こりやすい傾向があります。こういうところでは，失敗や誤り，あるいはニアミスに対して，責める相手を探すという反応をします。つまり，誰かがその問題の全責任を負うのです。これは学習のためには良い環境とはいえません。チームメンバーは「誰がではなく，何が問題の根本原因であるか，そしてこの失敗を基に私たちは働き方について何を学ぶことができるか」を問うことによって学習を促進するべきです。そして，チームメンバーは「このような問題を二度と起こさないために私たちは働き方をどのように変えることができるか」について問うこともできるのです。

Box 13　防衛ルーティンの克服

・議論がよく考え尽くされていること。つまり，理由は説得力があって明確で，誰もが検証可能なものであるべきです。

- 実行できない約束はしないこと。本当に良い考えを退けるために非現実的な約束に飛びつく人もいます。
- チームメンバーが失敗について話し合うように促して,非難しないようにします。失敗を学習の手段として用いるのです(「この失敗から何を学ぶことができるか?」と問うのです)。
- 常に水面下にあるものに目を向けようとし,メンバーにも同じようにするように促します。変化を拒む人に対していつも「なぜ?」という問いを投げかけるのです。
- 議論できないと思われるようなテーマを表面化して,議論すべきテーマとしてオープンなものにします。たとえそれによって潜在的な反発が起こっても,そうするのです。
- あなたが防衛ルーティンにいつ巻き込まれているのか,あるいはいつ結託しているのかについて,自覚的になるようにするのです。
- 有効性(正しいことをする)というより重要な問題に対しては,効率性(物事を正しく行う)という問題を通してとらえようとするのです。残念なことに,メンバーの抵抗を最も受けるのは,このレベルの疑問を投げかけはじめる時でしょう。
- チームや組織に本当に違いをもたらすような困難で重要なタスクを遂行することに集中します。

質へのコミットメント

　権威への同調や服従,防衛ルーティンの影響を最小限にするために,チームはどのように機能できるのでしょうか? チームが最も重視しているタスクで優れたパフォーマンスをあげること,そしてチームの構造や戦略,テクニック,ノルマを適切に用いることを保証することによって,チームはそれらの影響を効果的にしのぐことができるでしょう。すでに述べた方法のひとつが,意思決定における段階的技術(stepladder technique)です(第7章参照)。チーム内のヒエラルキーの影響を減らすことによってチームの構造を変えることが鍵と

なります。以下では，質の高いパフォーマンスや意思決定を保証するために用いられるテクニックや方向性を紹介していきます。

課題焦点型／建設的な議論

　課題焦点型には，メンバーがチームのパフォーマンスをきちんと考察する準備があるかどうかが関わってきます。ディーン・チョースヴォルドは，チームの中で効果的な質問をすることが不可欠になっている状態を表すために，「建設的な議論」という言葉を生み出しました（Tjosvold, 1998）。
　チョースヴォルドとその研究者仲間によって得られた研究成果では，反対意見をていねいに検証し，それについて協力的な雰囲気の中で話し合うことができるチームでは，意思決定の質とチームの有効性が劇的に向上することが示されました（West, Tjosvold and Smith, 2003 も参照）。

　協力的な雰囲気の中で成される議論は，意見の精緻化や新しい情報およびアイデアの探索，そして明らかな反対意見の統合を促進します（Tjosvold, 1991, p. 49）。

　チョースヴォルドは四半世紀にわたって得られた研究成果によって，建設的な議論をしないことによってチームの悲惨な決断につながってしまうことを説得力をもって示しました。協力的な雰囲気の中で，異なる意見について適切に検討することができないと，ピッグス湾事件やスペースシャトルのチャレンジャー号爆発事故の時のような決断に至ってしまうのです。チャレンジャー事件では，技術者たちは寒冷気候におけるシャトルの飛行の適切さに対する反対意見について議論することを抑圧したのです。チョースヴォルドは，議論には3つの要素があると述べています。

・立場を確立する
・理解しようとする
・さまざまな意見を統合する

立場を確立する。まず，チームのメンバーは自らの立場を，慎重に明確にする必要があります。その際，チームが話し合っているどの問題に関してもどのようにしてそのような決断に至ったのか，さらにその決断はチームのタスク，技術，チームの相互作用，あるいはチームそれ自体と関係があるのかどうかを示す必要があります。また，自分たちが取っている立場に対してどの程度自信があるのか，あるいは自信がないのかを示す必要があります。

理解しようとする。反対意見をもつチームのメンバーは，相手方の立場に関する情報を調べ，できるだけはっきりとそれを言い換えてみる必要があります。反対意見をもつ人々に対する個人的な配慮を強調しつつ，それら反対の立場との共通項を探索するための試みを行うべきです。このプロセスによって，より生産的な創造性や成果につながります。

さまざまな意見を統合する。チームのメンバーは，自分たちが提供する製品やサービス，機能に関して質の高いチームパフォーマンスを達成するという原則に基づいて議論を解決することによって統合を促進するべきです。チームメンバーは同僚を支配するのではなく，解決に向けてシェアされた合理的理解に基づいて，同僚に影響を及ぼすように試みるべきです。最後に，メンバーは可能な範囲でチームの意見をまとめ上げ，コンセンサスを得る必要があります。その際，多数決のような議論を減らしてしまうやり方は望ましくありません。選挙のような戦略は単に議論を先延ばしにし，質の悪い意思決定を招くだけです。表3（次頁）は建設的な議論が生まれるチームの条件を示したものです。

チームでの建設的な議論を促す

- チームが多様な意見を組み合わせることや，公平なやり方で全員の意見を検討することをチームメンバーにコーチングすることによって，建設的な議論を促進し，創造的な意見が生まれます。
- メンバー全員の意見や提案を考慮することで，多数派の意見に服従してしまう傾向が減少するため，独立した考えが促進されます。
- チームメンバーは，チームのサービスやクライエントへの製品の質を向上させるのに役立つかどうかという観点から，全員の意見について検討すべきで

表3　建設的な議論

建設的な議論は，以下のために不可欠である。
・創造性
・独自の思考
・質の検査
・専門的発達
・チームの発展

建設的な議論は，以下を伴う。
・反対意見の探索
・公平な検討と理解
・アイデア統合に対する関心
・質の高い解決策への関心
・多様性への寛容さ

建設的な議論は，以下の条件下で存在する。
・協力的なチームの雰囲気
・共有されたチームのゴール
・お互いの個人的能力を認め合うメンバー
・相互的な影響プロセス

建設的な議論は，以下の条件下では存在しない。
・競争的なチームの雰囲気に支配されている
・チームのゴールが主要なものでない
・チームのメンバーがお互いの個人的能力に疑念を抱き合っている

 す。そのため，（たとえば）アイデアを提示している人の地位ではなく，アイデアの質に基づいて判断を下すべきです。
・チームメンバーは，代替案に関しても活発でサポーティブな議論をすべきです。なぜならば，そのような包括的な意思決定のプロセスによって，チームメンバーは批判的な思考を発展させるでしょう。また，チームワークをする中で互いに学ぶことがあるからです。
・意思決定をするため，あるいは反対意見を出すことで建設的な議論をするために，創造的で活発でオープンマインドな議論をします。それによって，メンバーは学んだり，成長したり，自身の能力に自信をもつようになったり，あるいはチームで協働するスキルを身につけることができます。そして，メンバーは安心感をもち，信頼するようになるのです。

- チームリーダーは特定の問題に関して，各メンバーに自身の立場やその立場に至った経緯をきちんと説明させることで，反対意見を検討するように促すことができます。ある立場の代表者は，自分たちがどの程度その立場に対して自信があるのか，あるいはないのかを示す必要があります。
- 反対意見をもつチームメンバーは他のチームメンバーの立場に関する情報を収集し，それらをできるだけはっきりと言い換えてみるべきです。チームメンバーは反対意見を統合するための方法を模索するべきなのです。
- リーダーは総意を得るために，多数決といった議論を減らすやり方ではなく，できるだけチーム内の意見をまとめるように指導すべきです。
- チームリーダーは決定を下すプロセスで勝つことに焦点をあてないように促すことができます。メンバーは質の高い製品やサービスをクライエントに提供できるような最高の決定を下すことに最も関心をもつべきです。
- 建設的な議論は競争的なムードのあるチームには生まれません。チームメンバーが最善の解決策を見つけることよりも議論に勝つことに関心をもちはじめてしまった時には，お互いに注意をし合うべきです。
- チームの目的が第一であるべきです――共有された目標はチームの仕事を進行させます。
- チームメンバーが公的な場で同僚の能力に疑念を抱いた場合は，チームの決定に対して有害な議論が巻き起こり，意思決定の質が下がってしまいます。チームリーダーはそのような議論を抑制し，能力に問題があると感じるならその問題は個人的に解決すべきです。
- チームメンバーは，信頼感やサポート感，安心感，そして仕事に対する専門的なアプローチに特徴づけられる協力的な雰囲気をチーム内に作るべきです。チームメンバーが共有したゴールを自覚しているあいだは，共通の目標に向かって仕事をするので，リーダーはチームで共有されたゴールを強調すべきです。これによってメンバーは結束を固め，より質の良い意思決定をする手段として反対意見を用いることができるのです。
- リーダーはメンバー同士が互いの能力とチームへのコミットメントに対して尊敬し合うように促すべきです。そうすることで，メンバーは反対意見を出すことがお互いの能力を攻撃することにはならないことを感じ取り，メンバ

ー全員にとってもそれがはっきりするでしょう。

チームのダンスには，全メンバーがどれほどチームに関与し，貢献し，お互いの意見を併せていったかが反映されます。（たとえば）チーム内の立場にかかわらず，全員がお互いの立場に対する反応や，チームの中で他者によって自分の意見を併せたり，変えたりすることに対して開かれた態度をとります。チームはメンバー全員が共有しているビジョンに基づいて，チームの方向性を形づくるためにプレイをし，努力して貢献する競技場なのです。良いスポーツチームでは，メンバーは試合でより良いパフォーマンスができるようにお互いに話し合いをします。

悪魔の代弁

ケネディ大統領は，自身の内閣での意思決定戦略における潜在的な弱点を補うために，多くの戦略を取り入れました。まず，彼は閣議に代替案や，時に度を越えた見解を示すことで，意見の多様性やより創造的な意思決定を促しました。次に，はじめに出た解決策に焦らせないようにするために，彼はその必然性が高まるまで，できるだけ決断を遅らせるという考えを推進しました。第3に，チームで検討されているいかなる決断に対しても，素早くかつ意欲的に挑む人をチームの中から指名しておきました。後の法務長官であるロバート・ケネディは，この悪魔の代弁者を任命されたのです。彼は後に，1963年のキューバ危機において，議論の中で意見の強みや弱みをていねいに検討するために，彼がいかにしてチームの意見を批判する役割を遂行したかについて述べています。彼によれば，彼がその役割を遂行することでより質の高い意思決定が成され，それによってソビエト連邦と欧米の全面的核戦争から世界がかろうじて救われたということです。悪魔の代弁者とは，チーム内での議論や意見にあえて反論し，それらの弱点を探らせるという役割を担う人のことをいいます。しかしながら，先行研究（Nemeth, Rogers and Brown, 2001）は，悪魔の代弁者はいない方が良いと示唆しています。私たちは，チームにおける真の反対者による勇気によってのみ揺り動かされ，独立的に考えるよう勇気づけられます。少数派の意見に反論する同僚を見たときにもまた，私たちは独立的に考えるように

勇気づけられるのです。全てをわかっている誰かにチームの意見に反対であるふりをするよう指名することによって，チームのメンバーは彼らが本当に意欲的に純粋に議題について考えているかのような誤解をさせてしまいます。しかし実際には，そういった異議を出すやり方は，独立的な思考や挑戦的な話し合いを損なわせてしまいます。私たちに双方をより深く，より多岐にわたって，そしてより独立的に考えるようにさせるのは真の反対者の勇気なのです。

ネガティブ・ブレインストーミング

　ネガティブ・ブレインストーミングとは，チームでの課題焦点化とクリティカルシンキングを促進するために特に役立つ技法です。新しい提案を試すことや，既存の戦略や実践，目標などを評価する上でも有用です。この技法には3つのステップが含まれます。

　ステップ1．有望なアイデアが提示されたとき（または既に実践されている場合には，その実践あるいは戦略は明確に区別されます），チームはアイデアに関するあらゆるネガティブな側面や結果についてブレインストーミングをします。このブレインストーミングは，古典的なやり方によるポジティブなブレインストーミングのように抑制されることはありません（第2章参照）。意図するところは，それらのアイデアの可能性がどれほど的はずれ，あるいは空想的に見えても，そのアイデアや戦略のあらゆるネガティブな側面を全てリスト化することにあります。

　ステップ2．チームのメンバーは最も顕著な批判を4，5個選び取り，それについてより詳しく検討します。

　ステップ3．そしてチームは，今度は，これら一つひとつの批判に対応するためにアイデアや既存の実践がどのように修正されうるかを検討します。したがって，このプロセスにおけるステップ3は主な批判に対峙するために，チームが新しいあるいは既存の実践を作り上げるために模索し始める，という意味で本質的に建設的な作業であるといえます。

　チームが克服する手立てを見つけられないような，根本的な弱点や難点が見

つかることがあります。この場合，アイデアやすでに実践されていることは諦めることになるでしょう。しかしながら，これによってチームが失敗しうるアイデアやアプローチを早い段階で見極めることができるようになるため，プロセスにおいてはデメリットというよりもむしろメリットといえます。

このエクササイズは，アイデアが意思決定の適用や実行の段階に達した時に有用です。実行に移す前にアイデアの弱点を描き出すことに加え，これによって建設的な批判も促進されるからです。人はよく攻撃を引き起こすことを恐れて，批判を隠してしまいます。このアプローチでは，チームメンバーは人ではなく，アイデアや実践を批判するということを明確にします。このエクササイズが頻繁に使われることによって，チームメンバーは「アイデアをより良いものにするための手段としてアイデアを批判する」ことを受け入れるようになります。

ステークホルダー分析

ステークホルダー分析は，論点をさらに深く検討し，現在の解決法と代替案を発展させるために有効な手法です。組織の人々は仕事を思うようにできなくなるかもしれないという懸念から，変化に抵抗することがよくあります。それは変化そのものに反対しているからではありません。したがって，チームは注意深くかつ創造的に，自分たちが計画している変化が組織の他のメンバーにどのように影響するのか，あるいはメンバーはその変化が彼らにどのように影響すると想像しているのかについて考えなくてはなりません。この技法では，チームが順番に各ステークホルダーの立場をとって，チームの目的，戦略，プロセスあるいは提案する変化によって生じるすべてのメリットとデメリットについて考えます。ステークホルダーとは，チーム内であろうと外であろうと個人とチームに関心があり，チームの目的と活動の影響を受けたり，あるいは影響を与えたりするすべての人を指します。それから，チームメンバーはステークホルダーのグループに関して生じうるすべてのメリットとデメリットをリストアップします（Box 14の例を参照してください）。次にチームメンバーは，ステークホルダーのグループのデメリットを最小に，そしてメリットを最大にするために，提案した目的を修正したり変えたりします。この作業は，すべての

主なステークホルダーに対して順に行われます。

さまざまなステークホルダーへの影響を注意深く検討しておくことで，チームメンバーは最終的な目的や提案された変化のレジリエンスを高めることができます。さらに，ステークホルダー分析を行うことで，コンフリクトに対するチームの注意力を高めることもできるでしょう。こうしたコンフリクトに対しては，適切に対立を扱う技術を用いることで対処できます（第11章参照）。

Box 14　ステークホルダー分析の実際

1．提案される変化

伝統的なやり方に沿って運営されてきた大規模なヘルスケアチームが，自身の経営や運営に責任をもつ，より自律性の高いチームへと変わることを提案しました。この提案は，チームの活動と理念における大幅な変化につながるものです。主なステークホルダーはどのような人たちでしょうか？

2．ステークホルダーの特定

患者とその血縁者，患者を世話している人，看護師，医師，その他のスタッフ，コミュニティ，専門職組合，活動の管理者と経営者

3．変化によって生じるメリットとデメリット

患者

生じうるメリット——サービスのスピード向上，治療の質の向上，管理の向上

生じうるデメリット——患者よりも金銭が重視される，競争が治療の質を下げるかもしれない

医師

生じうるメリット——よりよい設備，迅速な意思決定，より資源を統制できる

生じうるデメリット——医療重視の喪失，管理者が患者の治療よりも金銭を重視するようになる，大規模な要求の充足に関心が向き，専門職の領域や平等が無視される

経営者

生じうるメリット――権力の増大，より質の高い意思決定，運営上の責任の明確化

生じうるデメリット――説明責任の増大，増収の必要性，病院あるいは他の独立機関との対立

4．変化を適用する

各ステークホルダーの観点から潜在的なメリットとデメリットを特定した後，チームはどのように変化を修正すればさまざまな懸念に応じられるか，あるいはどのように変化のプロセスを進めれば抵抗が軽減されるかについて検討します。

チームにおけるマイノリティの影響

　大規模な組織に所属する多くの人々は，自分たちが必要で価値があると思う変化を実際に成し遂げることなどできないと思い込んでいます。組織は大きすぎるし，年長者は自分たちの望む変化に反対すると考えています。しかし，マイノリティグループに関する研究は異なる結果を示唆しています。マイノリティグループの影響は，チームあるいは社会におけるマイノリティ（数あるいは権力という点で）が多数派の態度と行動に対して持続性のある変化をもたらすプロセスといえます。マイノリティグループの影響に曝されることで，「逸脱した視点」という方向性に対する態度の変化が引き起こされます。しかし一方で，マイノリティによる認知的，社会的なコンフリクトが起こることによって，結果的に，問題についてより創造的な考えが生まれてくるのです。マイノリティの影響に関する社会心理学の研究には，組織の行動を理解する上でも興味深い示唆があるのです。

　伝統的に，研究者はチームや組織における多数派だけが，協調のプロセスにおいてコントロールすることができると信じています。しかしながらセージ・モスコビッチとチャーラン・ネメスは，マイノリティが関係者の思考や行動にどのように影響を与えるのかを示しました（Moscovici, Mugny and van Avermaet, 1985; Nemeth and Owens, 1996）。モスコビッチは，マイノリティグ

ループの影響は，1970年代と1980年代における環境運動とフェミニスト運動に対する公衆の態度を説明すると論じています。一貫性のあるマイノリティの意見に繰り返し曝されることで，態度と行動における明確な内的変化が起こるのです。すでに見たように，人々が多数派の意見に同調するときには，公的には従うものの，通常彼らの私的な見解を変化させる必要まではありません。反対に，マイノリティは単に公的に従っているのではなく私的な見解まで変えたかのように見えます。さらにはいくつかのエビデンスは，たとえ多数派に自分たちの見解を採り入れてもらえなかったとしても，マイノリティは彼らが提起した特定の問題についてより創造的に考えるようになることを示唆しています。彼らは，問題に関するより包括的で核心的な議論をもたらすのです（Martin, Hewstone and Martin, 2007; Nemeth *et al.*, 2001）。

ケーススタディ
工場の経営チーム

ロクスリー・エンジニアリング社はかなり多くの分野を相手に技術的ソリューションをデザインし，製造し，提供しています。ロクスリー・エンジニアリング社は操業以来その後数年の間にかなりの顧客数をもつようになり，たった15年足らずで300人以上の雇用者を抱える企業へと成長しました。

ロクスリー・エンジニアリング社の経営チームは，最高経営責任者，生産管理者，人事部長，研究・開発指導者，財務管理者，販売責任者，そして品質管理者から成り立っています。そのチームはきちんと作られており，凝集性が高く，サポーティブです。彼らから委託された質問紙調査のデータをフィードバックした時，彼らはその結果に満足しました。しかし，コメントには，彼らのチームは意見の相違が少なく，高いパフォーマンスへの関心が低く，批判的な評価のレベルは低く，同僚のパフォーマンスを時々モニタリングするだけであると書かれていることに気付きました。また，経営チームでは，変化を試みるに際して，組織中で起こる抵抗に関する質問紙調査を実施したファシリテーターに対する不

安の声が上がりました。
　経営チームは，彼らがチーム内の批判や反対意見をどのように扱っているのか（チームの質の管理），そしてチーム外からの抵抗をどのように扱っているのかについて調べることに合意しました。チームで働くファシリテーターは，メンバーがどのように情報を共有したのか，そして意思決定とパフォーマンスをどのようにモニターしたのかについてもよく考えてみるように促しました。質問紙の結果では，概してチームとしてはよく機能していると示されていたので，チームのメンバーはその要求に驚きました。フィードバックの会議を通して，メンバーがチームへの忠誠や凝集性に熱心なあまりに，問題の最善策をみつけることを拒否することがあるということが明らかになりました。これによって，経営陣の決定を履行する際に従業員がネガティブな反応を示したのは，この点が熟考されていなかったためであると説明されました。そこで経営チームのメンバーは，自分たちが「現場」をより理解するようにすることと，チームの決断を評価するためにスタッフからのフィードバックをきちんと活用することで合意しました。彼らはまた，懸念がある時は，ただみんながそうするのがいいと言うからではなく，チーム内でその問題についてより徹底的に議論することにも合意しました。チームメンバーは，チームメンバーとしての彼らの役割から踏み出して問題についてより創造的に考えるために，ステークホルダー分析を用いるようになりました。またこの方法によってチームは先を読むことができるようになり，それによって他のスタッフ集団からの抵抗を減らすこともできるのです。

　あるマイノリティの影響に関する先行研究では，参加者は青と緑の板を呈示され，色ごとに分類するように求められました。実験群は青い板を一貫して緑に分類する少数の人々の様子を見せられました。この方法は，多数派が青い板を正しく分類することに影響を与えませんでした。しかし，多数派の人たちが代わりに「青緑」色の曖昧な板について尋ねられたときには，半数以上がマイノリティの意見に沿った判断を下したのです。マイノリティがいなかった統制

群においては，こうした影響は見られませんでした。

　チャーラン・ネメスは，マイノリティの影響は創造的思考と自立的思考の両方を導くと述べています（Nemeth and Nemeth-Brown, 2003）。ある研究では，参加者は青い刺激を一貫して緑と判定するマイノリティの人々と一緒にされました。その後，同じ群の人々は赤い刺激を誤ってオレンジと評価する多数派がいる状況に置かれました（服従のパラダイムについては，上述の服従への圧力の項目で説明しています）。しかし，実験群はほとんど完全な独立性を示し，赤い刺激のみで判断した統制群の人々と有意差は見られませんでした。それまで反対意見を述べるマイノリティと一緒でなかった人々は，試行の70％において誤ってオレンジと回答する多数派に賛同しました。すなわち，マイノリティはその周囲の人々の思考の創造性を促進するのです（Nemeth and Owens, 1996 を参照してください）。

　独創性への影響を検証したさらなる研究では，青い板を一貫して緑と回答するマイノリティと一緒にされた人々は，「青」あるいは「緑」という語に関する単語連想テストにおいて，7回回答するように求められました。マイノリティの回答を聞いたこれらの人々は多数派の意見を聞いた人々と比較して，有意に単語連想が多く，独創性においても高いレベルを示しました。ネメスは次のように結論づけています。

　　この研究は，たとえ反対意見そのものが間違っているとしても，マイノリティの反対意見が重要であるということを論じている。さらにわれわれはその重要性は，立場の正しさにあるわけでも，意見が勝る可能性にあるわけでもないと考えている。むしろそれは拡散的思考を刺激するために存在するものである。論点と問題はより広くバランスの取れた視点から熟慮され，人々は新しい解決法について検討し，より正しい答えを見出すのである（Nemeth, 1989, p. 9）。

　この前向きで楽観的なメッセージは，チームのマイノリティが特定の変化に対して精力的に，粘り強くかかわることで，いくらかのコンフリクトという代償は払うものの，問題に対するチームの思考における創造性を飛躍的に向上しうることを示唆しています。オランダで新しく作られた郵便局員のチームに関する研究の中で，カールステン・デ・デュリュと私は，高いレベルで関与する

という特徴をもつチームでは，マイノリティの反対意見が極めて革新的となることを見出しました（De Dreu and West, 2001）。

結論

チームが方向性を失って平凡な状態に陥らず，チームの有効性を向上させるためには，対立意見を検討すること，そして卓越しているところを重視することが不可欠です。仕事に対してこうした方向性を打ち出すチームは，直面した問題にうまく対処するチームとしての自分たちの能力に信頼感をもつようになる傾向が強いのです。さらに，どのように効果的に協働するか，どのように優れた成果を上げるかについて学び続けることによって，どんな問題が降ってこようと対処できるという，チームの能力に対する一般化された信頼感が育まれます。研究者はこれをチーム効力感と呼びます。チームの有効性とチーム効力感はともにチームの長期的なパフォーマンスを予測します。仕事をうまくやり遂げる能力と，どのような問題にも取り組んでいくチームの能力を信頼しているチームは，長期的に見てより効果的で生産的，かつ革新的です。しかしながら，それらは膨れ上がった自尊心からくる空虚な態度ではありません。それらはチームメンバーが問題に対して集団で格闘し，チームで取り組むことで質の高い成果が得られるという解決法を見い出すことによって発展したのです（Gully *et al*., 2002; Kozwloski and Ilgen, 2006）。

自分の仕事の質や卓越しているところにこだわることによって，チームメンバーは自身の知識やスキルを結集して創造性あふれるチームを作ることができるのです。次の章ではこれらのテーマについて探索するために，創造性やイノベーションを促進する要因について述べていきます。

Box 15 変化をもたらす──マイノリティの影響戦略

1. マイノリティには変化の目標と結果について，明確でよく練られたビジョンが必要です。ビジョンが魅力的で説得力があり，一貫性をもっていること，そしてそのビジョンをくり返して示すことによって，

チームの他のメンバーで当初新しい提案に反対していた人に，より創造的かつオープンに論点について考えてもらうことができます。
2． 多数派の人々はマイノリティの意見に一貫性があり，それがくり返し論じられるならばその意見を受け入れる傾向があります。そのため，マイノリティはビジョンの内容と支持している見解，そして実行計画を慎重に繰り返し訴えることが大事です。さらに，少なくともチームの中にひとりはこのことについて一緒になって議論してくれる人がいることを確認する必要があります。マイノリティがひとりだと必ずうまくいきません。マイノリティグループ内での意見の一致率と変化へのコミットメントが高いほど，目的を達成できる可能性が高いのです。
3． 度重なる挫折と強固な反対に直面しながらも，変化のプロセスを維持するにはスタミナが必要です。
4． マイノリティに対するチーム内の抵抗をマネジメントするために，変化に対して起りえるすべての反対を慎重に考慮すること，そしてそれに対してポジティブに，説得力をもって答える方法を議論しておく必要があります。このことは，それに応じるためにあらかじめ計画を修正することを意味するかもしれません（前述のステークホルダー分析の項目を参照してください）。チームメンバーは説得力のある，充分に準備された反論を用意しておくべきです。同時に，チームの他のメンバーに積極的に聞き取りを行い，建設的な議論について前述した技法のいくつかを使って，彼らの懸念に耳を傾けているように見せることが重要です。
5． 誤解はさらなる抵抗を招くため，変化のプロセスには情報提供も重要です。チームのマイノリティは一貫した，説得力のある議論が他のすべてのメンバーに提供されていることを確かめる必要があります。彼らは**準備をして，リハーサルをして，伝えて伝えて，さらにもう一度伝えなくてはなりません。**
6． 可能であればチームのリーダーは変化に向けた議論にコミットして，徹底的にリハーサルを行うべきです。しかしながら，そのような立場的に上位の人物からのサポートを得られないのであれば，一貫して議

論をすることとくり返しプレゼンテーションをすることによってチーム全員の問題に関する考え方は長期的にはより創造的になるでしょう。ただし，チーム内に多少のコンフリクトが起こるという代償は支払わなくてはなりません。

7. 変化のプロセスに参加することは，反対勢力を減らすための唯一の最も効果的な方法です。これは，チームミーティングと情報共有によって達成されるでしょう。それはまた，どうしたら変化を最も効果的に達成できるのか，そして主な障害となりうるものは何かについて，チーム内の他の人から意見をもらうことを実際に試みるということなのです。

復習のポイント

- チームにおける質の高いタスクパフォーマンスに焦点をあてることが重要なのはなぜでしょうか？
- 満場一致のプロセスとは何でしょうか？　また，それらのプロセスはチームのパフォーマンスをどのように害するのでしょうか？
- 「集団思考」とは何でしょうか？　また，どのような状況下で最もそれが起こりやすいでしょうか？
- チームの防衛メカニズムとは何でしょうか？　また，チームはどのようにしてそれらを克服できるでしょうか？
- 建設的な議論とは何でしょうか？　なぜチームにとってそれが必要なのでしょうか？また，どのような状況にあるチームがそれに対して協力的でしょうか？
- 質の高い課題焦点型であることと，意思決定の優れた点を促進するために，チームが使える技術はなんでしょうか？
- チームにおいて，マイノリティグループはどんなことに影響を及ぼすでしょうか？　また，どのような状況下にあるときに，多数派の考えに影響を及ぼすことができるでしょうか？

・あなたのチームで変化をもたらす戦略を企画した際に，マイノリティの影響理論をどのように用いることができるでしょうか？

より学ぶための文献

Argyris C. (1990) *Overcoming Organizational Defences: Facilitating Organizational Learning*, Allyn and Bacon, Boston, MA.

Cannon-Bowers, J. A. and Salas, E. (eds.) (1998) *Making Decisions Under Stress: Implications for Individual and Team Training*, American Psychological Association, Washington, DC.

Gully, S. M., Incalcaterra, K. A., Joshi, A. and Beaubien, J. M. (2002) A, meta-analysis of team-efficacy, potency, and performance : Interdependence and level of analysis as moderators of observed relationships. *Journal of Applied Psychology*, 87, 819-832.

Guzzo, R. A., Salas, E. and Associates (eds.) (1995) *Team Effectiveness and Decision Making in Organizations*, Jossey-Bass, San Franciso.

Kozwlosksi, S. W. J. and Ilgen, D. R. (2006) Enhancing the effectiveness of work groups and teams. *Psychlogical Science in the Public Interest*, 7, 77-124.

Martin, R. and Hewstone, M. (eds.) (2010) *Minority Influence and Innovation: Antecedents, Processes and Consequences*, Psyshology Press, London.

Martin, R., Martin, P. Y., Smith, J. R. and Hewstone, M. (2007) Majority versus minority influence and prediction of behavioral intentions and behavior. *Journal of Experimental Social Psychology*, 43, 763-771.

Moscovici, S., Mugny, G. and van Avermaet, E. (eds.) (1985) *Perspectives on Minority Influence*, Cambridge University Press, Cambridge.

Nemeth, C. J., Rogers, J. D. and Brown, K. S. (2001) Devil's advocate versus authentic dissent: Stimulating quantity and quality. *European Journal of Social Psychology*, 31, 707-720.

Nemeth, C. J. and Nemeth-Brown, B. (2003) Better than individuals? The potential benefits of dissent and diversity for group creativity, in *Group Creativity* (eds. P. Paulus and B. Nijstad), Oxford University Press, Oxford, pp. 63-84.

West, M. A., Tjosvold, D. and Smith, K. G. (eds.) (2005) *The Essentials of Teamworking: International Perspectives*, John Wiley & Sons, Ltd, Chichester.

ウェブサイト

「ピッグス湾侵攻」http://en.wikipedia.org/wiki/Bay_of_Pigs_Invasion (last accessed 10 August 2011).

「スペースシャトル・チャレンジャー号事故」http://en.wikipedia.org/wiki/Space_Shuttle_Challenger_disaster; http://ethics.tamu.edu/ethics/shuttle/shuttle1.htm (last sccessed 10 August 2011).

「キューバミサイル危機」http://library.thinkquest.org/11046/days/index.html; http://en.wikipedia.org/wiki/Cuban_Missile_Crisis (last accessed 10 August 2011).

http://www.abacon.com/commstudies/groups/groupthink.html (last accessed 10 August 2011).
　チームにおける集団思考の症状と解決法

www.astonod.com (last accessed 3 August 2011).
　チームによる仕事と効果的なチームワークを育むことについてのリソースと案内

9章

チームの創造的な問題解決

世界で最も不可解なことは，理解できるということだ。

(アルベルト・アインシュタイン)

> **学習のポイント**
> ・チームの創造性とイノベーションの違い
> ・チームのイノベーションに影響を及ぼす4つの風土要因
> ・創造的な問題解決の段階
> ・チームの中で創造的なアイデアを発展させるためのテクニック

　社会の急速な変化は，すでに決まり文句になってしまいました。組織は民営化，買収，合理化，リストラ，破産といった形でめまぐるしく変化しています。この急速な変化の主な原因のひとつは，企業もそれに含まれている外部の社会経済的な環境です。競争は一国の現象というより，世界的な現象になりつつあります。企業自体も国内にとどまることなく，国際化しています。情報技術によって，チャンスと需要という点で，私たちの世界は飛躍的に豊かになりました。さらに，人々は自分のニーズを満たすために，これまでとは違う新しい商品やサービスを求めます。そのため，消費者の需要は絶えず変化し続けています。高齢化が進み，私たちは私たちが与え続けているダメージから地球を守るという地球規模の問題に直面しています。世界的な金融危機は企業や国家，EUのような経済圏にとって大きな問題をもたらしています。

　もし私たちが，時として暑くなったり，雨が降ったり，寒くなったり，雪が降ったりするように，天気が絶えず刻々と変わる気候の中で生活していたら，あらゆる事態に備えなくてはならないでしょうし，すぐにそれに適応しなくて

はなりません。私たちはレインコートや涼しい服，傘，温かい服や，避難用の臨時のシェルターすら用意するでしょう。これと同じように，急速な環境の変化の中で，組織は高度に適応していく必要があります。ちょうど人類が社会や仕事をオーガナイズするために新しく改良された方法を見つけ出すことによって環境に適応してきたのと同じように，組織も生き残っていくためには革新的(イノベイティブ)でなくてはなりません。

　より複雑化し，多くの変化が起こりつつある中，多くの組織はチームを機能的なユニットに分割しました。個人が分業化された仕事に従事する代わりに個人が集結してグループとなり，共通目標を達成するために個々の努力や知識，スキルを結集するのです。したがって，組織が革新的であるためには，チームもまた，組織内やより広い環境における問題に対応すべく，革新的で適応的かつ本質的に創造的でなくてはならないのです（Ford and Gioia, 1995; Henry, 2001; Runco and Pritzker, 1999a, b）。しかし，それはどうしたらできるのでしょうか？

チームイノベーション

　チームイノベーションとは，チームでものごとを成し遂げていくために新たに改良された方法を導入することです。創造性とイノベーションとは以下のように区別されます。創造性とは新しいアイデアに関係するものです。そして，イノベーション（創造性も含む）は創造的なアイデアをチーム内や組織，または社会で行動に移すことを求めます。創造性はアイデアを生み出すことであり，イノベーションの実行はそのアイデアを実際にやってみることなのです。そのため，イノベーションには創造性と実行が含まれるのです。

　図1はチームイノベーションのモデルを示しています。この図では，これまでの章で検討してきたいくつかの主要な要因の重要性を強調しています。このモデルは，共有されたビジョン，タスクの焦点化（成功に向けて専心する），参加の安全性，イノベーションのためのサポートといったすべての要因が，どのようにチームのイノベーションレベルを決定しているかを示しています。多種多様な組織について研究する中で，私は同僚とこれら4つの要因がチームの

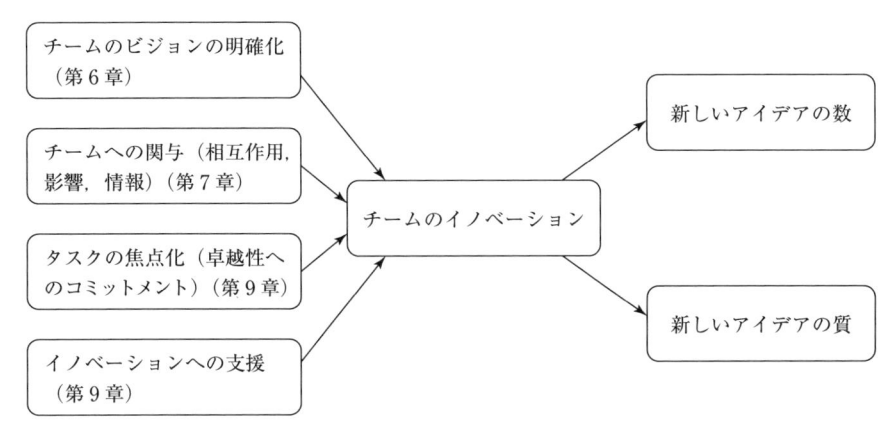

```
┌─────────────────┐
│ チームのビジョンの明確化 │
│   （第6章）       │
└─────────────────┘ ─┐
┌─────────────────┐  │                    ┌──────────────┐
│ チームへの関与（相互作用，│  │                  ─→│ 新しいアイデアの数 │
│ 影響，情報）（第7章）│ ─┤  ┌──────────────┐ │  └──────────────┘
└─────────────────┘  ├─→│ チームのイノベーション │─┤
┌─────────────────┐  │  └──────────────┘ │  ┌──────────────┐
│ タスクの焦点化（卓越性へ │  │                  ─→│ 新しいアイデアの質 │
│ のコミットメント）（第9章）│ ─┤                    └──────────────┘
└─────────────────┘  │
┌─────────────────┐  │
│ イノベーションへの支援 │  │
│   （第9章）       │ ─┘
└─────────────────┘
```

図1 チームイノベーションのモデル

イノベーションの予測因子としていかに強力かを示しました（West, 2002）。

ビジョン／共有された目標

第6章で，ビジョンは仕事におけるチームの有効性を部分的に決定していると述べました。しかし，明確に表明されたミッションがイノベーションの成功を予測する上で重要であることを示す強力なエビデンスもあります。418のプロジェクトチームを対象とする大規模研究を行ったピントとプレスコット（Pinto and Prescott, 1987）は，明確に表明されたミッションはイノベーションのプロセス，すなわち構想，企画，遂行，終了の各段階における成功を予測することを見出しました。

参加の安全性

参加レベルの高さはチーム内の変化に対する抵抗が低く，チームのイノベーションのレベルが高いことを意味します。ある人がチームの意思決定に関わることで影響力をもち，プロセスの変化に関わる人と相互作用し，情報を共有すればするほど，その人はその決定に対する結果に注力するようになり，新しく改良された働き方についてアイデアを出するようになります（Amabile, 1997；Heller *et al*., 1998）。

脅威がなくサポーティブな雰囲気であると感じる時に，作業チームのメンバーは新しい仕事の方法を提案するリスクを取りやすいので，チームの安全性のレベルも重要となるのです（Edmondson, 1999；Sternberg and Lubart, 1996）。科学者チームの間では，チーム内の雰囲気が温かくサポーティブであり，かつ知的な要求がなされる時に，イノベーションは高度になるという確かなエビデンスがあります（Andrews, 1979；Mumford and Gustafson, 1988）。個人を対象とした研究によるエビデンスでは，積極性（ポジティブな情動のレベル）が拡散思考や創造性に関連することが明らかになっています（Isen, 1993, 1999）。

Exercise 8　あなたのチームは仕事でどれだけ革新的でしょうか？

あなたのチームがどのくらい革新的であると思うか，他の似たチームと比較してみましょう。以下の解答欄の中で当てはまる数字に○をつけてみましょう。

	非常に安定：ほとんど変化しない		適度にイノベイティブ：ある程度変化する		非常にイノベイティブ：多くの変化がもたらされる
仕事のターゲットや目標の設定	1	2	3	4	5
目標／ターゲットを達成するために用いられる方法の決定	1	2	3	4	5
新しい手続きまたは情報システムの開始	1	2	3	4	5
ターゲット／目標を遂行するイノベイティブな方法の開発	1	2	3	4	5
スタッフの仕事内容や仕事方法の変更の実施	1	2	3	4	5
合計点			□		

この質問紙をチームのメンバー全員に行い，イノベーションの平均レベ

ルを算出してみましょう。もしチームのスコアが4より高い場合、チームメンバーは革新的であると思われます。スコアが3またはそれより低い場合は、チームはもっと創造的で適応的であるべきと考えられます。これは、チームの仕事によっても異なります。たとえば、原子力プラントのような標準的な操作手順に従わなければならないところに、非常に創造的なチームを置くのは良いアイデアではないでしょう。そのため、質問紙を分析する際には、チームが働いている文脈を念頭に置くことが重要です。しかし一般的に、チームのイノベーションレベルは、彼らの機能のとてもよいバロメーターになります。チームとしてよりよく機能することで、彼らはもっと革新的になるでしょう。

タスクの焦点化，または成功に向けて専心する

　前章では、「集団思考」や「プロセス・ロス」が、チームのパフォーマンスや意思決定の有効性をいかに低減するかについて概観しました。同様に、凝集性の高いチームでは、もしチームがイノベーションを消費者や顧客サービスの改善に役立つものとしてではなく、チームの規範や実践にとって脅威となる逸脱と捉えるなら、イノベーションの試みを阻止されることでしょう。参加の安全性レベルだけが高いと、問題に対して躊躇してしまうかもしれません。というのも、問題はチームの温かく相互作用する雰囲気にとって、脅威ともなりうるものであるため、イノベーションの計画は潜在的には危険なものですらあるからです。確かに、この領域の研究のエビデンスによると、マイノリティ・グループは高レベルの議論を招くようですが、それがチームにおけるイノベーションを導く主な要因にもなっているのです（Nemeth and Owens, 1996）。私たちは、チームにイノベーションをもたらしたいと思う人が、対立のリスクを考えて、チームの調和を維持するためにイノベーションをしないでおくような状況を避ける必要があります。イノベーションは信頼感と心理的な安心感を醸成することで成し遂げられるのです。

　タスクに集中することや、卓越性のあるところにコミットすることは、チームメンバーがパフォーマンスの質への関心を共有していることを意味します。

そして，それはチームが評価や変更，コントロールや批判的評価に関するシステムを有していることを意味するのです。改良されたタスクに焦点化することや質の高いものにコミットすることは多様性や創造性を促進するので，イノベーションを引き起こすでしょう。しかし同時に，提案されたアイデアについて慎重に検討することによってイノベーションの質の高さを保証する必要があります（Tjosvold, 1998）。

イノベーションをサポートする

チームのイノベーションレベルは，チームメンバーが新しく改良された実施方法を導入しようとすることを期待し，承認し，実際的なサポートを提供する時に高くなります。チームメンバーはアイデアを拒んだり，無視するかもしれません。あるいは言葉でサポートしてくれたり，実際的なサポートを申し出てくるかもしれません。もっと見分けが難しいのは，チームメンバーが新しいアイデアに対して肯定的ではあるものの，実際の援助は何もしない，あるいはメンバーの誰かがイノベーションの実施に対して消極的に抵抗を示すといった形で，チーム内にサポートの欠如が潜在化しているような時です。

組織における多くのチームが，（全体の目標の一部として）新しく改良された業務方法の開発に支持を表明しますが，そのアイデアを実現するための実際的なサポートはしてくれません。チームには採用されている理論（彼らが自分たちはこうすると主張すること）と実際に使っている理論（実際に彼らがしていること）があり（Argyris, 1978），この2つの理論が同時に変化しないと，イノベーションが起こる可能性はほとんどないのです。

高レベルの言語的そして実践的なサポートはいずれも，チームにイノベーションをもたらす試みにつながります。言語的なサポートはチームメンバーが最初にアイデアを提案するときに役立ちます。実践的なサポートはそのアイデアを採用するためにチームメンバーが時間や資源を提供する形だけでなく，アイデアを発展させる時に協力するという形でも現れます。

中には，イノベーションのために言語的なサポートを提供することすら難しいチームもあります。しかし，もしチームメンバーが新しいアイデアに本当に抵抗しているようなら，チームは確実にサポートが得られるであろうアイデアのみを提案するでしょう。これは，通常，現状に対してほとんどチャレンジしない提案であることを意味します。言語的サポートを提供しないことによってリスクを最小化するということは，イノベーションも最小化されることを意味します。ミーティングにおいて，チームが新しいアイデアのためにサポートと寛容さを促すために使える簡単な方法は，「いいね，それで……」法なのです（Box 16 参照）。

Box 16 「いいね，それで……法」（'yes, and …' method）

新しいアイデアが最初に提案された時には，人はよく欠点を探します。これによって，新しいアイデアを提案した人の熱心さや覚悟は低減してしまいます。「いいね，それで……」法は「ノー」を避ける方法なのです。「そうだね，でも……」はしばしば新しいアイデアにとって命取りになるのです。試しに「イエス」と言ってみましょう。そしてうまくいかないだろうと決めてしまう前に，ミーティングでアイデアを出してみましょう。肯定的な意見を出したり，その提案に自分自身のアイデアをつけ加えたりしてみましょう。これは単純ですが，とても有力なテクニックです。このやり方が，もし部のミーティングでルールとして採用されたなら，実際に雰囲気を変えることができます。また，「そうだね，でも……」に流れていかないようにするのが難しいチームメンバーを，素早く見分けることができます。

チーム内での創造的な問題解決

　問題解決はひとつの活動として考えられがちですが，多くの研究によると問題解決にはいくつかの重要な段階があるといわれています。各段階には異なるスキルと活動が求められます。したがって，異なる段階を区別すること，そして各段階において適切なスキルを用いることが効果的なのです。問題を解決するために十分に確立された4つの段階とは，問題を探索する段階，代替案を作る段階，取捨選択を行う段階，より好ましい選択を実行する段階です。

　第1段階——**探索**
　↓
　第2段階——**思考**
　↓
　第3段階——**選択**
　↓
　第4段階——**実行**

　第1段階——探索
　チームによる問題解決において最も重要な段階となるのが，問題を明確化して探索する段階です。チームのメンバーはたいてい問題そのものを明確化したり探索したり，必要であれば問題を定義し直す，といったことをしないまま問題解決に乗り出します。しかし，解決に入る前に問題の明確化と探索に時間をかければかけるほど，最終的な問題解決の質は良いものとなります。さらに，慎重に問題を探索するために時間を費やすことは，そのタスクに時間を費やすことよりも重要です。問題の探索は目標の方向付けや，ステークホルダーの分析という形をとることもあります（第6章，8章参照）。私が訪問したある会社では，ガソリンのゲージなどを示す車の計器盤を作っていました。計器の不良が繰り返されたので，精密器具の製造業者に焦点化して，何週間も計器を詳しく検討しました。チームメンバーは，創造的に考えるようになってはじめて，

用具を洗うために使われていた水道装置に不備があったことに気付き，安価かつ迅速に（水のフィルターという形で）正しい問題解決に至ることができました。こうした解決に至る前までは，間違った問題に対して，不経済な解決をしようと躍起になっていたのです。

第2段階──思考（Ideation）

第1段階での問題解決のための活動はそのままに，次の段階では問題解決法の代替案について可能性を広げていきます。意思決定をする際に，チームはたいてい「逃げ道」を探します。アイデアが出され，そのアイデアに沿ってチームが動き，時には適切な修正を行います。チームによる問題解決に関する研究によれば，実現可能な解決法の幅を広げることから始めるのが最も効果的だとされています。この段階では，イノベーションに対して言語的サポートを用いて安心できる雰囲気を作るとともに，「いいね，それで……」という反応が自信を高めるために特に重要となってくるのです。チームはブレインストーミングといったテクニック（このテクニックについては，この章の後半で述べます）を用いることもできます。また，この段階は，あらゆるアイデアが歓迎され促進されるような，遊び心に満ちたチャレンジングな段階となるべきです。なのに，このような基本的なルールはわかっていても，チームが批判的な評価にとらわれることなく，創造的に考える時間を確保することはなかなかありません。

第3段階──選択

次に，これから行うべき適切な方法について，建設的な議論が促されることがねらいとなります。批判的で評価的であることが望ましく，かつそうであることを求められます。しかし，あくまでも建設的で，個人的にサポーティブなやり方で行われる必要があります。もし，第2段階で多くの解決法が生み出されたら，最も見込みのある解決法を3，4つ選びます。ただし，現在のやり方に合っているものだけを選ばないようにすることが重要です。潜在的な解決法の内，少なくともひとつは，全く新しいやり方で問題を扱うものがよいでしょう。各々のアイデアについて，ステークホルダー分析やネガティブ・ブレイン

ストーミングが行われます。これらのテクニックを使うことによって，提案された解決法に対して他の人がどう反応するかを予測することができます。ネガティブ・ブレインストーミングは，出された解決法に対してありうる欠点を建設的に見つけ出します。そして，新たなアイデアを考えることで欠点を改善するのに役立ちます。それが最良の解決法であるからではなく，それが単に解決法であるというだけで解決法を選択すべきではありません。「終わり」に到達したいばかりに不確実さや曖昧さを避けてしまうことで，チームメンバーは自分たちが採用した解決法の問題点を見落としてしまうことがあるのです。

第4段階——実行

　3つの段階を慎重に行うチームは，実行段階が問題解決の段階の中で最も簡単で，報われる段階であることに気づくでしょう。この段階では，チームは起こりかけているかもしれない問題に対して開かれた態度を取って，実行プロセスを適切に修正するための準備をしておかなくてはなりません。同時に，実行が現実的になってきた時に，元のアイデアが希薄になることなく実行できるようにすることも重要です。信念を失って妥協しても，チームの誰も満足しません。実行段階では，イノベーターは，実現プロセスに影響を与えるチーム外の他者から，資源や時間や協力といったサポートを得るでしょう。この段階で重要なことは，変化を完璧にかつうまく成し遂げることにこだわり続けることです。たとえば，査定システムを実行した人事管理チームは，スタッフの90％以上が前年の査定を成功したものとして報告しました。しかし，私たちが従業員から査定プロセスに関するデータを集めたところ，彼らにとって多少なりとも役に立つ査定会議であったと答えたのはたったの30％でした。実行段階が効果的に行われ，もともとの構想における目的を達成することは非常に重要です。このようにチームには根気強く実践していくことが求められるのです。

　問題解決には，以上のような4つの段階があるのです。次に，チームがどの段階でも用いることができる創造的な問題解決テクニックを見ていきましょう (VanGundy, 1988; West, 1996 参照)。

チーム内で創造性を高めるための方法

創造性とイノベーションのテクニック

こうしたテクニックというのは単なる補助であって，問題を解決する魔法ではありません。創造性とは95％のハードワークと5％の偶然の発見によるものです。したがって，チームがこうしたテクニックを用いる場合には，メンバーは自分たちの生み出したアイデアが，チームが直面している問題に対処する上で，いかに現実的に役に立つものかどうかを見極めるために，多くの努力をするべきです。テクニックを用いた結果として正しい答えが得られただけである，と考えるような受動的なアプローチは役に立たないでしょう。

こうした創造性のテクニックによってチームが直面している問題に対して新たに別の見方ができるようになり，問題に対処するための既存の方法に比べればまだ粗削りではあるものの「ちょっと変わった」別の方法が見いだされるのです。

テクニック1——古典的ブレインストーミング

古典的なブレインストーミング（「アイデアシャワー」と呼ばれることもあります）では，グループメンバーは，たとえそれが実現不可能で空想的であったとしても，できるだけ多くのアイデアを出します。大量のアイデアを出すことがねらいなので，質を気にする必要はありません。判断は後にして，参加者は出されたすべてのアイデアを受け入れます。グループメンバーは新しいアイデアをもっと刺激するために互いのアイデアを用いるようにします（「相乗り piggy backing」）。主なガイドラインは以下のようになります。

- アイデアの量
- 評価は後にする
- 相乗り

ブレインストーミングを行う最良の方法は，他の人と共有する前にチームメン

バーにひとりであるいは黙ってアイデアを考える時間を設けることです。この時点で相乗りを起こすことができます。全員がアイデアを共有することの利点は，充実した社会的な相互交流を起こすことで，チームメンバーに変化のための新たなアイデアを生み出すことに参加する権利を与えることです。チームの現在のパラダイムの中だけでのブレインストーミングではなく，ブレインストーミングのプロセスで新たな，まだ粗削りではあるものの，違ったアイデアを促すことに価値があるのです。上述したように，ブレインストーミングには楽しさがあります。時には非常に粗削りな，突拍子もないアイデアが出ることもありますが，その中には，チームが直面しているタスクや問題に対する，これまでとは全く違う創造的で新しいアプローチの種が含まれています。携帯電話のコンセプトにメール機能のアイデアを入れた人は，これだけ利用されて莫大な成功を収めるとは思わなかったでしょう。

テクニック2――ブレインライティング・プール

　このテクニックは，ブレインストーミング（第2章参照）によってグループを超えて個人の優れたパフォーマンスを積み上げていく古典的なブレインストーミングを変形したもので，短時間で膨大な数のアイデアを生み出す効果があります。チームメンバーは机を囲んで座り，アイデアを書きとめる数枚の白紙を渡されます。5から10個のアイデアを出したら，チームメンバーは机の中心に紙を置きます。その後，各メンバーは他のチームメンバーが埋めた紙にさらにアイデアを書き続けます。特に，他の人がすでに出したアイデアに追加していくことが促されます。20分のセッションでは，1チームで文字通り数百のアイデアが生み出されます。他の人によって出されたアイデアをすべての人が見るため，重複はあまりありません。さらに，チームの他のメンバーによるアイデアから刺激を受けて，チームメンバーは自分のペースで進めることができます。

　これは一度にメンバーが集まるのが難しい場合に用いることができるシステムでもあります。アイデアシートはシェアウェアやEメールによって回され，時間をかけて追加されていきます。「ブレインネッティング」という，チームメンバー全員がアクセスできるネットワークシステムにファイルをアップする

という方法もあります。ファイルの最初に問題や課題をつけて、チームメンバーはファイル上に自分のアイデアや仲間への提案を追加するだけです。もちろん、チームメンバーはブレインストーミングを一緒に行う必要はなく、全員がプロセスの結果の記録をもつことができます。

テクニック3——ネガティブ・ブレインストーミング

このテクニックについては第8章で十分に述べていますが、既存のあるいは提案された目的、戦略、実行方法、またはプロセスを創造的に改良する際に効果的に用いられるものです。

テクニック4——目的指向性

目的指向テクニックは問題探索・明確化段階で有効です。このテクニックには、ターゲットや目標を批判的に吟味して、それにチャレンジすることも含まれます。さらに、問題やアイデアの決め方を再検討する際にも使えます。これは、当然とされているような基本的な前提を特定してチャレンジする際には、あまり役に立ちません。このアプローチを用いることによって、新たなターゲットや目標が形成されていきます。通常、もともとチームに認識されている以上に多くのターゲットや目標があるものです。「〜する方法」や「〜できたらいいのに」といった形で、目標を先に掲げるやり方は、目標を明確化するのに役立ちます。できるだけ多くの「〜する方法」や「〜できたらいいのに」をリストにしてみましょう。それから、チームで、この中のどれが最も望ましいか／重要か／必要か／創造的か／実現不可能か／現実的か／達成可能かを決定します。そして、それを達成するために試みる実践的なアクションプランを作り始めるのです。

例——交通渋滞を緩和する方法
「道路上の車の数の減らし方」
「より幅広い道路にする方法」
「全体的に交通量を減らすことができたらいいのに」
「瞬時に移動することができる方法」

「旅行をやめる方法」
「車の数を減らせたらいいのに」
「交通の流れをコントロールする方法」
「それぞれの乗物に乗る人を多くする方法」
「旅行計画を調整できたらいいのに」
「いつも飛行機で行く方法」
「どこでも安全にヒッチハイクができたらいいのに」

テクニック5──要素の表

　要素の表とは，問題や課題を要素や構成物のかたまりに分解し，各々の要素や構成物についてブレインストーミングを行い，多数の構成物の中から，チームを前進させる上で最も有望な，あるいは創造的と思われるアイデアを選び出すテクニックです。非常に短い時間で，膨大な数の可能性のある問題解決を得ることができます。ただし，このテクニックが適しているのは，要素や構成物に分解することができる問題や課題だけです。

　　例──チームは，仕事を離れてお互いに素敵な時間を過ごすことのできる新しいソーシャルイベントについてのアイデアを提案します。この問題の要素は，イベントに来る人・イベントが催される場所・行われる活動・イベントが開かれる時間・イベントの目的，とすることができるでしょう。チームはこうした各要素，あるいは各項目（表4）に基づいてアイデアをブレインストーミングします。次に，要素の表から生じうる多くの可能な組み合わせの中から，可能性のある粗削りなアイデアや有望なアイデアを選び出します。このエクササイズでは，チームメンバーが既存の考え方を崩すために，ブレインストーミングの各段階で全く違ったアイデアを出すことに価値があります。参加者は要素からまったくランダムに一連の項目を選び出すこともできます（つまり，新しい組み合わせを作るために列ごとにピンを刺してみるのです）。当然，このような戦略は，一見したところでは，奇異または荒唐無稽に見える解決法を生み出します。しかし，こうしたエクササイズの目的は問題に対する新しい見方を刺激することであ

表4 要素の表——斬新なソーシャルイベント

人	場所	活動	時	目的
チームメンバー	レストラン	チャリティ募金	週末	水泳を学ぶ
チームメンバーとそのパートナー	公園	互いに知り合う	金曜日の夕方	
子どものみ	ボート	素敵な時間を過ごす		
チームメンバーと顧客	パリ	報酬として		
障害のある子ども	バハマ	宝探し		
パートナーのみ	高速自動車道路	新しい言語を学ぶ		
チームメンバーのペット	ビーチ	ゴルフをする		
	スイミングプール	テニスをする		
	ホテル			
	劇場			

り，これによって創造性の5%を生み出すことができます。残りの95%は，チームが粗削りなアイデアを実現可能な選択肢にしようとすることで生まれてくるのです。

たとえば，以下のような項目が選択された場合，

　—子どもだけ
　—バハマ
　—宝探し
　—週末
　—水泳を学ぶ

これらを組み合わせて，以下のように，より現実的な解決法にすることができます。

> スイミングプールにおけるソーシャルイベントで，チームメンバーの子どもたちを対象とした活動を企画できるかもしれません（子どもだけ）。そのイベントでは，海賊ゲームや（水泳を学ぶ），宝島で（バハマ）金貨探し（宝探し）をすることができるでしょう。

要素の表を使えば，完成までにたったの10分か15分しかかかりません。し

かし，それだけの時間の間に，文字通り数万ものアイデアを生み出すことができるのです。

テクニック6——ステークホルダー分析
このテクニックについては第8章で述べていますが，これは基本的にチームワーク的な考え方に基づいた視点から，変化のための提案やチームの目標について考えるための方法です。変化の提案や目的をより適切なものに修正することで，チームにとって価値のある方向性をもたらしてくれます。

チームミーティングにおいて創造性テクニックを使う

これらの創造性テクニックをチームミーティングで使うのは，勇気がいることです。いかなる新しいアイデアに対しても，冷淡な態度を示すチームメンバーもいます。あるいは，冷やかしたり，率直に抵抗を示すようなチームメンバーもいるでしょう。すべての創造性とイノベーションにリスクは付き物です。そのため，もしチームがこのテクニックをどうしても導入したいとこだわり，導入することに自信がもてるなら，きっとうまくいくでしょう。これは高飛び込みの板から飛び降りるのに似ています。思いきってやってみるのです。グループは，新しいテクニックを使うためのスキルや自信をつけるための努力をし続けなくてはなりません。これらのテクニックを使うことによって，チームミーティングの生産性が高まり，組織内で「ひどい会議」と揶揄されるいつものミーティングよりははるかに魅力的です。

これらの創造性テクニックのいくつかを組み合わせて使うことも役立ちます。それをどうやってやるか，ということ自体が創造的になるためのチャンスとなります。一緒にチームセッションを行う際には，上述の4段階の問題解決の重要性を忘れないでください。4つの段階とは探索，思考，選択，実行のことです。

チームミーティングではどのように時間を使うかをよく考えておくとともに，どの創造性テクニックを使うかも考えておく必要があります。テクニックを応用する際に，急ぎ足になったり，つまらなくなることを避けるために，各テクニックに十分な時間をかけるように心がけるべきです。ファシリテーター（あ

なたか他の誰か）を設けておきましょう。このファシリテーターは指示したりコントロールしたりする人ではなく，テクニックの使い方がよくわかっている人の方が望ましいです。フリップチャートやオーバーヘッドプロジェクターといった記録機材を適切にかつ十分用意しておくといいでしょう。

　人のアイデアを記録する時には，ファシリテーターはその人が言った通りに記録すべきです。長すぎる場合は適切な表現で言い換えることもありますが，その場合，発言した人の同意を得る必要があります。言葉遣いについてもきちんと確認してください。その際，本人にそのような言葉遣いをしてもよいかどうかを確認してください。アイデアはすべて記録するようにしてください。特に，面白いアイデアやあまり深い意味のないようなアイデアも取っておくべきです。なぜなら，それらのアイデアは創造的なアイデアの資源となり得るからです。創造的なアイデアを促すような雰囲気を作るために，始まる前に基本原則を決めておくといいでしょう。セッション中に，いつでもそれを思い出すことができるように，それらをフリップチャートに書いておくといいと思います。

　基本原則はチームの目的によって異なります。創造的なセッションにするための基本原則の典型例として，以下のものがあります。

・簡潔であること
・関心とサポーティブな態度を示す
・的外れな考えも書いておく
・評価しないこと
・「そうだね，でも……」でなく，「いいね，それで……」を言う
・冒険してみる——ばかげたアイデア，突飛なアイデアも排除しない

　もし，アイデアが出なくなったら，いったん問題から離れて創造的な休憩を取りましょう。そのための方法は単語連想ゲームをしたり，散歩に出かけたり，物語を話すなどたくさんあります。

チームイノベーションに影響する他の要素

　チームは決して独立に存在するのではなく，チームの創造性とイノベーションはさまざまな要素によって決定されています。多くの研究によって，チームのイノベーションのレベルはチームの雰囲気，すなわちビジョン，参加の安全性，タスクへの焦点化とイノベーションに対する支持的態度によって大きく決まることが示されています（West, 2002）。しかし，重要な要因はこれ以外にもまだあります。Box 17 では，これらの他の影響要因として関連する研究を考慮しながら，いかにしてチームの創造性とイノベーションを高めるかについて述べています。

　この章では，組織の中で適用可能性や有効性を保つためにいかにしてチームの創造性とイノベーションを促進するかについて検討してきました。2000人のイギリス人男女のマネージャーを対象とした研究から，多くの人は転職後に，新しいやり方を仕事に導入したり，仕事のやり方を改善していることが明らかとなりました（Nicholson and West, 1988）。彼らは仕事の目標，方法，時間の使い方，実践，手続きだけでなく，さらにつきあう人やそのつきあい方まで変えていました。転職をする際には，より革新的な仕事，つまり自分にフィットするようにやり方を変えたり，改善したりすることができるような仕事に就くことが非常に重要です。さらに，やり方を新しく改良することができるなど，仕事の中で自分の創造性を発揮するチャンスがある人は，そういったチャンスがない人に比べて，仕事に対する満足度が遥かに高いのです。さらに，この研究の注目すべき発見として，転職によって創造性を発揮するチャンスが減ってしまった人は，失業したマネージャーや専門職の人たちよりも，メンタルヘルスへのネガティブな影響が大きいということがあります。

　仕事において，創造的で革新的であることができるかどうかは，私たちのウェルビーイングにとってとても重要なことなのです（Marmot et al., 1999）。私たちの創造的と革新的でありたいという欲求が満たされることは，私たちの仕事に対する満足感の主たる源となります。チームは，メンバーが職場でどの程度創造性を発揮できるかに対して，圧倒的な影響力をもっています。したがっ

て，チームがイノベーションに対してサポーティブな雰囲気をもっているかどうかが非常に重要となるのです（Oldham and Cummings, 1996）。チームメンバーが目標をはっきりと認識しており，チームの仲間同士の中で安心感をもつことができ，チームにしっかりと参加し，仕事の質が重視される，そういった雰囲気作りを心がけることによって，個人の革新的でありたいと思う欲求がチームの実際の成果に結びつくのです。そして，これこそがチームの有効性とチームメンバーのウェルビーイングの両方を高めるのです。

Box 17　チームの創造性とイノベーションの促進

　あなたのチームの創造性とイノベーションを高めるために使える簡単な方法はたくさんあります。まずは，**創造的なチームになる**，ということを**みんなで決める**ことです。創造的であること，そして創造性をサポートすることをチームで決めるということが，重要な第一歩になります。次に，**創造性とイノベーションは容易ではない**ということを認識し，チームメンバーにもそれに気づいてもらうのです。組織の中で，人が変化に抵抗することはよくあります。ですが，イノベーションにコンフリクトはつきものです。アイデアを出す人を問いつめたり，提案についてふざけたり（たとえささやかでも），あるいは提案を無視することで，提案した人は防衛的になってしまいます。それによって，その人の創造性がそがれるだけではなく，グループメンバーのだれもが創造性をそがれてしまうのです。チームメンバーとして，**異なる経験や知識をもった違った感じの人を選ぶ**方が，あなたのチームは創造的になるでしょう。イノベーションは多様な知識，専門性や学問的背景を必要とするからです。彼らの多様なものの見方がラディカルなイノベーションに導いてくれるのです。これには，高度な統合が必要です。チームメンバーは共有した目標を明確に認識するとともに，それにコミットしていかなくてはなりません。そして，チームメンバーは意思決定に効果的に参加しなくてはなりません。**サポーティブなチームを作り上げる**ことが大切なのです。

私たちはプレッシャーを感じることなく，安心感をもつことができて積極的である時に，創造的に考えるのです。ストレスレベルを実験的に操作してみたところ，ストレスレベルが高いほどいつもの解決に頼ってしまい，創造的に考えることができなくなることが示唆されています（Claxton, 1998 a, b）。私たちはポジティブな感情を感じる時に，より創造的で協力的になることができるのです。したがって，感情がポジティブに働くように環境を整えましょう。しかし，逆説的に，**チームに対して挑戦**もしなくてはなりません。チームはプレッシャーをうける時に，何かを生み出す（チームが創造的なアイデアを実行に移す）のです（West, 2002）。「必要は発明の母」という主張は，人間の行動についての深遠なる理解に基づいています。したがって，チームのタスクは本当にチャレンジングで伸縮性のあるものであることが重要です。そして，常に，チームメンバーがこのタスクを達成できると思えるように促してください。**チームに対しては生産性だけでなく創造性を強調**してください。このようにして，人はあなたが創造性に本当に価値を置いていることを知るのです。しかしまた，チームメンバーが創造的になるためには，**チームメンバーの仕事の手を止める**ことも必要です。チームメンバーが本当は何を達成しようとしているか，そのタスクをどのようにやっているかを振り返るために，時々（少なくとも，6カ月おきに）仕事の手を止めて考えることが必要です。そうすることによって，方向性を確認したり，それを変えることができます。そして，クライアントに新しく改良されたサービスを提供するために，働き方を改善したり，より多くのアイデアを生み出すことができるのです。自己省察は創造性とイノベーションを推進するための強力な方法なのです。

Exercise 9 あなたは仕事においてどれだけ革新的でしょうか？

以下の質問は，仕事におけるイノベーションと変化に対するあなたの気持ちを調べるものです。以下のことについて，あなたはどのくらい賛成でしょうか，あるいはどのくらい反対でしょうか（該当する番号を選んでください）？

	全然当てはまらない	あまり当てはまらない	どちらでもない	やや当てはまる	非常に当てはまる
	1	2	3	4	5
私は仕事では，改良されたやり方を導入しようとする。					
私は仕事がもっとはかどるようなやり方について，アイデアをもっている。					
私は一緒に仕事をしている人に，新しいやり方を提案する。					
私はチームのやり方を変えるのに貢献している。					
私は仕事を改善するために，使えそうなアイデアを，受け入れる姿勢でいる。					

250名の男女従業員に行った際の平均スコアは19.0です。もしあなたのスコアが20以上であれば，あなたは高い革新的な性質をもっています。あなたのチームのスコアを測って，チームの革新的な性質が高いか低いかを見てみましょう。もし，平均スコアが高ければ，チームは創造的なアイデアを生み出す可能性がより高いといえます。

復習のポイント

- チームの創造性とイノベーションとは何でしょうか？
- チームのイノベーションに最も影響する雰囲気の4つの要素とは何でしょうか？
- 創造的な問題解決の4つの段階は何でしょうか。そして、どれに最も注目すべきでしょうか？
- 創造的なアイデアを発展させるために、チームはどのようなテクニックを使うことができるでしょうか？
- チームミーティングで、あなたはこれらのうちのどれを実際に使うでしょうか？
- チームリーダーとして、チームの創造性とイノベーションを高めるために何をすればよいでしょうか？

より学ぶための文献

Amabile, T. M. (1997) Motivating creativity in organizations: On doing what you love and loving what you do. *California Management Review*, 40, 39-58.

Claxton, G. (1998) *Hare Brain Tortoise Mind — Why Intelligence Increases When You Think Less*, Fourth Estate Ltd., London.

Claxton, G. and Lucas, B. (2004). *Be Creative: Essential Steps to Revitalize Your Work and Life*, BBC Books, London.

Ford, C. M. and Gioia, D. A. (eds.) (1995) *Creative Action in Organizations: Ivory Tower Visions and Real World Voices*, Sage, London.

Paulus, P. B. and Nijstad, B. A. (2003) *Group Creativity: Innovation Through Collaboration*, Oxford University Press, Oxford.

Runco, M. A. and Pritzker, S. R. (1999a) *Encyclopaedia of Creativity, Vol. 1, A-H*, Academic Press, London.

Runco, M. A. and Pritzker, S. R. (1999b) *Encyclopaedia of Creativity, Vol. 2, I-Z*, Academic Press, London.

Thompson, L. and Choi, H. S. (eds.) (2006) *Creativity and Innovation in Organizational Teams*, Lawrence Erlbaum, Mahwah, NJ.

ウェブサイト

「チームのイノベーションを促進する」http://rapidbi.com/management/team_innovation/（last accessed 11 August 2011）.

www.astonod.com（last accessed 3 August 2011）
　チームによる仕事と効果的なチームワークを育むことについての多数のリソースと案内

10章

チームサポート

間違った友情はまるでツタのように，それが包み込む壁を腐食し，破滅させる。しかし，真実の友情はそれが支えるものに新しい命と力を与える。

(リチャード・バートン)

> **学習のポイント**
> ・チームを理解する際の感情の重要性
> ・チームを動かす4つの社会的次元
> ・4つのタイプの社会的サポートとそれがどのようにチームメンバーに影響を与えるか
> ・チームはどのようにメンバーの成長を支援することができるか
> ・ポジティブな社会的風土をいかにして作るか

ポジティブで重要な関係を形成し，それを永く維持したいと思う人間の基本的な本能的欲求や私たちの多くが抱いている衝動は，チームで働くことの機能，特にグループ内で表される感情を理解するのに役立ちます。バウマイスターとレリィ(Baumeister & Leary, 1995)によれば，所属への欲求を満たすためには，私たちの重要な関係がすべて以下のように特徴づけられる必要があります。

・頻繁な相互作用
・安定と継続
・相互援助および相互関係
・慢性的なコンフリクトからの解放

チームの機能に関する最近の研究や理論のほとんどが，私たちは強い愛着を形成する傾向があるという進化論的な基本を考慮していません。私たちは愛着の延長として，グループの中で生き，そして働くのです。人間がグループの中で働き，そこで生きるのは，そうすることによって生き残り，繁殖することができるからなのです。グループ内で生き，働くことによって，古代人は食物を共有し，容易に仲間を見つけることができ，そして子どもを世話することができました。彼らは効果的に狩りをし，自分たちを敵から守ることができたのです。そのため，グループに参加せずひとりでいた人は，グループに属しているメンバーとくらべて不利だったことでしょう。所属への欲求，それはグループで生き，活動する私たちの根本的な傾向ですが，子どもや幼児の行動にもはっきりと表れます。大人の傍にくっついている子どもたちは，危険から守ってもらい，世話をしてもらい，食事を提供してもらえるために，より生き残りやすかったでしょう。どこの社会でも，危険や病気，そして夜の暗闇がある時には，人は他者を求めるという欲求をもちます。これは，グループの一員であることによって可能になった進化論的な保護を明らかに示すものです。愛着を形成した大人はより繁殖しやすくなり，長期的な関係性を作った大人は，幼児を繁殖年齢にまで育て上げる見込みがより大きくなるでしょう。

　　進化の過程で，小集団は人類によって開発された，基礎的な生き残り戦略となっていった。(Barchasm 1986, p. 212)

　したがって，この所属に対する人間の基本的欲求によって，私たちは行動を形成するといえます。これは，私たちがチームにおける情緒的な反応を説明するのにも役立ちます。所属についての特性（頻繁な相互作用・安定感と連続性・相互援助および相互関係・慢性的なコンフリクトやネガティブな感情からの解放）のうち，ひとつないしそれ以上が欠如している時には，チームの団結力は弱まり，最悪の場合にはチームの対立や崩壊を生むでしょう。ですが，私たちはタスクの特性や組織的な文脈に注意を向ける傾向があるため，しばしばこういったチームによる活動の基本的な社会的－情緒的要求を見落としてしまうのです。チームワーキングのメリットは，タスクパフォーマンスとチーム

メンバーのウェルビーイングの両方を向上させることにあるのです（Carter & West, 1999）。

チームワーキングや態度，満足感，参加，団結に関する最近の研究のレビューでは，チームワークと心理学的な変数との間に正の相関があるという一貫した傾向が示されています（Rasmussen and Jeppesen, 2006）。さらに，チームメンバー同士が相互依存していればいるほど，そしてチームが自分たちのやり方に対して自律的に仕事をしていればいるほど，心理的にはポジティブな結果が得られます。

チームにおける個人の行動に見られるような所属への欲求の影響を認識することで，チーム内の感情の種類やその根底にある原因を理解することができます。チームに受け入れられ，包含され，迎え入れられることは，幸せや陽気さ，満足感，穏やかさといった感情につながります。拒否され，排除され，無視されることは，不安や抑うつ，嫉妬，孤独といった感情につながります。チームメンバーの情緒的反応は，彼らの職場における所属感におこる実際の潜在的な，あるいは想像上の変化によって刺激されます。所属感が実際に，潜在的にあるいは想像上高まることで，個人およびチームレベルのポジティブな愛着が増します。所属感の減少は，個人にとって脅威となり，ネガティブな感情につながる喪失感にも結び付くのです。

チームは人々に日々の仕事に励む力を与え，彼らの生活の質の一助となる社会的 - 情緒的な支えを提供するという重要な役割を担っています。私たちの研究では，チームの中で働いている人々は，ひとりで働いている人よりもストレスが少ないことがわかっています。きつく，単調な仕事をこなしている人でも，1日のうちに同僚と社会的な接触がある人とない人とでは，仕事に関するメンタルヘルスには大きな差があります。同僚と雑談をしたり冗談を言ったりできる人は，雑音や仕事の性質によって周囲の人との会話を楽しめない人に比べると，仕事に関するメンタルヘルスの問題にさらされにくいとされています（Cohen & Wills, 1985など）。したがって，チームサポートは，チームの有効性を考える上でとても重要な要素なのです。さらに，チームの機能がよいほど（前の章で述べたチームの風土の4つの傾向と関連して），チームメンバーのストレスは少ないのです。

チームの情緒的活力

　新しいワークチームが形成される際，チームメンバーはポジティブな感情体験をし，それによってお祝いをすることがあります。新しいメンバーがチームに加わる時にも，ポジティブな感情が生まれ，あたたかい歓迎ムードがおこります。新しいメンバーを迎え入れる儀式が行われることによってチームメンバーのそうした気分は高まります。関係性における満足感は，チームメンバーの報酬であるとともにコストの結果でもあるので，チーム内で双方向の関係を促進することは有用です。一方通行の関係は与えるか，受け取るかしかないため，私たちにとっては心地よくありません。私たちは全てのメンバーが支え，そして支えられるようなチームにいる方がより幸せだからです。

　ネガティブ感情についてはどうでしょうか。私たちの基本的不安は，厳しい外界で孤立し無力であったことによる千年来の古い感情に起因しています。そのため，私たちは，関係を失いそうになったり，あるいは社会的排除の脅威によって不安になるのは驚くことではないのです。頻繁なメンバーの変更やチームの解散の危惧は不安の原因となります。チームメンバーは，コンフリクトを予期する状態の中で，張り詰めた用心深さを成長させるので，コンフリクトもまた不安を生みだします。チームリーダーは，メンバーシップの安定性を保証し，早急にコンフリクトを解決することで，不安を最小限にすることができます。チームが解散しなくてはならないような時には，リーダーはメンバーに前もって準備をさせ，チームの終結を成功で祝います。

　チームメンバーがとりわけ力をもっていたり，魅力のあるチームメンバーである場合，特にそれがリーダーであるような場合には，排除され，好意を持ってもらえないと嫉妬を感じます。チームリーダーは自分と気が合う，あるいは自分が有能と感じているメンバーだけでなく，すべてのメンバーに注意を向け，支えなくてはなりません（Box 18を参照）。それとは対照的に，孤独は単なる他者との接触の欠如の結果ではありません。孤独な人とそうでない人の間には，社会的な接触の度合いに違いはありませんでした（Williams & Solano, 1983）。その決定的な要因は，近しい人々と過ごす時間なのです。多数のチームや一時

的なプロジェクトチームで働くチームメンバーはたくさんの社会的つながりをもちます。しかし，深いつながりは形成されないために孤独を感じるかもしれません。彼らは，より多くの時間を過ごし，より多くの社会的な支えを得ることができるような「ホームチーム」をもつべきです。

Box 18　チームリーダーとメンバーの関係

　このアプローチからわかることは，チームリーダーとメンバーの間に発展するさまざまな関係性と，リーダーとメンバーが関係性の中で与え，受け取るものです。リーダーは，メンバーによって異なる反応をするといわれています（Graen & Cashman, 1975）。リーダーは，自分とうまが合ったり，自分に似ていたり，有能そうなチームメンバーがいれば，そういうメンバーとはお互いを信用し，他のメンバーよりも多くの時間を共に過ごすでしょう。しかしこれと逆のことが，気が合わず，有能そうでないメンバーに当てはまるのです。リーダーは，たとえメンバーとわずかな時間しか過ごさなくても，彼らときちんとした関係をもたなくてはならないのです。チームメンバーは，自分が「グループ内」なのか「グループ外」なのかについて，実によくわかっています。こうした異なったグループに対するリーダーの原因帰属は，それによって異なります。グループ内メンバーの成功は彼らの能力や懸命な働きによるものとされる一方，失敗は状況要因や環境要因に帰されます。そしてその逆が，グループ外メンバーにあてはまるのです。グループ内メンバーはより興味深い仕事を割り当てられ，望ましいタスクを任せられ，より情報を与えられ，そしてリーダーの信頼をより一層得ます。ではどうやって，チームリーダーは気に入った人を採用するという方法以外で，チームメンバーの明らかなパフォーマンスの低さを正すことができるのでしょうか（Yuki, 2010, pp. 243-246 を要約）。

・メンバーの意欲や能力という結論に飛躍せず，パフォーマンスの問題に関する情報を収集すること

- 状況というよりも人に問題があるとする原因帰属のバイアスを持たないこと
- パフォーマンスについての問題が明らかになった時，すぐに正しいフィードバックを提供すること
- 問題を簡潔に示すこと
- パフォーマンスの問題の（チーム内，顧客，組織に対しての）結果を説明すること
- 怒ったり，憤慨したり，慌てるのではなく，穏やかに，そして専門的であること
- パフォーマンスに問題がある理由を特定するために，一緒に働くこと
- 問題を正すための方法を提案すること
- 信頼していることを表現し，サポートすること
- その人を助ける関わりを真摯にしていることを示すこと
- 問題を正すためのステップについて合意すること
- 議論の内容を要約し，合意すること

（Woods & West，2010 を改変）

　チームメンバーは，お互いが強い社会的－情緒的支えを提供し合うことで，チームの感情を最も上手に動かすことができます。以下に，チームワーキングの3つの主な社会的次元を示します。それは，社会的サポート，成長と発展のためのサポート，社会的風土です。いずれの次元もチームメンバーのウェルビーイングとチームの存続に寄与するものです（図2参照）。

社会的サポート

　社会的サポートには4つのタイプがあります。それは，情緒的・情報的・道具的・評価的サポートです。そして私たちは，言語的なサポートと実行されたサポートを区別する必要があります。

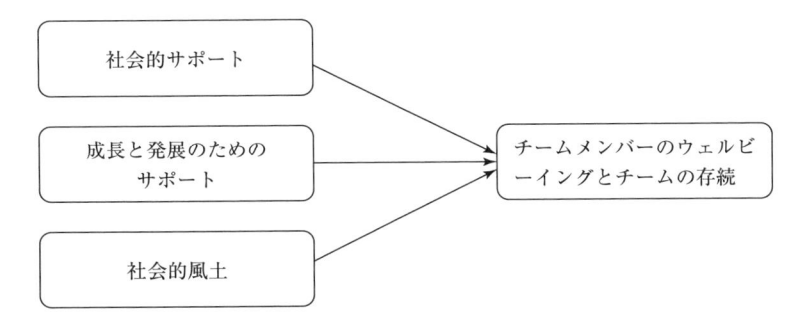

図2 チームワークの社会的次元。これらの全ての要素が，チームの存続とチームメンバーのメンタルヘルスに寄与している。

情緒的サポート

最も簡単に確認できる社会的サポートの一種です。それは，悩みを聞いてくれる人，元気づける言葉，他者の心の痛みを共感的に理解してくれるということです。

事　例

　ルイーズはある家族に重点的な訪問介護をしていた看護師です。この家族には，乳幼児急死症候群（幼児が突然死亡する病気）の危険性をもつジョナサンという赤ちゃんがいました。ある火曜日の朝，オフィスに着いたルイーズは，ジョナサンが早朝に救急科に運ばれたことを知り，病院に駆けつけましたが，到着したときにはすでにジョナサンは息を引き取っていました。ジョナサンは，乳幼児急死症候群のあらゆる兆候を示していたのです。

　ルイーズはショックを受け，戸惑いました。そしてすぐにマネージャーに電話をかけて，この悲しい出来事を報告しました。マネージャーはルイーズの話を手短に聞き，地域の保健局に連絡しなければならないこと，看護記録を迅速に報告することが重要であると注意深く伝えました。マネージャーは2, 3週間のうちにルイーズの地元に行くので，その時にまた話す機会がある，とルイーズに声をかけました。ルイーズは電話

を置き，悲嘆と失望が混ざりあう思いを感じていました。彼女の深い悲しみや精神的負担は軽くはなりませんでした。それどころか，マネージャーがこの出来事に対してすぐに事務的な行動をするように要求してきたことに対するフラストレーションで，彼女の気持ちはより重くなり，複雑になりました。そのときオフィスに到着したある同僚は，ルイーズがその家族を頻繁に訪問していたことを知っていました。ルイーズの気持ちに共感し，どれだけ強い戸惑いを感じたかを理解してくれました。ルイーズは泣き始め，同僚は彼女の肩に腕をまわして慰めました。

　後日2人は再び話すために会いました。ルイーズの同僚はサポーティブに傾聴し，ルイーズはジョナサンの死を防ぐことができなかったことの無念さを話すことができました。ルイーズは，ジョナサンを観察と栄養サポートのために入院させるべきだという意見をはっきり述べなかったことに責任を感じていました。罪悪感を吐露したことによって，そして同僚と自分の気持ちについて話し合うことによって，ルイーズは気持ちを整理して対処することができました。

　これは最も差し迫って継続的なサポートが必要なときに，同僚が情緒的サポートを提供した例です。情緒的サポートでは，積極的であることと，寛容な聞き手であることが必要とされます。アドバイスや指針を与えるのではなく，ただ感情を表現する場を与えるのです。それはまた，受け手に思いやりの感覚を与えることにもなります。ルイーズの同僚は，彼女が感じている悲嘆を理解し，それを示すことで，また彼女の肩に腕をまわし，泣くのを許すことで，感情を表現できるようにしました。このように同僚は，悲しみから注意をそらせるのではなく，継続的な情緒的サポートを提供することでルイーズを助けたのです。

　情緒的サポートの範囲には，夫婦関係の問題，家族の死，病気，あるいは経済的問題といった仕事以外の困難も含まれるでしょうか。もし同僚が仕事以外のプライベートな面で情緒的困難を抱えていたら，サポートするのが望ましいですし，必要です。しかし，適切で価値あるサポートを提供する範囲についてメンバー間の線引きを超えてしまったり，プライベートを不適切に掘り下げる

ことは，職場の人間関係を悪くする可能性があります。それはメンバー間の関係性や状況によって決まるため，単純ではありません。メンバーのプライバシーに関わることは，メンバーからの要請や明らかな歓迎が見られる時にのみ行うのがよいでしょう。また，ときに同僚がプライベートな部分にまで干渉してくることがあります。それは職場の人間関係だけでなく，個人にとっても有害となり得ます。職場におけるチームの主な目的は，タスクを完了させること，仕事をすること，目標を達成することであることを忘れてはなりません。職場内での人間関係が第一の目的となった場合，顧客との関係や経営に支障が生じ，ゆくゆくは職場内の人間関係にも摩擦が生じることになるでしょう。

専門家に援助を求めるのには，情緒的な困難を伴うことがあります。誰かが頻繁に，あるいはひどく憂うつになっているとき，薬物乱用やアルコール依存の問題が明らかにあるとき，自殺念慮があるときには，チームメンバーは専門家のアドバイスと助けを求めるように勧めるべきです。自分でカウンセリングを試みるよりも，情緒的サポートを提供できる力には限界があることを知ることが重要です。現在，多くの組織は専門家によるカウンセリングサービスを採用していますが，それは最後の手段ではなく，最初の拠り所であるべきなのです。

情報的サポート

社会的サポートは，暖かく，共感的で，援助的なものばかりではありません。チームのメンバーを援助するために，現実的なことも行います。

事　例

ヘルスケアチームの看護師であるサラは，デイビッドという12歳の無食欲症の男の子を決まった時間に看る役割でしたが，デイビッドの体重低下とうつ状態をみて不安になり，医師のケイトに相談しました。ケイトはサラの不安に対し，共感的にていねいに話を聞きました。同時にケイトは，摂食障害の治療を専門に行っているロンドンのアトキンソン・モーリー病院に連絡をとるように助言しました。ケイトは，デイビ

ッドを診てもらうために，病院の担当科長と話すことをサラに提案しました。サラは，病院の名前，専門家，電話番号といったケイトからの情報によって病院と連絡をとり，今後の対応についてアドバイスを得ることができました。その結果，サラはいくぶん安心し，デイビッドの病気を治療するための現実的な手段を得ることができたのです。

このケースでは，情報的サポートが重要でした。チームのメンバーがお互いに与え合う情報的サポートは，チームの社会的活動にとっても重要なのです。

道具的サポート

道具的サポートとは，チームのメンバーがお互いに「行動」を提供する現実的なサポートです。道具的サポートでは，ひとりのチームメンバーが，他のメンバーを助けるために実際に行動を起こします。危機的状況で起こることもあれば，日常の中で起こることもあります。社会的サポートは，いつ，どんなかたちで行われようとも，社会的風土，チームの実行可能性，メンバーのウェルビーイングに重要な影響を及ぼします。

事例

・教師であるジェニーは，ベビーシッターから娘の体調が悪いという電話を受けました。早急に家に帰りたかったのですが，まだ授業が残っていました。受講する子どもたちのために，授業を中止するのは気が進まなかったのです。話を聞いていた同僚が，彼女の代わりに授業を行い，彼女がすぐに帰れるようにしてくれました。

・ある広告代理店の受付係は，事務書類を大量に抱えていました。彼女は，朝，広告を取締役に見せるために，依頼者の記録をまとめようとしていました。同僚は彼女の書類の量を見て，半分を請け負って，彼女の負担を減らしてくれました。

・ある研究者は，調査に関する質問紙をしてもらえる組織を必要として

いました。そこで彼女の同僚は，別の組織に所属する3〜4人の人物に電話をかけ，彼女が交渉できるような機会を提供しました。その結果，そのうちのひとりが彼女に名前とアドレスを教えてくれました。

評価的サポート

問題の状況理解や判断のプロセスで，仲間をサポートすることによって，有効な社会的サポートを提供することができます。ここでは問題解決に参加するのではなく，問題解決を行うための選択肢の吟味に関わるのです。同僚が評価的サポートを行うことによって，困難な状況を建設的で明確な方法で処理することができた事例があります。このように，チームの仲間は私たちが状況を評価する時の助けとなります。したがって，関係はチームの社会的風土全体にとって，重要な役割を果たすことができるのです。お互いに助け合えば助け合うほど，チームは団結するでしょう。仕事における社会的サポートと仕事に関するメンタルヘルスには強い正の相関があることが明らかになっており，チームメンバーのサポートがメンバーのメンタルヘルスを増進させるといえます (Ganster *et al.*, 1986；Manning *et al.*, 1996)。

事 例

多くの人が仕事上の不安に直面します。クリスもそのひとりでした。彼は15年間同じ金融機関で働いていました。しかし，2008年から09年の株の暴落によって，彼の会社の将来が危機的状況にあることを突然知りました。彼は自分の将来について2人の仲間に話しました。彼らは可能な選択肢について話し合いました。彼らは，会社に留まることで得られるであろういくつかのキャリアの可能性を提案しましたが，会社の外にはもっといいチャンスがある可能性もあるとも話しました。彼らは最大の脅威である失業から，クリスにとって潜在的で有望と思われる状況まで状況の評価をしました（クリスが組織の意向によって取り組めなかった分野に取り組めるチャンスになるかもしれない，など）。クリス

> は，最初に考えていたような脅威ではなく，現在の状況には重要でポジティブなチャンスがあることに目を向けはじめました。彼は彼に拓かれているさまざまな別の可能性を精力的に探索することを決意し，以前所属していた会社よりも，成長や発展の機会がより多い仕事に就くことに成功しました。

チームメンバーの成長や発達をサポートする

　仕事で満足感を得るためには，学びや成長，発展の機会が得られることがとても重要です。自分はありふれた，単調で反復的な仕事をしていると感じている人たちは，自分の仕事が魅力的で新しい学びや発展を得る機会を提供してくれるものと捉えている人たちに比べて，幸福度が低いことが多いのです (Hackman and Oldham, 1976)。後者の場合には，自分の仕事やチーム，そして組織に関われば関わるほど，結果的に生産的になるのです。
　成長や発展を計画するプロセスによって，人は自分の実際の能力をアセスメントすることができ，必要なスキルや訓練，発展とは何かを特定することができます。また，チームメンバーはみんなで協働して，彼らの成長や発展のニーズをかなえる方法を考えたり，彼らのスキルや強みをフィードバックすることができます。このようにチームレベルの成長や発展を計画することによってチームメンバー間のコミュニケーションや理解が促進され，ニーズや目標，価値や強みについての理解を共有することができるのです。

スキルの向上

　このプロセスの最初に取り組む方法のひとつに，チームメンバーで自分自身および他のチームメンバーの強み，スキル，そして主な弱点をリストアップすることがあります。これをすることで，チーム内で次のような重要な質問をしたり，答えることができるのです。チームメンバーがさらに向上させたいスキルは何でしょうか？　チームメンバーは現在の仕事の中で，それらのスキルを伸ばすチャンスがあるでしょうか？　チームメンバーがさらに向上させたい専

門的あるいは技術的スキルは何でしょうか？　チームはメンバーがこれらのスキルを向上させるための訓練やサポートをどうしたら得られるでしょうか？　チームメンバーそれぞれが望む訓練や成長のチャンスを確保するために，チームはどのようなサポートを提供できるでしょうか？

仕事の充実

チームメンバーがより多くの満足や充実感を得るために，彼らの役割の質をどのように高め，拡大すればよいかを考えることは，チームにとって有効です (Hackman and Oldman, 1976)。特に，チームメンバーが自身の目標にさらに近づくために，あるいは仕事を自身の価値観や興味，スキルのなかに適切な形で位置づけるために，あるいは発展や挑戦，変化のチャンスを提供するために，チーム内での仕事をどのように変えることができるでしょうか？　仕事における役割の特質は，チームメンバーの学びやウェルビーイング，創造性やイノベーションを左右します (Hackman and Oldham, 1976; Oldham and Cummings, 1996)。仕事を豊かにするであろう5つの基本的特徴とは，**スキルの多様性，タスクのアイデンティティ，タスクの重要性，自律性，タスクのフィードバック**です。スキルの多様性とは，仕事を遂行するためにそのタスクに求められるさまざまな活動の程度や，その役割で働く人が用いるスキルや能力の幅の程度です。したがって，高齢者の家で働く看護師は，傷を手当てする，話を聞く，カウンセリングする，共感する，住宅での危険性や支援の必要性を評価する，といった専門的なスキルを用いる必要があるでしょう。タスクのアイデンティティとは，業務全体におけるそのタスクの位置づけを認識する程度のことです。その仕事は，単に品物を梱包するために輪ゴムをかけるのではなく，製品の製造工程に組み込まれているものであり，少なくともその工程のなかでは意味のあるタスクなのです。組織や，さらに大きくいえば世界中における他者への影響という観点からみたときのタスクの重要性は，創造性に影響を与えます。組織が債権回収をいかに効果的に行うかを観察することは，地方に住む高齢者たちのウェルビーイングに取り組むよりも重要性が低く，それゆえに創造性も低いでしょう。自律性とは，自身の仕事をどのようにやるか，あるいはいつやるかを決定する際に，その人がもっている自由や独立性，裁量のことです。人は

自分のパフォーマンスについてフィードバックを受けることで,「パフォーマンスのギャップ」に気づきやすくなるようです。結果的に,彼らはこのギャップを埋めるために必要な,新しい仕事のやり方をより調節するようになるのです。もちろんこれには,仕事の目標を明らかにすることも含まれています。チームメンバーは,どうしたらそれぞれの仕事の本質的な面において,自分たちの役割をより良いものにしていけるかを話し合うことができるのです。

Exercise 10　仕事の豊かさを促進するためにチームで行うエクササイズ

　以下の質問に対する答えを見つけるために,チームメンバー同士で助け合うことで,仕事をより豊かなものにしましょう。

1．あなたの仕事をより良いものにし幅を広げるために,あなたの仕事の目標に追加できること,あるいは取り除くことは何でしょうか？
　「臨床現場における,患者さんの問題やニーズについて,患者と直接やりとりをする機会を加えてほしいと思います。現在行われている,受付のコメントシートを通してフィードバックをするというやり方は,非常に堅苦しく,直接的なコミュニケーションの障害となります。」
2．仕事をより良いものにするために,仕事の目標に到達するために用いている方法をどのように変えればよいでしょうか？
　「治療やケアに関して,家族の中のひとりとだけ話し合うよりも,家族全体で話し合う方が,よりコミュニケーションが生まれるでしょう。」
3．あなたが行う仕事のスケジュールをどのように変えたらよいでしょうか,つまり,仕事をあなたにとってより満足のいくものにするために,仕事をどんな順番で行えばよいでしょうか？
　「すべてごちゃ混ぜにするのではなく,午前は1時間臨床記録を処理し,そのあとにレポート作成と電話をしたいと思います。午後はメンバー同士の自由なミーティングを行う時間として確保したいと思います。」
4．仕事をより豊かにするため,そしてその仕事をあなたにとってより満足できるものにするために,あなたは誰と,あるいはどのチームや

組織と，もっと一緒に働くべきでしょうか？　あるいは働かない方が良いでしょうか？
> 「特定の家族や患者さんのニーズを考えると，私は家庭医やカウンセラーともっと直接的に働く必要があります。」

5. 仕事をあなたにとってより満足いくものにするために，あなたが一緒に働いている人とどうやって今までとは違った形で連携を取ればよいでしょうか？
> 「チームメンバーがもっと主導権をもって，チームの目標に対する責任を共有してほしいと思います。そうすれば私の家庭医としての指示的な役割が減ります。」

6. 仕事の新しいやり方を導入したり改良したりするために，仕事のどの領域に自由や資源がほしいですか？
> 「クライアントへのサービス提供の仕方を新たに改良するためだけであれば，実践の場ではより小さなサブチームで働きたいと思います。」

これらの問題についてあなた自身の視点から考えるということを，他のチームメンバーと一緒に行うことによって，ひとりで行うよりもさらに仕事を豊かなものにすることができるでしょう。そして，チームメンバーは，その人が仕事をより良いものにするために追加訓練を受ける時間をもてるように助けることで，社会的サポートの役割を果たすことができるのです。

家庭と仕事のバランス

私たちがしてしまう誤りのひとつは，労働と余暇とを切り離すこと，そして仕事を生活の中で唯一重要な部分であるかのように捉えてしまうことです。私たちはみな，仕事生活の要求と，仕事以外の生活における要求やニーズを統合する方法を見つけなくてはなりません。成長や発展を計画する際の本質的な部分は，私たちの個人的な目標についてよく考えること，そしてそれを仕事に関する目標と統合するための方法を見つけることです。チームは，個人が家庭と

仕事の生活のバランスを見つけることを可能にし，それをサポートすることができるでしょう。実際，そのようなバランスがとれている人は，仕事以外の生活における豊かさをチームや仕事に持ち込んでいるようです。バランスをとるのに失敗している人は，チーム内であまり効果的に働くことができていないようです（Shore and Barksdale, 1998）。

事 例

デビーは大学の新任講師で，パートナーと別居して生活していました。というのも，2人とも研修を受けていたのです。彼女の新しい役割では，彼が他の都市での研修を終えるまでは，彼にあまり会えないということは明らかでした。彼女のチームは，彼らをどう助けることができるかを話し合いました。彼らは，彼女が彼女の講義のすべてを3学期のうちの最初の2学期に行うことによって，彼女は3学期は，パートナーと一緒に生活をしながら，自分の研究を元にした本や章の執筆に充てられるだろうという意見で一致しました。また，彼らは，彼女が教えているコースを他のチームメンバーと共有することで週5日の余暇を十分にとり，彼女のパートナーとの時間に費やせるようにするという意見で一致しました。このようにチームの仕事のマネジメントを創造的に行うことによって，デビーは彼女のパートナーと2人で考えていたよりも，より多くの時間を過ごすことができました。彼女のパートナーがトレーニング期間を終えるまでの2年間という一時的な変更でしたが，彼女にとっては非常に重要でした。彼女は結果的に，チームに対して強く関わっていると感じました。また，執筆のための十分にまとまった時間を得られたことで自身の研究において非常に生産的でした。さらに，指導にもさらに熱が入って，いつもとは違った環境にありながらも大きな成功を得ることができたのです。チームメンバーが仕事と家庭の良いバランスを維持することを助けるために，創造力に富んだ方法を見つけることは，良く機能しているチームのメンバーの責務のひとつであると見なされています。

社会的風土

　チームの一般的な社会的風土は，この章の前半で述べた社会的プロセスだけでなく，前の章で述べられたチームのタスクプロセスの両方によって作られます。チーム内には遵守するべきシンプルなルールがさらにまだいくつかあります。そのルールとは，チームメンバー同士が朝にあいさつをする時間をつくって礼節を保つなど，チーム全体の関係性の質に貢献するものです。誕生日や結婚，休暇など，同僚の生活において仕事以外でよい出来事があった時には，それについて尋ねます。チームメンバーの生活に興味や関心をもつことは，関係性や愛情を強固にするための簡単かつ象徴的なやり方です。すなわち，「社会的な毛繕い（グルーミング）」のようなものです。チーム内でよく見られる温かさや配慮を表す他のやり方に，バースデーカードやチームメンバーの成功を祝うカードを送ることがあります。私はマネージャーの失敗によってチームの雰囲気を腐敗させてしまった事例を見たことがあります。マネージャーたちが若い社員が朝会社に来た時にはあいさつもしない（このほかにも多くの残念な事例がありますが）ことによって，チームの礼節の基本的ルールや，温かさを育むことに失敗していた，というものでした。温かさや肯定感，積極的な楽観主義が職場でのコミュニティや所属感を強めるのです。

　チームの社会的風土のもうひとつのポジティブな要素はユーモアです。攻撃的でないユーモアはチーム内に肯定的な気分を引き出す豊かな資源となり，チームの関係性を接近させると同時に，創造性も引き出します。リラックスした楽しい雰囲気をつくりあげることで，チームメンバーはチームに関わったり，仕事を楽しむことができるようです。また，ユーモアはチーム内の革新的な気風を培うための創造的な遊びでもあります（Barsade and Gibson, 1998）。仕事におけるユーモアの研究では，冗談は創造性を刺激すると同時に，チームにおける信頼感を高めることが明らかになっています（Clouse and Spurgeon, 1995）。さらに，成功する指導者は他の人にくらべて，より多くの時間をユーモアに使う傾向があるのです（Goleman, Boyatzis and McKee, 2002）。

　チームの風土を促進するためのよりフォーマルなアプローチとしては，チー

ムメンバーでのホームパーティや,フィットネスやジョギング,サッカー(男女ともに行う),あるいはバトミントンや水泳などの共同のアクティビティが効果的です。仕事以外での相互のやり取りは,社会的風土全体に貢献するチームの関係性を促進します。しかし,それはそれほど重要ではありません。凝集性とチーム・パフォーマンスに関する研究では,双方向的な関係性にあることが示唆されています。

グループの凝集性は3つの要素によって概念化されています。それは,個人間の凝集性(お互いがお互いを人として好きであること),タスクの凝集性(タスクに取り組む上でチームに団結力があること),グループのプライド(仕事をこなすユニットとしての評判やパフォーマンスにプライドをもっている)。3つの全要素がチームの成果(有効性など)を予測しますが,タスクの焦点化や意識といったチーム・パフォーマンスにおける行動を,より強く予測することができます(Beal et al., 2003)。さらには,今度は,良いパフォーマンスによって凝集性を予測することもできるのです(Mullen and Copper, 1994)。

結　論

この章のメッセージは,チームの機能に関する3つの社会的次元(社会的サポート,成長や発展のためのサポート,一般的な社会的風土)がチームの長期的な利益に影響すること,そして,それらはメンタルヘルスやチームメンバー個々人の仕事に対する満足感も左右するということです。つまり,チームとはコミュニティであり,私たちはコミュニティを育てるべきなのです。ときに心理学者は,人間の行動の比較的シンプルな側面を複雑にしすぎることがあります。ですが,おそらくこの章のもっとも根本的なメッセージは,仕事においてチームメンバー同士が互いにサポーティブで肯定的であることによって,助け合うことができるということです。世界中の主要なすべての宗教が示すメッセージは同じです。それは,どんな類の行動であっても,その目的とするところは,自分の周囲の人を気遣うということです。ダライ・ラマはこのシンプルな理念を,次のような明確な指示によって繰り返し伝えています。「他の人に対してやさしくありなさい」。これは,まさしく仕事の世界にも当てはまるのです。

復習のポイント

- なぜチームは感情について考えることが重要なのでしょうか？
- 相互信頼の4つの次元とは何でしょうか？
- チームにおける社会的サポートの4つの形とは何でしょうか？
- チームメンバーの成長や発展に必要な3つの要素とは何でしょうか？
- どのようにすればチームはポジティブな社会的風土を作ることができるでしょうか？

より学ぶための文献

Beal, D., Cohen, R. R., Burke, M. J. and McLendon, C. L. (2003) Cohesion and performance in groups: a meta-analytic clarification of construct relations. *Journal of Applied Psychology*, 88, 989-1004.

Cameron, K., Dutton, J. E. and Quinn, R. E. (eds.) (2003) *Positive Organizational Scholarship: Foundations of a New Discipline*, Berrett-Koehler, San Francisco.

Goleman, D., Boyatzis, R. and McKee, A. (2002) *The New Leaders: Transforming the Art of Leadership into the Science of Results*, Little, Brown, London.

Linley, A., Willars, J. and Biswas-Diener, R. (2010) *The Strengths Book*, CAPP Press, Warwick, England.

Linley, P. A., Harrington, S. and Garcea, N. (eds.) (2010) *Oxford Handbook of Positive Psychology and Work*, Oxford University Press, Oxford.

Rasmussen, T. H. and Jeppesen, H. J. (2006) Teamwork and associated psychological factors: A review. *Work & Stress*, 20, 105-128.

Seligman, M. E. P. (1998) *Learned Optimism: How to Change Your Mind and Your Life*, Pocket Books, London.（山村宜子訳（2013）オプティミストはなぜ成功するか，パンローリング）

The Mind Gym (2009) *Relationships*, Sphere, London.

ウェブサイト

http://www.lcsc.edu/mcollins/groupandteamdynamics.htm (last accessed 11 August 2011). グループとチームの力動についてのまとめ

11章

チームにおける対立

権力者と権力をもたない人たちの間に起こった対立で，もしあなたがどちらの肩をもたないとしたら，それは権力者に与することを意味するのです。あなたは中立ではいられないのです。
(パウロ・フレイレ)

困難は落胆ではなく奮起を意味します。人の精神は困難によって強くなるのです。
(ウィリアム・エーレイ・チャン)

> **学習のポイント**
> ・チームにおける対立の組織的な要因
> ・チームにおける対立のタイプ
> ・対立の解決方法
> ・チームでの対人関係の対立と対応
> ・難しいチームメンバーへの対応

チームにおける対立

対立(コンフリクト)はチーム特有の病理というだけではなく，建設的なものであればチームにおいて望ましいものです (Deutsch, 1973)。チームの建設的な対立は，チームの卓越性や質の良さ，創造性の源となります。同時に私たちは，チームにおける対立が対人関係にとって破壊的であり，チームのパフォーマンスを低下させたり，チーム自体を崩壊させるものであることも知っています。このような事態は，チームの対立がメンバーの資質に関するものである時に起こります。結果的に，メンバー同士が攻撃しあったり，お互いのスキルや能力，仕事ぶり

を非難するということが起こります。これは対立にかかわる個人だけでなくチーム全体にとっても不健全なことです。ストレスの主な原因は職の不安定さや過重労働が多いのですが、同僚との対立がストレスとなって眠れない夜を過ごすこともあります。こうした対立はなぜ起こるのでしょうか。またこれらの予防と克服のために、私たちは何ができるのでしょうか。

チームにおける対立のタイプ

チームにおける対立に関する全研究を体系的にレビューしたところ、どのようなタイプであれ、対立のレベルが高い時にはチームの機能を損なうことがわかりました。こうした影響はチームメンバーがお互いを頼り合って仕事をしている時により大きくなります。研究者は、概してタスク上の対立はチームのパフォーマンスに良い影響を与えないと結論づけています。

チームには3つのタイプの対立があります。タスクに関する対立（「我々はどの新商品を打ち出すべきか」など）、チームのプロセスに関する対立（「それはあなたの仕事であって私の仕事ではない」など）、そして対人関係の対立です（「あなたは失礼でいらいらさせる人よね！」など）(De Dreu and Van Vianen, 2001; Jehn, 1997)。顧客のニーズをどのように満たすかについて、チーム内に多様な異なる意見があることは、チームのタスクが複雑でやりがいのあるものである時には特に、卓越性や質、創造性の源となります。しかしタスクに関するものであるかどうかにかかわらず、あまりにも多くの対立がある時、もしくはチームメンバーにとって脅威で不愉快と感じるような対立がある場合には、人間関係を悪化させチームの有効性を蝕んでしまいます。あなたにとって心地よい議論のレベルは、あなたの同僚にとっては極めて不快だということもありえます。

プロセスに関する対立（「それは私じゃなくてあなたの仕事よ」「僕の仕事量は彼女のよりずっと多い」）と対人関係の対立は、それがどのようなレベルであれ、チームの有効性とメンバーのウェルビーイングを損ないます。対人関係の対立を阻止し、またプロセスに関する対立が少なくなるように、全てのチームメンバーが責任をもってメンバーの役割と責任を十分明確で公平なものにし

なくてはなりません。

チームの対立を解決する

対立はどのように解決すればよいのでしょうか。まず私たちは対立を**避ける**ことができます。しかし双方のニーズが満たされないので，将来的には対立が生じる可能性があります。また私たちは相手が望むものを提供し，**便宜を図る**（accommodate）こともできます。そうすると相手は欲しいものを得られますが，こちらは得ることができません。そしてこちらは憤りを感じ，相手側はこちらが毎回便宜を図ってくれることを期待します。私たちはあらゆる手段を用いて相手と**争い，張り合おうとする**こともできます。もし勝てば，相手側のニーズは満たされず，恨みを抱いて，次に対立が起きた時にはそれを露わにするかもしれません。**妥協**（compromise）も悪くはありませんが，妥協とは双方のニーズとも完全に満たされることはないということです。しかしそれでも前述の3つの解決方法よりはよいでしょう。そして，私たちは双方のニーズを満たす創造的な解決を見出すために**協働**することもできます。これは「win-win」の解決とも呼ばれます。対立の話し合いがうまくいき，どちら側も満足し双方の関係も最も良くなるため，理想的な解決です。

フィッシャーら（Fisher, Ury and Patton, 1999）は，話し合いに関する著書『イエスに至る道』（*Getting to Yes*）で，原理原則や倫理に関する話し合いで対立を解消するための4つのステップについて述べています。第一に，人々と問題を分かちあうことです。問題の原因をその人のせいにするという過ちを犯すべきではありません。人間というものは通常，人々の行動の原因をその人が置かれた状況よりもその人のパーソナリティによって説明するものです。道端で子どもを大声で叱る親を見たら，人はその状況を親の攻撃的なパーソナリティによって解釈するでしょう。もしかすると，子どもが道に飛び出してあやうく車にはねられそうになり，親がそれに恐怖を覚えて子どもに怒って叫んでいたのかもしれません。その親は普段は子どもに声をあげることはないかもしれません。人の行動を解釈する時に起こるこのようなこの誤ちは私たちの身に染みついたものであり，意識することすらありません。心理学者はこれを「根本的

な原因帰属の誤り」と呼んでいます。チームにおける問題がなぜこんなに頻繁に，そして通常は誤った形で「パーソナリティの衝突」に帰属されてしまうのかも，これによって説明することができます。対立の原因となっている問題に焦点をあてること，そして問題自体に対しては厳しく，人々に対しては寛大でなくてはなりません。

　第2に，立場ではなくニーズに焦点をあてることです。私の娘のエリーとローザは，残った1個のオレンジをめぐって喧嘩をしていました。私はオレンジを半分に切って「解決」しました。するとローザはその半分を絞ってジュースにし，残りかすを捨てました。エリーは作っていたケーキの風味にするためにオレンジの皮を削り，同じように残りを捨てました。私の「解決」では，彼女たちはどちらも，もし私が彼女たちの言い方（「私そのオレンジが欲しい」「だめ，私も欲しいもん」）ではなく，潜在的なニーズが何かを見つけることに時間をかけていたとしたら得られたものの半分しか得られなかったのです。同様にチームの対立においても，私たちは実際に表明されている立場に焦点をあてるよりも，潜在的な利害やニーズは何なのかを理解しなくてはなりません。

　第3に，双方に利益のある選択肢を新たに考えることです。対立状態にあるときに双方の利益になる解決策を見つけようとすれば，対立について話し合ったり解決したりする能力は飛躍的に向上するでしょう。これは創造性を発揮して，対立している双方のニーズを満たす，もしくはそれを越える解決を考え出す良い機会です。

・（双方が表明している立場とは対照的に）対立している双方のグループがもっている潜在的なニーズを見定めます。なぜなら対立は，ある人の目標達成が他の人に邪魔されたときに起きるからです。
・双方のニーズを満たす，もしくはそれらを越える創造的な解決を相手のグループとともに探ります。安易に妥協に陥らないようにしなくてはなりません。また，多数決は対立を直接的かつ満足のいく形で扱うのではなく，対立を避けて先延ばしにする方法であることを忘れてはなりません。

　最後に，話し合いが公平な結論に至るように，結論を意志の力によって決め

るのではなく，客観的な基準を主張することです．チームメンバーが仕事量のことで対立している場合には，解決策が公平であることを示すためにそれを評価する方法を見つけなくてはなりません．たとえば教育チームのメンバー2人がどの程度の仕事をすべきかで対立している場合には（生徒との接触時間やクラスの大きさなどについての議論），双方の指標を考慮に入れた基準を作り，この合意した指標を用いて2人がだいたい同じくらいの仕事量になるようにしなくてはなりません．

対立の組織的な要因

チームにおける対人関係の対立の原因の多くは，仕事上の役割や組織的な要因によるものです．

- 役割が明確ではないことや，役割に関するお互いの理解が不足していること．それによって，誰が何をするかについて言い合いが起きたり，仕事の分担が公平かどうかについて疑念が生じたり，あからさまな「衝突」によって苛立ちます．
- ビジョンがはっきりと共有されておらず，明確なゴールがないこと．チームのタスクが何であるかが明らかにされていないと，各チームメンバーの目標が競合することによって対立が起こりやすくなります．ある人は良い業績を維持したいけれどもある人は革新的なことをしたいような場合に，タスクが明確でなければ対立が解決される可能性は低いでしょう．
- 資源が不適切であること．コンピューターシステムがしょっちゅう故障しているときに顧客にサービスを提供しようとすると，チームメンバー間に高いレベルのフラストレーションが生じ，容易に収拾がつかなくなって人間関係の対立へと発展します．
- あるエリアの顧客に商品を提供するチームにおいて，担っている機能が異なること．販売に責任を負うメンバーは，商品の価格を低く保ち，注文に迅速に応じられることを重視します．商品の生産に責任を負うメンバーは，品質の高い商品を作ることやそのための時間をきちんととることの方が，慌てて

仕事をしてミスをするよりも重要だと考えるでしょう。必然的に，両者は対立することになります。
・立場の矛盾（チームの財務アシスタントがシニアマネージャーの経費請求を扱うなど）。
・権限が重複すること（タスクの一部について誰が責任を負っているかが明確でない）。
・タスクが相互に依存し合っていること（チームメンバーが自分のタスクをきちんと成し遂げるために，メンバーがお互いに頼り合わなくてはならない）。製造業で商品を組み立てる際に，あるチームメンバーはある作業を正しく遂行するために他のチームを頼っており，それによって次のチームメンバーが次のタスクをうまく達成することができるかもしれません。このような状況で，チームメンバーの信頼性が許容範囲より下がった時には（原因は何であれ）不満が生じます。
・矛盾する評価システム（商品の質　対　配送スピード　対　生産コスト）

ケーススタディ

グウィンはプライマリーヘルスケアチームの看護師で，同じチームに所属するソーシャルワーカーと繰り返し対立していました。2人は子どもが偶然とは思えないケガをしているケースに関して意見が合わないことがありました。グウィンはソーシャルワーカーがすぐに裁判所や警察を巻き込みすぎるし，グウィンがその子どもの家族について知っていることを軽んじていると感じていました。対立はエスカレートし，2人がグウィンの部屋で激しく意見をぶつけ合っているのが他のスタッフに壁越しに聞こえるほどになりました。グウィンはソーシャルワーカーが冷酷横暴だと責め，それに対してソーシャルワーカーは，ソーシャルワークはグウィンの仕事ではなく，彼女は家族の身体的健康の面倒を見るべきだと応戦しました。ソーシャルワーカーはグウィンのことを，理屈っぽくて干渉的で，コミュニケーションができず，チームで効果的に仕事ができないと言って責めました。

このケースの場合には，パーソナリティが問題の根源であったわけではありません。むしろ役割についてはっきりとした相互理解ができていなかったことによるものです。コミュニティでは，しばしば医療従事者とソーシャルワーカーの対立が起こります。これは通常，お互いの役割を模索し明確にするために時間を取らなかったことによって生じます。医療従事者は，社会的‐情緒的側面を含めた家族の健康と幸福に責任をもつという役割まで担っているのですが，ソーシャルワーカーは，医療従事者がこれほど幅広い役割を担っていることに気付いていないのかもしれません。一方で医療従事者は，ソーシャルワーカーは，もし問題が起きれば究極的には法律上の責任を負うということを十分に認識していないことがよくあります。

　チームメンバーは，個別のケースに言及するのではなく，お互いの役割をきちんと吟味すること，そして，お互いに競い合うのではなくどのように役割を効果的に補完しあえるかを話し合うことによって，こうした対立を乗り越えることができます。

　したがって，チームに対立があるときに最初に確認しなくてはならないのは，人々がどの程度お互いの役割とその目的を明確に認識しているかということです（Pondy（1967）は対立のプロセスに対する有益な分析を提供しています）。（第5章の，役割についての話し合いと明確化に関するエクササイズも参照。）

対人関係の対立

　第3章で見たように，パーソナリティはチームの機能に重要な役割を果たしています。何人かが集まったグループには「チームパーソナリティ」があります。支配的でリーダー向きの人もいれば，創造的な人もいます。チームの中にリーダー的な人が2人いれば，衝突も起きるでしょう。チームの方向性について，真逆の方針をもっているような場合には，なおさらです。また，チームの決定が常に正しく，その決定が遵守されるべきだと考えているような実直でリスク回避的な人は，チームの中の創造的な人の情熱や確信によって動かされるようなことはないでしょう。そして，創造的な人は，新しくてわくわくするよ

うな提案について議論する際に，他の人が懐疑的な質問をしてきたり，それに対して熱心に関わっていないことに対してイライラするでしょう。チームのメンバー間の違いは働き方の特徴による部分も大きく，それはそれで価値がある一方，それが衝突のもとにもなるのです。チーム内のスタイルが変化することの重要性を認識することが，問題を解決する手助けとなります。

対人関係の対立をコントロールする

　チーム内の対人関係の対立は，役割や組織，あるいはチームのパーソナリティタイプによるものとして片付けられてしまうこともありますが，それは間違っています。イライラは発生するものであり，困難は解決されるべきものなのです。たいていの場合，人は一緒に働く人たちとうまくやっていかざるを得ません。これは不可避の心理学です。もし子どもが「次の1年の間，あなたはずっとひとりの隣に座らないといけないよ」と言われたら，（それも，おそらく元々あまり好きではない子の隣に），その子の態度は変わります。同じように，私たちも，これから先，これまでにもちょっとやりにくいなと思った相手と働いていかなくてはならないとわかったら，その人たちとより効果的に，協力的にやっていく方法を一生懸命探すものなのです。

　チームの他のメンバーとの間に生じる対立への対応には，以下の4つがあります。第1に，**受動的**であること。つまり，何もせずに，問題など存在していないかのように振る舞うのです。ただし，前述のように，この対応によってあふれ出した欲求不満が爆発してしまうこともあるので，長期的には良くない結果も起こります。第2に，**受動的でありながらも攻撃的**であること。これは，おそらく4つの中で最も破壊的な対応でしょう。これは，他のチームメンバーが話しかけてこなかったり，すべての提案をわざと反対したり，他の同僚の悪口を言ったり，こっそり仕事をさぼるようなことすらすることです。このような**受動的攻撃**は，対立や問題を解消する機会さえ与えません。なぜなら，それによって対立の存在を認めることもしないのですから。受動的攻撃は，チーム全体の雰囲気を少しずつ悪化させるものであり，チームの機能にとっても建設的ではありません。第3のアプローチは，**攻撃的**になることです。他のチームメンバーに対して，言葉の上で，面と向き合って傷つけてやろうという意図を

もって攻撃するのです。この戦略は，上述の受動的，あるいは受動的攻撃戦略よりは多少前向きです。なぜなら，それによって，チームのメンバー一人ひとりが自分の気持ちを表すことができるようになるからです。とはいえ，この戦略をとることによって，辛い気持ちや怒り，冷酷さなどを引きずることになりがちです。そして，そうしたシコリはお互いを傷つけ，チーム全体の雰囲気を悪くします。第4として**アサーティブネス**といわれる戦略があります。これは，他のメンバーに，自分の気持ちを伝えたり，対立の再発を防ぐために行動変容をお願いするというものです。以下に，攻撃的な言い方とアサーティブな言い方の違いを例示します。

「あなたが無能だから，そのせいで，私の一週間の仕事が無駄になったわ」（攻撃的な言い方）
「私はとても戸惑っています。私は，必ずこの情報を期日までに投函するようにと念を押して，あなたにまかせたはずです。なのでそれによって，私の今週の激務のすべてが無駄になってしまったことに私は憤りを感じています」（アサーティブな言い方）

アサーティブネスでは，気持ちをはっきりと表明するので，「あなたが」よりも「私は」という表現を多く用います。攻撃的な言い方というのは，単純に，相手を傷つけようという意図を含んでいるのに対し，アサーティブネスでは，自分の感情を明確にすること，その状況において望んでいることを伝えようとします。アサーティブな議論では，双方がともに「私は」という言い方をしようとすることが重要です。各々が自分の気持ちを伝える時，どうしたいかを決める時，そして行動の結果を確認する時にもそうします。同時に，問題の再発を防ぐためにはどのような行動変容が望ましいかを特定する際には，お互いに言質を取ることが必要です。
　しかし，チームメンバー間の対立が持ち上がり，これまでの方法では解決できないような時には，チームメンバーはどうすればよいでしょうか？　仕事関係における大きな問題がまるでないかのように振る舞うことも，短期間であれば効果的な戦略です。しかし，それによって不満がたまり，たまった不満はた

ったひとつの引き金で爆発してしまうという危険性があります。チームメンバーは，個々人の間で問題が発生した際には建設的でオープンな方法によってなんとかしようとするべきです。つまり，その困難や問題を他のチームメンバーとの間で明らかにして，それについて話し合う時間をもつべきです。問題を無視したり否定したりしても，それがチーム全体の成長につながる可能性は低いのです。もしチームメンバーのひとりが，問題が最初に持ち上がったときに，同僚との相違について一対一で建設的でオープンなやり方で解決できるのであれば，それがベストでしょう。サブグループの発生が良い意味で抑制されるような，チームメンバーが安全だと感じられる雰囲気の中では，こうしたことはより起こりやすいでしょう。

　チームメンバーには本質的な違いがあります（たとえば，政治的な立場の違いのように）。しかし，もしチームメンバーがチームのビジョンを共有しようとし，精神的にも成熟しているのであれば，そうした違いがチーム全体としての成功を妨げてしまうことを良しとしないでしょう。私たちは，素晴らしい顧客サービスを実現するために，何も同じ政党に投票する必要はないのです。さらに，チームリーダーがチームメンバー間の個人的な問題に介入しようとすると，状況はもっと悪化するというエビデンスもあります（De Dreu and Van Vianen, 2001）。チームの有効性を害しないかぎりは，違いの存在を認めても何ら問題はないのです。プロフェッショナリズムとは最善の仕事をし，最善の仕事を達成するために，チームメンバーと効果的な仕事をすることです。それは決して，多くの犠牲を払ってまでも職場において末永い友情を築くということではありません。また，政治的に異なる見解をもつ人や，イライラさせられるような習性のある人や，あまりに大きな声で笑う人と働くことを避けるということでもないのです。

　チームメンバーが違いを解決できず，チームの仕事の妨げになっているような場合には，チームリーダーに介入してもらうことが必要な場合もあります（チームリーダーが当事者になっているような場合には，さらにその上司に）。ここでチームリーダーがとるべき戦略は，両者に，問題に対する思いをそれぞれ述べてもらうことです。双方がひとたび思いを吐き出せば，問題の事実関係を特定することができます。感情と事実を区別することは重要です。なぜなら，

感情と事実というのは，議論の中でごちゃごちゃになってしまいやすく，それがさらなる敵意と誤解を生むからです。感情と事実とを注意深く分けて話をすることによって，「調停者」はもしかしたらこれまでに起こった出来事について合意が得られなくても，両者にそのケースを提示して，どうしたら将来の困難を防ぐことができるかを考えることができるかもしれません。調停には4つの段階があります。

・両者の感情を把握する
・両チームのメンバーが認識している事実を把握する
・コンフリクトの再発を防ぐという目標に同意する
・行動プランに同意する

最後に，注意事項を示しておきます。チームメンバーに，チームの中で起こるいかなる些細な問題に対しても審問会を開きたがる傾向があることもあります。しかしこれは，チームメンバー間に日々起きる不可避な小さな違いを拡大してしまうことになりかねません。このように，局所的で集中的な分析を繰り返し行うことは違いを拡大することになります。と同時に，チーム機能や個人のメンタルヘルスにとって，結局のところ，違いについての議論を全く避けてしまうのと同じくらいに有害となり得るのです。

難しいチームメンバー

もし，チームの中にチームを乱すと思われるような特定の難しい人がいたら，どうするでしょうか？まずやるべきことは，その人はどのようにやりにくいのか，そして，その人はなぜやりにくいのかについて慎重に考えてみることです。

> **事 例**
> 小売調整チーム
>
> エレーヌは，大きな石油会社の新しい小売調整チームの若いチームリ

ーダーです。ジェフリーは、彼女にとって最年長で最も経験を積んでいるチームメンバーで、この会社でもう長い間働いています。ジェフリーは彼が本来なすべき主たるプロジェクトを仕切りながら同時に、エレーヌに知られないまま、チームの資源を使って近くの町の複数のアウトレットでの小売の仕事を仕切ってきたことが発覚しました。エレーヌがジェフリーに対して怒りを表出した時から、コミュニケーションは悪化しました。

　部長であるペトラを交えて、ミーティングが開かれました。両者に対してどんな感情を抱いているかを確認し、それぞれに自分の不満を訴える機会が与えられました。エレーヌは、ジェフリーが彼女にきちんと情報を伝えず、信頼を裏切られたことに怒っていました。彼女は欺かれたと感じたのです。一方、ジェフリーは彼が率先して進めてきたほかのプロジェクトを進めることを許さないエレーヌに不満をためていました。そして、仕事において彼女の指示を仰がなければならないことにいらいらしていました。

　ペトラは、不一致が起こった事実を突き詰めるようにしました。ジェフリーは、ある時点で、そのプロジェクトのことについてエレーヌに話したと主張しました。一方、エレーヌはそれを否定し、毎週のミーティングはあったにもかかわらず、ジェフリーが他のプロジェクトを進めていることについては何も聞いていないと主張しました。

　そしてペトラは、将来に向けていくつかのゴールを模索しました。そして、両者ともに、仕事について全面的にもっとコミュニケーションをすることが重要であることに合意しました。特にジェフリーは、エレーヌの毎日の基本的な仕事内容についてもわかっていないし、それを知ることはチームメンバーとして必要だと感じました。そして、2人はより良いコミュニケーションを目指すことに同意したのです。2人は行動プランを考え、2人で毎週ミーティングを行ってお互いの仕事の進捗状況を共有し、それぞれの仕事についてお互いに知っておくことにしました。ジェフリーは今後、エレーヌの明確な許可なしに他の仕事に関わらないことにも合意しました。

チームが難しい時には，チームメンバーは「スケープゴート」を作りだすことがあります。チームの失敗のすべてを特定の人物のせいにして，スケープゴートを追いやってしまおうとするのです。この方法では，皆，無意識のうちに問題から自分自身を除外しようとして，本当の原因を特定できなくなってしまいます。

私たちはよく，他のチームメンバーとどこか少し違う人を，難しい人とラベル付けし，そのように扱ってしまいます。長く存続しているチームにおける新参者，男だらけのチームの女性，ハイテク機器恐怖症の人たちの中のコンピューターオタク，オーストラリア人の中のマレーシア人，これらはすべてその違いに価値があるとみなされるよりも「難しい人」というレッテルを貼られやすい人です。しかし，その違いというのは，チームが同質化してしまうことを防いでくれるものでもあるのです。違いは創造性を作り出すものであり，チームメンバーはこの違いに価値を見出すべきなのです。

多数派に同意しない人は，たいてい「変わっている」とされてしまいます。しかし，違う意見に寛容で参加者のレベルの高いチームであるならば，違う意見に寛容でないチームよりももっと創造的で革新的なチームになり得るのです。「難しい人，変わっている人」とされている人が，単純にどこかに違いがあるだけなのかどうか，考えてみてほしいのです。もしそうなら，他のチームメンバーにもその価値を見出し，その違った見方によって刺激を受けるように促しましょう。「難しい人」はチーム内の最も重要な人になりうるのです。私たちはまた，その人の役割や，その人がチームの成功にどの程度貢献しているかわからない時にも，その人のことを「やりにくい人だ」と思ってしまいます。こういった問題を解決するには，役割の明確化や交渉の練習が役に立ちます。

やりにくい人というのは，本当に生まれながらにしてやりにくい人なのか，よく考えてみてほしいのです。彼らは支配的な人，コミュニケーション能力が低い人，皮肉屋，粗野な人かもしれません。そうした問題行動をうまく扱う方法は，チームメンバーから除外することではありません。教えることです。そういう人の内面的なスキルの向上のために，目標を設定したり，うまくいったときにはフィードバックをするなどコーチングスキルを用いるべきです。可能

であれば，チーム全体に対して，その人がもっとチームメンバーとしてもっと効果的に機能できるように助けることに，責任を担ってもらうとよいでしょう。チームメンバーを励まして，感謝して，方向づけて，支えるのです。

　そしてもし，ここまで述べてきた全てのことを実行し，それでもチームメンバーの中にチームの中核的な価値観を共有できないメンバーがいると思う時には，チームはそのメンバーに対して，チームを去ること，そしてよりその人に適した環境を探すことを勧めることになるでしょう。たとえば，チームが消費者の支援に関わっており，顧客を尊重してコミュニケーションをしているような時に，チームメンバーが，消費者は騙されていればいい，消費者は個人的には軽蔑していればいいという考えに固執している時には，それに気づいた人は，どうやってその考えに揺さぶりをかけるのか，内側からか組織の外側からかを考えるべきです。人事部も手助けしてくれるかもしれません。チームはタスクをこなすために存在しています（それは，たとえば，羚羊を捕まえるとか，商品を届ける，消費者をサポートする，乳がんの診断・治療をするといったタスクのことです）。そのため，タスクをこなすための効果的なパフォーマンスを阻害するような頑なな行動に対しては，寛容であるべきではないのです。しかし，最後に挙げたような事例はそんなにしょっちゅう起こることではないことを覚えておいてください。「やりにくい」チームメンバーは，これまで述べてきたいずれかの説明にあてはまっているがゆえに，「やりにくい」人と思われてしまうことが多いのです。

復習のポイント

- チームの対立の3タイプにはどんなものがあるでしょうか。そのうちどれがチームのパフォーマンスに対して良い方に働くでしょうか。あるいは，悪い方に働くでしょうか？
- チームメンバー間の問題をどのように解決するでしょうか？
- チームの対立を起こしやすい組織的な問題にはどんなことがあるでしょうか？
- メンバー間に起こる相互作用については，どのように対処すべきでしょう

か？
- チームメンバーの中でやりにくい人とラベリングされてしまう人がいるのはなぜでしょうか。そしてこのようなラベリングがなされてしまうのはなぜでしょうか？
- あなたならやりにくいチームメンバーに対してどのように対応するでしょうか？

より学ぶための文献

De Dreu, C. K. W. and van de Vliert, E. (eds.) (1997) *Using Conflict in Organizations*, Sage, London.

De Dreu, C. K. W. and Weingart, L. R. (2003) Task versus relationship conflict and team effectiveness: A meta-analysis. *Journal of Applied Psychology*, 88, 741-749.

Deutsch, M. (1973) *The Resolution of Conflict: Constructive and Destructive Processes*, Yale University Press, New Haven.(杉田 千鶴子訳『紛争解決の心理学』ミネルヴァ書房, 1995)

Jehn, K. (1997) A qualitative analysis of conflict types and dimensions in organizational groups. *Administrative Science Quarterly*, 42, 530-557.

Tjosvold, D. (1998) Cooperative and competitive goal approaches to conflict: Accomplishments and challenges. *Applied Psychology: An International Review*, 47, 285-342.

West, M. A., Tjosvold D. and Smith, K. G. (eds.) (2003) *The International Handbook of Organizational Teamwork and Cooperation*, John Wiley & Sons, Ltd, Chichester.

ウェブサイト

http://www.mindtools.com/pages/article/newTMM_79.htm (last accessed 11 August 2011).
　チームの対立の解決と違いに向き合ってより強いチームを作ることについての興味深い記事

http://www.icra-edu.org/objects/anglolearn/Conflict-Key_Concepts1.pdf (last accessed 11 August 2011).
　ICRA 学習リソースによる，チームと対立についての全研究

http://www.mediationatwork.co.uk/ (last accessed 11 August 2011).
　対立の解決に瞑想を用いることについての有益なサイト

第4部

組織におけるチーム

　現代の組織では，チームは組織から離れた別の個体として広い海原を彷徨っているわけではありません。チームは緊密で複雑なネットワークの中で，たくさんの結節点によってしっかりと相互に接続されています。そしてそれは組織自体を大幅に超えることもあります。チームはいかにしてこれらのネットワークがチームの有効性に強く影響するようにマネージするのでしょうか。というのも，チームは他のチームや，他の部門および組織と効果的に働くことを求められるからです。また，時として，チームは国境を超えて，組織の目的を達成するために努力を結集します。チームの機能やそのライフコースは実に多様です。チームワークがなされるコンテクストを理解することが，本書の最終部の目的です。

　第12章では，組織がいかにして組織を構成しているチームをサポートするのか，あるいはどのようにチームを妨げるのかについて説明します。研究では，組織のサポート，風土，構造，文化はチームの有効性を決定づける重要な役割を担っていることが明らかになっています。しかし，多くの組織はチームがベストを尽くすために必要なサポーティブなコンテクストを提供ができないでいます。この章では，組織はどのようにしてチームワークを支えることができるのか，また，チームはいかにして彼ら自身がその一部となっている組織をサポートし，必要であればそれに挑戦するのかについて，体系的に述べていきます。ここでは，人事や会社の風土，組織全体の目的を持つこと，報酬システムそしてフィードバックプロセスが果たす役割について考えていきます。というのも，これらはチームの機能や有効性を組織全体に適切に育むものだからです。

　第13章では，最近の研究や実践から，現代の社会で私たちのすべてが

直面している問題を特定していきます。現代の職場は，メールや電話会議，電話によるバーチャルな働き方をしており，私たちの先達が楽しんだようなチームメンバーの仲間と日々顔を合わせるような贅沢さはありません。まずは今日のテクノロジーや離れた職場環境といった特定の問題を理解してから，これらの問題に取り組む実践的な方法を述べていきます。メールにふけって，破滅的なメールで対立することやチームメンバーの仲間に面と向かって会うこともなく共通理解をしようとする，というのが典型的な問題です。この章ではバーチャルワークのメリットを享受し，かつその落とし穴を回避する方法について，ガイダンスと助言を提供します。

　最後に，第14章では，どの組織でも重要なチームである，トップチームマネジメントチームの構造や機能，そしてその目的について見ていきます。それがいかに機能するかは，組織全体のチームに多大な影響を与えます。したがって，その目的が特に重要となるのですが，それらのチームではその目的が明確でないことが多いため，これまでの章でも見たようなチームワークの失敗の多くが起こっています。トップチームマネジメントは他のチームが直面化しないような特定の問題に直面化することに加えて，他のあらゆるチームが直面化する多くのプロセスの困難にも対処しなくてはなりません。もし，彼らが愚かであれば，ここでのコンフリクトは組織の他の部分にも流れ出て，すべてのチームや部門の有効性が損なわれてしまうでしょう。この章では，いかにして効果的なトップチームマネジメントの機能を発展させるかについて説明します。というのも，トップチームマネジメントは会社のパフォーマンスの模範なので，トップマネジメント以外の組織のメンバーはトップマネジメントチームの有効性の恩恵を受けることができるのです。

12章
組織におけるチーム

推進力のある組織は，組織の中にいる個々人が知識，スキル，夢，そしてチャンスをもっており，それを組織の成功につなげることに成功している組織である。

(スティーヴン・コーヴィー)

> **学習のポイント**
> ・組織におけるチームによる仕事を紹介する6つのステージ
> ・組織におけるチームのコミュニケーションスタイルのタイプとそれらの有効性
> ・組織はチームに対してどのような支援を行うべきか
> ・人的資源管理部の役割
> ・チームの報酬システム
> ・組織においてチームがどのような役割を担うべきか
> ・組織変容に向けたチームへの戦略
> ・チーム間の関係性およびそれらの改善法

この章では，チームの周辺にあり，その多様性と創造性をチームと組織の効果を上げるために使うことができる組織に注目します。私たちの進化の歴史のほとんどの期間にわたって，私たちはチームによる活動を行ってきました。その結果，チーム活動を効果的に行い続ける力を備えるようになったのです。しかしながら，およそここ200年で仕事組織の規模は全般的に大きくなり，私たちは5，6，7あるいは8人よりも大きなグループでの働き方を学ばなくてはならなくなりました。

現在，私たちはより大きな組織的コンテクストの中にあるチームに属して働

くことを課されています。そのため，チームの仕事だけでなく，その大きな組織との相互関係にも焦点を当てることになります。しかし，これは大いなる挑戦です。なぜなら，チームワークという言葉が組織内（たとえば部門）のいかなる構造化されたグループにも当てはまる，意味のない言葉に薄まってしまう可能性があるからです。あるいは，チームという概念にこだわりながらも，実は組織内の他のチームと効果的なチームワークを組めていないということもあるからです。そのため，組織が効果的なチームワークを保証するためにどのように構成され，マネージされているかは，チームと組織の有効性の両方にとって非常に重要となるのです。マシュー（Mathieu *et al.*, 2001）は，組織をチームが組織の目標を達成するために共同して働くマルチ・チームシステム（multi-team system; MTS）とみなすことで，組織におけるチームが理解できると提案しました。これらのMTSチームの調和がある場合には，チームはプロセスとパフォーマンスという点でメリットがあります（Mathieu *et al.*, 2006）。したがって，この章では研究者やコンサルタント，経営者が軽んじてきた基本的で重要な問いを扱っていきます。それは以下のようなものです。**私たちはチームの有効性が機能するような組織をどうしたらつくることができるだろうか？**

チームベースト・ワーキング（TBW）の導入

　この問いには，チームに知られざる大きな潜在能力があるにもかかわらず，組織のリーダーが，チームは組織の構成度に応じた分しか機能しないこと，そしてチームワークの実践こそに価値があることをきちんと認識していないために，その潜在能力が埋没してしまっているということが前提となっています。チームが部門間に厳格な境界がある非常に階層的な組織の中で機能しようと頑張っても，一般的にはうまくいきません。私たちは育み，それを維持する準備を整えた苗床に，チームワークの種を蒔かなくてはならないのです。図3に，組織がチームの周囲でその有効性を確実にするために，組織が発展する上で起こる6つのステージを描きました（ガイドや質問，実践的なテクニック付きのTBWの導入の仕方に関する詳しい説明はWest and Markiewicz, 2003を参照のこと）。

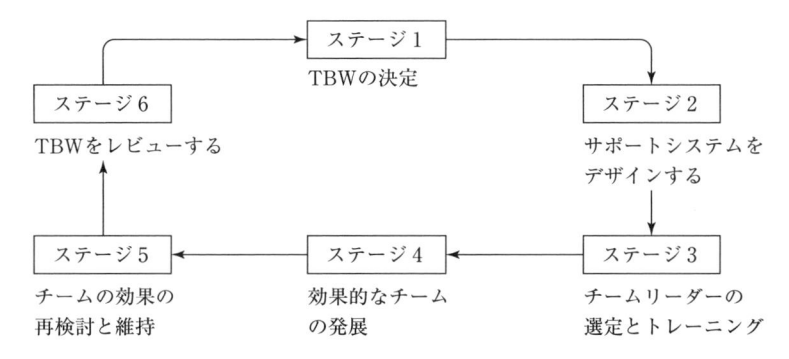

図3 チームベースト・ワーキング（TBW）導入の6つのステップ

フロー図：
ステージ1 TBWの決定 → ステージ2 サポートシステムをデザインする → ステージ3 チームリーダーの選定とトレーニング → ステージ4 効果的なチームの発展 → ステージ5 チームの効果の再検討と維持 → ステージ6 TBWをレビューする → ステージ1へ戻る

ステージ1　チームベースト・ワーキング（TBW）における決定

　チームベースト・ワーキング（Team-based Working; TBW）を紹介する最初のステージでは，上司がTBWの重要性とメリットを理解すること，および既存の構造，文化，組織におけるチーム作業の限界について十分に理解することが求められます。シニアマネージャーはチームの組織化をしなくてはなりません。また，変化のプロセスでは，TBWを可能とするために組織の構造や文化を変えるには，何が必要かを再検討しなくてはなりません。そのとき変化のリーダーはTBW実行のプランを作成するとともに，変化を促進するためにシニアチームを置く必要があります。

ステージ2　サポートシステムの発展

　このステージでは，人的資源管理部門システム（HRM），報酬，コミュニケーション，マネージャーとチームメンバーのトレーニング，新人募集や選抜のしかたといったTBWに関するサポートシステムを検討する必要があります。そして，TBWのためにそれらを適応あるいは開発するためのプランを練らなくてはなりません。変化を促すリーダーはチームワーキングが組織の中で育まれ，広がっていくためにはどのようなサポートのニーズがあるかを特定します。それにはこの次の工程も含まれます。

ステージ3　チームリーダーとチームメンバーの選出

チームリーダーとチームメンバーを選ぶ基準を作り（全ての従業員はこれを助けることができます），それによってそれらを選びます。チームを率いることは他の種類のリーダーシップとは著しく異なるので，チームリーダーには必要な知識，技能そして態度のトレーニングをすることが求められます。チームリーダーのグループは，おのおののチームにおけるリーダーシップを効果的にするにはどうしたらよいかを学ぶために，定期的に会うことができます。そこでは，問題や，成功あるいは驚きを共有するよう促されます。チームリーダーのための優れたトレーニングについては www.astonod.com で知ることができます。

ステージ4　効果的なチームの発展

このステージはチームの発展のプロセスを理解し，それを可能にすることが求められます。それには目的，役割，コミュニケーションプロセス，および意思決定のプロセスをはっきりさせることが含まれます。これについてはこれまでの章の中ですでに触れています。

ステージ5　チームの有効性の再検討と維持

このステージでは，チーム・パフォーマンスを評価するための基準を設定し，パフォーマンスを改善するために必要とされる変化を特定するように指導されます。チームリーダーはパフォーマンス，イノベーション，チームメンバーの満足や彼らの学習とスキル開発を検討しなくてはなりません。というのも，これらのすべてがチーム・パフォーマンスの重要な部分だからです。このステージでは，組織の中で現在起こっている個々のチームの有効性を定期的に検討するためのエビデンスに基づいた診断ツールを使うことが重要となります。このようなツールを日常的に使うことによって「早期警戒」システムをもつことになります。このシステムによってチームは機能障害に陥ることを防ぎ，個々のチームが適切に開発活動に集中できるようになります。こういったツールはたくさん出回っています。たとえば，アストン・リアル・チームプロファイル＋（The Aston Real Team Profile Plus）は潜在的な上質のパフォーマンスを可能に

するためにチームの構造やプロセスがいかにうまく機能しているかを示すスナップショットを，迅速かつ簡単に管理します。中でもいちばん詳細なものはアストン・チームパフォーマンス質問紙（Aston Team Performance Inventory; ATPI）であり，これは現在使えるツールの中では，最も包括的なチームの診断ツールです。ATPIはチームにとっての長期的な成功を予測する労働力，チーム・プロセス，リーダーシップ・プロセス，そして生産規模を測定します。そして，組織の中の代表的なチームの数を入れると，組織全体の潜在的な成功を推し量ることができます。より詳しくはwww.astonod.comを参照して下さい。

ステージ6　チームベースト・ワーキングの再検討

最終段階には，TBWが組織の効果にいかに貢献したかを評価すること，そして組織に対するTBWの貢献を持続的かつ最適なものにするために必要な変化をすることが含まれます。

　これらがTBWを生み出す6つの主なステージとなります。しかし，このようなプロセスをやり通すことによって組織はどのようなものになるでしょうか。TBWを導入することで，組織の構造と文化に対する劇的で，深遠で，広範な変化が起こります。伝統的な組織には，スーパーバイザー，マネージャー，シニアマネージャー，アシスタント・チーフエグゼクティブなどといったヒエラルキーにおける立場を表すステータスレベルから成る指揮系統があります。チームベーストな組織では，構造は集団主義的なものとなります。チームは，トップマネジメントや他の上位のチーム（これまでの章で述べたように，これら自体が良いチームワークを作ります）によって軌道に乗りますが，それは指示するされるという形というより，影響するされるといった形となります。さまざまなチームの引力やインスピレーションの力が，まわりのチームパフォーマンスに影響するのです。
　伝統的な組織には，報告のフローチャートやヒエラルキーのチャートがありますが，チームによる組織は，惑星がお互いに回り，恒星（トップの管理チーム）の力の影響を受けている太陽系のようです。チームリーダーの役割は，自

分のチームがその太陽系の力を強くして効果的な部分として機能させること，そしてシステムが特定の惑星ではなく，その太陽系全体としていかに機能するかを考えることです。こういったことをするために，チームリーダーは，チーム間の統合や協働を常に強調しなくてはならないのです。私は，チームリーダーに，自分がよく一緒に仕事をする他のチームのチームリーダーに対して「どうすれば私たちはもっとお互いに支え合えるでしょうか」「あなたが効果的であるために，私たちは何ができるでしょうか」「顧客に対する私たちのサービスを改善するための新しくて革新的な方法を見つけるために，私たちは協力することができるでしょうか」と問い続けることを勧めます。

　伝統的な組織においては，マネージャーが組織内のチームを管理し，コントロールします。それに対して，チームベースの組織のチームリーダーの役割は，彼らの組織の中のチームに対して，セルフマネジメントを大いに行うように，そしてチームの戦略やチーム内のプロセスの効果をモニタリングすることに責任感をもつよう促します。私が仕事をしているある会社では，製造チームは，製造工程におけるチームパフォーマンスをビデオに撮って，そのビデオを観る際には他のチームのメンバーを招きます。そして，他のチームメンバーが彼らの仕事のやり方を激的に改善する方法を提案します。これは，顧客に製品を届けるために，生産性や品質，時間の革新的な改善につながります。

　組織の目的，消費者サービス，イノベーション，チームワーキングは，チームベーストの組織におけるリーダーシップの真言(マントラ)といえます。

チームとその組織の間の関係

　デボラ・アンコナとデイヴィッド・コルドウェル（Ancona & Caldwell, 1992）は，どのようにチームが「境界線を渡るか」，つまり，チームはどのようにして所属する組織全体と相互に関わるかについて検討しました。組織と相互交流するチームを研究することによって，アンコナらはチームがその組織環境をマネージする際に用いる3つの主な戦略を見出しました。

（a）外交活動

この活動には，チームの輪郭を描きだすため，そしてシニアマネジメントに効果的で，献身的かつ革新的なチーム像を提供するために，シニアマネージャーとコミュニケーションをとったり，影響を及ぼすことが含まれます。また，このような外交活動のねらいは組織の資源を確保すること，そしてチームを組織の過干渉から守ることにあります。

（b）タスク調整活動

この活動は，他のチームや部門とのコミュニケーションを改善することがねらいです。タスク調整活動は，（外交活動をする時のように）垂直的なコミュニケーションによって特徴づけられるよりもむしろ，水平な調整や交渉，フィードバックを行うことに焦点化します。つまり，部門とチームが同等の組織レベルでやりとりするのです。これには，チームが効果的なパフォーマンスを達成するために，他の部門やチームとの交渉やフィードバックを通して調整するという形で，ワークフローの活動をマネージするというねらいがあります。

たとえば，石油会社のトレーニングチームの場合であれば，チームはトレーニングのニーズに関する情報を得るために，関係部門と高次元のコミュニケーションをします。また，トレーニングチームは，トレーニングコースの価格や優先度，頻度を特定するために他の部門の人々と交渉をするでしょう。そして，トレーニングが適切かどうかについて常にフィードバックを求めることで，トレーニングチームは今後も調整や交渉をするためにもよりよい状態にあることになるでしょう。

（c）偵察活動

この活動は，マーケットのニーズや要望，新たな技術開発に関する最新情報をチームに提供することがねらいです。この活動の目的は，チームの外で起きている変化に意識を向けることです。製造会社のパフォーマンスに寄与する要因を検証するために立ち上げられた研究チームの例をみてみましょう。チームメンバーのひとりが，製造業界において新たな開発をするために定期的に他の研究者に接触し，新たな方法論に関する情報を収集するために関連文献を読んで学び，関連する研究について研究者に相談します。このような

偵察活動は，チームが技術開発に乗り遅れないための手段のひとつとなります。また，このチームメンバーは，会社のパフォーマンスに関する問題を明らかにするために，他の似たような組織のシニアマネージャーにも相談し，それによって研究に必要なマーケットの需要を正確に把握することができるのです。

全てのチームが組織内の外的活動のために，たったひとつの戦略を用いているわけではありません。3種類全ての活動を用いているチームもあれば，ひとつの活動だけを用いているチームもあります。また，一貫してどの戦略も用いない，孤立主義のチームもいます。アンコナらは，チーム・パフォーマンスはチームが行う組織とのコミュニケーションレベルに影響されないとしています。それよりもチーム・パフォーマンスにとってもっと大事なことは，チームが用いる活動のタイプです。アンコナらは，主に偵察活動に従事しているチームは他のチームよりもチーム・パフォーマンスが悪いことを見出しました。さらに，そのようなチームにおける内的プロセスは満足のいかないものになる傾向があります。主に偵察活動をするチームでは，タスクとチームの凝集性のいずれもが最も低いのです。対照的に，外交活動，タスク調整活動，偵察活動を組み合わせた「包括的な戦略」を用いているチームは，パフォーマンス，タスクプロセス，チームの凝集性のいずれも最も高い傾向があります。

要するに，外交活動は，最善のチームパフォーマンス，良好なタスクプロセス，高い凝集性につながります。しかし，長期的にみれば，対外的な外交活動とタスク調整活動を組み合わせて行っていくことが最もよいようです。包括的な戦略を用いるチームは，純粋に外交活動を行うチームと比べて凝集性が低いという代価を払うように思えますが，全般的には包括的な戦略を採用するチームは最も効果的なのです。

孤立主義のチームは，偵察活動をするチームとは違って，チーム内のタスクプロセスと凝集性は高いのですが，あまりうまくいかない傾向があります。孤立主義のチームは，チーム内のプロセスに集中するあまり組織からの重要な指示を無視してしまって，結果的に効果的なパフォーマンスができなくなる可能性があります。主に偵察活動をするチームは，チーム内の仕事が複雑すぎるた

めに，効果的なパフォーマンスができません。絶えず新たな戦略を模索するために，チームの計画をひとつだけ採択して常にそれに向かっていくことができないのです。偵察活動をするチームは，タスクの計画あるいはプロセスをはっきりと決めることができず，何かひとつの計画を実行することができないのです。絶えず新たな戦略を模索することによって情報が錯綜するので，チーム内に複雑な相互作用が必要となります。意思決定の難しさが際立つにつれて，チーム内の関係性に支障がでてきます。

　この研究結果は，世間に一般的に信じられていることとは反対に，チーム・パフォーマンスがうまくいくか否かは，チームが行っている対外的なコミュニケーションの量ではないということを示しています。むしろ，それは，対外的なコミュニケーションのタイプなのです。

チームは組織から何を必要としているか

　ハックマンとその同僚（Hackman, 1990）は，チームが組織的なサポートを必要とするのは次の6つの主領域であると結論づけています。それは，機能におけるターゲット，資源，情報，教育，フィードバック，技術的／プロセスアシスタント（technical/process assistance）です。これらの領域におけるサポートが組織からチームにどの程度提供されているかを検証することによって，チーム内の困難に関する潜在的な原因を発見することにつながります。

ターゲット
　チームはターゲットあるいは目的を決める際に，組織からのサポートを必要とします。驚くべきことに，ほとんどのチームが所属する組織から明確な目標を示されていません。それは，組織のターゲットやねらいが十分に明確ではないためです。チームメンバーがチームの目的やターゲットの輪郭を描こうとすると，チームに必要なものは何かについて明確な見解をもっているチームがいかに少ないかがはっきりします。これは，チームのターゲットと目的は組織の目標あるいはミッション声明を吟味することから，導き出されるべきであるということを示唆しています。しかし，組織の目標やミッションには，曖昧で良

い心がけを示すだけのものや抽象的でありきたりなものが含まれていることが多く，チームが明確なターゲットを導き出すことはほとんど不可能です。チームが交渉のプロセスを通してヒエラルキーの上層部の人々との協議や協働の中でターゲットを決定することができれば，チーム・パフォーマンスのレベルは通常はより高くなります。

資　源

チームがターゲットあるいは目的を達成できるように，組織はチームに十分な資源を提供する必要があります。資源には次のようなものが含まれます。チームが効果的に機能できるくらい十分な財源，実務的なあるいは管理上のサポート，十分な宿泊施設，十分な技術的なアシスタントとサポート（たとえば，PC，血圧測定器，チームがうまく機能するために必要であるものは何でも）などです。

情　報

チームはターゲットや目的を達成できるように，組織からの情報を必要としています。もし，チームが戦略あるいは方針の変更について何も伝えられなければ，チームは効果的に機能しないでしょう。チームが効果的にパフォーマンスできるように，チームに関連情報をきちんと届けることは組織管理において不可欠といえます。たとえば，多国籍の人々から成る国際チームを多く立ち上げることを決めた石油会社は，これらの計画について，トレーニング部門と意思疎通をしなくてはなりません。それは，トレーニング部門が異文化のチームに対してトレーニングが実施できるようにするためです。

教　育

チームが効果的に機能するために組織が負う責任のひとつに，チームスタッフに対して適切なレベルと内容の教育を提供することが挙げられます。このようなトレーニングや教育の目指すところは，チームメンバーがチームの機能に対して効果的に貢献できるようにすることと，チームメンバーが個人として発達することにあります。たとえば，オン・ザ・ジョブ・トレーニング，スーパ

ーバイザーによるコーチング，トレーニングコース，社内トレーニングコースまたは通信教育によるコースなどが教育に当たります。チームの仕事内容に適したトレーニングにアクセスしやすくすべきですし，チームが最大限に効果的なパフォーマンスを発揮するためにも十分な質と量が求められます（www.astonod.com 参照）。

フィードバック

　チームが効果的に機能するためには，そのパフォーマンスに対する組織からのタイムリーで適切なフィードバックが不可欠です。時宜を得たフィードバックは，チームが仕事を成し終えた後，間髪を入れずに与えられなければなりません。また，タスクにおける不適切な習慣やプロセスをチームが修正できるようにきちんと定期的に与えられるべきです。適切なフィードバックとは，的確であり，チームのパフォーマンスの状態を明確化できるという特徴をもちます。

　しかし，的確なフィードバックがそんなに簡単に得られないチームもあるでしょう。例えば，フットボール・チームにとってそのパフォーマンスに対するフィードバックとは，組織から発信されるのを待つまでもなく毎週の試合結果として明らかになるため，即刻得ることができます。一方，大手の石油会社のある部門に対してトレーニング提供を担当するチームにとっての組織的フィードバックとは，その部門のパフォーマンスの改善に対するシニアマネージャーの満足度といった形で得られるものかもしれません。また，これには，販売拠点（たとえば，ガソリンスタンド）におけるカスタマー・サービスに関する技術トレーニングコースの結果の測定も含むことができます。このような情報は，販売拠点のサービスに関する顧客満足度調査から得られます。組織は，有益で的確でタイムリーなフィードバックをチームに提供したら，その分継続的に改善することを目指すべきです。

技術とプロセスに関する支援

　チームがその仕事を効果的に行うためには，組織からの専門的な知識と支援が必要となります。たとえば，実践目標を実現しようとしているプライマリー・ヘルスケアチームは実践の対象となる人たちが健康に何を求めているかを特定

することによって，健康領域の権威が必要となるかもしれません。というのも，地域の健康や不健康のパターンについてチームに助言をするためには，コミュニティ医療スタッフを配備する必要があるかもしれないのです。石油会社のトレーニングチームにとっての技術的な支援は，コンピュータの専門家やマーケット戦略の専門家という形で行われることもあります。会社に対してヨーロッパ中のマネージャーと最も効果的なコミュニケーションをとる方法をアドバイスします。それによってチームのもつトレーニングプログラムをさまざまな機能をもつマネージャーに売り込むのです。

プロセス支援とは，チームがチーム内のやり取りやプロセス上の問題に直面した際に利用できる組織からの支援です。たとえば，メンバーからチームミーティングの効果について度々不満が出るなど，解決できないような困難が生じた時には，チームは組織の中の誰か（あるいは外部コンサルタントなど），支援できる人に助けを求めることができなくてはなりません。全てのチームリーダーはこれをあたりまえのことと思うべきです。「病気の時に医者に行くようなものだよ。チームも時に専門家による助けが必要なんだ」とは，あるチームメンバーの言葉です。

人的資源管理（HRM）の役割

チームの有効性のために必要な支援を提供する際には，組織の人的資源管理部門が強力な役割を担うことが重要です。TBW を成功させるサポートシステムを開発するために，人的資源管理（Human Resource Management; HRM）は以下のステップを踏みます。HR マネージャーはチーム構成，チーム発達，チームプロセス，チームパフォーマンスの管理，そして特にチーム間の対立とその対応というチームワーキングに関する全ての知識をもつことが必須です。チームベースな組織の中でも優れた 5，6 社を訪問して良い実践例を学び，そこで学んだことを自分の組織のメンバーと共有します。チームには明確で建設的なフィードバックが必要です。HR マネージャーは，チームの目標設定を支援し，チームパフォーマンスに関する以下の 4 点についてフィードバックを与えなくてはなりません。

—チームパフォーマンス——部品の製造であろうが，患者の診察であろうが，カスタマー・サービスの提供であろうが——は，チームの「顧客」によって最もうまく定義され，しっかりと評価されるでしょう。
—チームメンバーの成長とウェルビーイング——チームメンバーの学び，発達，満足に関することです。
—チームイノベーション——イノベーションとは，チームの機能を計る最良のバロメーターです。チームは創造の泉でなくてはなりません。
—チーム間の関係性——組織内の他のチームや部門との協働に関することです。

　人的資源（HR）部門は，報酬制度を個人のパフォーマンスだけでなくチームワークにも適用しなくてはなりません。彼らにとって最も重要なことは，チームメンバーがその報酬制度の透明性を認め，その制度を正確で意欲を向上させるシステムであると感じているかどうかを毎年確認することです（報酬制度に関するさらに詳しいアドバイスについては下記参照）。
　新たなスタッフを採用する際，HR部門は候補者がこれまでチームで仕事をした経験やチームで仕事をする能力，チームで仕事をすることに対する意欲をチームメンバーが考慮するように手助けをするべきです。チームメンバーが主導して採用を行う際には，チームメンバーが自分たちのクローンにすぎないような人を採用してしまわないように，HRと外部の参加者は採用手続きの誠実性を保証し，異なる視点を提供する役割を果たすことができます。HR部門は，チームで働くためのトレーニングをチームメンバーに提供する（単にチーム・ビルディングのイベントを開催するだけでなく）べきであり，チームマネージャーやチームで仕事をする内部コンサルタントに対してもトレーニングを提供しなくてはなりません（第3章参照）。新人であってもベテランであっても，チームマネージャーがメンター（助言者）の支援から得る利益は大きいといえます。メンターとなる人は，組織内の他のレベルのマネージャーであったり，チームで仕事をした経験のある他のチームのマネージャーであることもあります。
　HR部門はあらゆるコミュニケーションの方法を使って，チームの全員が組織の目標，組織のパフォーマンス，チームワークの大切さについて確実に理解

するようにしなくてはなりません。そのために定期的なEメール，ニュースレター，会話，報酬を使います。組織の成功を伝えるためには，プレス・リリースや新聞メディアなども利用できます。さらに，HR部門とマネージャーはチームやチームメンバーが達成したことに対してできればいつでも，即座に公的な形でポジティブな評価を与えるべきです。

　これらのシステムの存在が意味するところは，チームワークはただ運に任されるものではなく，組織の中で育まれ支援されるものであるということです。このようなシステムがあることで，チームメンバーは仕事に対してより意欲的になり，組織はより健全になります。また，チームリーダーはチームワークへの支援がないことで生じる問題にかかりきりにならなくてすむので，チームリーダーの役割はよりチャレンジングで，興味深くやりがいのあるものとなるでしょう。

Box 19　チームの報酬制度を作る

　報酬プロセスとは，達成された結果，そして，彼らの仕事がイノベーション，質，チームワークおよび継続的な業務改善を促進した程度の両方を基準として，スタッフを評価し，報酬を与えるものです。報酬プロセスは，これらの価値観に対して組織がコミットしていることを示す鏡です。したがって，報酬システムは開放的であり，全関係者に明確に理解されたシステムでなくてはなりません（Parker, McAdams and Zielinski, 2000）。報酬システムは主に以下のことについて焦点化します。

個々のチームメンバー

　これは個人のパフォーマンスが評価され，報酬の対象となるというものです。これには，チームワークに対する貢献について各人が設定した特定の目標を達成したことに対して与えられる報酬が含まれます。パフォーマンスに連動した給与には，他のチームメンバーが評価したチームに対する個人の貢献度が反映されます。

チーム

　これはあらかじめ設定されたチーム目標の達成に関連して報酬が与えられるものです。報酬は各メンバーに均等に分配されることもありますし，シニアマネージャーやチームリーダーの判断，あるいはチームで決めた方法によって配分されることもあります。各チームメンバーに第三者から均等に報酬が与えられる際に気をつけなくてはならないことは，この分配方法はチーム内に大きな恨みを生む可能性があるということです。貢献が十分ではなかったメンバーは，他のメンバーから「ただ乗り」していると見られ，これらの人々の失敗は他のメンバーの憤りや意欲低下を誘うことにつながります。チーム報酬の分配方法がチームメンバー個々人の努力と貢献度を反映しないものであった場合には，状況はさらに悪化します。このことから，報酬制度は公平であるということをチームメンバーに理解してもらうことが重要であり，そのためにはチームメンバー自身がチーム報酬の配分方法を決定するプロセスに多少なりとも関わることになります。

組　織

　全組織の，またはビジネス・ユニットごとのパフォーマンスに対する報酬が，個人またはチームに分配されます。全ての要素（個人，チーム，組織）を取り入れることによってバランスの取れた報酬制度を作ることができます。チーム運営に取り組む組織においてチームパフォーマンスに重点が置かれることはとても重要であり，チーム内の報酬の分配方法はできるだけチームの決定に任せられるべきです。

　報酬制度をうまく作る鍵として，以下のものが挙げられます。

・チームメンバーの理解と同意を得て，理想的には皆で設定された明確で，達成可能で，しかし挑戦し甲斐のある目標
・チームの成果を測るための明瞭で公平な方法
・チームの目標達成のために，チームメンバーが相互依存的に貢献す

ること
- チームの仕事の運営のしかたに関して，チームにかなりの自律性を持たせること
- チームメンバーがタスクの達成に必要な物資，スキルおよび知識にアクセスできるようにすること
- チームメンバーにとって十分に得る価値のある報酬を設定し，目標を達成した直後に報酬を与えるようにすること

チームメンバー個人に報酬を与えながらもチームに報酬を与えるようなしくみを，組織はどのように作ることができるのでしょうか？ 報酬のしくみについては，チームワークの中心的価値を重んじるべきであり，くり返しここに立ち返る必要があります。多くのマネージャーは，部下がチームの中心的価値を理解していると勘違いしています。その価値は何度も主張され，言語化されるべきなのです。マネージャーは（多くの場合，ポジティブなフィードバックによって），部下たちがいかにパフォーマンスを出しているかを継続的に伝え続けて，報酬が組織の中心的な価値観にいかに結びついているかというメッセージを強化するよう努めなくてはならないのです。

　報酬のプランの盛り合わせ(スモガスボード)をつくるというのもよいでしょう。たとえばメルク社（Merck，アメリカの企業）では組織レベルのインセンティブを設定して，従業員に対してその年の組織における目標の達成度にあわせて報酬を出しています。さらに，これにパフォーマンス向上のためにチームメンバーが他のメンバーを推薦するという，金銭面でない報酬を与えるシステムが加えられます。パフォーマンスが高いチームには，四半期ごとに自社株購入権を獲得できるという報酬もあります。他の企業（ASCAP）は，目標を達成した全ての顧客サービスチームに対して，個人ベースの支払いのパーセンテージで示す賞を与えています。さらに，目標を達成した全てのチームが招かれて「今年のベスト営業チーム」を表彰する式典が開かれます。大賞を受賞するのは1チームのみですが，他の全てのチームも目標達成の証として勲章と景品を手にします。

もちろん，これらの報酬プランのすべては，経営者がこれらの承認活動のための予算をあらかじめもっていなくてはならないということですし，このようなしくみが本当にインパクトをもつための十分な資源を持っていなくてはならないということでもあります。また，パフォーマンスの情報を集めて，それを処理してフィードバックする必要があるということでもあります。集めたデータは，質が高く社員にとって信頼性と妥当性のあるものでなくてはなりません。また，皆目にさらされるため，報酬の額は社員の数に対して十分な量でなくてはなりません。社員が選べるような報酬を出す組織もあります。旅行券，現金，ワイン1ケース，有給休暇，フレックスタイムなどの中から，従業員は一番価値があると思うものを選ぶことができます。

組織はチームに何を求めるか

　組織はチームに**目標を設定しそれを達成すること**を求め，それによって組織自体の目標を達成します。金融サービスを提供する組織なら，チームの利益の最大化や顧客のニーズに合った慈善活動をすることが求められます。また，石油会社のトレーニングチームであれば，トレーニングのニーズを注意深く検討して，それに対して戦略的に応えることが求められるかもしれません。組織は個々の社員のパフォーマンスを改善することによって組織全体の目標を達成するのです。

　組織からは，**チーム間の協働**が求められます。たとえチーム同士がオフィスの場所取りや資源，人材を巡って対抗している場合にも求められます。対立しているチーム間では，故意に騙したりパフォーマンスの邪魔をしたりすることがあります。組織の中でチームが協働している場合には，組織が目標を達成しやすいだけでなく，個々のチームのパフォーマンスも向上します。一方，チーム同士が争っているときには組織の全体としての成果は低いパフォーマンスとなります（West *et al.*, 2003）。

　さらに組織内によくある現象として，**部門を超えたチーム**（cross-functional

team）の活用が挙げられます。コミュニケーションや意思決定をより良いものにするために別々のチームから集まった人材を組み合わせるのです。たとえば，自動車産業用のバネを製造する企業では，品質やパフォーマンスの問題を把握しそれを克服するために，製造，マーケティング，営業や顧客交渉の各部門から人を集めるでしょう。そのようなグループは，品質の問題を明らかにできるとともに，チーム間でコミュニケーション，調整，協働することができるのです。チームを超えた協働とコミュニケーションは組織内にハイレベルな創造とイノベーションを育みます。

　組織はチームに対してイノベーションや変化，ひいては**進化の媒介**となることも求めます。これまで，私たちはチームの目標と組織の目標は時に対立するものではなく，一貫して統一されたものであるかのように捉えてきました。しかし，たとえばコンピュータ関係のサービスのチームは，部長がクレームを減らすためのコスト削減や待ち時間の短縮を強調することによって，逆に顧客に対するサポートが危機にさらされると感じるかもしれません。あるいは，石油会社のトレーニングチームは，顧客の不安感をあおって余計な義務や新しい取決めを押し付けるような管理部門の「マッチョ」なやり方に反発するかもしれません。トレーニングチームはそのような方針に反対して人事部門と連携して，組織変革をするかもしれません。では，その変革はどのように成し遂げられるのでしょうか？

　第8章では，「マイノリティの影響」の研究について調査が行われており，その中で，逆境の中でもマイノリティが継続的に行動しスタンスを変えずにいることで，いかに多数派の態度を巧みに変化させるかが示されていると紹介しました。この研究は，よく組織されたマイノリティによって多数派がどのように意見を変えるかを納得のいく形で示しました。また，この研究は，フェミニストや環境運動家など少数から始まったグループが，その後どのように考えて行動し，最終的には国民意識の変化をもたらすことができるのかについて，その一端を説明するのに役立ちました。この分野の先駆者であるセルジ・モスコヴィッチは，イノベーションはマイノリティの影響によって発生するコンフリクトによってしか起こらないと述べています（Moscovici *et al*., 1985; Martin & Hewstone, 2010）。マイノリティのチームはどうすれば組織全体の目標や戦略

を変化させるために理解を取り付けられるのでしょうか？

（a）チームは達成したいと思う明確なビジョンをもたなくてはならない

たとえば，人事部は表面的な組織の基本よりも現実に則って，機会均等を実現するための責任を負うべきです。シニアマネジメントへの反対はもちろん出てくるでしょうが，チームが女性や民族的なマイノリティ，障碍者の機会均等というビジョンを共有しているかぎり，彼らにも成功のチャンスはあるのです。マイノリティの影響がより効果的で持続的なものになるためには，ビジョンはチームメンバーを動機づけ，刺激するもの，そしてチームメンバーが将来，そのために戦う価値があると心から思えるものでなくてはなりません。

（b）ビジョンは明確化され一貫して表明されなければならない

チームが効果的に機能するためには，少数派は明確で一貫したメッセージを伝えなくてはなりません。そしてそのメッセージは説得力のある根本的な議論によって裏打ちされているべきです。マイノリティのビジョンが全会一致で共有され，常に議論されるようなチームは，個人で仕事をするよりも効果的です——それどころか急激に効果が上がります。メンバーは同じビジョンをもち，ビジョンのために同じ意見をもつべきなのです。マイノリティ集団のメンバーに意見の不一致がある場合には，多数派の意見に影響を与えて，真の変化を起こすような効果的なチームにはならないのです。

（c）チームは他人の意見に対して柔軟でなくてはならない

過激で柔軟性がないマイノリティチームは，話し合うには極端すぎると思われて，多数派に拒否される傾向があります。ビジョンが根本的にあやふやになってしまわないかぎり，マイノリティは他人の意見を進んで聞いたり，彼らの提案に応じて意見を変更するように見せることは重要なことです。訓練を受けていない多くの人を組織にすぐに入れるのはパフォーマンス面で有害であると主張したり，各人の機会均等を段階的に保証する戦略が用いられるべきと主張するシニアマネージャーの意見に対して，人事部はそれを取り入れる準備をしておくべきです。明らかに合理的な議論に応

じないでいると，マイノリティは軽んじられていると感じます。ただし，柔軟であることは，チームが根本的な目標について妥協することではありません。

（d）忍耐強さは必須である

チームが組織に変化を起こすためには，忍耐強くあるべきです。フェミニストや環境活動のようなマイノリティの活動が影響力をもつようになったのは，一貫したメッセージ，同じ意見を繰り返し発信したからでもあります。マイノリティの影響力は絶え間ないコミュニケーションがあるからこそ生まれるのです。マイノリティが委員会や意思決定のプロセスで敗けてしまったとしてもあきらめるべきではなく，スタンスを保ち続け，同じ意思決定をする人たちのところに戻り，組織に影響をもたらすための他の方法を見つけるべきです。組織内で同じメッセージを発信し続けることは，影響力としては岩の上に水滴を垂らすようなものですが，最後には岩を穿つのです。つまり，メッセージは**準備をしてリハーサルをして，伝えてまた伝える**べきなのです。言い換えれば，そのチームのビジョンや意見は内々に準備され，リハーサルをしておくべきですし，そうしてから組織内の人に伝えるべく何度も発信するべきなのです。

（e）参　加

変化への抵抗を減らす一番の方法は，人々を変化のプロセスに巻き込むことです（Heller et al., 1998）。組織構成員の意見を探ったり，提案に参加してもらうことによって，提案される変革に対して組織内で起こる抵抗を軽減することができます。

（f）悪い知らせ

革命的な変化を目的に行動した末の当然の結果として，マイノリティチームが組織内でコンフリクトを起こすことがあります。組織の目標あるいは活動に挑戦し続けることでコンフリクトが起こり，それはしばしば大きな権力をもつ高い地位の人を巻き込むことになります。それは変化のプロセスに参加している多くのチームを恐れさせ，行動を思いとどまらせてしまいます。しかしながら，ビジョンが戦う価値のあるものであれば，結果として起こるコンフリクトに対してメンバーは備えておくべきなのです。組

織の変化に向けた革新的な取り組みによって不評を買うこともあります。組織内の大多数は，より平和的な生活に順応します。コンフリクトを引き起こす人は彼らにとって不安を高めるものであるため，評判は良くないのです。繰り返しになりますが，もしビジョンがチームにとって重要であるのなら——たとえば病院の看護チームが彼らのケアの中で彼ら自身の健康度を上げるなど——，チームメンバーはより良い世界というビジョンを達成するための代償として，不評を買うことや職業的な危機を覚悟することになるかもしれません。**なお，個人の場合は変革の戦略をひとりで実行するべきではありません。それは失敗し，個人が痛い目に合うというエビデンスがあるからです。変革のためにはグループ戦略が必要なのです。**

　そのような革新的なチームは，組織にとって脅威に感じられるかもしれません。しかし，革新的なチームをもたない組織は停滞すると考えた方が理にかなっているでしょう。というのも，画一化されたプロセスは，変革やイノベーションへの熱烈なパワーを挫けさせてしまうからです。組織がビジョンをもつ人を必要とするのと同じように，組織は革新的なチームを必要とするのです。組織内の意見が鋭く異なることで摩擦が起こり，それによって熱が生まれることがあります。しかし，その熱が創造的で革新的なプロセスに火をつけるのです。

　組織内のチームは，組織のねらいを推し進めるという目的を満たしていることが求められます。そして，チームはそのために，情報，トレーニング，設備，機器そして経営的なサポートといった組織のサポートや資源を必要とします。しかし，組織は利益や目標，アジェンダで対立するような政治的な存在でもあります。そのため，チームが生き残るためにはチームはそうした環境に効果的に対処しなくてはならないのです。チームは，シニアマネジメントに対して自分たちのチームを売り込み，資源を勝ち取るための戦略，自分たちの力と他のチームや部門の力とを調和させる戦略，そしてチームがマーケットのニーズや新たな技術の発展に追いつくために環境をモニターする戦略を発展させなくてはなりません。

　有効性を長期的に保つためには，全てのチームが自分たちの仕事に対して革新的なアプローチをして，それを維持する必要があります。特に変化しやすく

不確かな環境ではなおさらです。チームはチームの仕事や目的をいつもよく考えると同時に，活動や目的の適切な修正も行います。つまり，より大きな組織との関係性を扱う際には，チームの成功と有効性はチーム全体の知性と誠実さによって阻止されたり高められたりするのです。

チーム間を橋わたしする

組織におけるチームワーキングの強みは，スキルや知識を注ぐことや，優れた集合的な決断やイノベーションに全員が参加するということです。一方，根本的な弱点は，チームによる組織は，競争，敵意，コンフリクトによって分裂したりダメージを受ける傾向があることです。

有名な「泥棒洞窟実験」（Box 20）のような社会心理学における初期の研究は，人が集団にランダムに割り振られるやいなや，どのように心理的な集団同一視が起こるのかを明らかにするとともに，それによってグループに対する強い忠誠心と内集団びいきといったドラマチックな行動が引き起こされることを明らかにしました（Sherif et al., 1961）。人は，最小限の社会的手がかりによって集団同一視をしてしまうのです（Billig and Tajfel, 1973; Tajfel, 1970; Tajfel and Billig, 1974）。人は，自分が所属する集団をひいきし，外集団のメンバーを差別する傾向はよく見られることです（Brewer, 2001; Turner, 1985）。それどころか，そうした内集団びいきは自然発生するものであり，個人にとって明らかな価値がなくても生じます。研究によれば，集団同一視が起こるためには，その人自身にとっての物質的な利益は必要ありませんし，集団の他のメンバーと類似性があると思う必要もありません。また，外的な脅威は，集団の絆をより強固にするように導く（Stein, 1976）一方で，同時に逸脱者に対する拒絶の脅威を高める（Lauderdale et al., 1984）ことが実証されています。集団は外的な脅威に直面したときに，明らかに団結を求めるのです。

自分の所属する集団をひいきするという人間の傾向は，私たちの全てにみられることであり，私たちの世界における最も恐ろしい対立の根幹となっているものでもあります（Demoulin, Leyens and Dovidio, 2009）。それがフットボールのチームでも，ジェンダーでも，人種でも，仕事（販売，製造）でも，あるい

はその他の労働チームであっても関係ありません。チームリーダーの役割は，このような傾向を理解して認め，それを防いだり，減じたり，乗り越えるために行動を起こすということです。

Box 20　泥棒洞窟実験

　シェリフと彼の同僚は，アメリカによくあるサマーキャンプに参加した少年たちを対象として，3つの大きな研究を行いました (Sherif et al., 1961)。この研究は，集団形成，集団間の対立，そして対立の解消という3段階で構成されるように企画されました。最初に，裕福な背景をもつ10～12歳くらいの少年たちが，それぞれ10～11人くらいから成る2つの集団のうちのひとつに割り振られます。彼らは，違う場所で遊んだり働いたりして，他の集団とはほとんど触れ合いませんでした。2つの集団は，自分たちの文化，規範，ニックネームそしてシンボルを形作っていきました。

　そして，第2段階においては，集団間の競争が告知されました。勝った方の集団は光沢のあるペンナイフをもらうことができますが，もう一方は何ももらうことができないということでした。第1段階においては，2つの集団はともにとても楽しそうに共存していましたが，この段階になると2つの集団間には緊張，嫌悪，敵意が生じ，そして時にはお互いに対する身体的な攻撃までもがなされることがありました。そこには相当な「内集団」バイアスと「外集団」に対する偏見がみられ，少年たちは自分の所属する集団の有効性や成功を誇張したり，外集団に対して差別的で軽蔑的な態度を見せました。リーダーシップはより攻撃的な人にゆだねられるようになりました。研究においては，最初に親友が別の集団に割り当てられていたにもかかわらず，対立の段階になると，彼らのうちの90%が自分の所属する集団から親友を選ぶということもみられました。

　第3段階，すなわち最終段階では，「より上位の目標」を創り出すことによって，内集団の対立の低減を試みました。たとえば，キャンプか

ら数マイル離れたところでキャンプのトラックが故障するという設定をして，両方の集団が綱引きのロープでトラックを引き上げて発進させて，昼食のためにキャンプに戻ることをしなくてはならないようにしました。このような，上位の目標がもたらされる形での操作（目先の集団内の目標を覆い隠す全体的な目標を，複数の集団で共有する）は，集団間の対立と敵意を減少させました。似たような結果は，参加者の年齢やジェンダーにかかわらず，集団間の行動に関する多くの研究でも明らかになっています。それらの研究は，人間の集団間の対立の基本的な性質を指摘すると同時に，それを避けるための方法を開発する必要性を指摘しています（Brown, 2000 参照）。

他のチームに対するそうしたバイアスは，偏見という形をとる態度（「オーダーが適切に完遂されないのは，いつも販売の人間が最初に正確な情報を与えてくれないからであり，私たち製造の問題ではない」），ステレオタイプという形の思考（「販売部門の人たちはみんな貪欲な利己主義者である」），そして行動（オーダーが完遂する予定日に関する情報を，販売部門に伝えることを拒む）をもたらします。チーム間の脅威（あるいは知覚された脅威）は，組織内の多くの不安や怒りの根幹にあるものですが，それらが持続的にあることを許してはなりません。脅威のヒエラルキーは，チームの社会的アイデンティティに対する脅威（トップマネジメントチームにおける女性管理職の人数が増えることによって脅かされる男性管理職）から，自分たちの目標や価値に対する脅威（管理職から何をどう教えるかについて指示されることによって，生徒を学ばせることが脅かされるように感じる教師），ヒエラルキーのなかの位置付けに対する脅威（人事部を自分たちの権威を脅かすものと思っている管理職），そして，集団の存在そのものに対する脅威（看護師を自分たちの存在を脅かすものとみなしている医師）にまで及びます。そうした脅威は，不十分な資源をめぐって部門間に争いが生じたときに現実的になるでしょうし，価値や規範が脅かされた時には象徴的になりえるのです（Hewstone, Rubin and Willis, 2002）。

リーダーは，そうしたチーム間の問題について，その問題を直接的に取り上

げることによって対処すべきです。まず，リーダーはチームの境界をまたいだ敵意は人間の自然な傾向であるということ，そして，それは克服できるものであることを説明すべきです。次に，リーダーはチームメンバーが，他のチームと協力したり他のチームをサポートすることを身につけなければならない——それが自分たち，組織，そして顧客の最善の利益になる——ということをわかってもらうようにしなくてはなりません。そして，チーム間に理に適った不満があるときには，両サイドが公正とみなせるやり方でそれに対処しなくてはなりません。チームリーダーは，両チームが公平とみなすことのできる解決法をみつけるために，チームあるいはチーム間でミーティングを開くことができます。

　リーダーは，チームメンバーが特定の部門についてネガティブなことを言うこと（「財務部の人間は無能だ」とか「人事部の人間はおせっかいだ」）には敏感であるべきであり，またそのような会話を受け入れるべきではありません。リーダーは，そのような形で他のチームについて話すことはよくないと伝え，彼らのコメントがネガティブになる原因となっている問題を扱って解決する方法を提案しなくてはなりません。それは，チームリーダーにしか果たせない孤独な役割のひとつです。

　私が働いているビジネススクールでは，より完璧でポジティブな経験を学生に提供するために，大学人と経営人が一緒に働いています。結果として，彼らは協働することを学び，学生のニーズに応える際に重複したり矛盾したアドバイスを与えることが避けられるようになります。対立をくすぶらせるのではなく，むしろ創造的に解決されて，結果的に学生たちに対してよりよいサービスやサポートを提供できるようになっています。チームリーダーは，メンバーに対して，教員とサポートスタッフの両方が提供できる価値ある貢献とは何かを特定させることで，それを促進しています。チーム同士が協働するなかで，自分たちは相手とは別の役割を担いながらも一緒に働くべきであるということが，両者にとって明確になります。双方が，タスクに対して必要とされる多くのスキルを相補的に注ぎ，協働してお互いを助け合う必要があるのです。

　その他に実際に使えるテクニックには，以下のものがあります。

（ⅰ）**チームメンバーの交換**——チームメンバーは，一定の期間，他のチームで仕事をしたり，あるいはオブザーバーとして他のチームを訪れることができます。お互いの理解を深め，個人に対して成長の機会を与えるためです。
（ⅱ）**チームのニュースの公表**——組織内のニューズレターはチーム間の協働，協力，そしてサポートの成功に関する情報を提供する場となります。
（ⅲ）**ベンチマーキング**——チームが，新しい働き方，あるいは以前からある問題に対する解決法を見出したときは，そのブレイクスルーの恩恵を受けることができるよう，他のすべてのチームにそれを伝えるべきです。チームリーダーが自分の地位を使ってそれを促進すれば，ベストなチームでいるためには最善の実践を共有して不健全な競争を減らすということが適切だという期待を持たせることができます。

さらに，組織内のオープンな風土は，チームのエンパワーメントや効果的なチームのプロセスの促進に非常に強い影響を与えます（Mathieu *et al.*, 2006）。

結　論

チームは，組織内に孤立して存在しているわけではありません。チームは自分たちの所属している組織の目的から自分たちの目的を導き出しているのであり，理想的には，その目的を成功させるために自分たちの目的を達成したり，組織内の他のチームと効果的に協働することによってその目的に貢献します。チームが成長できるように，サポートの組織やシステムをよく考えて配置することは，チームの潜在的な可能性を確実に引き出すために必要なことです。大多数の組織では，現状と望ましい理想の間に非常に大きなギャップがあります。組織内の TBW に適切な状況とふさわしいサポートを提供するために，この章で概説した簡単なステップのいくらかを使ってみることでチームの生産性，有効性，革新性は大きく改善されるでしょう。この章では変化のために必要なアジェンダを明示しました。この後は，それらがチームと組織のパフォーマンスに少なからぬ改善をもたらすことを見ていきましょう。

復習のポイント

- TBWの6つの段階とそれぞれの段階におけるタスクは，どのようなものでしょうか？
- チームにおける外的なコミュニケーションの3つのパターンは，どのようなものでしょうか？ そして，どのような組合せがチームの有効性と凝集性を最も高めるでしょうか？
- チームが組織に求める6つのサポートの資源には，どのようなものがあるでしょうか？
- TBWを発達させる上で，人的資源管理（HRM）部門が果たす役割を説明して下さい。
- チームベーストな組織において最善の報酬制度とは，どのようなものでしょうか？
- 組織内におけるチーム間，部門間の敵意を減らすために，リーダーはどのような方法を使うことができるでしょうか？

より学ぶための文献

Demoulin, S., Leyens, J-P. and Dovidio, J. F. (2009) *Intergroup Misunderstandings: Impact of Divergent Social Realities*, Psychology Press, London.

Hackman, J. R. (1990) *Groups That Work (and Those That Don't)*, Jossey-Bass, San Francisco.

Harris, C. and Beyerlein, M. M. (2003) Team-based organization: Creating an environment for team success, in *Handbook of Organizational Teamwork and Cooperative Working* (eds M. A. West, D. Tjosvold and K. G. Smith), John Wiley & Sons, Ltd., Chichester.

Hewstone, M., Rubin, M. and Willis, H. (2002) Intergroup bias. *Annual Reviews of Psychology*, 53, 575–604.

Mathieu, J. E., Gildon, L. L. and Ruddy, T. M. (2006) Empowerment and team effectiveness: An empirical test of an integrated model. *Journal of Applied Psychology*, 91, 97–108.

Mathieu, J. E., Marks, M. A. and Zaccaro S. J. (2001) Multi-team systems, in *International Handbook of Work and Organizational Psychology* (eds. N. Anderson, D. Ones, H. K. Sinangil and C. Viswesvaran), Sage, London, pp. 289–313.

Mohrman, S., Cohen, S. and Mohrman, L. (1995) *Designing Team-based Organizations*, Jossey-Bass, London.

Parker, G., McAdams, J. and Zielinski, D. (2000) *Rewarding Teams: Lessons from the Trenches*, Jossey-Bass, San Francisco.

West, M. A. and Markiewicz, L. (2003) *Building Team-based Working: A Practical Guide to Organizational Transformation*, Blackwell, Oxford.

ウェブサイト

www.astonod.com は，TBW と効果的なチームワーキングを向上させるリソースを紹介しています．

http://www.referenceforbusiness.com/encyclopedia/Str-The/Teams.html(last accessed 11 August 2011).

リソースに富むビジネスの百科事典

http://homepages.inf.ed.ac.uk/jeanc/DOH-glossy-brochure.pdf(last accessed 11 August 2011).

ヘルスケアにおけるチームワーキングとその効果について，著者とその同僚による研究

13章
バーチャルチームでの仕事

> コンピュータ，特に家庭用コンピュータによって，現実の制約から逃れて精神内界の移動ができるようになるでしょう。現実はもはや外にあるものではなく，頭の中にあるものとなりつつあります。と同時に，精神世界が商業的なものややっかいなものになりつつあるのです。
> （J. G. バラード）

> 年々，先進的な資本主義社会の進歩によって，人々はますます孤立するようになってきました。これは，経済，特に電子コミュニケーションによるインフラが整備されたからです。
> （メリー・ダグラス）

学習のポイント
- バーチャルチームでの仕事が何を意味するのかを知り，その概念にはどのような次元があるのかを理解すること
- バーチャルチームでの仕事を特徴づける次元とは何かを理解すること
- バーチャルチームでの仕事の重要なメリットとデメリット
- バーチャルチームでの仕事が最も役に立つ場面，役に立たない場面
- バーチャルチームでの仕事を発展させる方法
- バーチャルチームのライフサイクル

前世紀の間に，私たちはコミュニケーション能力において，とても大きな変化を経験してきました。それには，最初は固定で今や携帯となった電話，航空旅行，メールやインターネットの利用，テレビ会議，電子会議，ファックス，ポッドキャスト，テレビやラジオ，そしてさまざまなアプリケーションをシェアするデバイス，などが含まれます。これらのすべての進歩は私たちのチーム

における働き方に影響を与えてきました。しかし，その変化の速度は，これらの変化がチームワークに対してどのような影響を与えるのかについて私たちが理解するスピードよりも，はるかに速いものでした。私たちの理解はいまだに限られたものではありますが，比較的確かな結論に至ることができそうです。この章では，バーチャルチームでの仕事についてわかっていることをまとめ，対面でのチームワークの重要性と，バーチャルチームワークのメリットとデメリットをいかに統合することができるのかについて，いくつかの提案を行います。まずは2つのケーススタディから始めましょう。

ケーススタディ
ヴェリフォーン社

　ヴェリフォーン社（Verifone, Inc.）はコンピュータを利用した支払いシステムを制作しています。その技術は，スーパーマーケットのレジでの支払いや，駅での切符の購入の際にも見られます。ヴェリフォーンの主力製品は，銀行，商店，ホテル，ガソリンスタンド，薬局を含めた多様な業界において，店主が店頭で対面式あるいはセルフサービスで支払作業を行うシステムです。ヴェリフォーンは業務のあらゆるところでバーチャルチームを活用しています。有害物質を減らすためにオフィスで働く施設管理者のグループでも，半導体を購入するために協働する製品調達グループでも，新製品のアイデアを開発するマーケティングや開発チームでも使っています。ヴェリフォーンはバーチャルチームのより良い活用法について体系的に計画し，そのプロセスの重要なステップを明らかにしています。

- **バーチャルチームの目的を明確にする。** ヴェリフォーンでは，バーチャルチームのメンバーは最初から，目的は何かを知っている必要があると考えています。その上で，その目的をより明らかにするために必要な情報とは何かを特定しなくてはなりません。チームはまた，解決や生産のために必要な時間を明確にします。それは，つまり，組織や

顧客はチームに，いつそれらが完了することを期待するか，ということでもあります。チームはまた，タスクの境界をはっきりさせて，チームとして目標を達成するために何をして，何をしないのかについて，意見を統一しておきます。チームのメンバーは，チームとして効果的に働けるようにするためにどのようなテクノロジー（グループでの決定を支援するシステム，デスクトップコンピュータでのテレビ会議や電子メールなど）が使えるかについても話し合っておきます。彼らはどのテクノロジーを何の目的で使うのかについて予め話し合っておくでしょう。また，チームにとって仕事における成功とは何かを明確にします。どのバーチャルチームもスタート時にチェックリストを用意して，これらのいずれの論点についても効果的に議論され，決定されたかを確認します。

- バーチャルチームの**存続期間**や，タスクの内容によって，チームにはいろいろなタイプがあることがわかります。
  ○ 短期間のチーム――チームのタスクがたいてい数分から数時間で完了するチームです。彼らは，一般的に，顧客の問題を極めて迅速に解決します。頭脳明晰なリーダーはチームが確実にタスクに集中し，効果的であるようにします。
  ○ 問題解決をタスクとするチーム――さまざまなメンバーが，繰り返しうまく作動しなくなる機器の技術的問題のような，特定の問題に対応することに焦点化したチームです。そういった問題を解決するために世界中のエンジニアが協働します。
  ○ プロセスを改善するチーム――社内プロセスの能率や有効性を劇的に改善する方法の発見に携わるチームです。たとえば，販売業務の発注プロセスの合理化や，注文から配達の往復時間を半分に減らすといったことをします。組織の中には，そのようなチームが同時に最低60存在します。おのおののチームには頭脳明晰なリーダーがおり，彼らが会社のトップマネジメントチームにチームの進捗状況を報告します。このようなバーチャルな形でプロセスを改善するチームは，継続的に改善する文化を強化します。

○長期間にわたる経営チーム——一例として，企業財政が継続的にうまく回るようにすることに焦点化した収益性のチームがあります。世界中から集められた全事業部の管理者がメンバーとなり，彼らは週に1時間テレビ会議上でミーティングを行い，財政上の見込みを見直します。企業全体の見込みはメールによってあらかじめ彼らに伝えられます。それによって，彼らはチームが効果的な財政計画を行うために必要な情報を確実にもつことができるのです。

・**バーチャルチームへのメンバーの補充**。ヴェリフォーンでは，通常，チームメンバーは3〜7人です（これは第3章で，チームサイズについて述べたことと一致しています）。メンバーの経験，知識，スキルや能力には幅があり，異なる時間帯に住んでいることもあります。これにより，チームが午前9時から午後5時という一般的な業務時間よりも長時間にわたって働くことが可能になります。

・**チームのためのテクノロジーツールの選択**。テクノロジーを選択し，チームメンバーがそれらを使うことができるように訓練します。一般的には，連絡をとるためにはポケットベルや携帯電話，ボイスメールを使い，情報を伝えるためにはファックスや，会社のイントラネット上の電子メールやアプリケーション共有といったテクノロジーを用い，意思決定のためには電子メールや電話会議，テレビ会議を用います。マーケティングチームはみんなで見ることができる遠隔操作用アプリケーションを使って，提示されたスライドについてコメントします（ウェビナーの技術を使います）。問題解決チームは，彼らが順調に適切に進んでいるかどうかを確認するために，毎日電話をしてフォローアップカンファレンスを行います。

・http://www.inc.com/magazine/19970615/1409.html（2011年8月11日現在）

ケーススタディ
ベッドロック社

このように，バーチャルチームによる仕事に対して，計画的に取り組んだケースと対照的なのが，ベッドロック社（Bedrock）と英ケミカル社（ChemEng）（いずれも仮名）のケースです。両社は全ヨーロッパのデータセンターと保管サービスの外注について契約を結びました。この大きな受注は，ベッドロック社にとって，7年間に数億ユーロの価値があるものでした。ベッドロック社は，いくつかのヨーロッパの都市にある英ケミカル社のデータセンターを，自身がコペンハーゲンにもつデータセンターに統合しようと目論んでいました。そのプロジェクトには，両社から80人のスタッフが携わっていましたが，その多くは3カ国にまたがってバーチャルで働く人たちでした。契約にサインした後，両社は並行していくつかの仕事を始めました。しかし，関係者全員が集まるキックオフ会議が行われることはなく，チームワークやリーダーシップについて，前もって体系的にしっかりと検討されることはありませんでした。多様なプロジェクトチームから集まったチームメンバーは，時間的あるいは予算的な厳しさを表向きの理由にして，対面のミーティングをほとんど行いませんでした。英ケミカル社とベッドロック社の会社の境界をまたいで対立が起こりました。英ケミカル社のITスタッフは，相手企業のせいで彼らのシステムが失われることに憤慨し，プロジェクトに対する大きな抵抗運動を行いました。チームワーク，明確な役割，明確な目標や構造の欠如は，さらなる対立を引き起こしました。このことは，プロジェクトマネージャーに毎日集中豪雨のように送られてくる電子メールにも現れました。みんなが電子メールでお互いに怒鳴り合うせいで，プロジェクトマネージャーには1日当たり250通の電子メールが殺到し，メールを保存して自己防衛をしていました。プロジェクトは結局，計画よりも2倍の費用がかかり，当初計画していた完了期間の4倍もの時間がかかってしまいました。バーンアウトになるケースも発生

し，主要なスタッフが辞めてチームの士気は沈滞しました。結果的に，勇気と先見の明のあるリーダーシップによって状況は好転し，バーチャルチームも巻き込んで2つの企業が顔を合わせた対面によるミーティングを行い（最初は荒れましたが），役割，プロセス，構造を作り，信頼をもち，そしてそれを維持することのできる強いチームを作り上げました（それは会社の境界を越えていました）。ベッドロック社はビジネス上の問題（プロジェクトから出た全損失）を取り戻すことはできませんでしたが，今回の取り組みから得た教訓——特に各企業内あるいはそれに関わった両社間のリーダーシップ，チームワークや統轄について——は，新しい取引を行う際の極めて重要な成功要因とされました。

　これら2つのケーススタディによって，バーチャルチームで仕事をすることの問題とメリットがいくつか明らかになりました。他にも多くの洗練された企業がバーチャルと格闘していることは，驚くべきことではありません。このような働き方は比較的新しいことであり，バーチャルチームによる仕事を促進するテクノロジーは常に発展しつつあります。私たち人類はこのような働き方と，それに関するテクノロジーに，迅速に適応していかなくてはなりません。しかし，それによって起こる人々の反応の速さや抵抗には幅があります。私たちが対面によるチームワークのスキルを何万年という年月にわたって発展させてきたのに対して，バーチャルで働くためのスキルは，比較的最近になって導入されたものです。そのため，バーチャルによるチームワークに関する研究が行われるようになったのも，実質ここ10〜15年のことであり，研究はまだ始まったばかりです。したがって，私たちの知識はいまだ限られたものであり，私たちが出す指示や介入の多くは試験的なものとなります。それでも，本章では，どういった戦略がバーチャルによるチームワークの役に立つのか，そして，どのアプローチがありがちな問題を引き起こすのかについて，現段階でわかっていることをお伝えします。まずはバーチャルによるチームワークによって何が意図されているかを考えていきたいと思います。

バーチャルチームで働くこととは

　現代，職場で働く人々は，しばしば，時間的にも距離的にも離れていることがあります。ですが，そのような状況でもチームとして効率的に仕事をする必要があります。さらに，メールやテレビ会議，シェアウェア，遠隔会議といったコミュニケーションテクノロジーを使うことは，今や一般的になってきています。私たちはみな，バーチャルな世界で仕事をしており，チームも同様となりつつあります。極端な例として，新しい化粧品のグローバルな市場戦略を開発するために集められたチームのメンバーが，地理的には別々の6つの国に住んでいるような場合が挙げられます。ほかにも，6人のチームメンバーのうち，4人はひとつのオフィスに所属していて，2人は同じビルの別のオフィスに所属しているということもあります。どちらのチームもかなりバーチャルですが，私たちは前者をバーチャルチームと考え，後者は同じ場所にいると考えがちです。バーチャルチームで働くことは（あなたがバーチャルチームにいるかいないかのどちらかであると）二分されるものではなく，連続線上に並べられるもので，多くのチームがある程度はバーチャルに仕事をしているといえます。たとえば，チームメンバーは時にメールや電話でやり取りします。問題はバーチャルで仕事をすることがチームのパフォーマンスにどのような影響を及ぼすのか，そしてバーチャルチームワークをより効果的に進めるために，私たちはどのように関わればいいのかということです。

　バーチャルチームで働くことは，一般的な意味でバーチャルに働くこととどのように違うのでしょうか。また，バーチャルチームで働くことは，これまでのような伝統的なチームで働くこととどのように違うのでしょうか。バーチャルチームで働くことには，チームで共有している目的を達成するために，メンバーがコミュニケーションする際に，メール，電話，テレビ会議などの電子メディアを有力な手段として使うことも含まれます。バーチャルなチームワークを行わない別のタイプのバーチャルな仕事としては**テレワーキング**があります。これは企業のスタッフメンバーが，企業の主な職場以外の場所で，多くの場合はひとりで，通信サービスを使って仕事をするものです。また，**バーチャルグ**

ループワークは，コールセンターのように，数人のテレワーカーが同じマネージャーに報告を入れながら並行して仕事を進めるというものです。これとは対照的に，**バーチャルチームワーク**ではメンバーは共有された目的に向かって仕事をし，相互交流をするために，電子メディアをかなり使います（Hertel, Geister & Konradt, 2005）。バーチャルチームはこれまでの「同じ場所で働くチーム」とは2つの点で異なっています。ひとつ目は，メンバーが地理的，空間的に分れているという点，2つ目はチームのコミュニケーションを管理するために，かなりの割合でテクノロジーに依存しているという点です。

バーチャルチームワークは，チームメンバーの仕事に関するさまざまな視点から捉えることができます。その視点には，チームメンバーが働いている場所，それぞれの場所における人々の集中度（メンバーが1カ所，あるいは複数の場所に比較的均等に分散しているのか，それとも集中しているのか），チームメンバーがお互いに孤立していること，それがどの程度離れているか（かなり遠くにいるのか），全員が西欧にいるのか，全員が違う時間帯に住んでいるのかなどがあります（Axtell, Fleck & Turner, 2004）。このようにバーチャルチームワークをさまざまな方法で切り分けることには意味があり，そこから興味深い疑問が生まれてきます。しかし一方で，バーチャルチームワークを理解するためには，理論的あるいは実践的にはどのカテゴリーが役に立つのかを示唆する研究はほとんどないのです。

この領域の理論的な発展はまだまだ限られています。しかし，あるアプローチ（Kirkman & Mathieu, 2005）は，バーチャルは3つの中核的な次元で表すことができるとしています。それは**バーチャルなツール**をより多く使っていること，そして**同時的なコミュニケーション**（メンバーが違う時間にお互いのメールを見て非同期的にコミュニケーションするよりも，同時に顔を会わせて会話する）を使うことが少ないこと，そしてコミュニケーションにおいて**情報的な豊かさ**を必要としないことが，よりバーチャルであることを示しているとしています。この理論ではまた，バーチャルのレベルは3つの要因によって決められるとされています。その3つの要因とは，またがっている**境界の数**，**同じ場所で働くメンバーの割合**，**チームサイズ**です。またがっている境界（組織的，地理的，時間帯）がより多く，同じ場所で働くメンバーの割合がより少なく，

チームメンバーがより多いとき，そのチームはバーチャルに仕事をしているといえます。

　バーチャルで仕事をするときには，同時的なコミュニケーションや情報的な豊かさはあまり必要とされず，バーチャルなツールをより多く使うことが必要になります。なぜ，企業はバーチャルチームで仕事をする傾向があるのでしょうか？　たとえば，企業文化を変えるプログラムの実践などの企業全体で行うプロジェクトは大きな挑戦となります。というのも，そういったプロジェクトは，いくつか，あるいはすべての主な部門を含むものとなり，おそらく場所や国の境界を超えるからです。他企業との提携は，経済圏の中，あるいは経済圏間においても一般的になりつつあります。提携した企業では，異なる企業メンバーによって構成されるチームが必要となります。特に，多国籍企業は国を越えて仕事をすることが求められます。合併や買収はいずれも，企業の境界を越えて，徹底的に交渉し協働することが必要となります。家で仕事をした方が，会社で仕事をするのと同等かそれ以上に効率的である場合には，私たちの多くは，毎日会社への往復に時間とお金をかけるよりも，少なくとも平日の一部はテレコミュニケーションで仕事をしたいと考えています。また，仕事をとりまくコンテクストは競争的でグローバル経済が拡大しているので，振興の市場が企業の在籍国以外の国であるということもしばしば起こります。経済の統合が進めば，仕事で出張する際には，移動中にも使える便利なテクノロジーやコミュニケーションが必要となります。実際，空港にいるビジネスマンは，彼らの周りの直接的な世界に関わっているよりも，いまや，携帯電話やラップトップパソコンを使っている時間の方が多いように思われます。バーチャルチームワークによって，企業は会議のための出張（その代わりにテレビ会議を使用する），オフィススペース（人々が一部の時間を家で仕事するようになればスペースは小さくて済む），光熱費などのコストを削減することができます。社会のレベルでいえば，バーチャルワーキングによって，労働力から疎外されていた障碍者や介護をしている人々（たとえば高齢者や体の弱い身内の介護をしている人）などの人々が参加できるようになります。一方で，メールやメッセージ，イントラネットのアプリケーションに代表されるように勤務時間外にする仕事が増えるなど，不便なこともたくさんあります。

バーチャルチームのメリットとデメリット

　表5はバーチャルチームで働くことのメリットとデメリットを記したもので，4つの異なるレベル――個人，チーム，組織，社会全体――の例を挙げています。

　ここまで，私たちは，バーチャルチームワーキングについて分析するために，さまざまなやり方で，バーチャルチームワークの意味を検討してきました。それによって，バーチャルチームワークのメリットとデメリットを精査し，バーチャルチームワークによって物理的・地理的距離を越えて働くという困難があるにもかかわらず，なぜ企業はバーチャルチームを発展させるのかを問うてきました。次は，私たちがバーチャルチームワークを効果的に行うための方法を探っていきたいと思います。

バーチャルチームワークを効果的に発展させる方法

　チームメンバー間に物理的な距離があることはバーチャルチームの重要な特徴です。距離の近さに関する研究では，距離の遠さや近さは行動に影響することが，多くの方法で証明されています（Kiesler & Cummings, 2002）。距離の近さはより高い好感度とより良いコミュニケーションに関係しています。その理由のひとつは，人は同じ部屋で一緒に働くことによって，お互いの表情やジェスチャーを見ることができたり，フリップチャートの資料を見ることができるために，お互いの感情をより正確に理解することができるからだと考えられます。同じ場所で働くチームとバーチャルチームを比較した研究によれば，結果として，同じ場所で働くチームはバーチャルチームの2倍の仕事を成し遂げたことが明らかになっています（Olson & Olson, 2000）。さらに，人々は近くで働いている場合には，他者とより協力するようになります。というのは，他者を見かけた時に，近くにいる方が会話を始めやすく，また，会話を続けやすいからです。いくつかの研究では，他者から50メートル以上離れて働くと，コミュニケーションは限定されたものとなり，協力も少なくなることが示唆されています。さらに，距離が（30メートル，40メートル，50メートルと）増える

表5 バーチャルチームのメリットとデメリット (Hertel, Geister and Konradt (2005) を修正)

	バーチャルのメリット	バーチャルのデメリット
個人	柔軟性	孤立
	特定のタスクを行うタイミングをコントロールしやすい	チームメンバーとの対人関係が減少する
	ワークライフバランス	ワークライフバランスへの干渉
	自主性から起こるモチベーション	誤解
	自由裁量権の増大	対立
チーム	柔軟性	対立
	短期間のチームの形成のしやすさ	不十分な意思決定
	場所ではなく，知識・スキル・能力 (KSA) を基準としたチームメンバーの選定	コミュニケーションの問題
	スキルの蓄積が多い	直接会うチームに比べていくつかのタスクに対して生産性，有効性が低い
組織	1日中仕事ができる	スーパービジョンの難しさ
	スピード	テクノロジーにかかる費用
	柔軟性	データセキュリティ
	出張費用の削減	企業のシチズンシップの喪失
	納入業者との緊密な関係	追加のトレーニングの必要性
	顧客との緊密な関係	
社会	資源が乏しい地域（地方など）にバーチャルチームを作ることによって，その地域が発展する	孤立と疎外の増加
	身体障碍者の労働力への組み込み	仕事の家庭時間への侵入
	他の場所では参加できない介護者の労働力への統合	スタッフへの監視やコントロールを増やすためのテクノロジーの使用
	交通渋滞と空気汚染の削減	
	通勤時間の減少	

につれて，メールの利用も増えます (Hertel et al., 2005)。バーチャルチームワークにはどんな問題があり，それはどのようにして克服されるのでしょうか。私たちはバーチャルチームワークの影響を受けると思われることとして，まずはじめに重要な情報について，そして次にプロセスについて考えていきたいと思います。

情報(インプット)

バーチャルチームのタスクには，同時的，あるいは非同時的なテクノロジーを使うことが必要です。非同時的テクノロジーを使う際には，チームメンバーは同じ時間にそれを使う必要はありません。メールは，非同時的テクノロジーの一例です。テレビ会議はメンバーが同時に使わなくてはならないため，同時的テクノロジーです。バーチャルチームに関する6つの研究 (Riolelle et al., 2003) では，あまり複雑ではなく，（相互依存的に対して）自立的なタスクを行うチームは，より非同時的なテクノロジーを使う傾向があり，対面によるミーティングは年に1回しか行っていませんでした。あまり複雑ではなく自立的なタスクというのは，チームメンバーがそれぞれのエリアにおける顧客の苦情処理を行うような仕事で，重要な苦情とその対処法について情報交換を行います。他の5つのチームはより複雑で相互依存的なタスクを負っていて，かなり多くの同時的テクノロジーを使い，定期的に顔を会わせた対面によるミーティングを行っていました。より複雑なタスクとは，自動車の利用者が間違って違う燃料を入れてしまわないように，ガソリンポンプをデザインしたり，マーケティングや流通について計画を立てるといった仕事のことです。したがって，タスクの複雑さは重要な情報です。バーチャルチームワークに関するメタ分析（多くの異なる研究結果を総合する分析）は，複雑な問題解決や葛藤解決を行うグループでは，コンピュータが介在するテクノロジーを使って仕事をする方が，同じ仕事を対面で行うよりも結果が悪かったと報告しています (Baltes et al., 2002)。したがって，このようなグループはバーチャルな仕事にあまり頼るべきではないでしょう。もし，彼らがバーチャルワークに頼りすぎると，それはあまり効果的ではなくなります。

また，バーチャルチームワークは，また，チーム構成における問題を提起し

ます。私たちは，チームにおける多様性の難しさがわかっています（第11章参照）。特にチーム結成の初期には，多様性にはより大きな対立が見込まれる可能性があります。境界を越えて混合され，あまり近接せず，より多くのテクノロジーを使っているところに多様性を加えると，チームワークの問題はより複雑になります。メンバー同士が顔を会わせない状況で，多様性のあるチームワークを行うと，言語，オリエンテーション，慣習や表現の違いから，誤解と対立が生まれるでしょう。第3章で，私たちは多様性による亀裂はチームが効果的に機能する際に特に問題となると述べました。多様性による違いは，2つ以上の次元で起こります。たとえば，チーム内のエンジニアが男性であり，マーケティング担当者が全員女性であった場合です。チームメンバーが物理的な距離的に離れている場合には，多様性による断絶はより顕在化しやすくなります。例えばイギリスのエンジニアの企業と韓国の電力会社などの2つの企業の提携では，多様性による断絶が生まれ，その断絶は国籍／文化，第一言語，企業のメンバーシップによって作られるのです。そのような断絶は特にバーチャルチームではいたるところに見られます。その理由として，同じ機能をもつ人々（人事，マーケティング，研究開発など）はしばしば同じ場所で集められるからです。そのために，機能的，場所的な断絶が生まれるのです。特に，言葉の違いは，他の多様性の次元をもつ人と一緒に何かをする際に亀裂を生みます。バーチャルチームでは，そのような断絶によるネガティブな影響がありえることを認識しておくことが，ネガティブな影響を抑えるための第一歩となります。以上より，明確なチームの目的をもち，きちんとふり返りを行い，よいコミュニケーションをすることが，このような状況におけるチームの有効性を確かなものにする重要な方法といえます（van Knippoenburg *et al.*, 2011）。

　もうひとつの構成上の問題として，バーチャルチームで働くことが自分にとって主な役割である人が，チームの中でどの程度の割合を占めるかということがあります。そのようなメンバーが少ないほど，効果的なチームになることは難しくなります。最近まで私は，私が率いていたビジネススクールのマネジメントチーム，そして大学のマネジメントチーム，ヘルスサービスの有効性を高める研究チームを含む，いくつかのチームで働いてきました。それぞれのチームにおいて，研修，定期的なミーティング，メンバー全員とのメール，（5，6

人が参加する）テレビ会議や資料の共有など，さまざまなコミュニケーション方法を用いてきました。しかし，私たちは参加するチームが多くなればなるほど，どのチームにおいてもフルタイムメンバーになることは難しくなります。バーチャルチームにとって重要な情報はパートタイムのメンバーに対するフルタイムのメンバーの割合です。特に，私にとって問題だったのは，自分のかなり多くの時間をマネジメントの責任に費やしながら，研究チームにとっても効果的なメンバーであることでした。結果的に私は他のチームに比べて，研究チームに対してよりバーチャルな形で仕事をしました。チームメンバーがメインの仕事を抱えつつ，チームの仕事にどの程度関わるかということが，チームがバーチャルになる程度と有効性の両方に影響を与えます。そのチームの仕事がメインの仕事ではないメンバーによって構成される率が高くなればなるほど，チームの仕事はよりバーチャルな形になりやすくなります。したがって，このような場合には，チームのタスクはあまり複雑にならない方がよいでしょう。

　バーチャルワークは，顔を会わせるなどの同時的なコミュニケーションより，テキストベースの（非同時的な）コミュニケーションをより多く使います。テキストベースのコミュニケーションが多くなると，チームの意思決定が弱くなるといわれています（Baltes *et al*., 2002）。チームメンバーに時間が無限にあり，意思決定のプロセスに対するメンバーの貢献が匿名であるときは例外となりますが，そういったことは職場ではほとんど起こりません。

　要するに，バーチャルチームワークは，タスクが複雑であるほど，チームサイズが大きいほど（8人か9人以上），またがる境界が多いほど，チームメンバーの多様性が高いほど，「パートタイム」のメンバーの割合が多いほど，難しくなるのです。これらの特徴のほぼすべてが，この章の最初に記述したベッドロック社のケーススタディに見られるものであり，ベッドロック社の例はそれらがどうしてうまくいかなかったのか，その理由を説明してくれています。したがって，リーダーはチームに求められているタスクの性質を慎重に見極め，より多くのバーチャルテクノロジーを使って，タスクの効果的な完遂を確実にするような仕事のしかたを考えなくてはなりません。リーダーはまた，バーチャルワークをする際には，チームがメンバーの有効性を最大限にするためにプロセスを合わせるようにし，それによって顔を会わせた対面による相互作用が

ないことを埋め合わせていかなくてはなりません。次の項で，私たちは，バーチャルチームワークのマネージングを考える際に最も重要なことはチームのプロセスであると考え，このようなプロセスをどのように発展させたらよいのかについて考えていきたいと思います。

プロセス

信頼。チームで一緒に働く能力は，いかなる状況でも，チームメンバー間の信頼によって支えられています。チームの信頼のレベルが高ければ高いほど，効果的なグループプロセス（コミュニケーション，サポート，バックアップ）が起こり，対立も少なく，よりポジティブな雰囲気となります。ある意味，バーチャルチームワークには，より高レベルの信頼――特にチームリーダーからの――が求められます。なぜなら，人々の仕事を物理的に監督することが（ほとんど）できないからです。そのため，チームメンバーはほかのメンバーが精一杯協力し，効果的なチームプレイヤーとなってくれるように他のメンバーを信頼しなくてはなりません。チームリーダーは，拡散したチームは各メンバーの貢献を把握することがどうしても少ないので，管理よりも動機づけや信頼によって統率されなければならない，ということを理解しておく必要があります。ここでいう信頼をよりよく理解するためには，情緒的信頼と認知的信頼を区別するとよいでしょう。認知的信頼は，チームメンバーの信頼性と能力に対する認識に関連しています。たとえば，メンバーはメールの質問に対してすぐに役に立つ返事をしてくれるでしょうか？　バーチャルチームワークでは，情緒的信頼は起こりにくいのに対して，認知的信頼は比較的早く起こるとする研究結果があります (Rocco *et al.*, 2000)。IT部門でバーチャルワークを行っている50名のメンバーを対象とした研究では，信頼の予測変数は，現地の習慣や文化に対する知識，バーチャルな同僚とアイデンティティを共有する感覚（チームは価値があるというアイデンティティの感覚），コミュニケーションの頻繁さでした。後者は特に仕事に関係のないコミュニケーションにも適用されるものであり，それはいわゆる友達や知り合いとの関係を構築する友好的なおしゃべりや「社会的毛繕い」(グルーミング)といった類のものです。したがって，チームメンバーが最大限に合意された納期内に，要求に急かされるような時に信頼は構築され

るのです。強固なチームアイデンティティが確立されて、組織の状況や文化についてきちんとした共通理解がなされます。チームメンバーはまた、お互いによく知りあえるように、たとえば遠隔会議の始めなどに、仕事には関係のない活動についておしゃべりすることが奨励されるといいでしょう。たとえば、「この24時間のうち、一番素敵な瞬間は何だったか？」について、チームメンバーに報告してもらうのも一案でしょう。

　結束。社会技術システム理論では、社会システムの要求と科学技術的なシステムや組織との間の適合性の重要性が強調されました。もし、テクノロジーが社会的関係を破壊してしまうようであれば、労働者やモラル、結束の壁によって抵抗を受けるでしょう。その典型例が、多くの場合あまりうまく運営されていないコールセンター（10章参照）です。これと符合して、バーチャルチームで働く度合いと、チーム内の友好や結束の強さには相反関係があるというエビデンスがあります（Axtell et al., 2004）。テクノロジーと距離が結びつくことによって、チームワークにとって重要な部分が減ってしまうにもかかわらず、バーチャルチームはどうやって結束することができるのでしょうか？　それには頻繁なコミュニケーションが役に立ちます。また、顔と顔をつきあわせた対面によるミーティングを行うことによってチームが一段と速く成熟し、それによってチームの機能やパフォーマンスはより効果的になるというエビデンスもたくさんあります（Gluesing et al., 2003）。毎週の電話あるいは遠隔会議や、季節ごとの対面によるミーティングは、このプロセスを助けるものとなります。あるロケットエンジンのデザインチームの研究があります。このチームは目的を明確化したり変更したり、あるいはデザインプロセスの新しいコンセプトを学んだり、他のチームのデザインの課題を理解するという責務を負っていました（Majchrzak et al., 2000）。研究者たちは、このチームでは協働のテクノロジーはうまくいったのですが、それは対面によるミーティングによって、チームメンバー間で共通の言語や物事を進める際の規範が作られてきたためであることを明らかにしました。

　対立。人々の間の物理的な近さは、対立のレベルが低いことと関係しています（Hinds and Mortensen, 2002）。多様性が高く共通の社会的アイデンティティがないことは、チーム内の論争の多さと関係しています。異なる状況で働いて

いる人たちが，おのおのの状況における制約条件を理解していない時も，対立が起こりがちです。時差を越えて相互依存的に働かなくてはならない人たちが拡散していることと，欲求不満や罪のなすりつけ合いは関係しています。というのも，単に他のチームメンバーが働いていないというだけで，仕事が完了しないことがあるからです。テクノロジーに依存することは，コミュニケーションから重要な社交的手がかりが取り除かれてしまうことを意味します。たとえば，メールのコミュニケーションでは，申し訳なさがうまく伝わらないかもしれませんし，ジョークを言った時の温かい微笑みは電話会議では見えません。また，マイノリティの人々と共有した苛立ちは共有された書類のテキストには表れません。チームメンバーが面と向かって会わないような場合には，必然的に没個性化が起こります。それによって，礼儀正しさやインフォーマルで社交的なおしゃべりが減り，不寛容や攻撃性，論争，「炎上」（メールで怒りのメッセージを送ること）が増えやすくなります。

　これらの要因はどれもバーチャルチームの中の対立や潜在的な対立の程度に影響します（Kiesler and Sproull, 1992）。そして，私たちはチームの対立がどれほどチームの有効性を損なうかをすでに見てきました（第11章参照）。対立を減らすためには，以下のことが極めて重要です。すなわち，チームメンバーがお互いに自分たちの仕事の状況（制約と長所）がきちんとわかっていること，多様性はイノベーションの源としてチーム内で称えられること，国境や時差を越えていつどのように働くかについて明確な合意があること，チームメンバーがメールに交流のきっかけを加えるように努力することです。——私たちはイライラするという理由でその使用を軽視しがちですが，メールにアイコンを挿入したり，ニコニコマークを入れたりすると違いが出ます。遠隔会議の際に楽しめる時間を設けたり，ユーモアを共有することは役に立つことであって時間の無駄ではありません（もちろん時間の制限内においてですが）。

　原因帰属。これらのバーチャルチームで働く際における対立の難しさは，メンバーが，困難なときに状況ではなく個人を責めてしまうという，根本的な原因帰属の誤りをする程度によってますます増幅します。そのため，バーチャルで働く状況では，チームメンバーは他のチームメンバーにメッセージが届かなかったかもしれないのに，返事がないことでそのメンバーが怠け者であるとか，

失礼な人だと考えることがよくあります。実際，チームメンバー間の物理的な距離と否定的な原因帰属にはかなり明確な関係があります。チームメンバー間の距離が遠くなればなるほど，約束が破られたときに否定的な帰属をしやすくなります（Cramton and Wilson, 2002）。このような否定的な原因帰属を避けるためは，バーチャルで働いているチームの人は（失敗したときではなくても），状況を説明したり，問題に対する関心や残念な気持ちを表現したりする時間を取ることが必要です。しかし，状況を説明するだけでは十分ではありません。他のメンバーに起こった問題を理解することは，否定的な原因帰属が固定化するのを防ぐ必須要素です。このことから，バーチャルな道具をチーム内で用いるとき，特にメンバー間の距離がより遠いときには，私たちは特にはっきりとそして意識的に共感を示すようにしなくてはなりません。

メンタルモデル。チームは知識を共有し，議論し，彼らのタスク，チームワーキング，彼らを取り巻く環境について共通理解をします。チームの誰が何を知っているかという業務遂行上の知識も，時間経過とともにわかっていきます。彼らは週末の活動や子ども，スポーツのチームや有名人の話をするなど，仕事外のコミュニケーションをすることで信頼感を高めていきます。彼らは仕事上で出会う，個人的なあるいはチームとしての集合的な制約に関する知識を共有します。そして，仕事に関する情報をお互いに提供し合うことに時間をかけます。つまり，彼らは彼らのチームについて，そして彼らの仕事について，共通のメンタルモデルを創っていくのです。バーチャルチームワークでは，これらのことをするのがとても難しいので，共通のメンタルモデルを創ることも難しいのです。たとえば，一番単純なことでいえば，顔と顔を突き合わせている2人は，バーチャルな2人よりも，同じタスクについての共通理解がより得やすいのです。バーチャルで働くチームが，チームワーキングの基礎となる共通のメンタルモデルや相互理解を発展させることがより難しくなる要因はたくさんあります。それは，たとえば，以下のようなものです。

・状況に関する情報の伝達と保持ができない（たとえば，私たちの電子メールシステムは750kB以下の添付ファイルしか受信できないなど，各々の状況における特有の情報を共有できない）。

・情報が平等に伝わらない（たとえば，リーダーからのメールを受けたのはたった数人のメンバーだったなど）。
・情報の要点を伝達したり理解することが難しい（たとえば，要点がメールの第3段落にあったために，皆がそれに注意を払っていなかったなど）。
・伝達の速度やタイミングが異なる（たとえば，メールが終業時間の後に届いたなど）。
・沈黙の意味の解釈（たとえば，メッセージでは特に賛否を問うていなくても，チームメンバーが返事をしないのは提案に賛同を示していると見なされてしまう（Cramton, 2002）など）。

その他の要因としては，以下のようなものがあります。

・場所の違い——同じ会社の中でも，違う場所で働いているチームメンバーは，他の人たちはその場所の仕事のしかたに関する知識が欠けていることが当たり前と感じるようになる。そのような特定の場所における習慣の違いは，組織間の機能の違い（例えば，販売部門と生産部門，放射線技師と救急救命医など）よりも重要かもしれない。文化——ここでの私たちのやり方——がチームの行動に対して，しばしば無言の，しかし絶大な影響を及ぼす（Sole and Edmondson, 2002）。
・第7章で見たように，グループは一般に共有された情報に焦点化しがちであるために（Stasser and Titus, 2003）「隠されたプロフィール」に陥りやすい。この現象はバーチャルチームで悪化しやすく，バーチャルで働く場合には，テキストによるコミュニケーションによって速度が遅くなることが多いために，問題がさらに難しくなる。
・同期的であれ非同期的であれ，テキストベースのテクノロジーを介した情報交換は面と向かった対面による情報交換よりも効果的ではない。
・いくつかの研究によれば，バーチャルチームで働くメンバーは，電子的なグループの中ではより反駁しあいやすく，しかも，その結果起こる対立を解決しにくいことが明らかになっている。

プロセスの援助。バーチャルチームで効果的に働くためには，プロセスに対する熟達した援助と調整があるとよいでしょう。たとえば，グループの決断に対するサポートシステムに関するメタ分析では，ファシリテーションがあると複雑なタスクに対する決断の質がとても良くなることがわかりました（Dennis and Wixon, 2002)。そのため，チームリーダーは，プロセスに対して適切な援助を行ったり，それを保証するうえで，重大な役割を担うのです。リーダーはメンターになったり，理解したり，あるいは共感する必要があるのです。リーダーは，チームメンバーが誰が何を知っているかを把握するといった共有された対人交流的記憶を発展させる必要があるでしょう。できれば，そういった情報をコード化して，蓄積したり，引き出せるようなシステムの形にしておくのです。さらに，バーチャルチームワークでは，暗黙のあるいは目に見える調整が必要となりますが，バーチャルの場合には対面のチームの場合よりも，はっきりとした調整がもっと必要となるでしょう。

要約。新しいテクノロジーによって多くの新しい協働の機会が生み出された一方で，それによって効果的なチームワークが犠牲になることもあります。信頼やコミュニケーション，メンタルモデルの共有は，200年前の職人の工房や農場の中で培われてきたものです。しかし，仕事をするための組織が分散するようになるにつれ，それらを成し遂げることはますます難しくなっています。そのため，バーチャルで働くチームメンバーは，フォーマルにもインフォーマルにも，コミュニケーションを取るためにかなり特別な努力をしなくてはなりません。たとえば，誰が何を知っているかという対人交流的な知識についても，それらの情報を体系化することによって発展させる必要があるのです。また，プライドやコミットメントを引きおこすようなチームとしての共有のアイデンティティを抱かせたり，あるいは，チームやそのタスク，およびその外部環境についてのメンタルモデルを構築し維持することも必要でしょう。また，問題が起きたときに反射的に非難するのではなく，間違いや問題から学ぶことを志向する，チームメンバーやチームの期待が明確である，卓越した調整メカニズムがきちんと作働していることによって心理的に安心できるチーム環境を作っていく必要があるのです。とりわけ，チームメンバーはチームの目的や彼らの役割，どうしたらバーチャルでも対面でも効果的に協働できるか，がきちんと

わかっている必要があります。

次に、バーチャルチームのライフサイクルについて検討していきたいと思います。その際、ハーテルら (Hertel, Geister and Konrad, 2005) の研究を引用しながら、バーチャルチームをリードし、マネジメントするための実践的なアドバイスをいくつかお伝えします。

バーチャルチームのライフサイクル

ハーテルらは (Hertel *et al.*, 2005) は、バーチャルチーム（主に、対面よりもテクノロジーを介して交流するチーム）には5つの段階があると考えています。

1. **準備**。この段階では、チームのミッションと目標を作っていきます（第3章参照）。これは、バーチャルチームに限らず、あらゆるチームにおいて不可欠なものです。準備段階では、慎重な人選も必要です。この際、高度な専門的知識のような、専門家としてのKSA（知識、スキル、態度）だけでなく、チームワークにおけるKSAを重視することもとても重要です（第3章参照）。バーチャルで効果的にチームワークをすることには、真面目さと外向性といったパーソナリティ特性が関係しているようです。新しいメディアやグループウェアのテクノロジーに関する専門的知識をもったメンバーを選ぶことも重要です。というのも、その人がもっているのと同じようなテクノロジーを、他のメンバーももてるようになるからです。また、セルフマネジメントのスキルも不可欠です。なぜなら、バーチャルでの仕事はひとりで行うことが多く、他者がいることでやる気が出る、ということがないからです。バーチャルチームワークにとって特に重要なKSAは、対人関係および文化に関する感受性、つまり、対人関係における信頼と依存です。私たちは本書を通して、私たちがもつ多様性に価値を置くことの重要性を強調してきました (van Knippenburg)。これは、文化や国の壁を超えて働くことの多いバーチャルチームではとりわけ重要です。バーチャルチームにタスクを与える際に、ひとつのタスクを、複数のタスクに分割するとよいでしょう。一つひとつのタスクをメンバー個々人が請け負うことで、タスクが相互依存的で複雑なものに

ならないのです。たとえチームがバーチャルな形で仕事をしても，グループによる複雑な意思決定がなされない場合には，チームのアイデアは概してよいものが産まれます。バーチャルチームに対して，テレビ会議か遠隔会議をしながら，同時に書類を作らせるのは大変な時間の無駄です。同時にではなく，シェアウェアを使って書類を作成する方がずっと有意義です。一般的に，交渉ごとや，対立を仲裁する場合には，対面によるミーティング，あるいはテレビ会議か遠隔会議が必要となります。バーチャルチームは，チームメンバーが使うテクノロジーについて合意を得ておく必要もあります。というのも，そのテクノロジーは，情報の交換やコミュニケーション，調整，文書の共有のための手段になるからです。これらの手段は，掲示板やテレビ会議，電子データにおけるやりとりによって情報を共有するものから，集団で意思決定を行うシステムや，電子上でブレインストーミングを行うシステム，順位付けや投票を行うツール，グループでデジタルコンテンツの編集を行うシステムや電子会議システムといった，高度に相互依存的なツールにまで及びます。バーチャルチームは，組織の中の他のチームとやりとりする際のシステムについても合意を得ておかなくてはなりません。というのも，お互いのチームがそのシステムを用いて協働したり，コミュニケーションをしなくてはならないからです。

2．**開始**。この段階では常に，対面による会議を行うべきです（Powell *et al.*, 2004）。それによって，チームメンバーと面識をもつことができるだけでなく，目標とルールを明確化することができます。開始の段階では，チームのメンバーは仕事上で必要な情報を得ることも必要です。また，その仕事で使われるコミュニケーションテクノロジーが適切に使えるよう訓練しておく必要もあります。また，チームは，対人交流的記憶を構造化していかなくてはなりません。つまり，誰が何を知っているかを記録して体系化し，チームの仕事や決定事項の詳細を覚えておくのです。それによって，それらは誰の目からも明らかになるでしょう（ただし，必要もないことを強いるような官僚主義に陥ってはいけません）。チームワークをする際の行動規範とルールを作ることによって，チームは信頼感と連帯感を築き，価値あるアイデンティティをもつことができるようになります。この段階では，協力と信頼関係を高め

ることができるとよいでしょう。

3．パフォーマンスマネジメント。チームリーダーは，単に電子上のグループウェアシステムを提供するだけではなく，指導とマネジメント上のサポートを行わなくてはなりません。それによって，本章の冒頭で論じたようなプロセスの発展が確かなものになります。レベルの高いコミュニケーションが重要となるので，コミュニケーションは統制されなくてはなりません。抑制のきかないコミュニケーションや「炎上」，あるいは激しい対立は，チームの連帯感や有効性を損ねます。さらに，バーチャルチームでは，使用するコミュニケーションメディアとコミュニケーションの内容がうまくマッチするように指導されなくてはなりません。メールやファックスや電話は，情報の共有や収集に適しています。また，より長時間にわたる電話や電話会議は，何らかの問題を解決する上で有効です。それに対して，対面による会議は，概して，総合的な意思決定をしたり，より複雑な問題を解決したり，対立を解決する際に必要となります。また，仕事と関係のないコミュニケーションも軽視してはいけません。なぜなら，対面によって生まれる親密性や親近感の欠如が，このコミュニケーションによって補われるからです。たとえばサファイアー（Saphiere, 1996）は，国際的なビジネスチームは，お互いのやり取りの中で個人的なコミュニケーションをもつことができるほど，チームはよりいっそう生産的になることを見出しました。リーダーはチームメンバーに対して，自身の役割を自覚させることで，やる気と情熱を維持しなくてはなりません。個々のメンバーの貢献は，リーダーによる多くの評価とポジティブフィードバックによってはっきりと示されるべきです。そして，チームとそのメンバーは，自身のパフォーマンスについて頻繁にフィードバックをもらうべきです。これら全ての介入は，チームにおける信頼感を育てることにつながります。カークマンらは（Kirkman et al., 2004）は，IT サービスを行っている 35 のバーチャルチームに対してエンパワーメントを行いました。その結果，そのような信頼感の醸成はチームプロセスの改善や顧客満足度と相関があることが明らかとなりました。リーダーは，チームアイデンティティが強くて前向きであるという感覚を醸成しなくてはなりません。なぜなら，それによって連帯感が生まれるからです。バーチャルチームでは，これらが

いずれもチームの有効性に関係していることが示唆されています（Geister, 2004）。そしてバーチャルチームのメンバーは，面と向かって直接会う機会をより多くもち，仕事とは関係のないコミュニケーションをより多く行い，非生産的ではなくより生産的な形で対立を解消することをより多く行うことで，より高い満足感が得られるのです（Hertel *et al.*, 2005）。この段階では，リーダーは，共有された情報をチームの中でよりうまく取り扱うとともに，共有されているメンタルモデルを促進し，対人交流的記憶の形成を継続的に行うこともしなくてはなりません。

4．**トレーニングと成長**。チームの成長に伴って，トレーニングも継続的に行っていく必要があります。これには，リーダーの訓練も，個々のメンバーのトレーニング（たとえば，テクノロジーの活用や対立の解消に関するもの）も，チーム全体のトレーニングも含まれます。スポーツのチームは，チームとして機能するように指導されます。バーチャルチームもまた，チーム全体として効果的に機能するよう指導され，トレーニングされなくてはなりません。チームはまた，チームの目標を繰り返し明確にするとともに，コミュニケーションメディアの活用法の見直しと改善を行わなくてはなりません。さらに，チームは機能とパフォーマンスを改善するために，チーム内およびチーム間のプロセスを発展させる必要があります。

5．**解散と再統合**。この段階は一般的には，言われる程には実際にはやられていません。というのも，解散と再統合は学者や実践家が思いついた良いアイデアだからです。チームが仕事によって人々の重要な社会的ニーズを満たしたら，そのチームが社会に存在することに終止符を打つことを意識するのが賢明でしょう。その際には，チームの貢献とこれまで築いてきた絆を評価し，讃えたいものです。これは，チームメンバーが組織に再統合されたり（そのチームが一時的なものである場合），異動の際にチームメンバーが新しいチームに入る前の段階です。しかし，この段階が実際どのようなもので，それが実際どの程度重要なのかということを示す研究のエビデンスはありません。ですが，関係性に対する人間の行動や愛着，仲たがいに関する私たちの知識からは，そうした変化を評価することや，変化に伴う感情を認識することは価値があるといえます。そのため，プロジェクトの締めくくりとして開催さ

れる晩餐やパーティ，その他のイベントには意義があるのです。

結論

　距離を超えてコミュニケーションを行うすさまじいテクノロジーの変化は，私たちの仕事のしかたをいかにしてこれらの変化に合わせていくか，に関する私たちの理解を追いこしてしまいました。私たちはこれにキャッチアップするために，さらなる研究を進め，チームでバーチャルに働くためのより多くの方法を試さなくてはなりません。一方で，明らかになっていることがあります。それはバーチャルチームワークにはさまざまなメリットと問題があるため，現代，何らかの組織で働いている人々は皆，こういったことを理解するとともに適切に対応するためのトレーニングを受けなくてはならない，ということです。バーチャルチームワークには信頼を形成し，連帯感を構築し，慎重で注意深いコミュニケーションの両方を促進するための努力がより強く求められます。全体としての問題は，チーム，そしてその仕事とその環境に関するメンタルモデルを明確し共有することです。バーチャルチームワークにおける準備と開始のプロセスは，この問題に取り組むために不可欠です。また立ち上げのためのキックオフミーティングは，これらのプロセスを最初から軌道に乗せるためにとりわけ重要です。リーダーとマネージャーには，バーチャルチームワークによって会社が利益を得られるように，また何らかの不利な状況に陥らないようにする責任があります。その責任を果たす上で，知識や配慮，そしてその方法を明示する気概が必要です。ハーテルとその同僚は，バーチャルチームの仕事についてコアとなる5つのルールを，以下のように要約しています。明確な目的と役割意識をもつこと。その際，メンバーのやるべき内容が他の仕事に抵触しないようにすること。誤解や対立のないよう，適切で効果的なコミュニケーションと協働が行えるようにすること。チームとしての自覚，情報の交換，社会的な感情の手掛かりを共有するよう促すこと。パフォーマンスについてフィードバックを与えること。そして，個々のメンバーの個人的な状況を考慮し，対応すること。目標設定とよりよいチームタスクを計画することによって，相互依存する経験を作りだすこと。バーチャルチームワークを可能にし継続するた

めに，キックオフ・ワークショップとチームのトレーニングを適切に行うこと。

　本章では，バーチャルチームワークを可能にするとともに，それを継続するための重要なレッスンを紹介してきました。しかし私たちは，世の中には組織の機能を高めるための知識はまだまだたくさんあることを意識しなくてはなりません。そのような知識は，これまでの研究が組織について明らかにしてきた知見の限界を超えて，これまでの理解をより深めるものとなるでしょう。組織の中ではかなりのエネルギーや資源が非効率的なバーチャルチームワークによって無駄に費やされています。それを鑑みると，そのような知識を導き出すとともに，組織におけるバーチャルチームワークをより効率的なものにするためのレッスンを提供することが，今後さらに重要になるでしょう。

復習のポイント

- バーチャルチームワークの主なメリットとは何でしょうか？
- バーチャルチームワークにおける主なデメリットとは何でしょうか？　また，それを最小限にするために，どのようなことができるでしょうか？
- チームがバーチャルで仕事をするのが特にふさわしいと思われるのは，どのような状況でしょうか？
- バーチャルチームワークをする際に，どういった情報を最も考慮しておかなくてはならないでしょうか？
- バーチャルチームワークを効果的に行うために，チームのプロセスをどのように改善することができるでしょうか？
- バーチャルチームのライフサイクルの中で，鍵となる段階は何でしょうか？また，各々の段階をどのように切り抜けることができるでしょうか？

より学ぶための文献

Axtell, C. M., Fleck, S. J. and Turner, N. (2004) Virtual teams: Collaborating across distance, in *International Review of Industrial and Organizational Psychology*, Vol. 19 (eds. C.L. Cooper and I. T. Robertson), John Wiley & Sons, Ltd., Chichester, pp. 205-248.

Dixon, K. R. and Panteli, N. (2010) From virtual teams to virtuality in teams. *Human Relations*, 63, 1177-1197.

Hambley, L. A., O'Neill, T. A. and Kline, T. J. B. (2007) Virtual team leadership: Perspectives from the field. *International Journal of e-Collaboration*, 3, 40-64.

Hertel, G., Geister, S. and Konradt, U. (2005) Managing virtual teams: A review of current empirical research. *Human Resource Management Review*, 15, 69-95.

Kirkman, B. L. and Mathieu, J. E. (2005) The dimensions and antecedents of team virtuality. *Journal of Management*, 31, 700-718.

Townsend, A. M., De Marie, S. M. and Hendrickson, A. R. (1998) Virtual teams: Technology and the workplace of the future. *Academy of Management Executive*, 12, 17-29.

ウェブサイト

http://www.seanet.com/~daveg/vrteams.htm (last accessed 11 August 2011)
　組織におけるバーチャルチームについて

http://www.dailyfinance.com/story/virtual-teams-bring-widespread-challenges/19481916/ (last accessed 11 August 2011)
　バーチャルチームとバーチャルチームによる仕事に直面する挑戦について資料となるニュース

http://www.bioteams.com/2005/06/27/virtual_teams.html (last accessed 11 August 2011).
　バーチャルチームのパラダイムについて簡潔な記述

14章
トップマネジメントチーム

最も効果的に働くリーダーは絶対に「私」とは言わないようです。それは，彼らが「私」と言わないように自身を訓練してきたためではありません。彼らは「私たち」を考え，彼らは「チーム」を考えているからなのです。彼らは，自分の仕事がチームを機能させるということがわかっています。彼らが責任を受け入れ，その責任から逃げないことで，「私たち」が功績を認められる……。信用はこのようにして作られ，それによってあなたはタスクを成し遂げることができるのです。

(ピーター・F・ドラッカー)

> **学習のポイント**
> ・トップマネジメントチーム（TMT）とは何か，それらのタスクとは何か？
> ・組織内において TMT が果たす役割
> ・TMT を作り，維持するための処方箋
> ・組織の目標を補うものとして，TMT の目的・目標を定義すること
> ・TMT に特有な TMT の有効性のための情報
> ・TMT の多様性を構成し，保証する方法
> ・TMT のプロセス――参加，対立，合意形成，コミュニケーション
> ・TMT 特有のプロセスとすべてのチームに共通するプロセス，そしてチーム機能の明確な基準の重要性
> ・TMT における CEO の役割

　アンジェロ・モジロはニューヨークのブロンクスに生まれ，後に強い価値観をもつ情熱的なリーダーとなりました。彼が，カントリーワイド・ファイナン

シャル社を創業したのは1960年代後半のことでした。当時，モジロは，顧客に対する誠実さとコミットメントに基づいた金融ビジネスを設立することによって，多くの家族が家を買えるようになると信じていました。40年後，CEOであるモジロの計画は頓挫してしまいました。彼には悲惨な金融危機がすぐそばまで来ていることがわかっていました。彼は正しかったのです。しかし，全国的な金融事業は金融危機を乗り越えられると頑なに信じていました。会社は質の悪い抵当証券ビジネスの最前線に立たされており，バンク・オブ・アメリカに買収されるまで破滅的な倒産に近づいていました。

　メリルリンチAIG（American Internationl Group）のような会社にいたシニアの重役たちも，2005年の段階で会社の抵当証券市場の影響について懸念を口にしていました。しかし，彼らは無視されるか，左遷されるか，解雇されてしまいました。なぜなら，CEOはアメリカ，イギリス，他の西洋の経済圏で巻き起こった大きな危険に関する彼らの忠告を信じていなかったからです。AIG金融商品部門のヘッドであるジョー・カッサーノは，他のシニア重役との会議において理性を失うことで有名でした。彼は現金の損失（負債や抵当の不履行をしている人）の危険性についての忠告は聞き入れましたが，会社の担保物件で負債危機を緩和する必要性が生じるであろうことは無視しました。結果的に，会社は倒産し，連邦政府に援助を受けなければなりませんでした。

　メリルリンチのヘッドであるスタン・オニールは，会社が（今となっては）評判の悪いサブプライム市場にかなり巻き込まれていると忠告するチームの人々を無視し，手遅れになるまで問題を放置しつづけました。会社は51億（そう，億なのです）8000万ドルを失い，オニールは解雇されました。一方でゴールドマン・サックスは生き残りました。なぜなら，そのトップチームは他の会社のリスク回避や，悲観的なものの見方をする人たちの懸念や助言，情報に注意を払っていたからです（これらの事例の詳細については，McLean and Nocera, 2011を参照）。

　世界中の多くの人々に影響したこれらの組織的な失敗の事例から，私たちの会社にも何か問題はないかという問いが出てきます。私たちのCEOは，組織を運営するにはあまりに愚かではないでしょうか，重大な決定をするのにはあまりに感情的ではないでしょうか，傲慢すぎて周囲の助言をきかないというこ

とはないでしょうか？　あるいは，私たちはそのような豪快な人よりも広い視野をもってものごとを見て，組織を運営するより大きなグループを見るべきでしょうか？　ここで，トップチームと CEO には違いがあるのだろうか，という疑問が湧いてきます。TMT を調べた研究では，いずれも組織の成功に影響するのですが，CEO 単独より，チームの方が組織の成功により影響することが示されています。(Finkelstein and Hambrick, 1996; Hambrick, 1994) トップチームは自分たちのチームをどうマネジメントするのかが，重役たちが自らの多様な経験や知識を，不確かで難しい状況における質の高い決定をするために用いて (Carpenter, Gelatkanycz and Sanders, 2004; Edmondson, Roberto and Watkins 2003; Nadler, 1996)，組織を成功に導けるかどうかを決定します。しかしながら，すべてのチームにおいていえることですが，見通しを達成するトップチームと，上述の 2 つの事例のような，それができないチームの間には隔たりがあります。この章では，トップチームが事例でみた金融危機のような失敗には陥らず，組織を成功へと導く舵取りをするために必要なことをお伝えします。

　組織におけるトップマネジメントチームとは何でしょうか？　CEO に報告を上げる各部署のヘッドたちのことでしょうか？　CEO の近くにいて，決定を助ける人のことでしょうか？　組織内の全シニアリーダーたちのことでしょうか？　この問いは単純に答えられるものではありません。ある研究者たちは，組織と外部環境にまたがって諸決定に影響力を及ぼす権力ある人々の集団を「支配的連合」と捉えています (Cyert and March, 1963)。他にも，肩書あるいは地位がトップチームメンバーを特定する最も優れた方法ではないことや (Pettigrew, 1992)，CEO に誰がトップチームかを尋ねるべきであるということが示されています (Bantel and Jackson, 1989)。これらの人々は戦略的決定を編み出し，実施する人々です。つまり，彼らは，相当に象徴的な意義をもっており，組織文化に対する影響が大きく，その影響力は広く浸透します (Flood, MacCurtain and West, 2001)。トップチームといわれるものが，単なる公的な情報発信者であるようなときには，意思決定は，公的な位置づけのない CEO に近しい助言者たちから成るインフォーマルなグループによって行われていることもあります。TMT の構成にかかわらず，この章では，次の問いに答えていきたいと思います。それは，「どのようにして，このチームにおいてその可能

性(組織全体の有効性に極めて重要な)を無駄にするのではなく,可能性を発揮することができるのだろうか?」。トップチームが出会うであろう特有の問題について検証する方法を包括的に理解するために,私たちはチーム機能に必要な情報,プロセス,結果について,情報-プロセス-結果モデル(インプット-プロセス-アウトプット)を活用して考えることにします。そのような理解は,破産,違法行為,非効率性といった問題に陥らず,成功に向けた舵取りをするために不可欠です。では,タスクデザイン,チームエフォート,スキル,組織的サポートの情報について考えることから始めましょう。

タスクデザイン

　良いチームタスクデザインは,組織の目的に必要なあらゆるタスクを含み,チームメンバーは相互依存的に働くことが求められます。ここではチームメンバーは自分の仕事に高度な自律性をもちながら,チームとしてのパフォーマンスについて良いフィードバックを得ることができます。どんな組織のTMTでも,そのタスクは自明です。組織を効果的にして,成功に導くことです。そのため,組織が適切な戦略をとって環境に適応し,成功する責任をチームが負うこと,出資者たちの競合的な要求を効果的にマネジメントすること,成功や有効性が何によって成るかが明確に定義されることが求められます。また,このチームは戦略が実行されていることを確かめ,有効性と成功を確かなものにするためにすべての資源が適切に投入されていることを保証しなくてはなりません。その意味でTMTには,完璧で明確なタスクがあり,そのタスクは,チャレンジングで最終的には測定可能なものなのです。——これらは目標達成に向けたモチベーションの条件付けとなります——(Locke and Latham, 1990)。

　組織の「戦略的頂点」にあるチームとして,TMTは相当に自律的です。彼らは出資者たちや役員(執行役員ではないメンバーが任命される)に対する責任を有していますが,彼らはヒエラルキーのトップであり,権力と自由の両方を享受できます。彼らの役割は確かにチャレンジングではありますが,自由も兼ね備えています。これは活力を与えるカクテルのようなものであり,コミットを高め,有能感を生み出します。さらに,トップチームのタスクが組織全体

の目標達成に通じているのは明らかなので（そうだとよいと思いますが），モチベーションはさらに高まります。組織内の下位レベルのチームの人々が自分たちのチームワークによって素晴らしい結果を出したとしても，これと同じような満足感は得られないでしょう。コピー機のサービスセンターにおける債権回収チームは，組織のパフォーマンスや顧客の満足度に影響を与えていると感じるよりは，いつもと変わらない作業を繰り返しているだけだと感じるでしょう。一方 TMT は，競争や変化，戦略の開発や実行の波に乗ることになるので，自分たちの仕事に関与し，結果を出している感覚は高まります。さらに，彼らは株価の値動きや，売り上げ，従業員の意見調査，利益や健康や安全に関する統計，顧客の満足度，特許製品などという形で，彼らの努力の結果を見ることができます。効果的な TMT が常に求めるパフォーマンスに関する情報提供は，組織全体が求めているものでもあるため，TMT は豊かなフィードバックを得ることができるのです。私たちはこの章の後半で，トップチームのタスクについてより詳細に見ていきますが，そこでトップチームの目的と目標がどのように決められるのかについても見たいと思います。

　それにしても，相互依存とは何でしょうか？ それはチームワークの決定的あるいは基本的な要素なのでしょうか？ TMT のメンバーはたいてい，彼らの機能領域のトップに来るまでに戦い，のし上がってきた人たちです。製造業なら，彼らは生産部門の長（おそらくエンジニア），営業部門の長（マーケター），研究開発部門の長（大志を抱く科学者），財務部門，人事部門，不動産部門の長かもしれませんし，自身が代表取締役を兼ねているかもしれません。これらの人は個人主義の中で勝ち抜いてきた人であり，競争的エネルギーや組織内の政治的プロセスを乗り切る力などによって昇進を勝ち取ってきた人たちです。チームメンバーが CEO のポジションを巡って競争するような場合には，後任競争は一段と複雑となります。彼らを一緒のチームで働かせる時によく目にするのは，協力的で統合されたサポーティブなチームというよりは，雄のゴリラたちが胸をたたいているような競争的で非機能的なグループです。したがって，相互依存的な作業をすることは，多くの TMT にとっては特にチャレンジングなこととなります。多くの TMT メンバーは，彼らのタスクは彼らの機能領域において目標を達成することだと思っています。もちろん，そういった

こともあるかもしれません。しかし，その場合には，チームである必要はほとんどありません。私たちはひとりで作業したり，並行して作業するのでは達成できないような目標を達成するために，チームを作って，集まって協働するのです。これはTMTの目的と目標を考えるときの決定的な違いとなるのですが，これについては後ほどもう一度触れることとします。彼らが一緒に仕事をする上で必要なことが何かを特定できないのは，多くのTMTがチームとしてうまく機能できていないことの根源でもあります。

チームエフォートとスキル

TMTは高いモチベーションをもった人で構成される人が多く，彼らはバックグラウンドや経験，キャリアの成功をすでにもっています。しかしトップチームにとって決定的な問題となるのは，彼らのモチベーションが，組織全体やチームの他のメンバーの成功を達成するためにサポートすることではなく，自分自身の機能領域（財務，製造，営業）における成功の達成にどの程度焦点化しているかにあることです。もちろん，トップチームメンバーが自身の領域に焦点を絞っていても，ある程度の相互依存は起こります（製造と営業はある程度協力しなくてはなりません）。しかし，たとえば，トップチームメンバーが自己中心的な仕事をしてしまうと，チームや組織全体の成功のために仕事をするのではなく，資源を奪い合おうとしたり，お互いに傷つけ合おうとするなど，全く逆の相乗作用を生み出してしまいます。

トップチームメンバーに必要なスキルとは何でしょうか？ そして，誰がチームのメンバーになるべきなのでしょうか？ CEOはチームの目的を達成するためのトップチームメンバーを選ばなくてはいけません。それが目的や目標をはっきりさせる際の前提となります。トップチームの目的をイメージすることによって，組織は素晴らしい顧客サービスを提供できるようになります。これらを達成する方法は，ポジティブな文化と風土を作り出すこと，そして関係業者との効果的なパートナーシップの中で仕事をすることによって知ることができます。トップチームの鍵となるタスクは，これによっていちだんと明確になります。彼らは自分たちの部門で目標を効果的に達成することに加えて（製

造，営業，研究開発，人事），すべての部門が協力して，スピーディで効果的で，安心してもらえるような一連のサービスを顧客に提供しなくてはならないのです。すべての部門はそれを効果的に行い，うまく成し遂げなくてはならないので，お互いに情報を提供し合い，顧客の関心に応じて，手続きを統合しなくてはならないのです。さらに，ポジティブな文化を作っていくためには，スタッフが自らの価値を感じ，尊重され，サポートされる必要があります。そして，それを達成するための最も良い実践とアプローチが共有されなくてはならないのです。関係業者と強いパートナーシップを結ぶためには，すべての部門において，頻繁なコンタクト，安定性と長期にわたる継続性の感覚，早急に対立を解決することに対するコミットメント，パートナーシップ関係における公平さと相互性の感覚，**お互いに助け合うことに対するお互いの関心**をもつことが必要となります。これらの結果を出すために，トップチームはこれらの戦略に対して親密に，協力的に，一致して，そして創造的に働く必要があります。つまり，相互依存的に働くことを必要とするのです。したがって，スキルとして，第2章でみたようなチームワークのKSA（知識・スキル・態度）が必要となるのです。個々の機能領域だけで良いパフォーマンスを出すというのでは，トップチームのメンバーシップを正当化するためには不十分です。

　このように，トップチームはチームのタスク——チームが組織に対してもたらす独自の付加的価値——に焦点を当てなくてはならないと考えるなら，トップチームのメンバー要件は，これらの結果を出すために他者と一緒に協働するスキルをもっているかどうかである，ということがはっきりしてきます。このことは，人事部長やCEO，営業部長，財務部のチーフはトップチームに所属しているのであり，製造や研究開発（R&D），販売の各部門に属するのではない，ということを意味します。そのため，CEOに直接すべての報告を行うことによって，トップチームメンバーになるという浅はかな選択は，もし彼らがチームの目的を達成する上で適任でない場合には何の意味もなさないことになります。もちろん，目的が明確に述べられていないと，どんなスキルが必要か，誰がトップチームになるべきかをきめるのは難しくなります。ほかのありがちな過ちとしては，新しいCEOが組織の中の既存のトップチームメンバーのままでやっていこうとしたり，全く新しいチームをつくろうとしたり，組織の全

てのシニアリーダーたちで大きなチームを作ろうとしたりすることです。トップチームのメンバー要件に特に求められるスキルや方向性には，単に特定の機能におけるリーダー（たとえば生産部長）になることではなく，組織のリーダーシップチームのメンバーになることを望むことが含まれます。また，組織や組織と環境の関係を理解するために，システムアプローチができる人や，洗練された概念レベルでものを考えられる人も必要とされます。そのような人々には，他のチームメンバーを攻撃したり，締め出したりするのではなく，トップチームが求める頑健（ロバスト）でかつ敬意をもって行われる議論に関わることができる共感性が求められます。また，信用を傷つけ合うのではなく，信用を育むようにする誠実さも求められます。もちろんこれには，組織全体の機能の問題によって，組織内の自分自身の領域にも影響が出てしまうといった問題について論じるときも含まれます。誠実さにはもちろん，シニアチームによる議論の内容を内密（コンフィデンシャル）にすることや，シニアチームで合意された決定事項を実行に移すことも含まれます。あとでトップチームの対立について論じる際に，チームを傷つける行動についても考えていきますが，共感，誠実，リーダーシップの方向性と概念の洗練は，トップチームのメンバー要件に特に求められるものといえます（Wageman *et al.*, 2008）。

　チームメンバーの多様性についてはどうでしょうか？　女性やアフリカ系，マイノリティの民族集団，障碍をもつ人々，高齢者，若年の人々といったさまざまな TMT グループの代表について，これまでたくさんのことが書かれてきました。上層部理論（upper echelons theory; UE）は，トップチームを作る際の年齢，教育水準，在職期間などの諸条件が，組織の成果に大きな影響を及ぼすとしています。ハンブリック（Hambrick, 2005）は，上層部理論によってトップチームの機能を情報処理的に理解することができ，重役のとる方向性が，**チームに提示される情報の解釈，知覚，選定にどのように影響を与えるかを**説明するのに役立つと述べています。これは一方で，会社のパフォーマンスやイノベーションといった組織の成果にも影響します。たとえばスミスら（Smith *et al.*, 1994）は，トップチームメンバーの経験が多様すぎると，組織のパフォーマンスが悪いことを見出しました。また，他の研究では，トップチームメンバーの教育水準が高いほど，創造的な解決とイノベーションを受け入れやすい

ことが明らかになっています（Bantel and Jackson, 1989; Hambrick, Cho and Chen, 1996; Smith et al., 1994）トップチームの年齢の多様性に関する研究では，対立が原因で起こるネガティブな結果は，共通言語のなさや非効果的なコミュニケーションが根源にあるためであることが示されています（Pfeffer, 1983; Zenger and Lawerence, 1989）。チームメンバーが近しい世界観や，チームのタスクについてのメンタルモデルを共有していないほど，チームとしてその戦略をコーディーネート，コラボレート，コミュニケートすることは難しくなります（Flood et al., 2001）。いくつもの研究によって，職務上の多様性は（異なる職業背景をもつ人々——エンジニア，製造，販売，営業，人事），明確な企業戦略やマーケットシェア，利益の増加，資産の収益，イノベーションと関連があることが見出されてきました（Bantel, 1993; Bantel and Jackson, 1989; Hambrick et al., 1996; Horwitz and Jorwitz, 2007; Korn, Milliken and Lant, 1992）。チームの在職期間の多様性の高さは統合と信頼の低さと関連がありますが（Lawrence, 1997），一方で，戦略的変化，マーケットシェアや利益の向上の高さにも関連があるようです（Boeker, 1997; Hambrick et al., 1996）。

　これらのさまざまな知見からどういうことがいえるでしょうか？　心理学者はグループの多様性を理解するために，2つの方法を提示しています（Harrisonand Klein, 2007）。ひとつは，情報処理過程の観点です。それは，いかなる多様性も集団に豊かな情報をもたらし，それによって質の高い決定が可能となり，環境についてより包括的な分析をすることができるようになると考えます（van Knippenberg and Schippers, 2007）。もうひとつの観点は，社会的自己同一性，または社会的分類化理論に基づくものです。それは，自分たちは各々異なる集団に属しているとみなすので，潜在的にグループは競争的となり，人々が衝突してしまうために，多様なグループは効果的に機能することができないと考えるものです。私たちは自己意識やアイデンティティの一部を，集団のメンバーシップによって形成しています——たとえば筆者は，男性，心理士，ウェールズ出身，自転車愛好者，子どもの親，医療従事者，白人，シェフィールド・ウェンズデイのサポーター，高齢者など——。私たちは自分のセルフイメージを支持するために，自分がメンバーとして所属するグループをポジティブに捉えます。そして，自分が属さない集団をあまりポジティブに考えない，

あるいはネガティブに推し量ることがあります。結果的に，私たちは自分たちの内集団（私たちがアイデンティティをもっている集団）についてはよりポジティブに，外集団（女性，エンジニア，若年者，シェフィールド・ユナイテッドのサポーター）のメンバーについては，あまりポジティブに考えない傾向があるのです。これは，多様性のあるグループにとっては，協力レベルを下げるものであり，潜在的な対立の条件にもなりえます。メンタルモデルとコミュニケーションの違いは，社会的自己同一性プロセスも悪化させます。いずれもTMTの機能の理解と強い関連があることが，多くの実証研究で支持されています。意思決定場面ではチームで考えるので，チーム内の職業上の多様性によって，多様な関連情報を得ることができます。一方で，トップチームにおいて女性がひとりか2人しかいないというようなマイノリティグループ（多くのチームでは依然驚くほど稀ですが——Sealy, Vinnicombe and Singh, 2008; Welbourne, Cycyota and Ferrante, 2007）や，年齢背景があまりに違う人々を含むことによって，異なったサブグループのメンバーの意見に対する反対や，対立条件を作り出してしまうでしょう（van Knippenberg and Schippers, 2007）。

　集団内の異質性や多様性によって，トップチームに高い水準の生産性やイノベーション，有効性を生み出すことができますが，それは多様性による悪影響を克服する重要な条件が揃ったときであることが研究によって示されています。ヴァン・クニッペンベルグら（Van Knippenberg et al., 2004）は，分類化—精密モデル（categorization-elaboration model; CEM）を提唱しています。第1に，チームメンバーは多様性によってもたらされる異なるものの見方を，全体に対して意識的に価値づける必要があります。そして，チームリーダーもしくはCEOはその方向性をモデル化するとともに，チームにおける多様性の価値をチームが認めるように明確に，そして熱心に求めていかなくてはなりません。第2に，社会的断絶問題（例えば，チーム内のサブグループ間のギャップ——特に女性の人事部長と男性のエンジニアといったサブグループの組み合せなど）は，チームに明確な目的と目標があることを確かめることで克服できることが示されています。社会的分類効果は，チームメンバーが共有したゴールに集中し，グループ内のアイデンティティの集合意識を高め，社会的断絶を減らすことによって弱まっていきます。多様性をトップチームのイノベーションへ

と転換し，社会的断絶を抑制するために目標を明らかにすることの価値は，イギリスにおける 42 の TMT 研究ではっきりと証明されています (van Knippenburg *et al.*, 2011)。

組織のサポート

トップチームが適切で迅速な対応をするためには，環境や組織の機能，目標達成の進捗に関する情報が必要です。経営に関する情報システムは，これらを達成するための基本的な方法です。図 4 は，イギリスのビジネススクールで用いられている重要な業績評価指標 (Key Performance Indication; KPI) です。これらの指標は，マネジメントチームが可能な戦略を立てたり，重要な問題に意識を向けたり，目的に向かって前進する上で必要な情報を得るために用いられています。赤，緑，そして黄色という「信号」のしくみを用いることによって，KPI は，トップチームがその労力をどこに注いだらよいのか，あるいはどのパフォーマンスやイノベーションを維持する必要があるのかを教えてくれます。

ケーススタディ
ヘルスケアセンターにおけるコミュニケーションと情報

ノッティンガムシャー州の保健医療における NHS (国民保健サービス) の委託を受ける団体の代表取締役であるマイク・コーク (Mile Cooke) は，8000 人もの組織を管理しています。そして，広範囲にわたる精神保健サービスを提供するために協働するトップチームを有しています。トップチームは高いモチベーションをもった非常に優秀なリーダーたちで構成されています。チームとして効果的に機能するためには，組織全体からトップチームに至るまで，質の良いコミュニケーションをすることが求められます。彼らは，成功，失敗，ニアミス，サービスの質，生産性，スタッフの関心，効果的でない領域，深刻な停滞を示す指標，

338　第4部：組織におけるチーム

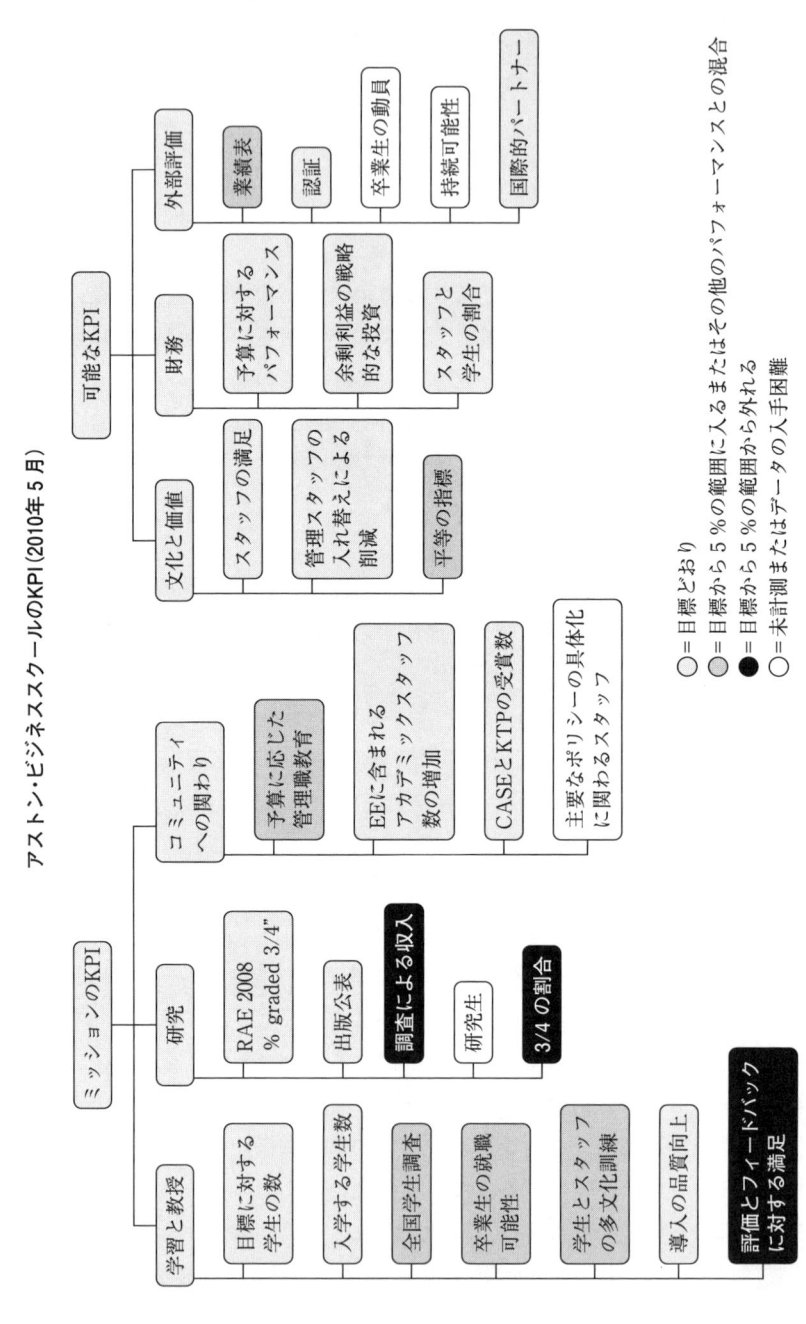

アストン・ビジネススクールのKPI（2010年5月）

ミッションのKPI

- 学習と教授
  - 目標に対する学生の数
  - 入学する学生数
  - 全国学生調査
  - 卒業生の就職可能性
  - 学生とスタッフの多文化訓練
  - 導入の品質向上
- 研究
  - RAE 2008 % graded 3/4"
  - 出版公表
  - 調査による収入
  - 研究生
  - 3/4 の割合
- コミュニティへの関わり
  - 予算に応じた管理職教育
  - EEに含まれるアカデミックスタッフ数の増加
  - CASEとKTPの受賞数
  - 主要なポリシーの具体化に関わるスタッフ

可能なKPI

- 文化と価値
  - スタッフの満足
  - 管理スタッフの入れ替えによる削減
  - 平等の指標
- 財務
  - 予算に対するパフォーマンス
  - 余剰利益の戦略的な投資
  - スタッフと学生の割合
- 外部評価
  - 業績表
  - 認証
  - 卒業生の動員
  - 持続可能性
  - 国際的パートナー

凡例：
- ○ = 目標どおり
- ◯ = 目標から5％の範囲に入るまたはその他のパフォーマンスとの混合
- ● = 目標から5％の範囲から外れる
- ○ = 未計測またはデータの入手困難

図4　トップチームに対する組織的なサポート

そして，これらをするために必要な新しく改良された方法を知る必要があります。そのため，組織内の効果的なコミュニケーションは，トップチームにとって重要なのです。それらのコミュニケーションはもっと上層部にまでつながっていくべきです。また，トップチームは彼らが必要とするコミュニケーションを模索することについては明確かつ慎重であるべきです。コミュニケーションによってスタッフと継続的に対話することによって，戦略を立てることが可能になり，（政策や，提携組織の改編，景気悪化のような）避けがたい変化に対応するために必要な調節を行うことができるのです。トップチームはまた，サービスを提供するために協働する必要のある組織の重要な部門に対して，お互いに効果的なコミュニケーションをすることや，組織内で，あるいは部門間で横断的なコミュニケーションをして効果的に働く中でうまくいくこといかないことを伝えるように求めます。トップチームには組織を越えた効果的なコラボレーションが求められ，成功に関する情報，あるいはその他のコラボレーションに関する情報が常に知らされなくてはなりません。そのため，組織的なコミュニケーションと情報は，トップチームにとって肝心であり，多くのトップチームの失敗は彼らに自分たちが慣れ親しんだ領域に孤立することを許してしまうによって起こります。組織全体に行きわたった管理体制とは，コークと彼のチームが密な連絡を取り続けることで発展させてきた戦略そのものです（http://www.nottinghamshire healthcare.nhs.uk/ last accessed 11 August 2011）。

さまざまなチームにおけるチームメンバーと同じように，トップチームメンバーも効果的なチームワークのためにはKSA（知識・スキル・態度）を発展させる必要があります。ですが，彼らに直面化している特有の課題があるのであれば，トップチームメンバーは，情報共有，目標設定，メンバーへのフィードバック，対立のマネジメント，タスクの分担と連携，協働的な問題解決をするために，チームの中で効果的なコミュニケーションをする方法を理解することがよりいっそう重要となります。チームの「はずれもの」をうまく扱うのは

チーム全体の責任です。彼らはとても攻撃的あるいは間接的に攻撃的なのでチームの目標達成能力を損ねます。そのようなスキルはTMTメンバーによって高いレベルで磨かれる必要があり，そのためにはトレーニングが必要です。多くの経営者は，それまでの経歴の中でチームワークについてトレーニングをうけることなくトップチームに昇進しています。そのため，チーム全体で成功を得るためのスキルを持たないまま，気づいた時には精神的圧迫感の高い状況にさらされています。トップチームが困難に直面している時，しばしばトップチームのポジションにつく人たちのパーソナリティは強烈です。したがって，多くの場合，それぞれのメンバーに対するトレーニングと指導が必要になります。CEOはそうしたチームメンバーの指導に責任をもつ必要があり，チームの機能をみてくれるチームコーチを雇うことや，チームワークのスキルに関してチームメンバーそれぞれのゴールを設定すること，パフォーマンスへのフィードバックを与えるということを検討できます。機能していないTMTの多くは，そのような状況で効果的に機能するためのスキルがチームメンバーにいかに欠けているかを示しています。ある大きな情報プロモーション会社の戦略的なビジネスチームの研究では（Losada end Heaphy, 2004），チームメンバー間の積極性の重要さが明確に示されました。その研究では60チームのチームミーティングを観察しました。チームメンバー間における積極的な相互作用と消極的な相互作用の比率は5：1あるいはそれよりも積極性のほうが大きく，その後の組織の収益も積極的な方がより良いものでした。さらには，もっとも機能的なチームでは，誰かの意見を主張したり押さえつけるよりも，少なくともチームミーティングにおいては多くの介入によって情報を求めたり，情報について質問がされていました。それによって，チームメンバー間の相互のやりとりは健康的なバランスを保っていました。積極的なチームミーティングや，理解を得るためのオリエンテーションは，攻撃的で独断的で闘争的なミーティングよりもトップチームのためにはより効果的なようです。

　ここまでTMTの情報について考えてきましたが，ここからは，目的や参加，イノベーションへのサポート，振り返り，タスクへの焦点化や対立のマネジメントなど，TMTにおけるプロセスについて見ていきたいと思います。

トップマネジメントチームのプロセス

どのようなチームにおいても，まず考えるべきことは，タスクの通常の状態を理解することです。チームを持つ上でのポイントは，チームには必ず求められるタスクがあるということです。ひとたびそのタスクが明らかになれば，どのようなスキルが必要で，それらのスキルを誰がもっているかを判断できます。この時にチームの選択がなされるのです。TMT の目標は，組織の目標から作られるものですが，組織の目標と全く同じではありません。組織の目標は組織全体の責任です。TMT チームの目標は，組織が目標を達成できるように組織の活動に価値を加えることです。もし組織の目標が質の高い安全な保健医療を提供することであれば，TMT は品質を管理し，スタッフをトレーニングし，失敗の報告を効果的に得るためのシステムを特定して，それを構築することによって価値を加えるでしょう。患者自身に直接にヘルスケアを施すことは明らかにトップチームのメンバーの仕事ではありません。多くの TMT は，組織の目標を過大に設定するという失敗を冒しています。トップチームの目標についても同様です。そのため，トップチームは大きすぎるアジェンダを抱えることになり，多すぎる指標に埋もれてしまいます。そして，より重要なところで表面的な情報に頼ったり，他の範囲の活動を不適切に邪魔してしまうために，目標を達成できなくなってしまいます。しかし，チームはその目標に向かって結束し，相互依存的な仕事に投資をしてきたのです。チームワークとは良い相互作用を起こすものであることを思い出しましょう。──目標を共有するために，チームメンバーはいかに一緒に働くのかということです。救命ボートの乗組員は，効果的なチームワークを達成するために，コミュニケーションをとり，対等な立場で働き，メンバーを支え，パフォーマンスに対する指導を定期的に行わなくてはなりません。トップマネジメントチームもそのようにするべきです。TMT のメンバーが自分たちの機能領域で目的を達成することに注力して，チームとしての集合的な責任に注力しないようなときには，組織はバラバラになり効果的ではなくなります。世界中の 120 の TMT を対象にした研究では，CEO は個々のメンバーに対して過度にチャレンジングな課題を与えて，一方

で，チームに対しては簡単な課題を与えていました。結果的に，チームメンバーはトップチームを無視し，メンバー自身の領域にエネルギーを注いでいました（Wageman *et al*., 2008）。そうではなく，彼らはまず以下のことに取り組むべきです。

・競争相手の行動，法の改正，市場の変化について知識を共有するなど，戦略的な情報交換をすること。
・すべてのスタッフが効果的な評価を得て，質の高い第一線のスーパービジョンを受ける，組織全体がチームで仕事をするなど，企業全体の主導権を調整すること。
・新しい製品の発売，企業の買収，海外に新しく工場を開設することを決めるなど，組織のために重要な決断を行うこと。

チームの適切な目的が特定されれば，明確な目標を設定することができます。そして，それはチームのビジョンや目標について初期に考えたことと一致しているべきです（第6章）。さらに，チームの目標は明確でチャレンジングなものであり，7つか8つ以内と，数は少なくするべきです。

ケーススタディ
ビジネススクールのトップマネジメントチーム

3700万ポンドの売上があるイギリスのビジネススクールを率いる学部長を勤めていた時には，明確でチャレンジングで測定可能な目標を設定してチームで働くことに注力しました。それによって私たちはより適切に焦点化し，TMTとして適切に効果的に働くことができたのです。最初にこれが求められ，次に重要なステークホルダー（生徒），そして，私たちもその一部であるより広い大学全体の仕事の有効性に注力しました。その結果，2010年の目標は以下のようになりました。

・生徒の経験の満足度を十分に高めること，生徒とスタッフの割合を改

- 大学の中核的サービス（財政，人事，資産）や，大学内の他の学部との協働を改善すること。
- 文化の変革や，リーダーシップ開発を大学が主導して効果的に行うこと。
- 予算のバランスを保ち，戦略的な投資意欲がかなりの余剰利益を達成することによってかなえられること。
- スタッフの満足度を大幅に上げること。
- 全ての学習プログラムで，テクノロジーを用いた学習をより効果的に発展させること。
- ヨーロッパの財団による 2011 年の経営開発で認証をうけることに成功すること。

これらの目標は個々のチームメンバーの目的（研究，生徒数，管理職の教育，企業提携，マーケティング）を強調するのではなく，重要な戦略的な目標に向けてともに働く必要がある活動領域を強調しています。

　先述の研究（Wageman et al., 2008）では，多くの CEO が，チームメンバーが組織のミッションを知っていれば，そうしたチームの目的や目標を成し遂げられると思っていることが明らかになりました。しかし，そのミッションはチームメンバーがグループとして何をすべきかについてのガイダンスは与えていません。第二に，トップチームメンバーは，組織の戦略についてその言葉は知ってはいても，共通の理解をしていないことがわかりました。彼らはその戦略が実践ではどのように解釈されるのかについて理解を共有するとともに，その戦略を達成するためのチームとしての役割は何かを共有する必要があります。第三に，組織が進むべき方向性についての判断や意見，好み（Wageman et al., 2008）について，優秀で力のあるチームメンバー間に起こる避けがたい多様性を乗り越えるための勇気をチームメンバーが，持ち合わせている時にのみ，明確な目的が達成されます。この方法によってのみ，強い目的意識をもつことが

できます。それは，多様性について聡明で先進的な熱い議論を通して得られるものであり，それによって賢明な方向性に向けた組織全体の目的をもつことができます。それには勇気が必要なのです。

トップチームへの参加

　第7章で私たちはチームへの参加というテーマについて検討しましたが，そこで明らかになった主な問題は，トップチームのプロセスにも同様にあてはまります。さらに，彼らの相互作用や，情報の共有，そして決定にいかに影響を及ぼすかというトップチーム特有の難しさもあります。トップチームへの参加に影響する重要な検討点が3つあります——それは，彼らのタスクと規範，そしてチームサイズです。

　世界中の120のトップマネジメントチームを対象とした包括的な研究で，ワグマンと彼女の同僚はコンサルタントに，以下のことに関するチームの成功度を評価させました。それはこれらのチームが出資者（ステークホルダー）のニーズに見合っているかどうか，チームワークを将来にわたって維持していくための能力をどのように効果的に発展させたのか，また，彼らのトップチームのメンバーシップの結果，チームメンバーがどの程度学び，成長してきたかということに関してでした。彼らはもっともよいチームは「本当に意味のあるタスク」をもっていること，チームが成功しうるための明確な行動規範をもっていること，さらには典型的には8人以下のメンバーで構成されていることを明らかにしました。最も良いトップチームは，協働する必要があるタスクを行っていました。それは，複雑でチャレンジングなタスクでしたが，それこそが組織の成功に差をつけるものでした。これには，企業の買収や，後継者選び，新しい土地への移動や本社の移転というタスクも含まれていました。より成功していないチームは，多くのつまらなくて，簡単で，不適切でやりがいの少ないタスクに従事していました。彼らのアジェンダには，組織の成功に結びつかないような項目も含まれており，彼らには，大きな問題に焦点を当てるための時間的余裕がほとんどありませんでした。トップチームは，ウェブサイトのデザインや，駐車場の問題，書類の文言などを話し合う場としてはおよそ不適切な場所なのです。

さらに，成功しているチームには，明確で合意された行動規範があります。これらはチームメンバーの振る舞いに関する根本的なルールであり，トップチームメンバーの役割におけるパフォーマンスへの期待について，重要で明確な指針を提供します。ワグマンら（Wageman et al., 2008, p. 129）は，4つの普遍的で有益なTMTの規範を示しています。

コミットメント──チームメンバーの役割をあなた個人のリーダーシップの役割と同じくらい大事に扱う。
透明性──チームの中でひとりでも影響を受けることであれば，チームで議論する。
参加すること──企業に関する問題は，どのメンバーの発言でも歓迎される。
誠実さ──あなたがチームの中で言ったこと，したことは，チームの外で言ったこと，したことと同じである。

彼らはアップルビーズ（Applebee's）という企業を例に挙げています。アップルビーズはダイニングルームやグリルやバーなどの，2000を越えるレストランチェーン店を保有し，アメリカのカンザス州に本社をかまえる世界的な企業です（http://en.wikipedia.org/wiki/Applebee's（last accessed 11 August 2011）。彼らのトップチームは，次のような規範を持っていました。──信頼を築く，決断力をもつ，責任をもつ（責任を理解し，認め，定着させる），大会を開く，結果を出す，ワークライフバランスを実践する，楽しみをもつ。

法人組織の社会的責任

トップチームは，また，コミュニティを搾取したり，コミュニティが組み込まれている世界を破壊するのではなく，自らの組織が社会やコミュニティ，環境の改善に貢献するようにする責任も負っています。相互の結合には責任が伴っており，利潤の追求は常にコミュニティや環境を維持する責任に対しても貢献しなくてはなりません。このことは組織概念や社会概念には基本的なことですが，多くのTMTはこのことを中核的な方向性としては軽視してきました。

組織の社会的責任はどの TMT のタスクよりも中核的です。ここ 50 年間における優れた経営理論家であるカンター（Rosabeth Moss Kanter）は，この原理を支持しています（Kanter, 2009 参照）。カンターは，組織がコミュニティをむしばむのではなくコミュニティに貢献するつもりであるなら，価値観を明確に表明することが組織の将来につながるに違いないと主張しています。彼女は，この方向にすでに移行している会社を「前衛」と呼び，そうした会社では価値観や原理，社会への注目がビジネス戦略の中心になっていると述べています。

・IBM は 2003 年に「バリュー・ジャム」を開催しました。これは 72 時間のウェブ会議で，1 万 5000 人を超える出資者が参加して，IBM が世界で何を標榜するべきかを特定することに焦点を当てました。当時の CEO のパルメサノ（Sam Palmesano）は次のような発言をしています。「経営とは一時的なものであり，利潤は循環的なものです。価値観は，寿命のある結合組織のようなものです」。その会議によって 3 つの価値観の表明がなされました。その価値観とは，全顧客の成功への尽力，会社そして世界にとって価値のある発明，あらゆる関係における信頼と一人ひとりの責任です。

カンターはその他にも以下の例を挙げています。

・P&G（プロクター・アンド・ギャンブル）は，「現在そして次世代の」世界の消費者の生活を改善するという企業戦略に尽力してきました。このことが非営利会社経由での浄水器の躍進につながり，アジアの津波発生後に多くの命を救いました。
・最も環境を汚染する産業のひとつである建設業で，資材会社であるセメックス（Cemex）は，労働条件の改善やコミュニティの発展を戦略的に行いました。代替燃料や環境の浄化を探求したことで，セメックスは，持続的な開発において国際的な貢献をした企業として，世界環境センターの金メダルを受賞しました。
・日本の電子会社であるオムロンは，「われわれの働きで，われわれの生活を向上し，よりよい社会をつくろう」というモットーをもっており，それによ

って世界で最初のATMや，ランドリーの安全性を高めるシステム，女性向けの血圧計などのイノベーションにつながりました。
・バンコ・レアル（ブラジル）の戦略は，社会的責任や環境に関する責任を最優先事項にしています。そうした環境へのコミットメントによって，世界銀行国際金融公社（World Bank's International Finance Corporation）は，2003年に赤道原則（Equator Principles）を起草するに至りました（2006年に改訂）。これは，環境問題や社会問題に対する開発計画に世界規模で融資することによりマネージするための基準となります。赤道原則は参加する銀行や金融機関に対して，その原則が定義するプロセスに準じたプロジェクトに融資することによってコミットします。

このような明白な規範はチームメンバーがチームの焦点から遠く離れたところに散っていかないようにする寄りどころとなり，トップチームが直面する複雑さや競争要求，そして大きな問題に対処するための原理原則を強化します。

トップチームが大きくなればなるほど，効果的に関わるようにすることは難しくなります。たとえば，チームミーティングでは，チームが8人または9人以上になると，チームの会話は帯ドラマに変わってしまいます。メンバーはチームと会話しているのではなく，スピーチをするようになります。さらに，チームが大きくなればなるほど非生産的な対立が起きやすくなります。トップチームは代表者委員会ではありません。組織の戦略の実行を明確化しサポートする責任がある人々の集団がトップチームなのです。また，組織は環境の変化に合わせて組織間の提携が必要となる，といった避けがたく起こる予想外の展開にも対応しなくてはならないのです。

TMTのサイズは14人から7人までさまざまですが，明らかに，チームメンバーの人数がタスクの達成に必要な人数より多くならないようにするべきです。決して8人または9人を超えないようにするのです。チームメンバーが組織の主要分野を代表するようなリーダーシップチームを結成するとしたら，CEOは単純な誤解をしています。なぜならば，そのような集団を作ることは情報共有や集団の調整には役立つかもしれませんが，そうしたチームはTMTとして効果的に機能するわけではありません。これに関連することとして，チ

ームの境界があります。

　トップチームメンバーは誰がチームに属し，誰がチームに属していないかをはっきりさせる必要があります。ワグマンらが 120 のチームを対象に行った研究では，誰がチームに所属しているかについて合意がとれていたのはたった 11 チームしかなかったことが明らかになりました。あるチームでは，CEO はチームに 11 人のメンバーがいると報告しましたが，CEO が特定したチームメンバーたちは，チームメンバーに関して 7 人から 84 人の間であると異なる報告がなされました。CEO がメンバーを 5 人といったより小さいチームでも，各メンバーたちの報告は 5 人から 9 人と異なっていました。チームの境界がはっきりしていないところ，すなわち誰がチームメンバーであり誰がチームメンバーでないのかはっきりしていないところでは，トップチームワークの有効性は損なわれるでしょう。

ケーススタディ
トップチームの規範

　アストンビジネススクールの経営チームは，常にやらなければならない 3 つのリストと，決してやってはならない 3 つのリストについて合意しています。

常にやらなければならない 3 つのこと
　1．委員会ではなくチームとして働く。
　2．挑戦――難しくて重要なことに焦点化する。
　3．自分が考えていることを言う，ただしチームの中で。

決してやってはならない 3 つのこと
　1．学校や大学，そこに属する人々を言い負かす。
　2．お互いに，あるいは組織内の誰かを意図的にだます。
　3．主要なプロジェクトを始めっぱなしで終わらせない。

> これらの規範に対する私たちのチームの機能は，ミーティングのたびに見直され，規範をずっと新鮮なものにしておくために，毎年新しいリストが作られました。

トップチームミーティング

　TMT以外の組織の人たちが想像するのとは違って，トップチームミーティングが死ぬほど退屈で，チームメンバーがなんとかして眠らずにいようとしていたり，このようなミーティングにあと何回耐えることができるだろうかと思いを巡らせたりしていることもあります。一方で，非常に緊張感が高く不快であるために，賢明な意思決定ができそうにないようなミーティングまでさまざまです。チームミーティングを効果的にすることは，トップチームメンバーにとって，組織の他のメンバーのミーティングと少なくとも同じくらい重要な問題です。ミーティングのたびに個々のチームメンバーに各々が責任を持つ領域について報告をさせることは，有意義な戦略ではないということは，私のトップチームにおけるリーダーシップ研究の初期段階でわかりました。実際には誰も聴いていないような，長いパワーポイントによるプレゼンテーションや自己満足的な報告が，貴重なTMTの時間を無駄にしていました。そうしたプレゼンテーションは未来ではなく過去に焦点を当てる傾向がありました。

　これについては，アジェンダを通して考えるということが鍵になります。チームメンバー全員にどういうアジェンダが好ましいかを尋ねるというのは，アプローチのひとつとなるでしょう。しかし，これはさまざまな関係の項目をあまりにも多く含む方法なので，結果的には，重要な問題について議論するための時間を十分に取れなくなってしまいます。別の解決方法は，トップチームのアジェンダの中心的な項目として，トップチームの目的（6から7個以上にすべきではないということを思い出してください）をもつことです。その方が焦点がはっきりしますし，それ以外の項目は重要な場合にのみ含まれることになります。ロッシュ・カナダ社（Roche Canada）は，それが戦略的で，非常に重要であり，かつトップチームしかそれらを決定したり処理したりできないも

のである場合のみ，トップチームのアジェンダに関する項目として認めています。アジェンダは，短く，すなわち，できるだけ少ない項目であるべきです。これまでにも毎回出てきたような項目は，しかるべき理由がないかぎりアジェンダとするべきではありません。というのも，全てのアジェンダはその重要性によってアジェンダとされるべきだからです。そして，チームメンバーは，ある項目に対処する時までに達成しておくべきことは何か——意思決定や行動を特定し，その後の行動に影響を与えるであろう情報を共有する——を理解していなくてはなりません。さらに，チームメンバーは，（たとえば）本当に変化が起こったことを確かめるために，どうしたら自分たちが下した決定によって生じる結果をモニターし，測定することができるかについても一致していなくてはなりません。120 の TMT に関する研究で，ワグマンら（Wageman *et al.*, 2008）は，以下のような手引きを示しています。

- **最も重要な問題から始める**——チームが最も時間を要するのは，組織に一番大きな違いを生むと思われる問題について議論をすることです。ミーティングの終わりになって，急いでそれらを扱うのは明らかに賢明ではないでしょう。
- **過去ではなく未来に向き合う**——トップチームは全ての時間を過去の成果の見直しに費やすのではなく，組織を前に向かって進めなくてはなりません。過去の困難や成功から得られる学びはありますが，前進するには，先のことを予期し，うまく舵を取ることが必要になります。
- **事前準備と参加**——チームメンバーは重要な資料を読んだり，必要な情報を集めたり，前もって他のトップチームメンバーと話をしたり，スタッフのコンサルテーションをしたり，意思決定のプロセスにかかわる準備をするなど，効果的にミーティングを行えるように準備しておかなくてはなりません。アジェンダをさらに保証するためにとりわけ重要なことは，項目の数が少ないことです。
- **疑問の残るタスクへの挑戦**——チームにいる全ての人が，アジェンダに現れた不適切な項目を省略することを提案する責任を負わなくてはなりません（たとえ CEO がその項目を提出したとしても）。そうした項目は委任される

ことがあります。
- **委任**——TMTが扱う多くのタスクは，権限を与えられた個人や，組織の他のレベルのチームに委任されるべきです。
- **大きなタスクは大きいままにしておく**——大きなタスクを小さく分けることによって進歩しているような気持ちになりますが，それは大局的な問題を扱うチームとしてのチームワークを止めてしまいます。アジアに別のオフィスを開設するという決定をするためには，別の国の不動産価格や市場の需要，政治の安定について多くのことを調べなくてはならないかもしれません。そうした行動に関する責任を個々のメンバーに負わせることで，結果としてトップチームはチームとして大きな決定をすることに十分に関与しなくなります。そのため，そうしたことは効果的に回避されます。

　チームメンバーは自分たちが効果的に機能する上で，助けになるような適切な情報や，新たな挑戦に応えられるようになるための教育やトレーニング，資源を必要としています。TMTは情報に飢えた猛獣です。というのも，チームは複雑な環境の理解を促進し，TMTがチームとして目的を達成できるようにするための情報を必要としているからです。しかし，多くのTMTのミーティングでは，情報は提示されますが，チームメンバーはそのデータをただ受動的に受け取るだけなのです。トップチームの役割は，環境や問題を正確かつ高度に理解するために，データから集合的に情報を得たり，データを理解したり，データを創造的に探究することです。そして，彼らは組織を正しい方向に導くような決定を行うより高い地位にいるのです。このことから，TMTには，自らが必要とする情報に対して慎重であることが求められます。すなわち，役に立つ情報を得ますが，それらのデータや報告に溺れることはなく，データを信頼できる正確なものにするのです。そして，TMTはデータを一緒に見直して，その示唆するところを議論し，前進するための方法について合意を得るために十分な時間を取る必要があります。
　また，私たちがリーダーの才能について信じていることとは裏腹に，彼らのほとんどが効果的なチームワークに関しては優秀な実践家ではないのです。彼らの多くは同僚との協力的な相互作用ではなく，競争的な相互作用の結果，ト

ップチームのメンバーになっているのです。トップチームメンバーの教育は継続的なプロセスであるべきです。それには，優れたリーダーシップのスキルやチームワークのスキル，戦略立案に関して，トップチームメンバーのトレーニングを行うことが含まれています。CEOたちは，しばしば，優秀な人間はトップチームのメンバーになるために必要なスキルをすでにもっていると思っていることがあります。あるいは，いったん水中に投げ出さると，それらのスキルをすばやく身に着けるのではないかと考えていたりします。しかし，溺れている人々は自分の周りにいる人を巻き込むことがあります。個々人が自分にとって必要なトレーニングは何かを特定して，それらのスキルを身に着けることができるような優れた講習や経験を見つけて，トレーニングの時間を取ることが肝要です。効果的なTMTはそこにいるメンバーが学び，成長し続けるTMTであり，チームワークが最大限の効果的になるように発展し続けるTMTなのです。トップチームメンバーに可能な限り最も質が良く，最も幅広い教育を提供することは彼らの責任の重さから考えても，理にかなっています。また，これまで見てきたように，チームは高水準のイノベーションやチームメンバーの関わりによって特徴づけられていることからもそういえるでしょう。

　トップチームメンバーはあらゆる領域の専門家ではありえません。トップチームが新たな国で事業を始めるといった新たなタスクに直面した時には，彼らは助言や情報を必要とするでしょう。新製品に関する市場戦略を発展させることは，チームメンバーの能力を超えているかもしれません。このような状況では，CEOやトップチームメンバーは，それらのスキルをもつ組織内の人々や，外的なコンサルテーションという形で外的な援助を探さなくてはなりません。トップチームメンバーが自分自身が効果的に働くために，助言やスキル，知識，専門知識を得られるようにすることは，組織全体の機能にとって重要です。私たちの誰もマーケティングについてよく知らないにもかかわらず私たちがトップチームとしてうまくいくだろうと判断したような事業は，たいてい失敗します。

　チームワークに関する私たちの理解の中心的なテーマは振り返り，すなわち，チームが自身の目標やプロセスや成果，改善の方法について見直す時間を取ることの重要性です。トップチームにとって，そうした振り返りおよび計画や実

行は，非常に重要です。目的やプロセス，環境や戦略を振り返る日を定期的に設けることで，チームは棚卸をしたり，直近のあわただしいアジェンダに対して距離をおいて考えたり，そしてまたそれに焦点化することができるようになります。私は，TMT は少なくとも 3 カ月に 1 度は完全に仕事から離れる日をもつことを推奨します。これは，200 人以上の従業員と 3700 万ポンドの売上がある中規模企業（アストン・ビジネススクールの場合）のチームを率いたり，1000 人以上の従業員と 1 億ポンドの利益がある大学のトップチームの一員であった経験から思うことです。組織や環境の複雑さによっては，より頻繁な振り返りが必要になるでしょう。そして，知恵や慎重さ，イノベーションを保証するための「タイムアウト」は，トップチームの仕事の特徴でもあるのです。

　CEO には，チームワークのために，そのような振り返りの時間を確実に組み入れる責任があります。なぜなら，トップチームメンバーが直面化している仕事量を前にすると，そうした中断はいつも先延ばしされたり避けられたりする傾向があるからです。私たちの研究のエビデンスによれば，そうした振り返りは多様な環境や部門では後退ではなく，生産性の向上や革新性の向上に関連しているのです（West and Anderson, 1996）。CEO は振り返りが「機能」するようにするために主導的な役割を果たします。効果的なトップチームは，きめ細やかなパフォーマンスを注意深く振り返る必要もあります。それは，ミーティングの終わりに，うまくいっていることやうまくいっていないこと，ミーティングの使い方や，ミーティングにおける時間の使い方について改善できることがないかを考える時間を取ることによって行えます。また，「実行中」での振り返りは，特定の事業計画や危機管理，問題管理および「実行後の見直し」が貴重な学びを提供してくれるかもしれないような他の状況でも，使うことができるでしょう。

　あるトップチームメンバーが私たちに警告したように，振り返りしないでおくと，その損失は大きくなる可能性があります——「私たちは見直すことをしません。そして，振り返りをしないことによって，私たちは失敗を含む嫌な経験をします。というのも，何か失敗が起こった時に，何が間違っていたかについて，おのおのがさまざまな評価をするようになってしまうからです。もし振り返りをしなければ，集合的な記憶は形成されません。おのおのが自分自身の

見方をもつようになります。時間が経つと，それぞれの見方は事実になります。最終的には，何が正しくて何が間違っているかについて，4つの異なる事実の見方をすることになるのです。私たちは振り返りを実行しています。しかし，たいていは，時間の余裕がないために，質問したり振り返りをするために集まるということはしていません」。そして，このように振り返りをしないことによって，この章の冒頭で述べたような財務部門における多くの困難が起こるのです。

　CEOの役割は，チームが大きな問題，すなわち，業務上重要な活動に焦点化するようにコーチすることや，操作的，戦術的でつまらない目的の追求に陥らないようにコーチすることです。そうしたコーチングは，ミーティング内外において，CEOの役割の鍵となる部分です。チームがチームとして機能するようにコーチングを行うことはその主要な役割です。多くのCEOは，個々のチームメンバーを指導することはうまいのですが，チームがチームとして機能するようにコーチするという，より高次で，かつより強力な役割は軽視しています。それはつまり，買収のような重要な問題に対する責任を，チームメンバーが全体として取るようにするということです。あるいは，スタッフが顧客に対して統合的なケアを提供することに焦点化したり，組織全体の力強いイノベーションを行うといったことに対して，チームメンバーが全体で責任を負うということです。CEOがあるチームメンバーに（たとえば）企業文化を変革するプロセスをマネージすることについて責任を負わせることは，その実行についてトップチーム全体が共通の責任を負ってはじめて企業文化の変革が達成されるという事実を無視していることになります。したがって，CEOの役割はチームが目的を設定すること，それらの目的に対するパフォーマンスを監督すること，そして，組織の中で企業文化の変革を主導することに対する責任をチームが集団で負うようにすることなのです。そのためにはコーチの監視下において，振り返りだけでなく，集合的な目標の設定，計画，実行をすることが必要となります。それは，ちょうどスポーツチームがマネージャーに指導されるのと同じです。

　CEOの取り組みを改良できるもうひとつのアプローチとして，チームコーチングを提供する外部のコーチングサービスを利用することが挙げられます。

そのような外部のコーチは，一般に，時間を取って，チームの事業や戦略を理解したり，チームメンバーにインタビューをしたり，トップチームのパフォーマンスを評価するために ATPI のような頑健かつ精密な手法を使ったり，チームミーティングを観察したりします。彼らは，その後フィードバックや目標設定の促進，チームの機能について，概念的にも洗練された洞察を行います。その結果，チームに加速度的な進歩が起こるでしょう。そして，チームがチームワークのレベルを根本的に改善できるようにして，それによって組織内の仕事は飛躍するのです。多くのコーチは自分がこうしたことを行う能力をもっていると信じています。しかし，ほとんどのコーチは組織の戦略上，最も重要な頂点で仕事をすることはできず，トップチームと一緒に効果的に働くこともないのです。それをするためには，戦略的発展に関する知識や，トップチームの仕事の複雑さに関する知識，システム論的な思考を使う能力，謙遜，観察能力，ミーティングで腹を立てている CEO のような非機能的な行動に立ち向かう勇気などが必要になります。ベルビン・チーム役割質問紙（Belbin Team Roles Inventory）や MBTI，その他のパーソナリティに関する質問紙といった手法を用いた質問紙調査を行ったり，そのフィードバックをすることによってチームワークが改善されるという根拠はありません。問題は個人のパーソナリティではなく，チームの機能であり，組織を運営する際に直面する概念的，実践的な問題に対してチームが一丸となって取り組む力なのです。自分にはトップチームをコーチする能力があると思っている過度に好意的な実践家の中から，いかにコーチを見つけるかが問題です。質の高い実践家（例えば，イギリスの公認産業組織心理学者）を探し出したり，トップチームと働くという経験をどれぐらいしているか確認することが，ひとつの方法です。これは他の信頼できる CEO からの推薦を求めたり，その人が以前一緒に働いた CEO からの推薦を求めることによってより確かになるはずです。そして，コーチングの焦点は，常に組織の問題に立ち向かう際に，チームワークを改善することでなくてはなりません。いかだの急流下りは楽しく，チームの結束感を持つかもしれません。しかし，それではトップチームが直面する非常に重要な問題に直接的に取り組んでいることにはなりません。もちろん，一緒に外食したり，元気が出るような所で休養をとるなど，チームメンバー間の友情を築くような社会的イベント

は役に立ちます。これらを行う価値は十分にありますが，チームがチームとして取り組まなければならない問題にしっかりと焦点化することの代わりにはならないのです。

対　立
（コンフリクト）

　トップチームは，一般的には，力強く，聡明で経験豊富なメンバーによって構成されます。そのような人々は，自分の意見に固執する傾向があります。そのため，彼らが集まると，おのおのがアジェンダに関心をもっているために，組織の重要な決定をする際に大きな対立が起こることがあります。さらに悪い場合には，そのような対立が個人間の確執につながり，結果的に効果的なチームワークが台無しになってしまうこともありえます。これについては，明白なエビデンスがあります。内部の対人葛藤が著しく，トップチームのメンバーの何人か，もしくは全員がお互いを信頼せず，仲良くやっていこうともしない場合には，トップマネジメントチームは効果的でなくなり，最悪の場合には危険極まりないものとなってしまうのです。アイルランドのソフトウェア会社のトップマネジメントチームを対象としたある研究では，チームメンバーは以下のような認識をもっていることが明らかになりました。すなわち，一見，タスクに関する理論的な対立と捉えられるようなこと（たとえば，アイデアに対して疑問を差し挟むなど）が，時として，チームメンバーの信用に疑義を呈してその人の名声を傷つけるための個人攻撃を意図している（もしくは，個人攻撃を意図していると受け取られている）ということです。対照的に，これはもっと珍しい例ではありますが，対人的な対立に見える行為が，実際には高い信頼感の表れであったということもありました。特にメンバーの結束が強いチームでは，お互いに対するフラストレーションがたびたび表明され，時には大声が上がることもあるものの，そのおかげで空気が一新されます。しかし，基本的にはお互いに信頼があるために対立もすぐに解消されると報告されています（Flood et al., 2001）。これと同じようなことは，76のハイテク企業のトップマネジメントチームを対象とした研究でも見られています。その研究では，対人的な対立の度合いが低く，合意形成を求める度合いが高い多様性のあるチーム

において，戦略的な合意形成がより高いレベルでなされることが明らかになっています（Knight et al., 1999）。もちろん，過度な意見の一致は「集団思考」につながる恐れもあります。「集団思考」では，集団の規範に和合し忠実であることが，チームが効果的であることよりも重要となってしまいます——しかしながら，こうした「集団思考」は，通常は非常に支配的な CEO がトップチームを指揮している場合にしか発生しません。

これまでの多くの経験的知見から，トップマネジメントチームにおける信頼・対立・協力のレベルが，組織全体の空気にまで幅広く影響することが示唆されています。高いレベルの信頼はチーム内での学び合いを生み（Edmondson, 1999），その学び合いが組織内の情報伝達を活発にします。それによって，異なる機能をもつ部門の隅々まで情報が行きわたるのです（Zand, 1972）。ファレルら（Farrell et al., 2004）では，トップチーム内の情緒的な雰囲気や信頼の度合いは，トップチーム外の従業員が認識する組織風土に影響することが明らかになっています。トップチームのメンバー間における信頼感が高いほど，従業員は，イノベーションや，リスクを冒すこと，新たな試みをすることに対して一丸となってサポートするような空気をより強く感じていたのです（Albrecht & Travaglione, 2003 も参照のこと）。

トップチームのメンバーの行動は，直接的に信頼や不信を生みます。他人の意見にいつも強く反対するメンバー，チームのミーティングでは賛成しておきながら外では反対するメンバー，より大きな組織では仲間のチームメンバーに対して上からものを言うメンバー，あらゆるビジョンやイニシアチブに対してシニカルな態度をとるメンバー，攻撃的であったり陰口を言うメンバー，ミーティングの場では支持的立場にいながら実務の場面では邪魔をしてくるメンバー，組織内のある部門を他の部門と対立するものとして（ひそかに，もしくはオープンに）位置づけるメンバー，同僚の評判を傷つけることで CEO の機嫌を取ろうとするメンバー——トップチームのこうしたメンバーはみな，チームのもつ力，すなわち相互に尊敬しあい，励ましあい，ともに関わりあいながら意見の相違点を探っていく力を損なってしまいます。こうしたメンバーは，トップマネジメントチームにおいて絶滅危惧種といえるでしょうか？ そのようなことは全くいえません。私がこれまで関わってきたどの業種においても，そ

れがヘルスケアであろうが，製造業であろうが，ソフトウェアであろうが，オイルやガスといったエネルギーであろうが，教育であろうが，上記のような行為はほとんどのチームでよく見受けられました。トップマネジメントチームの機能を改善する余地は大いにあるのです。だからこそ，多くのトップチームのメンバーは，トレーニングやコーチング，そしてとりわけ良いリーダーシップを必死になって求めるのです。

CEOのリーダーシップ

ハンブリック（Hambrick, 1994）は，「……日常の観察や多くの関連文献から，トップグループのリーダーはグループのさまざまな特徴や成果に対して大きすぎる影響力，時としてほとんど支配的な影響力を持っていることが示唆されている」と記しています（p. 180）。ピーターソンら（Peterson et al., 2003）の研究では，CEOのパーソナリティは，トップチームのメンバーの協働における相互作用のしかたに有意に影響することが示唆されています。たとえば，ピーターソンらは，CEOの誠実さは，彼らの決定のチームレベルでの合法性への配慮と関連していました。また，CEOの人当たりの良さは，チームの結束，権力の分散，合法性への配慮と有意に関連していました。トップチームの知的な柔軟性や結束が収益の増加を有意に予測することを踏まえると，CEOのパーソナリティは，トップチームの力動を通じて，間接的に組織の成果に影響しうるのです。

反対に，偏執的で神経質で，自己愛的なリーダーの場合は，トップチームの中に猜疑心や悲観論，不安が生まれます。トップチームがそのような状態になると，今度は同じような感情に満ちた空気が，組織の広い範囲にわたって生まれます。特に，トップの経営者たちの存在がより見えやすく目立っているような小さな組織の場合には，上記のようなことがよく起こります（Miller & Toulouse, 1986）。ホジキンソンら（Hodgkinson and Wright, 2002）は，心理力動の理論を用いて，ある出版社のプロセスに介入した際の失敗を説明しています。その中で，次のように示唆しています。「参加者は防衛的に回避するという戦略をずっと用いてきた。しかし，そうした戦略はCEOによって生み出された

一連の心理力動的プロセスのせいで増長していたのだ」。研究者は，組織戦略や，個人の役割に対するチームメンバーの見方は実に多様であることを見いだしました。この多様性はチームにとって，そしてとりわけ CEO にとっては脅威となるものでした。というのも，多様性が高いストレスや冷笑的な態度，介入からの撤退につながるからです。CEO が冷笑や嘲笑，脅しや支配といった手段に訴えるようになると，トップチームの機能は損なわれることになります。

　デ・フリースら（Kets de Vries and Miller, 1984）は，非機能的なリーダー（たとえば，自己愛的，偏執的，支配的なリーダー）がトップマネジメントチームの不安をどのように煽ったか，さらには，彼らが合理的に熟考するのではなく，非合理的で無節操なプロセスに基づいた意思決定をいかに行ってきたかを検討しました。筆者がアイルランドの同僚と行ったある研究（Flood *et al.*, 2001）では，多くの経営者が彼らが直面する最も大きな困難のひとつとして，「CEO のエゴ」を挙げていたという結果が得られています。多くの経営者が，「弱みを指摘し，その弱みをもてあそぶことに熟達している」カリスマ的リーダーの裏の一面に出会った経験をもっていました。そのようなリーダーは，自分より上の者には媚び，自分より下の者をいじめる可能性があります。

　以上のことを踏まえると，CEO はどのような能力をもち，組織内のトップチームを効果的にリードするためには，どのような戦略を追い求めなければならないのでしょうか？

1. **組織を理解する**。トップチームで効果的な意思決定をするためには，CEO は組織は一体どういうものであるのか——組織の構造に関するモデル，戦略，文化，財政，市場，指揮系統，ビジネスモデル——をよく理解しなくてはなりません。たとえば，組織をよく知っている CEO であれば，組織内の文化を変えることが組織の構造を変えるよりもはるかに強力な影響力をもつこと，そしてそれがはるかに難しいことを承知しているはずです。
2. **コンセプトを扱うスキル**。CEO は高度に複雑な状況と高いレベルの情報に対処し，それらのやり取りを行わなくてはなりません。そのため，CEO には細部を見る目（部門による顧客満足度の時間経過による違い）と俯瞰する能力（人口構成や政府の法令がどう変化し，そのことが市場にどう影響す

るか）の双方が求められます。それと同時に，CEO は組織内の争点や問題の核心が何であるのかを理解し，そこにあるテーマやパターンを適切に見分けるための直感的な洞察力と，前に進む選択をするための勇気をもたなくてはなりません。

3．**決断する能力**。CEO は，特に危機的な状況下で決断が求められているときには，決断する勇気をもたなくてはなりません。また，場合によっては決断をしない勇気をもって，事態をもう少し展開させて，組織内の対立を主導した者同士が，意見の不一致を解消するために（CEO から促された，という場合であれ）自ら動くことを待たなくてはなりません。そして，新たな投機を行う，仲間を解雇する，こちらに不満を抱く顧客に会う，といった骨の折れる決断を下す際にもしばしば勇気が必要となります。ときには，CEO がどうしたらよいのかわからないこともあります。そのような時にも，何をするかを決めなくてはなりません。たとえば，アドバイスを求める，幹部クラスのコーチに会う時間を作る，状況からいったん距離を置いて熟考するために，チームを伴って週末に高原に出かけるといったことです。もし，CEO がトップチームに良いモデルを提示し，トップチームを有効に機能させるのであれば，これらのすべてが必要となります。CEO は，トップチームが意思決定という荒波に飲み込まれるのではなく，その波にうまく乗れるようにしなくてはなりません。そして CEO は，どの波に乗るべきで，どの波はやり過ごすべきなのかを知っていなくてはなりません。

4．**聞く能力・意見を求める能力**。トップチームの力を引き出すために CEO が学ぶべき，重要な行動スキルは黙ることです。CEO がチームに対してこう言っている状況を想像してください。「私たちはこの顧客との間で大きな困難を抱えており，意思決定しなくてはならない。君たち一人ひとりがどのように考えているのか聞きたい——まずは私の考えを言います」。もちろん，このように言うと従順なチームメンバーは単純に CEO の見方に追従してしまい，チームメンバー全員がもつ多様な見方や観点を知る機会を失ってしまいます。そのような多様な見方や観点によって，より包括的で洗練された形で状況を分析することができるにもかかわらずです。CEO は自分の意見を示すよりも前に，トップチームのメンバーが重要な争点についてどのように

見ているのかを引き出して，探るための時間を取らなくてはなりません。そうしないと，チームミーティングは CEO に対する同意を示すためにメンバーがただうなずくだけという退屈な仕事となるでしょう——そうした事態は特に，CEO が支配的，攻撃的で脅迫的な場合に起こりやすいものです。

5. **自律を認め，信頼する**。もし CEO が，優れたメンバーをチームのある部門に抜擢したら（そしてその部門の責任者に任命したら），仕事をするために必要な信頼や自律性が彼らに与えられる必要があります。CEO が際立って支配的かつ干渉的であると，協働するために必要なチーム内の能力と自信が損なわれてしまいます。トップチームのメンバーが実務を行なう上で必要なことは何かについて，自分は彼らよりもよくわかっているという CEO の考えは，たいていの場合まったくの誤りです。CEO は，トップチームとの間で目標やターゲットについて大筋で合意しなくてはなりません。そして，適切なサポートを提供し，彼らがものごとを達成し優れた結果を残せるように，彼らを自由にしてあげなくてはなりません。

6. **感情面での知性**。これまでの議論では，トップチームワークに関わる感情面のコンテクストについて扱ってきました。その中からはっきりと言えるのは，トップチームのメンバーは情動知能をもつ必要があるということです。情動知能には，自己洞察力や，他人の感情を理解する能力，自身の感情を管理する能力（しばしばかんしゃくを起こしたりチームメンバーにがみがみ言ったりする CEO は，チームを機能不全に陥らせてしまいます）といったものが含まれます。トップチームには潜在的な緊張や要求があることを踏まえれば，情動知能は CEO にとってとりわけ重要な特質といえます。支配的で，たいていの場合は男性で，攻撃的な CEO が会社を成功に導くという神話は，時代遅れのチーム理解と組織の機能理解に基づいたものです。確かにそうしたやり方で成功を収めた人々の例はあります。しかし，それらを一つひとつ見ていけば，そうしたやり方を守ったために会社やチームが荒廃してしまった例もたくさんあるのです。

7. **謙虚さ**。CEO の立場は，高い能力をもつ個人で構成される集団が自分に従ってくれて，組織全体が自分の要求に応えてくれる，という特権的な立場です。そのような立場にいることから懸念されるのは，お世辞ばかりが

CEO の耳に入り，リーダーシップに不可欠である謙虚さを CEO が失ってしまう危険性です。自身の強さと弱さ，至らない点を現実的に理解することは不可欠です。私の場合，ひとつにはリーダーとしてご都合主義にすぎるところがあり，たくさんのイニシアチブを取ろうとしすぎるところがあります。そのため，私はトップチームのメンバーに，私が多くの機会を求めすぎていたり，組織にとって適切でないような機会を求めている時には警告するように求めています。そういうことをするには，謙虚さが必要です——この態度は，リーダーであれば誰もが確実に磨いていくべきです。地位は，権力のもつ魅惑的な危険をもたらしますが，謙虚さは強力な解毒剤となります。尊大で自己愛的，閉鎖的なリーダーが率いるトップチームは，いずれ失敗する運命にあります。CEO は，トップチームや組織全体とともに働くにあたって，オープンになること，好奇心をもつこと（学ぶ意欲をもつこと），実直であること（行動の面で誠実かつ真摯であること），優しく感謝の念をもつことに努めなくてはなりません。

8．**インスパイアする力**。CEO は，トップチームがビジョンを追求できるようにインスパイアする力をもたなくてはなりません。ビジョンは，トップチームの勇気と CEO の勇気の両方を引き出します。そして，ビジョンを見出し，明瞭化して，そこに肉付けをしていくのです。さらにいえば，トップチームメンバーが成し遂げた貢献をいつも目に見える形で認め，それを公に評価することもチームをインスパイアすることにつながります。どういった年齢層の人であれ，人というものは自分のなしえた貢献を評価されたいものです。人々は CEO から尊重されていると感じ，CEO からサポートを受けているという感覚をもちたいものです。貢献や活躍に対するポジティブフィードバックは誰もが切望するものであり，トップチームの仲間はあまりそういったものを求めていないようだと考えるのは大きな間違いです。トップチームがビジョンを描けるようにすること，そして，チームに評価と感謝をする風土があるようにすることは，CEO に求められるトップチーム・リーダーシップに不可欠な要素といえます。

結　論

　トップチームのビジョン，戦略，ミッションや目標は，価値によって裏付けられなくてはなりません。この章の冒頭では，金融サービスの組織の崩壊を提示し，何百万もの人々の生活に莫大な悪影響がもたらされたことを説明しました。そして，その原因の一端はリーダーシップをとるチームが勇気や知恵，正義といった人間の中核的な価値を失ってしまったことにありました。トップチームが保持していた権力を考えれば，すべての人間社会が大切にもっている価値をトップチームが体現し，そうした社会的な価値を傷つけることなく，むしろ発展させることに貢献していることを示すことが重要なのです。アメリカの心理学者であるパターソンとセリグマンは，人間社会における文化を超えた基本的な人間の価値について研究しました。彼らは，何万もの人々を対象に調査を行って，価値の核となる6領域を特定しました──知恵，勇気，正義，博愛，分別，不思議に思う感覚です（これらの価値の詳細については，Peterson & Seligman, 2004を参照）。2008年に起こった金融サービス業の崩壊からひとつ学ぶことがあるとするなら，それはトップマネジメントチームや組織全体は，私たちの経済の大部分を管理する責任に固執するよりも，上記のような価値に基づいて活動しなくてはならないということです。

　本書には4つのテーマが繰り返し登場し，ひとつの繰り返しのパターンを作っていきました。第1に，高いレベルの仕事が要求され，構造や文化も急速に変化していく昨今の不安定な組織では，チームメンバーが自身の働きを静かに振り返る時間をもつことで，私たちはパフォーマンスを向上することができるということです。そうすることで，環境によりフィットした新たな進化を成し遂げるために，勇気をもって適応していくことが可能になります。第2に，もし組織と社会の発展に本当に貢献するなら，チームは現存するオーソドックスなやり方に挑戦し，現状維持に代わるものを提案する創造的な働き方を見つける必要があるということです。そのような創造性は建設的な対立の中からしか生まれないものであり，また耐え忍ぶ準備，不確実さや曖昧さですら積極的に生み出していく準備がなければ生まれないものです。このようにして，人間

同士の協働から真の大躍進が生まれ，チームで働く人々はそれによってもたらされる高揚感や相互の感謝を体験できるのです。第3に，さまざまなことを求め，変化していく不確実な環境の中で，安全感や自信を与え，力づけるような風土を作るために，人々はお互いにサポートし合わなくてはなりません。第4に，組織の中のチームは，人々の養分となって刺激的な環境を提供するか，もしくは息苦しいものとなってチームの生存のためにメンバーを飢えさせてしまうかのどちらかだということです。チームを作っているのは人であり，私たちはチームワークの中で起こる人間的な問題を理解しなくてはなりません。チームが創造性と一体となってダンスをするためには，メンバーが練習して振り返り，そしてまた練習して振り返るということをしなくてはならないのです。

　人々のモチベーションやコミットメントがチームの仕事に注がれるなら，彼らがそこでしている仕事には大いに価値があるはずです。こうした価値は，健康を促進したり，環境を保護したり，他者の学習を支援したり，援助を求める人を支援したり，人々のために高品質の製品を作り出したり，安全を保証したり，理解を促進したり，不正義に立ち向かったり，コミュニティに貢献するようなさまざまな活動において見られるかもしれません。ビジョンは価値から生み出されるものであり，価値は私たちのモチベーションを左右するものです。振り返りは，チームメンバーがチームの社会的機能とタスク・パフォーマンスの双方に対して抱いている価値を，明確化するのに役立ちます。このような焦点化や明確化を行うことにより，チームメンバーと上層のマネジメントとの間の見解の違い，ひいては組織全体で見たときの考え方の違いを浮かび上がらせるかもしれません。それによって今度は対立が生まれます。しかし，そのような対立は組織が環境に適応していくため，また成功につながるイノベーションを起こすためには必要なものです。環境への適応やイノベーションは，組織が社会に存在する価値の多様性を，覆い隠さずに振り返っていくという組織のあり方を保証してくれます。本書を通して概観したような進化的で革命的な内省的チームを作ることによって，組織は社会の一員としてよりよい貢献ができるようになるでしょう。

復習のポイント

- TMTがもつ組織全体に影響する全体的な目標とは何でしょうか？
- TMTのメンバーは，どのようにして選ばれるべきでしょうか？
- TMTの構成や多様性は，チームの有効性にどう影響するでしょうか？
- TMTの役割とタスクは何であり，チームとしての目標はどのように形成されるでしょうか？
- チームに対する情報のうち，TMTならではのものは何でしょうか？
- CEOはどのような能力をもっていなければならないでしょうか？
- トップチームを効果的に率いるために，CEOはどのような戦略を使うべきでしょうか？

より学ぶための文献

Crane, A., McWilliams, A., Matten, D. and Moon, J. (eds.) (2009) *The Oxford Handbook of Corporate Social Responsibility*, Oxford University Press, Oxford.

Kanter, R. M. (2009) Bringing values back to the boardroom. R S A *Journal*, Summer, 30-33.

McLean, B. and Nocera, J. (2011) *All the Devils are Here: The Hidden History of the Financial Crisis*, Viking Press.

Peterson, C. and Seligman, M. E. P. (2004) *Character Strengths and Virtues: A Handbook and Classification*, Oxford University Press, New York/American Psychological Association, Washington, DC.

Wageman, R., Debra A. Nunes, James A. Burruss, J. Richard Hackman. (2008). *Senior Leadership Teams: What It Takes to Make Them Great*, Haverd Business School Press, Boston.（ヘイグループ訳『成功する経営リーダーチーム6つの条件』生産性出版, 2009）

ウェブサイト

http://www.yourofficecoach.com/Topics/building_an_effective_mgmt_team.htm (last accessed 11 August 2011).
効果的なマネジメントチームをつくる。

訳者解説

　本書は，ランカスター大学のマイケル・ウェスト（Michael A. West）教授の著書である *Effective Teamwork: Practical Lessons from Organizational Research*（Psychology of Work and Organizations）第3版の全訳である。ウェスト教授は長年にわたって，チームと組織の改革と効果，特にヘルスサービスの組織に注目して研究を行ってきた Occupational Psychologist（職業心理士）でもある。本書は，ウェスト教授がビジネスマネージャー向けに効果的なチームを作るための戦略をわかりやすく説いたベストセラーであり，すでに12カ国語に翻訳されている。また，版も重ねており，国や専門領域を超えて多くの読者を魅了してきた良書である。

　ウェスト教授との出会いは偶然であったが，臨床心理学の世界に新しい学びの必要性を感じていた訳者にとっては必然でもあった。少し長くなるが訳者がウェスト教授と出会うまでの必然のプロセスをご紹介したい。訳者が臨床心理学を学び始めたのは大学卒業後，民間企業で一社員として働く中で，働く人のメンタルヘルスケアの重要性を実感したことがきっかけのひとつであった。そして現在も就労者や失業者のメンタルヘルスケアを行う産業領域を主な研究および臨床のフィールドとしている。そんな訳者が初めて臨床心理学の専門職教育に触れた時は，そのアカデミックな刺激を新鮮に感じるとともに，学ぶべきことの多さに圧倒された。戦後日本で始まった臨床心理学教育の多くは特定の療法や学派の理論や技術の獲得が中心であった。その後，臨床心理士資格の整備とともに，臨床心理士教育のカリキュラムも整えられてきたが，2年間という短い修士課程の中で網羅的な教育を行うのは至難の業である。それでも，大学院教育においてそのいくらかを身につけて，毎年多くの心理職が現場に出る。

　1999年，訳者も臨床心理学のコンテンツをそれなりに身につけて，新米心理職のひとりとして病院臨床の現場に入った。実際の現場でクライエントと出会う中で力量不足を痛感する日々であったが，訳者自身が臨床現場で最も不足していると感じたのは，臨床心理学のコンテンツそのものではなかった。もち

ろんコンテンツの絶対量も現場で即戦力となるには相当不足していたが，それよりも必要性を痛感したのは，せっかく獲得した臨床心理学のコンテンツを現場に役に立つ形で提供するための方法論であった．特に，当時，訳者の臨床現場であった医療現場では，医師をはじめ看護師，作業療法士，理学療法士，ヘルパーなど多くの専門職との協働が求められた．しかし，臨床心理士は専門職ながら国家資格ではないこともあり，組織内の認知や位置付けが明確ではなかった．そのため，さまざまな専門職集団から構成される医療現場で臨床心理士がいかにうまく協働するか，またその中でいかに自身の存在が組織の中で正当に認知されるか，そしてその専門性をクライエントのためにいかに最大限生かすことができるかが大きな課題となっていた．専門的知識やスキルを学習すれば仕事ができると思っていた訳者にとって，それは大きな戸惑いであった．しかし，その方法論は臨床心理学の教科書にはなく，与えられた職場の中で，自分自身の居場所と役割を手探りで築き上げることに大きなエネルギーを割くこととなった．このような自らの体験から，臨床心理士が専門職として職場で活かされるためには組織やチームワークに関する知識やスキルが必要なのではないかと考えるようになった．

　チームワークの必要性は医療領域に限定した話ではなく，教育，福祉，産業など他職種連携が生じるあらゆる臨床現場で求められるものである．その後，産業臨床を主な臨床のフィールドとするようになった訳者は，産業領域においてチームワークの重要性を一段と強く感じるようになった．特に企業の中のメンタルヘルスに関わる中で，臨床心理士がチームワークを学ぶことには，自身がチームの一員として良い働きをするためだけでなく，もうひとつ別の意義があることに気付いた．

　臨床心理士は個人を対象に援助をする個人臨床のイメージが強いが，実際の現場に立つと，個人が所属する集団や組織，コミュニティ，社会を視野に入れることが不可欠であることを実感する．臨床現場では，個人を現場から取り出して援助するのではなく，まさに現場の中にあって現場に生きる個人を援助する．その時，個人が所属する集団や組織がどういう人員から構成されていて，どういう役割を担っているのか，その中でどういう力動が生まれているのかを理解することは必須である．さらに，時として，援助の対象が個人ではなく，

集団や組織そのものとなることもある。つまり，組織をアセスメントし，援助するための力量やセンスが求められるのである。そのためにも，臨床心理士はチームや組織，リーダーシップについて学んでおく必要があることを実感した。

　臨床心理学の中では，チームや協働という言葉はコミュニティ心理学においてしばしば使われてきた。しかし，それらは概念として提示されるにとどまっており，臨床心理士が臨床現場でチームをどのように理解，運営し，その中で他職種と協働するかについて具体的に書かれた本は，訳者の知るところほとんどない。それはすなわち，これらの概念を意図して組み込んだ臨床心理士教育が，日本では充分行われてこなかったことを意味する。

　そんな時，社会が大きく動き始めた。厚生労働省が2010 (平成22) 年に「入院医療中心から地域生活中心へ」をモットーに精神医療の政策転換を進め，その一環として多職種協働のチーム医療を採用する方針を固めたのである（厚生労働省「今後の精神保健医療福祉のあり方等に関する検討会」報告書）。時代はまさにチームワークへと動きつつある。このような社会の動きと，上述のような個人的体験に基づく問題意識が相まって，チームワーク，協働，リーダーシップという概念を教育の一環として学生に伝える必然性に駆られるようになった。

　ちょうどその頃，本書の監修者である東京大学大学院教育学研究科・臨床心理学コースの下山晴彦教授がオックスフォード大学のスーザン・ルウェーリン教授を招いて，リーダーシップについての内輪のワークショップを開催した。機会を得て，ルウェーリン教授に英国におけるチームワークやリーダーシップの教育実践について尋ねたところ，推奨された本が本書であった。その後，東京大学大学院教育学研究科が国際交流の一環として英国のシェフィールド大学と学術協定を結んだことをきっかけに，2012年3月，訳者は下山教授と博士課程の学生と一緒にシェフィールド大学を訪問し，シェフィールド大学臨床心理学コースのジリアン・ハーディ教授にお会いすることになった。産業や組織における臨床心理学に関心をもっていた訳者は，訪英に際して，ハーディ教授に英国の Occupational Psychologist（職業心理士）にお話を伺いたいとメールで申し出たところ，「私のパートナーのマイケル・ウェストは Occupational psychologist（職業心理士）です」という返事があった。この時は，貴重な訪

英の機会に Occupational Psychologist にもお目にかかれる幸運に純粋に感謝していた。その後英国でハーディ教授のご自宅を訪れると，ダンディなご主人が私たちを快く迎え入れてくれた。親切にもご自身の書斎も案内して下さり，ご自身の著書が並ぶ書棚も見せてくださった。その書棚に見覚えのある本書が並んでいる様を見て，愕然とした。「あの Effective Teamwork のウェスト教授は，このウェスト氏（ハーディ教授のご主人）だったのだ！」

この偶然のような必然に後押しされて，その年の臨床心理学コースの講義の中でさっそく本書の輪読を試みることとした。ウェスト教授のバックグラウンドは組織心理学であり，本書は臨床心理士教育をメインターゲットとして書かれた本ではない。しかし，産業組織や経営になじみの薄い臨床心理士にとっても，自身が一就労者の立場で所属している組織をイメージすることができれば，あるいは自身が援助者として関わっている組織をイメージすることができれば，むしろリアルに感じられる部分は多いことを実感した。そういう意味で，現場で組織の一員として，あるいは組織を対象として実践に関わる臨床心理士にとっても，本書は十分役に立つ内容であることを確信した。また，ウェスト教授の実践領域は企業のマネジメントであるが，内容としては医療のプライマリケアや短期ケア，乳がん治療やコミュニティ精神衛生などヘルスケア領域に関するものが多く，特に医療領域に近い臨床心理士にとってはなじみがあると思われた。これらの実感をもとに全訳の作業が始まり，今日の出版に至った次第である。

本書は豊富な研究のエビデンスをもとに，チームワークについて多面的かつ包括的に論じられていると同時に，具体的なアセスメントツールや介入技法など実践的な示唆も多く，研究と実践の知見がバランスよくちりばめられている。内容的にも，効果的なチームの作り方から，チームのリードのしかた，トレーニングのしかたから，チーム内のコンフリクトや問題解決などチームにまつわる一連のテーマが網羅されている。さらに，昨今の労働市場の多様な働き方を反映したバーチャルチームや，経営層にも読み応えのあるトップマネジメントの在り方など最新の労働事情や研究内容も盛り込まれている。現場で実践をしている現役の臨床心理士はもちろん，現場に出る前の臨床心理士教育にも役立てていただけると幸いである。

なお，上述のように，本書は，従来，一対一の臨床に専念するあまり面接室に閉じこもりがちであった臨床心理士が，チームの一員として組織や社会に拓かれるために有用と思われたことから，臨床心理士によって翻訳された。しかし，それは本書の活用範囲を限定するものではなく，むしろ世の中のあらゆる組織体において活用される価値があることを強調しておきたい。著者のウェスト教授の元々のご専門は組織心理学や経営学であり，本書はそれらの領域における専門書としての価値も極めて高いことはいうまでもない。事実，本書の中で言及される organization は組織と訳してはいるものの，実際にイメージされているのは企業であることも多い。より複雑化した社会において，組織体はその専門を超えた共通の枠組みであり，むしろあらゆる専門職がチームとなって協働する社会においては，チームワークは専門を超えた概念でもあるといえよう。専門を超えて，あらゆる領域のチームメンバーが本書を携えて一堂に会することで，効果的なチームワークが実現されることが期待される。

臨床心理士もそういったチームの一員としての自覚をもち，チームの中で認められる仕事をするという意識が必要である。それによって，その専門性が，一人ひとりのクライエントの方々の支援を超えて，改めて社会に生きるものとなるであろう。そのためには，これから臨床心理士として活躍する若い世代の人たちが個人臨床の知識やスキルだけでなく，チームワークや組織のセンスを磨く必要がある。その第一歩として，オックスフォード大学の臨床心理学教育でも使用されている本書を，東京大学の大学院授業の中で輪読した。本書は彼らの下訳をもとに，訳者が全体のバランスと文章の自然さに鑑みて全面的に翻訳し直し，監修者が監修を行うプロセスを経て完成したものである。下訳を担当したのは，東京大学大学院教育学研究科臨床心理学コース（修士課程・博士課程）の以下のメンバーである。また，レファレンスの邦訳の確認においては，石黒香苗さん（修士課程）の協力を得た。

1章　砂川芽吹，矢野玲奈
2章　中野美奈，長谷川智之，渡辺美穂
3章　小野田奈穂，野中舞子
4章　梅垣佑介，高山由貴，李健實

5 章　松田なつみ，高木郁彦
6 章　川崎隆，大野諒太
7 章　菅沼慎一郎，片山皓絵
8 章　小倉加奈子，遠藤麻紀子，菅原絵里
9 章　伴恵理子，樋口紫音，安婷婷
10 章　堤亜美，川崎舞子，羽澄恵
11 章　高柳めぐみ，田川薫
12 章　大上真礼，河合輝久，園部愛子，平良千晃，能登眸
13 章　鈴木喜和，鈴田澄子，高岡佑壮，本田麻紀子
14 章　遠藤麻貴子，樫原潤，野津弓起子，藤尾未由紀
（敬称略）

　本書がこれからの臨床心理士を育てるための臨床教育や現場の臨床心理実践に，そして人間関係やチームワークに苦労している組織で働くすべての人に少しでも役立てていただければ幸甚である。

2014 年 2 月
高橋美保

参考文献

Agarwal, R. (2003) Teamwork in the netcentric organization, in *International Handbook of Organizational Teamwork and Cooperative Working* (eds M. A. West, D. Tjosvold and K. G. Smith), John Wiley & Sons, Ltd, Chichester, pp. 443–462.

Ahearn, K. K., Ferris, G. R., Hochwarter, W. A. *et al.* (2004) Leader political skill and team performance. *Journal of Management*, 30 (3), 309–327.

Ainsworth, M. D. S. (1982) Attachment: Retrospect and prospect, in *The Place of Attachment in Human Behavior* (eds C. M. Parkes and J. Stevenson-Hinde), Basic Books, New York, pp. 3–30.

Albrecht, S. L. and Travaglione, A. (2003) Trust in public senior management during times of turbulent change. *International Journal of Human Resource Management*, 14, 1–17.

Amabile, T. M. (1997) Motivating creativity in organizations: On doing what you love and loving what you do. *California Management Review*, 40, 39–58.

Ancona, D. and Caldwell, D. F. (1992) Demography and design: Predictors of new product team performance. *Organization Science*, 3, 321–341.

Anderson, N. and Sleap, S. (2004) An evaluation of gender differences on the Belbin Team Role Self-Perception Inventory. *Journal of Occupational and Organizational Psychology*, 77 (3), 429–437.

Anderson, N. and Thomas, H. D. C. (1996) Work group socialization, in *Handbook of Work Group Psychology* (ed. M. A. West), John Wiley & Sons, Ltd, Chichester, pp. 423–450.

Anderson, N. and West, M. A. (1998) Measuring climate for work group innovation: Development and validation of the Team Climate Inventory. *Journal of Organizational Behavior*, 19, 235–258.

Andrews, F. M. (1979) *Scientific Productivity*, Cambridge University Press, Cambridge.

Applebaum, E. and Batt, R. (1994) *The New American Workplace*, ILR Press, Ithaca, NY.

Argyris, C. (1978) *Organizational Learning: A Theory of Action Perspective*, Addison Wesley, Reading, MA.

Argyris, C. (1990) *Overcoming Organizational Defences: Facilitating Organizational Learning*, Allyn and Bacon, Boston.

Argyris, C. (1993) *Knowledge for Action: A Guide to Overcoming Barriers to Organizational Change*, Jossey-Bass, San Francisco.

Asch, S. (1956) Studies of independence and conformity: A minority of one against a unanimous majority. *Psychological Monographs*, 70 (Whole No. 416.)

Ashford, S. J. and Tsul, A. S. (1991) Self-regulation for managerial effectiveness. The role of active feedback seeking. *Academy of Management Journal*, 34 (2), 251–280.

Axtell, C. M., Fleck, S. J. and Turner, N. (2004) Virtual teams: Collaborating across distance, in *International Review of Industrial and Organizational Psychology*, Vol. 19 (eds C. L. Cooper and I. T. Robertson), John Wiley & Sons, Ltd, Chichester, pp. 205–248.

Bacon, N. and Blyton, P. (2000) High road and low road teamworking: perceptions of management rationales and organizational and human resource outcomes. *Human Relations*, 53, 1425–1458.

Baltes, B. B., Dickson, M. W., Sherman, M. P. *et al.* (2002) Computer-mediated communication and group decision making: A meta-analysis. *Organizational Behavior and Human Decision*

Processes, 87 (1), 156-179.

Bantel, K. A. (1993) Top team, environment and performance effects on strategic planning formality. *Group and Organization Management*, 18 (4), 436-458.

Bantel, K. A. and Jackson, S. E. (1989) Top management and innovations in banking: Does the composition of the top team make a difference? *Strategic Management Journal*, 10, 107-124.

Barchas, P. (1986) A sociophysiological orientation to small groups, in *Advances in Group Processes*, Vol. 3 (ed. E. Lawler), JAI Press, Greenwich, CT, pp. 209-246.

Barrick, M. R. and Mount, M. K. (1991) The big five personality dimensions and job performance: A meta-analysis. *Personnel Psychology*, 44, 1-26.

Barrick, M. R., Stewart, G. L., Neubert, M. J. and Mount, M. K. (1998) Relating member ability and personality to work-team processes and team effectiveness. *Journal of Applied Psychology*, 83, 377-391.

Barsade, S. and Gibson, D. E. (1998) Group emotion: A view from the top and bottom, in *Research on Managing Groups and Teams* (eds D. Gruenfeld *et al.*), JAI Press, Greenwich, CT, pp. 81-102.

Bass, B. M. (1985) *Leadership and Performance Beyond Expectations*, The Free Press, New York.

Batchelor, M. (2001) *Meditation for Life*, Wisdom Publications, Boston.

Baumeister, R. F. and Leary, M. R. (1995) The need to belong: Desire for interpersonal attachments as a fundamental human motivation, *Psychological Bulletin*, 117, 497-529.

Baumeister, R. F., Wotman, S. R. and Stillwell, A. M. (1993) Unrequited love: on heartbreak, anger, guilt, scriptlessness and humiliation. *Journal of Personality and Social Psychology*, 64, 377-394.

Beal, D., Cohen, R. R., Burke, M. J. and McLendon, C. L. (2003) Cohesion and performance in groups: a meta-analytic clarification of construct relations. *Journal of Applied Psychology*, 88, 989-1004.

Belbin, R. M. (1981) *Management Teams: Why They Succeed or Fail*, Butterworth-Heinemann, Oxford.

Belbin, R. M. (1993) *Team Roles at Work: A Strategy for Human Resource Management*, Butterworth-Heinemann, Oxford.

Bell, S. T. (2007) Deep-level composition variables as predictors of team performance: A meta-analysis. *Journal of Applied Psychology*, 92, 595-615.

Bennett, N., Harvey, J. A., Wise, C. and Woods, P. A. (2003) *Desk Study Review of Distributed Leadership*, National College for School Leadership/Centre for Educational Policy & Management, Nottingham.

Billig, M. and Tajfel, H. (1973) Social categorization and similarity in intergroup behavior. *European Journal of Social Psychology*, 3, 27-52.

Boeker, W. (1997) Executive migration and strategic change: The effect of top manager movement on product-market entry. *Administrative Science Quarterly*, 42, 213-236.

Bond, R. and Smith, P. B. (1996) Culture and conformity: a meta-analysis of studies using Asch's (1952b, 1956) line judgment task. *Psychology Bulletin*, 119, 111-137.

Boning, B., Ichniowski, C. and Shaw, K. (2001) *Opportunity Counts: Teams and the Effectiveness of Production Incentives*. NBER Working Paper No. 8306, National Bureau of Economic Research, Cambridge, MA.

Borrill, C., West, M., Shapiro, D. and Rees, A. (2000) Team working and effectiveness in the NHS. *British Journal of Health Care Management*, 6, 364-371.

Brewer, P. R. (2001) Value words and lizard brains: Do citizens deliberate about appeals to their core values？*Political Psychology*, 22, 45–64.

Brodbeck, F. C. and Greitemeyer, T. (2000) A dynamic model of group performance: Considering the group member's capacity to learn. *Group Processes and Intergroup Relations*, 2, 159–182.

Brown, R. (2000). *Group Processes*, 2nd edn, Blackwell, Oxford.

Bryman, A., Collinson, D., Grint, K. et al. (2011) *The Sage Handbook of Leadership*, Sage, London.

Bunderson, J. S. and Sutcliffe, K. M. (2002) Comparing alternative conceptualizations of functional diversity in management teams: Process and performance effects.*Academy of Management Journal*, 45, 875–894.

Burke, S. S., Stagl, K. C., Klein, C. et al. (2006) What type of leadership behaviors are functional in teams？A meta-analysis. *Leadership Quarterly*, 17, 288–307.

Byrne, D. (1971) *The Attraction Paradigm*, Academic Press, New York.

Cameron, K. S., Dutton, J. E., Quinn, R. E. (2003) *Positive Organizational Scholarship: Foundations of a New Discipline*, Berrett-Koehler, San Francisco.

Carli, L. L. and Eagly, A. H. (2011) Gender and leadership, in *The Sage Handbook of Leadership* (eds A. Bryman, D. Collinson, K. Grint et al.), Sage, London, pp. 103–117.

Carpenter, M. A., Geletkanycz, M. A. and Sanders, G. M. (2004) Upper echelons research revisited: Antecedents, elements and consequences of top management team composition. *Journal of Management*, 30, 749–778.

Carson, J. B., Tesluk, P. E. and Marrone, J. A. (2007) Shared leadership in teams: An investigation of antecedent conditions and performance. *Academy of Management Journal*, 50, 1217–1234.

Carter, A. J. and West, M. A. (1999) Sharing the burden-teamwork in healthcare settings, in *Stress in Health Professionals* (eds J. Firth-Cozens and R. Payne), John Wiley & Sons, Ltd, Chichester, pp. 191–202.

Chen, Z., Lam, W. and Zhong, J. A. (2007) Leader-member exchange and member performance: a new look at individual-level negative feedback-seeking behaviour and team-level empowerment climate. *Journal of Applied Psychology*, 92, 202–212.

Chhokar, J. S., Brodbeck, F. C., House, R. J. (eds) (2007) *Culture and Leadership, Across the World: The GLOBE Book of In-depth Studies*, Lawrence Erlbaum, Mahwah, NJ.

Claxton, G. L. (1998a) *Hare Brain Tortoise Mind — Why Intelligence Increases When You Think Less*, Fourth Estate Ltd, London.

Claxton, G. L. (1998b) Knowing without knowing why: Investigating human intuition. *The Psychologist*, 11, 217–220.

Clouse, R. W. and Spurgeon, K. L. (1995) Corporate analysis of humor. *Psychology: A Journal of Human Behaviour*, 32, 1–24.

Cohen, S. and Wills, T. A. (1985) Stress, social support, and the buffering hypothesis. *Psychological Bulletin*, 98, 310–357.

Cohen, S. G. and Bailey, D. E. (1997) What makes teams work: Group effectiveness research from the shop floor to the executive suite. *Journal of Management*, 23, 239–290.

Cooke, N. J., Kiekel, P. A., Salas, E. and Stout, R. (2003) Measuring team knowledge: a window to the cognitive underpinnings of team performance. *Journal of Applied Psychology*, 7, 179–199.

Cotton, J. L. (1993) *Employee Involvement: Methods for Improving Performance and Work Attitudes*, Sage, Newbury Park, CA.

Cramton, C. D. (2002) Attribution in distributed work groups, in *Distributed Work: New Ways of Working Across Distance Using Technology* (eds P. Hinds and S. Kiesler), MIT Press, Cambridge,

MA, pp. 191-212.

Cramton, C. D. and Wilson, J. M. (2002) Explanation and judgment in distributed groups: An interactional justice perspective. Paper presented at the Academy of Management annual meeting, Denver.

Cyert, R. and March, J. G. (1963) *A Behavioral Theory of the Firm*, 2nd edn (1992), Blackwell, Oxford.

Day, D. V., Gronn, P. and Salas, E. (2004) Leadership capacity in teams. *Leadership Quarterly*, 15, 857-880.

De Cremer, D., van Dick, R. and Murnighan, K. K. (2011) *Social Psychology and Organizations*, Routledge, London.

De Dreu, C. K. W. and van de Vliert, E. (eds) (1997) *Using Conflict in Organizations*, Sage, London.

De Dreu, C. K. W. and Van Vianen, A. E. M. (2001) Responses to relationship conflict and team effectiveness. *Journal of Organizational Behaviour*, 22, 309-328.

De Dreu, C. K. W. and West, M. A. (2001) Minority dissent and team innovation: The importance of participation in decision making. *Journal of Applied Psychology*, 86, 1191-1201.

De Dreu, C. K. W. and Weingart, L. R. (2003) Task versus relationship conflict and team effectiveness: A meta-analysis. *Journal of Applied Psychology*, 88, 741-749.

Delarue, A., van Hootegem, G., Procter, S. and Burridge, M. (2008) Teamworking and organizational performance: a review of survey-based research, *International Journal of Management Reviews*, 10 (2), 127-148.

Demoulin, S., Leyens, J-P. and Dovidio, J. F. (2009) Interactions and divergent realities, in *Intergroup Misunderstandings: Impact of Divergent Social Realities* (eds S. Demoulin, J-P. Leyens and J. F. Dovidio), Psychology Press, New York.

Dennis, A. and Wixom, B. (2002) Investigating the moderators of the group support systems use with meta-analysis. *Journal of Management Information Systems*, 18 (3), 235-257.

Deutsch, M. (1973) *The Resolution of Conflict: Constructive and Destructive Processes*, Yale University Press, New Haven.

Devine, D. J. and Philips, J. L. (2001) Do smarter teams do better: A meta-analysis of cognitive ability and team performance. *Small Group Research*, 32, 507-532.

Diehl, M. and Stroebe, W. (1987) Productivity loss in brainstorming groups: Towards the solution of a riddle. *Journal of Personality and Social Psychology*, 53, 497-509.

Dunbar, K. (1997) How scientists think: On-line creativity and conceptual change in science, in *Creative Thought: An Investigation of Conceptual Structures and Processes* (eds T. B. Ward, S. M. Smith and J. Vaid), American Psychology Association, Washington, DC, pp. 461-493.

Dunlop, J. T. and Weil, D. (1996) Diffusion and performance of modular production in the U. S. apparel industry. *Industrial Relations*, 35, 334-355.

Earley, P. C. (1993) East meets West meets Mid East: further explorations of collectivistic and individualistic work groups. *Academy of Management Journal*, 36, 319-348.

Edmondson, A. C. (1996) Learning from mistakes is easier said than done: group and organizational influences on the detection and correction of human error. *Journal of Applied Behavioural Science*, 32, 5-28.

Edmondson, A. C. (1999) Psychological safety and learning behaviour in work teams. *Administrative Science Quarterly*, 44, 350-383.

Edmondson, A. C., Roberto, M. R. and Watkins, M. (2003) A dynamic model of top management team effectiveness: managing unstructured task streams. *Leadership Quarterly*, 219, 1–29.

Edwards, B. D., Day, E. A., Arthur, W. and Bell, S. T. (2006) Relationships among team ability composition, team mental models, and team performance. *Journal of Applied Psychology*, 91, 727–736.

Egan, G. (1986) *The Skilled Helper*, 3rd edn, Brooks/Cole, Pacific Grove, CA.

Ellis, A. P. J., Hollenbeck, J. R., Ilgen, D. R. *et al.* (2003) Team learning: Collectively connecting the dots. *Journal of Applied Psychology*, 88, 821–835.

English, A., Griffith, R. L. and Steelman, L. A. (2004) Conscientiousness and team performance: The moderating influence of task type. *Small Group Research*, 35, 643–665.

Farrell, J. B., Flood, P. C., MacCurtain, S. *et al.* (2004) CEO leadership, top team trust and the combination and exchange of information. *Irish Journal of Management*, 26, 22–40.

Finkelstein, S. and Hambrick, D. C. (1996) *Strategic Leadership: Top Executives and Their Effects on Organizations*, West Publishing, St. Paul, MN.

Fisher, R., Ury, W. and Patton, B. (1999) *Getting to Yes: Negotiating an Agreement Without Giving In*, Random House, London.

Flood, P., MacCurtain, S. and West, M. A. (2001) *Effective Top Management Teams*, Blackhall Press, Dublin, Ireland.

Fontana, D. (1989) *Managing Stress*, Blackwell, Oxford.

Ford, C. M. and Gioia, D. A. (eds) (1995) *Creative Action in Organizations: Ivory Tower Visions and Real World Voices*, Sage, London.

Fredrickson, B. L. (2009) *Positivity: Groundbreaking Research Reveals How to Embrace the Hidden Strength of Positive Emotions, Overcome Negativity, and Thrive*, Crown, New York.

Furnham, A., Steele, H. and Pendleton, D. (1993) A psychometric assessment of the Belbin Team Role Self-perception Inventory. *Journal of Occupational and Organizational Psychology*, 66, 245–257.

Ganster, D. C., Fusilier, M. R. and Mayes, B. T. (1986) Role of social support in the experience of stress at work. *Journal of Applied Psychology*, 71, 102–110.

Geister, S. (2004) Development and evaluation of an Online-Feedback-System for virtual teams. Unpublished dissertation, University of Kiel.

Gersick, C. J. G. (1988) Time and transition in work teams: Toward a new model of group development. *Academy of Management Journal*, 31, 9–41.

Gersick, C. J. G. (1989) Marking time: Predictable transitions in task groups. *Academy of Management Journal*, 32, 274–309.

Gersick, C. J. G. (1994) Pacing strategic change. *Academy of Management Journal*, 9–45.

Glassop, L. I. (2002) The organizational benefits of teams. *Human Relations*, 55, 225–249.

Gluesing, J. C., Alcordo, T. C., Baba, M. L. *et al.* (2003) The development of global virtural teams, in *Virtual Teams that Work: Creating Conditions for Virtual Team Effectiveness* (eds C. B. Gibson and S. G. Cohen), Jossey-Bass, San Francisco, pp. 353–380.

Goleman, D. (1995) *Emotional Intelligence: Why it Can Matter More Than IQ*, Bloomsbury, London.

Goleman, D. (2002) *The New Leaders: Emotional Intelligence at Work*, Little, Brown, London.

Goleman, D., Boyatzis, R. and McKee, A. (2002) *The New Leaders: Transforming the Art of Leadership into the Science of Results*, Little, Brown, London.

Gollwitzer, P. M. and Bargh, J. A. (eds) (1996) *The Psychology of Action: Linking Cognition and Motivation to Behaviour*, Guilford Press, New York.

Graen, G. and Cashman, J. (1975) A role making model of leadership in formal organizations: a developmental approach, in *Leadership Frontiers* (eds J. G. Hunt and L. L. Larson), Kent State University Press, Kent, OH.

Graen, G. B. and Scandura, T. A. (1987) Toward a psychology of dyadic organizing, in *Research in Organizational Behavior*, Vol. 9 (eds L. L. Cummings and B. M. Staw), JAI Press, Greenwich, CT, pp. 175-208.

Gully, S.M., Incalcaterra, K. A., Joshi, A. and Beaubien, J. M. (2002) A meta-analysis of team efficacy, potency, and performance: Interdependence and level of analysis as moderators of observed relationships. *Journal of Applied Psychology*, 87, 819-832.

Guzzo, R. A. (1996) Fundamental considerations about workgroups, in *Handbook of Work Group Psychlogy* (ed. M. A. West), John Wiley & Sons, Ltd, Chichester.

Hackman, J. R. (ed.) (1990) *Groups That Work (and Those That Don't): Conditions for Effective Teamwork*, Jossey-Bass, San Francisco.

Hackman, J. R. (2002) *Leading Teams: Setting the Stage for Great Performances*, Harvard Business School Press, Boston.

Hackman, J. R. and Morris, C. G. (1975) Group tasks, group interactions process, and group performance effectiveness: A review and proposed integration, in *Advances in Experimental Social Psycholgy*, Vol. 8 (ed. L. Berkowitz), Academic Press, New York.

Hackman, J. R. and Oldham, G. R. (1976) Motivation through the design of work: Test of a theory. *Organizational Behaviour and Human Performance*, 15, 250-279.

Hackman, J. R. and Wageman, R. (2005) A theory of team coaching. *Academy of Management Review*, 30, 269-287.

Hambrick, D. C. (1994) Top management groups: A conceptual integration and reconsideration of the team label, in *Research in Organizational Behavior* (eds B. M. Staw and L. L. Cummings), JAI Press, Greenwich, CT. pp. 171-214.

Hambrick, D. C. (2005) Upper echelons theory: Origins, twists and turns, and lessons learned. *Great Minds in Management: The Process of Theory Development*, 14 (3), 109-127.

Hambrick, D. C., Cho, T. S. and Chen, M. J. (1996) The influence of top management team heterogeneity on firms' competitive moves. *Administrative Science Quarterly*, 41 (4), 659-684.

Harris, C. and Beyerlein, M. M. (2003) Team-based organization: Creating an environment for team success, in *Handbook of Organizational Teamwork and Cooperative Working* (eds M. A. West, D. Tjosvold and K. G. Smith), John Wiley & Sons, Ltd, Chichester, pp. 187-210.

Harrison, D. A. and Klein, K. J. (2007) What's the difference? Diversity constructs as separation, variety, or disparity in organizations. *Academy of Management Review*, 32, 1199-1228.

Heller, F., Pusić, E., Strauss. G. and Wilpert, B. (1998) *Organizational Participation: Myth and Reality*, Oxford University Press, New York.

Henry, J. (2001) *Creativity Management*, Sage, London.

Hertel, G., Geister, S. and Konradt, U. (2005) Managing virtual teams: A review of current empirical research, *Human Resource Management Review*, 15, 69-95.

Hewstone, M., Rubin, M. and Willis, H. (2002) Intergroup bias. *Annual Reviews of Psychology*, 53, 575-604.

Hill, G. W. (1982) Group versus individual performance: Are N + 1 heads better than one?

Psychological Bulletin, 91, 517-539.

Hinds, P. and Mortensen, M. (2002) *Understanding Antecedents to Conflict in Geographically Distributed Research and Development Teams*. Proceedings of the International Conference on Information Systems (ICIS), Association for Information Systems, Atlanta, GA.

Hirschfeld, R. R., Jordan, M. H., Feild, H. S. *et al.* (2005) Teams' female representation and perceived potency as inputs to team outcomes in a predominantly male field setting. *Personnel Psychology*, 58, 893-924.

Hodgkinson, G. P. and Wright, G. (2002) Confronting strategic inertia in a top management team Learning from failure. *Organization Studies*, 23 (6), 949-977.

Hofner Saphiere, D. M. (1996) Productive behaviors of global business teams. *International Journal of Intercultural Relations*, 20, 2.

Horwitz, S. K. and Horwitz, I. B. (2007) The effects of team divesity on team outcomes: A meta-analytic reviw of team demography. *Journal of Management*, 33,987-1015.

Howell, J. M. and Avolio, B. J. (1993) Transformational leadership, transactional leadership, locus of control and support for innovation: Key predictors of consolidated business-unit performance. *Journal of Applied Psychology*, 78, 891-902.

Hu, J. and Liden, R. C. (2011) Antecedents of team potency and team effectiveness: an examination of goal and process clarity and servant ledership. *Journal of Applied Psychology*, 96 (4), 851-862.

Ingham, A. G., Levinger, G., Graves, J., Peckham, V. (1974) The Ringelmann effect: studies of groupsize and group performance. *Journal of Experimental Social Psychology*, 10 (4), 371-384.

Isen, A. M. (1993) Positive affect and decision making, in *Handbook of Emotions* (eds M. Lewis and J. M. Haviland), Guilford Press, New York, pp. 261-278.

Isen, A. M. (1999) Positive affect, in *The Handbook of Cognition and Emotion* (eds T. Dalgleish and M. J. Power), John Wiley & Sons, Inc., New York, pp. 521-539.

Jackson, S. E. (1996) The consequences of diversity in multidisciplinary work teams, in *Handbook of Work Group Psychology* (ed. M. A. West), John Wiley & Sons, Ltd, Chichester, pp. 53-75.

Janis, I. L (1982) *Victims of Groupthink*, Houghton Mifflin, Boston.

Jehn, K. (1997) A qualitative analysis of conflict types and dimensions in organizational groups. *Administrative Science Quarterly*, 42, 430-457.

Judge, T. A. and Piccolo, R. F. (2004) Transformational and transactional leadership: A meta-analytic test of their relative validity. *Journal of Applied Psychology*, 89, 775-768.

Judge, T. A., Piccolo, R. F. and Illies, R. (2004) The forgotten ones? The validity of consideration and initiating structure in leadership research. *Journal of Applied Psychology*, 89, 36-51.

Kabat-Zinn, J. (2004) *Wherever You Go, There You Are: Mindfulness Meditation for Everyday Life*, Piatkus Books.

Kanter, R. M. (2009) Bringing values back to the boardroom. *RSA Journal*, Summer, 30-33.

Karau, S. J. and Williams, K. D. (1993) Social loafing: A meta-analytic review and theoretical integration. *Journal of Personality and Social Psychology*, 65, 681-706.

Kets de Vries, M. F. and Miller, D. (1987) *Unstable at the Top*, New American Library, New York.

Kiesler, S. and Cummings, J. N. (2002) What do we know about proximity and distance in work groups? A legacy of research, in *Distributed Work* (eds P. Hinds and S. Kiesler), MIT Press, Cambridge, MA, pp. 57-82.

Kiesler, S. and Sproull, L. (1992) Group decision making and communication technology. *Organizational Behavior & Human Decision Processes*, 52, 96-123.

Kilduff, M., Angelmar, R. and Mehra, A. (2000) Top management-team diversity and firm performance: Examining the role of cognitions. *Organization Science*, 11, 21-34.

Kirkman, B. L. and Mathieu, J. E. (2005) The dimensions and antecedents of team virtuality. *Journal of Management*, 31 (5), 700-718.

Kirkman, B. L., Benson, R., Paul, E. T. and Cristina, B. G. (2004) The impact of team empowerment on virtual team performance: the moderating role of face-to-face interaction. *Academy of Management Journal*, 47, 2.

Knight, D., Pearce, C. L., Smith, K. G. *et al.* (1999) Top management team diversity, group process, and strategic consensus. *Strategic Management Journal*, 5, 445-465.

Korn, H. J., Milliken, F. J. and Lant, T. K. (1992) Top management team change and organizational performance: The influence of succession, composition, and context. Paper presented at the 52nd Annual Meeting of the Academy of Management, Las Vegas, Nevada.

Korsgaard, M. A., Brodt, S. E. and Sapienza, H. J. (2003) Trust, identity, and attachment: Promoting individuals' cooperation in groups, in *Handbook of Work Group Psychology* (ed, M. A. West), John Wiley & Sons, Ltd, Chichester.

Kozlowski, S. W. J. and Ilgen, D. R. (2006) Enhancing the effectiveness of work groups and teams. *Psychological Science in the Public Interest*, 7, 77-124.

Kozlowski, S. W. J., Watola, D. J., Jensen, J. M. *et al.* (2009) Developing adaptive teams: A theory of dynamic team leadership, in *Team Effectiveness in Complex Organizations: Cross-disciplinary Perspectives and Approaches* (eds E. Salas, G. F. Goodwin and C. S. Burke), Routledge, New York, pp. 113-155.

Kravitz, D. A. and Martin, B. (1986) Ringelmann rediscovered: The original article. *Journal of Personality and Social Psychology*, 50 (5), 936-941.

Lam, S. S. K. and Schaubroeck, J. (2000) The effects of group decision support systems on pooling of unshared information during group discussion. *Journal of Applied Psychology*, 85 (4), 565-573.

Landy, F. J., Rastegary, H., Thayer, J. and Colvin, C. (1991) Time urgency: the construct and its measurement. *Journal of Applied Psychology*, 76, 644-657.

Latané, B. and Darley, J. M. (1970) *The Unresponsive Bystander: Why Doesn't He Help?*, Appleton-Century-Crofts, New York.

Latané, B., Williams, K. D., Harkins, S. G. (1979) Many hands make light the work: the causes and consequences of social loafing. *Journal of Personality and Social Psychology*, 37 (6), 822-832.

Latham, G. P. and Yukl, G. A. (1975) Assigned versus participative goal setting with educated and uneducated wood workers. *Journal of Applied Psychology*, 60, 299-302.

Latham, G. P. and Yukl, G. (1976) Effects of assigned and participative goal setting on performance and job satisfaction. *Journal of Applied Psychology*, 61, 166-171.

Lauderdale, P., Smith-Cunnien, P., Parker, J. and Inverarity, J. (1984) External threat and the definition of deviance. *Journal of Personality and Social Psychology*, 46, 1058-1068.

Lawrence, B. S. (1997) The black box of organizational demography. *Organizational Science*, 8, 1-22.

Leung, K., Lu, L. and Liang, X. (2003) When East meets West: Effective teamwork across cultures, in *International Handbook of Organizational Teamwork and Cooperative Working* (eds M. A. West, D. Tjosvold and K. G. Smith), John Wiley & Sons, Ltd, Chichester, pp. 551-572.

Locke, E. (1990) The motivation sequence, the motivation hub, and the motivation core. *Organizational Behaviour and Human Decision Making Processes*, 50, 288-299.

Locke, E. and Latham, G. (1990) *A Theory of Goal Setting and Task Motivation*, Prentice-Hall, Englewood Cliffs, NJ.

Locke, E. and Latham, G. (2002) Building a practically useful theory of goal setting and task motivation, *American Psychologist*, 57, 705–717.

Locke, E. A., Shaw, K. N., Saari, L. M. and Latham, G. P. (1981) Goal setting and task performance. *Psychological Bulletin*, 90, 125–152.

Losada, M. and Heaphy, E. (2004) The role of positivity and connectivity in the performance of business teams: A nonlinear dynamics model. *American Behavioural Scientist*, 47 (6), 740–765.

Macy, B. A. and Izumi, H. (1993) Organizational change, design and work innovation: A meta analysis of 131 North American field studies 1961–1991, in *Research in Organizational Change and Design*, Vol. 7 (eds R. W. Woodman and W. A. Passmore), JAI Press, Greenwich, CT.

Maier, N. R. F. and Solem, A. R. (1962) Improving solutions by turning choice situations into problems. *Personnel Psychology*, 15 (2), 152–157.

Majchrzak, A., Rice, R. E., Malhotra, A. *et al.* (2000) Technology adaptation: The case of a computer-supported inter-organizational virtual team. *MIS Quarterly*, 24 (4), 569–600.

Manning, M. R., Jackson, C. N. and Fusilier, N. R. (1996) Occupational stress, social support and the cost of healthcare. *Academy of Management Journal*, 39, 750–783.

March, J. G. (1994) *A Primer on Decision Making*, Free Press, New York.

Marmot, M., Siegrist, J., Theorell, T. and Feeney, A. (1999) Health and the psychosocial environment at work, in *Social Determinants of Health* (eds M. Marmot and R. G. Wilkinson), Oxford University Press, Oxford, pp. 105–131.

Martin, R. and Hewstone, M. (eds) (2010) *Minority Influence and Innovation: Antecedents, Processes and Consequences*, Psychology Press, London.

Martin, R., Hewstone, M. and Martin, P. Y. (2008) Majority versus minority influence: The role of message processing in determining resistance to counterpersuasion. *European Journal of Social Psychology*, 38 (1), 16–34.

Mathieu, J. E. and Schulze, W. (2006) The influence of team knowledge and formal plans on episodic team process → performance relationships. *Academy of Management Journal*, 49 (3), 605–619.

Mathieu, J. E., Gilson, L. L. and Ruddy, T. M. (2006) Empowerment and team effectiveness: an empirical test of an integrated model. *Journal of Applied Psychology*, 91, 97–108.

Mathieu, J. E., Marks, M. A. and Zaccaro, S. J. (2001) Multi-team systems, in *International Handbook of Work and Organizational Psychology* (eds N. Anderson, D. Ones, H. K. Sinangil, and C. Viswesvaran), Sage, London, pp. 289–313.

Mathieu, J., Maynard, M. T., Rapp, T. and Gilson, L. (2008) Team effectiveness 1997–2007: A review of recent advancements and a glimpse into the future. *Journal of Management*, 34, 410–476.

Mathieu, J. E., Heffner, T. S., Goodwin, G. F. *et al.* (2005) Scaling the quality of team-mates' mental models: Equifinality and normative comparisons. *Journal of Organizational Behavior*, 26, 37–56.

Maznevski, M. L. (1994) Understanding our differences: Performance in decision-making groups with diverse members. *Human Relations*, 47, 531–552.

McDaniel, M. A., Morgeson, F. P., Finnegan, E. B. *et al.* (2001) Use of situational judgment tests to predict job performance: A clarification of the literature. *Journal of Applied Psychology*, 86, 730–740.

McGrath, J. E. (1984) *Groups: Interaction and Performance*, Prentice Hall, Englewood Cliffs, NJ.

McGrath, J. E. and Kelly, J. R. (1986) *Time and Human Interaction: Toward a Social Psychology of Time*, Guilford Press, New York.

McLean, B. and Nocera, J. (2011) *All the Devils are Here: The Hidden History of the Financial Crisis*, Viking Press.

Milgram, S. (1963) Behavioral study of obedience. *Journal of Abnormal and Social Psychology*, 67 (3), 371–378.

Milgram, S. (1965a) Liberating effects of group pressure. *Journal of Personality and Social Psychology*, 1, 127–134.

Milgram, S. (1965b) Some conditions of obedience and disobedience to authority. *Human Relations*, 18, 57–75.

Miller, D. and Toulouse, J. (1986) Chief executive personality and corporate strategy, and structure. *Management Science*, 32, 1389–1409.

Mohrman, S., Cohen, S. and Mohrman, L. (1995) *Designing Team Based Organizations*, Jossey-Bass, San Francisco.

Moscovici, S., Mugny, G. and van Avermaet, E. (eds) (1985) *Perspectives on Minority Influence*, Cambridge University Press, Cambridge.

Mount, M. K., Barrick, M. R. and Stewart, G. L. (1998) Five-factor model of personality and performance in jobs involving interpersonal interactions. *Human Performance*, 11, 145–165.

Mullen, B. and Copper, C. (1994) The relation between group cohesiveness and performance: An integration. *Psychological Bulletin*, 115, 210–222.

Mumford, M. D. and Gustafson, S. B. (1988) Creativity syndrome: Integration, application and innovation. *Psychological Bulletin*, 103, 27–43.

Myers, I. B. and McCaulley, M. H. (1985) Manual: A guide to the development and use of the Myers-Briggs Type Indicator, Consulting Psychologists Press, Palo Alto, CA.

Nadler, D. A. (1996) Managing the team at the top. *Strategy and Business*, 2, 42–51.

Nemeth, C. J. and Nemeth-Brown, B. (2003) Better than individuals? The potential benefits of dissent and diversity for group creativity, in *Group Creativity* (eds P. Paulus and B. Nijstad), Oxford University Press, Oxford.

Nemeth, C. and Owens, P. (1996) Making work groups more effective: the value of minority dissent, in *Handbook of Work Group Psychology* (ed. M. A. West), John Wiley & Sons, Ltd, Chichester, pp. 125–141.

Nemeth, C. J., Rogers, J. D. and Brown, K. S. (2001) Devil's advocate versus authentic dissent: Stimulating quantity and quality. *European Journal of Social Psychology*, 31, 707–720.

Nicholson, N. (2000) *Managing the Human Animal*, Texere, London.

Nicholson, N. and West, M. A. (1988) *Managerial Job Change: Men and Women in Transition*, Cambridge University Press, Cambridge.

Oldham, G. R. and Cummings, A. (1996) Employee creativity: Personal and contextual factors at work. *Academy of Management Journal*, 39, 607–634.

Olson, G. M. and Olson, J. S. (2000) Distance matters. *Human-Computer Interaction*, 15, 139–178.

Parker, G., McAdams, J. and Zielinski, D. (2000) *Rewarding Teams: Lessons from the Trenches*, Jossey-Bass, San Francisco.

Paul, A. K. and Anantharaman, R. N. (2003) Impact of people management practices on organizational performance: analysis of a causal model. *International Journal of Human Resource*

Management, 14, 1246–1266.
Paulus, P. B. (2000) Groups, teams and creativity: The creative potential of idea-generating groups. *Applied Psychology: An International Review*, 49, 237–262.
Paulus, P. B., Nakui, T., Putman, V. L. and Brown, V. R. (2006) Effects of task instructions and brief breaks on brainstorming. *Group Dynamics: Theory, Research and Practice*, 10, 206–219.
Peterson, M. F. and Hunt, J. G. (1997) International perspectives on international leadership. *Leadership Quarterly*, 8, 203–231.
Peterson, C. and Seligman, M. E. P. (2004) *Character Strengths and Virtues: A Handbook and Classification*, Oxford University Press, Oxford/American Psychological Association, Washington, DC.
Peterson, R. S., Smith, C. B., Martorana, P. V. and Owens, P. D. (2003) The impact of chief executive officer personality on top management team dynamics. *Journal of Applied Psychology*, 88, 795–808.
Peterson, N. G., Mumford, M. D., Borman, W. C. *et al.* (2001) Understanding work using the occupational information network (ONET): Implications for practice and research. *Personnel Psychology*, 54, 451–492.
Pettigrew, A. (1992) On studying managerial elites. *Strategic Management Journal*, 13, 163–182.
Pfeffer, J. (1983) Organizational demography, in *Research in Organizational Behavior*, Vol. 5 (eds L. L. Cummings and B. M. Staw), JAI Press, Greenwich, CT, pp. 299–357.
Pinto, J. K. and Prescott, J. E. (1987) *Changes in Critical Success Factor Importance Over the Life of a Project*. Proceedings of the National Academy of Management annual conference, Chicago IL, pp. 328–332.
Pondy, L. (1967) Organizational conflict: Concepts and models. *Administrative Science Quarterly*, 17, 296–320.
Powell, A., Piccoli, G. and Ives, B. (2004) Virtual teams: A review of current Literature and directions for future research, *Database for Advances in Information Systems*, 35 (1), 6–36.
Pritchard, R. D., Jones, S. D., Roth, P. L. *et al.* (1988) Effects of group feedback goal setting, and incentives on organizational productivity. *Journal of Applied Psychology*, 73, 337–358.
Procter, S. and Burridge, M. (2004) Extent, intensity and context: teamworking and performance in the 1998 UK Workplace Employee Relations Survey (WERS 98) *IIRA HRM Study Group Working Papers in Human Resource Management*, No.12.
Rasmussen, T. H. and Jeppesen, H. J. (2006) Teamwork and associated psychological factors: A review. *Work & Stress*, 20, 105–128.
Richter, A. W., Dawson, J. F. and West, M. A. (2011) The effectiveness of teams in organizations: a meta-analysis, The *International Journal of Human Resource Management*, 22, 2749–2769.
Riopelle, K., Gluesing, J. C., Alcordo, T. C. *et al.* (2003) Context, task, and the evolution of technology use in global virtual teams, in *Virtual Teams that Work: Creating Conditions for Virtual Team Effectiveness* (eds C. B. Gibson and S. G. Cohen), Jossey-Bass, San Francisco, pp. 239–264.
Rocco, E., Finholt, T. A., Hofer, E. C., Herbsleb, J. D. (2000) *Designing as if Trust Mattered*, Collaboratory for Research on Electronic Work (CREW) Technical Report, University of Michigan, Ann Arbor, MI.
Rogelberg, S. G., Barnes-Farrell, J. L. and Lowe, C. A. (1992) The stepladder technique: An alternative group structuring facilitating effective group decision making. *Journal of Applied Psychology*, 77, 730–737.

Romanov, K., Appelberg, K., Honkasalo, M. and Koskenvuo, M. (1996) Recent interpersonal conflict at work and psychiatric morbidity: A prospective study of 15,530 employees aged 24–64. *Journal of Psychosomatic Research*, 40, 169–176.

Runco, M. A. and Pritzker, S. R. (1999a) *Encyclopaedia of Creativity, Vol. 1, A–H*, Academic Press, London.

Runco, M. A. and Pritzker, S. R. (1999b) *Encyclopaedia of Creativity, Vol. 2, I–Z*, Academic Press, London.

Rutte, C. G. (2003) Social loafing in teams, in *International Handbook of Organizational Teamwork and Cooperative Working* (eds M. A. West, D. Tjosvold, and K. G. Smith), John Wiley & Sons, Ltd, Chichester, pp. 361–378.

Sacramento, C. A., Chang, S. M. W. and West, M. A. (2006) Team innovation through collaboration, in *Innovation through Collaboration* (eds M. M. Beyerlein, S. T. Beyerlein and F. A. Kennedy), Elsevier, pp. 81–112.

Salas, E., Nichols, D. R. and Driskell, J. E. (2007) Testing three team training strategies in intact teams: A meta-analysis. *Small Group Reserch*, 38, 471–488.

Salas, E., Rosen, M. A., Burke, C. S. and Goodwin, G. F. (2009) The wisdom of collectives in organizations: An update of competencies, in *Team Effectiveness in Complex Organizations: Cross-disciplinary Perspectives and Approaches* (eds E. Salas, G. F. Goodwin and C. S. Burke), Routledge, London, pp. 39–79.

Salas, E., Wilson, K. A., Burke, C. S. and Wightman, D. C. (2006a) Does crew resource management training work? An update, an extension, and some critical needs. *Human Factors*, 48, 392–412.

Salas, E., Wilson, K. A, Burke, C. S. *et al.* (2006b) Crew resource management training: research, practice, and lessons learned, in *Reviews of Human Factors and Ergonomics*, Vol. 2 (ed. Robert, C. Williges), Human Factors and Ergonomics Society, Santa Monica, CA.

Salas, E., Wilson, K. A., Burke, C. S. *et al.* (2006c) A checklist for crew resource management training. *Ergonomics in Design*, 14 (2), 6–15.

Schmidt, F. and Hunter, J. (1998) The validity and utility of selection methods in personnel psychology: Practical and theoretical implications of 85 years of research findings. *Psychological Bulletin*, 124, 262–274.

Schneider, B., Goldstein, H. W. and Smith, D. B. (1995) The ASA framework: An update, *Personnel Psychology*, 48, 747–773.

Schutz, W. C. (1967) *The FIRO Scales*, Consulting Psychologists Press, Palo Alto, CA.

Sealy, R., Vinnicombe, S. and Singh, V. (2008) The pipeline to the board finally opens: Women's progress in FTSE 100 boards in the UK, in *Women on Corporate Boards of Directors: International Research and Practice* (eds S. Vinnicombe, V. Singh, R. J. Burke *et al.*), Edward Elgar, Cheltenham, pp. 37–46.

Seligman, M. E. P. (1998) *Learned Optimism: How to Change Your Mind and Your Life*, 2nd edn, Pocket Books, New York.

Semini, G. and Glendon, A. I. (1973) Polarization and the established group. *British Journal of Social and Clinical Psychology*, 12, 113–121.

Shaw, M. E. (1932) A comparison of individuals and small groups in the rational solution of complex problems. *American Journal of Psychology*, 44, 491–504.

Sherif, M., Harvey, O. J., White, B. J. *et al.* (1961) *Intergroup Conflict and Co-operation: The Robber'* s Cave Experiment, Institute of Group Relations, Norman, OK.

Shore, L. M. and Barksdale, K. (1998) Examining degree of balance and level of obligation in the employment relationship: A social exchange approach. *Journal of Organizational Bahaviour*, 19, 731–744.

Slavin, R. E. (1983) When does cooperative learning increase student achievement? *Psychological Bulletin*, 94 (3), 429–445.

Smith, K. G., Smith, K. A., Olian, J. *et al.* (1994) Top management team demography and process: The role of social integration and communication. *Administrative Science Quarterly*, 39, 412–438.

Smith, P. B. and Bond, M. H. (1993) *Social Psychology Across Cultures: Analysis and Perspectives*, Harvester Wheatsheaf, New York.

Sole, D. and Edmondson, A. (2002) Bridging knowledge gaps: learning in geographically dispersed cross-functional development teams, in *The Strategic Management of Intellectual Capital and Organizational Knowledge: A Collection of Readings* (eds C. W. Choo and N. Bontis), Oxford University Press, New York.

Stasser, G. and Stewart, D. (1992) Discovery of Hidden Profiles by Decision-Making Groups: Solving a Problem Versus Making a Judgment. *Journal of Personality and Social Psychology*, 63 (3), 426–434.

Stasser, G. and Titus, W. (2003) Hidden profiles: A brief history. *Psychological Inquiry*, 3-4, 302–311.

Stevens, M. J. and Campion, M. A. (1994) The knowledge, skill, and ability requirements for teamwork: Implications for human resource management. *Journal of Management*, 20, 503–530.

Stevens, M. J. and Campion, M. A. (1999) Staffing work teams: Development and validation of a selection test for teamwork settings. *Journal of Management*, 25, 207–228.

Stein, A. A. (1976) Conflict and cohesion: A review of the literature. *Journal of Conflict Resolution*, 20, 143–172.

Steiner, I. D. (1972) *Group Process and Productivity*, Academic Press, New Youk.

Sternberg, R. J. (2003) *Wisdom, Intelligence, and Creativity Synthesized*, Cambridge University Press, New York.

Sternberg, R. J. and Lubart, T. I. (1996) Investing in creativity. *American Psychologist*, 51, 677–688.

Stroebe, W., Stroebe, M. and Zech, E. (1996) The role of social sharing in adjustment to loss. Paper presented at the 11th General Meeting of the European Association of Experimental and Social Psychology, Gmunden, Austria.

Sy, T., Cote, S. and Saavedra, R. (2005) The contagious leader: Impact of the leader's mood on the mood of group members, group affective tone, and group processes. *Journal of Applied Psychology*, 90, 295–305.

Tajfel, H. (1970) Experiments in intergroup discrimination. *Scientific American*, 223, 96–102.

Tajfel, H. and Billing, M. (1974) Familiarity and categorization in intergroup behaviour. *Journal of Experimental Social Psychology*, 10, 159–170.

Tannenbaum, S. I., Salas, E. and Cannon-Bowers, J. A. (1996) Promoting team effectiveness, in *Handbook of Work Group Psychology* (ed. M. A. West), John Wiley & Sons, Ltd, Chichester, pp. 503–529.

Tata, J. and Prasad, S. (2004) Team self-management, organizational structure, and judgments of team effectiveness. *Journal of Managerial Issues*, 16, 248–265.

Tjosvold, D. (1991) *Team Organisation: An Enduring Competitive Advantage*, John Wiley & Sons,

Ltd, Chichester.

Tjosvold, D. (1998) Co-operative and competitive goal approaches to conflict: accomplishments and challenges. *Applied Psychology: An International Review*, 47, 285–342.

Tubbs, M. E. (1986) Goal setting: A meta-analytic examination of the empirical evidence. *Journal of Applied Psychology*, 71, 474–483.

Tuckman, B. W. and Jensen, M. C. (1977) Stages of small group development revisited. *Group and Organizational Studies*, 2, 419–427.

Turner, J. C. (1985) Social categorization and the self concept: A social cognitive theory of group behavior, in *A dvances in Group Processes: Theory and Research*, Vol. 2 (ed. E. J. Lawler), JAI Press, Greenwich, CT, pp. 77–122.

Tziner, A. and Eden, D. (1985) Effects of crew composition on crew performance: does the whole equal the sum of its parts? *Journal of Applied Psychology*, 70, 85–93.

VanGundy, Jr, A. B. (1988) *Techniques of Structured Problem Solving*, Van Nostrand Reinhold, New York.

van Knippenburg, D. and Schippers, M. C. (2007) Work group diversity. *Annual Review of Psychology*, 58, 515–541.

van Knippenberg, D., De Dreu, C. K. W. and Homans, A. C. (2004) Work group diversity and group performance: An integrative model and research agenda. *Journal of Applied Psychology*, 89, 1008–1022.

van Knippenberg, D., Haslam, S. A. and Platow, M. J. (2007) Unity through diversity: Value-in-diversity beliefs as moderator of the relationship between work group diversity and group identification. *Group Dynamics: Theory, Research, and Practice*, 11, 207–222.

van Knippenberg, D., Dawson, J. F., West, M. A. and Homan, A. C. (2011) Diversity faultlines, shared objectives, and top management team performance. *Human Relations*, 64, 307–336.

Vinokur, A., Burnstein, E., Sechrest, L. and Wortman, P. M. (1985) Group decision-making by experts: Field study of panels evaluating medical technologies. *Journal of Personality and Social Psychology*, 49, 70–84.

Wageman, R., Nunes, D. A., Burruss, J. A. and Hackman, J. R. (2008) *Senior Leadership Teams: What it Takes to Make Them Great*, Harvard Business School Press, Boston.

Walker, T. G. and Main, E. C. (1973) Choice shifts and extreme behaviour: Judicial review in the federal courts. *Journal of Social Psychology*, 91 (2), 215–221.

Watson, W. E., Kumar, K. and Michaelsen, L. K. (1993) Cultural diversity's impact on interaction process and performance: Comparing homogenous and diverse task groups. *Academy of Management Journal*, 36, 590–602.

Webber, S. S. and Donahue, L. M. (2001) Impact of highly and less job-related diversity on work group cohesion and performance: A meta-analysis. *Journal of Management*, 27, 141–162.

Welbourne, T. M., Cycyota, C. S. and Ferrante, C. J. (2007) Wall Street reaction to women in IPOs: An examination of gender diversity in top management teams. *Group & Organization Management*, 32, 524–547.

Weldon, E. and Weingart, L. R. (1993) Group goals and group performance. *British Journal of Social Psychology*, 32, 307–334.

West, B. J., Patera, J. L. and Carsten, M. K. (2009) Team level positivity: investigating psychological capacities and team level outcomes. *Journal of Organizational Behavior*, 30, 249–267.

West, M. A. (1996) *Developing Creativity in Organizations*, Blackwell/British Psychological Society,

Oxford.

West, M. A. (2000) Reflexivity, revolution and innovation in work teams, in *Product Development Teams: Advances in Interdisciplinary Studies of Work Teams* (ed. M. Beyerlein), JAI Press, Greenwich, CT, pp. 1-30.

West, M. A. (2002) Sparkling fountains or stagnant ponds: An integrative model of creativity and innovation implementation in work groups. *Applied Psychology: An International Review*, 51 (3), 355-387.

West, M. A. (2003) *Effective Teamwork: Practical Lessons from Organizational Research*, Blackwell/British Psychological Society, Oxford.

West, M. A. and Allen, N. A. (1997) Selecting for teamwork, in *International Handbook of Selection and Assessment* (eds N. Anderson and P. Herriot), John Wiley & Sons, Ltd, Chichester, pp. 493-506.

West, M. A. and Anderson, N. (1996) Innovation in top management teams. *Journal of Applied Psychology*, 81, 680-693.

West, M. A. and Markiewicz, L. (2003) *Building Team-based Working: A Practical Guide to Organizational Transformation*, Blackwell, Oxford.

West, M. A., Borrill, C. S. and Unsworth, K. L. (1998) Team effectiveness in organizations, in *International Review of Industrial and Organisational Psychology*, Vol. 13 (eds C. L. Cooper and I. T. Robertson), John Wiley & Sons, Ltd, Chichester, pp. 1-48.

West, M. A., Brodbeck, F. C. and Ricther, A. W. (2004) Does the "romance of teams" exist? The effectiveness of teams in experimental and field settings. *Journal of Occupational and Organizational Psychology*, 77, 467-743.

West, M. A., Markiewicz, L. and Dawson, J. F. (2006) *Aston Team Performance Inventory: Management Set*, ASE, London.

West, M. A., Patterson, M. G. and Dawson, J. (1999) A path to profit?: Teamwork at the top. *Centre Piece: the Magazine of Economic Performance*, 4 (3), 7-11.

West, M. A., Tjosvold, D. and Smith, K. G. (eds) (2003) *The International Handbook of Organizational Teamwork and Cooperation*, John Wiley & Sons, Ltd, Chichester.

Widmer, P. S., Schippers, M. C. and West, M. A. (2009) Recent developments in reflexivity research: A review. *Psychology of Everyday Activity*, 2, 2-11.

Wiersema, M. F. and Bantel, K. A. (1992) Top management team demography and corporate strategic change. *Academy of Management Journal*, 35, 91-121.

Williams, J. G. and Solano, C. H. (1983) The social reality of feeling lonely: friendship and reciprocation. *Personality and Social Psychology Bulletin*, 9, 237-242.

Woods, S. A. and West, M. A. (2010) *The Psychology of Work and Organizations*, CENGAGE, London.

Worchel, S., Lind, E. A. and Kaufman, K. H. (1975) Evaluations of group products as a function of expectations of group longevity, outcome of competition and publicity of evaluations. *Journal of Personality and Social Psychology*, 31, 1089-1097.

Worchel, S., Rothgerber, H., Day, E. A. *et al.* (1998) Social identity and individual productivity within groups. *British Journal of Social Psychology*, 37, 389-413.

Yukl, G. (1998) *Leadership in Organizations*, 4th edn, Prentice Hall, London.

Yukl, G. (2010) *Leadership in Organizations*, 7th edn, Prentice Hall, London.

Zaccaro, S. J., Heinen, B. and Shuffler, M. (2009) Team leadership and team effectiveness, in *Team*

Effectiveness in Complex Organizations: Crossdisciplinary Perspectives and Approaches (eds E. Salas, G. F. Goodwin and C. S. Burke), Routledge, London, pp. 83–111.

Zand, D. E. (1972) Trust and managerial problem solving. *Administrative Science Quarterly*, 17, 229–239.

Zenger, T. R. and Lawrence, B. S. (1989) Organizational demography: The differential effects of age and tenure distributions on technical communication. *Academy of Management Journal*, 32, 353–376.

Zwick, T. (2004) Employee participation and productivity. *Labour Economics*, 11 (6), 715–740.

索　引

あ　行

愛着　234, 235
アイデアシャワー　219
アイデンティティ　19, 34, 36, 77, 90, 98, 157, 313, 318, 334
相乗り　219, 220
アクション／パフォーミングチーム　37
悪魔の代弁　196
アサーティブネス　261
アストン・チームパフォーマンス質問紙（ATPI）　132, 275, 355
アストン・リアル・チームプロファイル＋　274
安心・安全　176-179, 195, 211, 213
「いいね, それで……」法　215, 217, 225
意思決定　169, 175
　――の段階的技術　173-176, 191
イノベーション　26, 94, 210-215, 288
　――の促進／サポート　23, 214, 227
　チーム――　210, 211, 283
医療におけるチームワーク　17
ウェルビーイング　8, 93, 101, 112, 151, 154, 155, 226, 235, 254, 283
影響力　169
HRマネージャー　282, 283
えこひいき　97
円環的コミュニケーション　41
オープンクエスチョン（開かれた問い）　99, 100, 132

か　行

会議
　――のアジェンダ　164, 165
　――の基本原則　166
　――の取りしきり　164-166
外交活動　277
解散期　124

隠されたプロフィール現象　170, 317
課題焦点型議論　192, 197
活動範囲（チーム戦略の）　156
家庭と仕事のバランス　247-248
カテゴリー化・記述モデル　77
カリスマ　113
駆り立てられたチーム　11
感情の開示（感情表出）　101, 102
関与とコミットメント　26, 345
管理型リーダーシップ　111
技術支援　281
技術の混合　71
既知の問題　129, 130
機能横断型チーム　23
機能的多様性　70, 71
機能不全のチーム　10
規範　123
基本的な対人関係理論（FIRO）　61
教育　280
凝集性　184, 186, 190, 250
共有されたリーダーシップ　115
業績の改善　25
議論
　課題焦点型――　192, 197
　建設的――　192-196, 217
グループシナジー　19
グループディスカッション　132
グループの凝集性　250
クロストレーニング　120
経営の質の改善　22
経済的論理（戦略の）　157
形成期　122
傾聴　98, 166, 240
　反射的――　100
　開かれた傾聴　99
KPI　337
原因帰属　238, 256
権限　88, 258

390　索引

──の平均台　105, 106
建設的議論　192-196, 205, 217
権力への服従　188
貢献度の評価　91
コーチング　86, 97-104, 112, 193, 265, 281, 355
顧客　34, 153, 285
個人のタスク　43
古典的ブレインストーミング　219
コミュニケーションスキル　133, 168, 171
コンサルテーション　352
コンセンサス　193

さ　行

サービスチーム　37
差別化の要因　157
サポート　84, 89, 93233-252, 273
　情報的──　241-242
　組織的──　89, 107, 279
　道具的──　242
　評価的──　243
参加の安全性　211, 226
CEO　329, 357
　──のスキル　359, 360, 361
　──のパーソナリティ　358, 359
　──の役割　354, 355
　──のリーダーシップ　358
CRM　132, 133, 134
時間の節約　23
資源　282
自己中心的　171
仕事を豊かにする基本的特徴　245, 247
自己満足のチーム　10
支配　171
支配的連合　329
社会的カテゴリー化　77
社会的毛繕い　249, 313
社会的サポート　134, 155, 238-244
社会的責任　345
社会的手抜き　27, 33, 35, 42, 43, 45, 47, 103, 152, 172
社会的同調　171
社会的な振り返り　8, 9, 13
社会的風土　249-250, 297
社会的プロセスへの介入　134, 135
社会的労働　33
社会における価値　154
自己修正トレーニング　120
集団極性化　172
集団思考　172, 184-187, 213
順序と段階（戦略の）　158
順応性　41
上層部理論（UE）　334
情緒的活力　236
情緒的サポート　239-241
情動知能　109, 110, 361
情報　280
情報的サポート　241-242
情報の共有　167-169
職場外研修　126, 127, 128, 131
所属への欲求　234, 235
人的資源管理（HRM）　273, 282-283
真のチーム　18
信頼　176-179, 195, 313, 319
　情緒的──　313
　認知的──　313
遂行期　123
スキルの向上　65, 244
スケープゴート　265
スタートアップ　125
ステークホルダー分析　198-200, 203, 205, 216, 217, 224
ストーミング期　123
ストラテジー／ポリシーチーム　37
ストレス　107, 190, 228, 235, 254
スポーツのチーム　30, 32, 56
性格特性　57
責任の拡散　172
積極的傾聴　98
セルフマネジメント　115, 319
戦略　156-159
相互作用　162-166
相互の信頼　42
創造性　26, 30, 94, 111, 210, 249
　──テクニック　224

索引　391

創造的問題解決　216
ソーシャルスキル　66
属性の多様性　74
組織戦略の実行　22
組織的サポート　89, 107, 279
組織内／外のチームとの関係　155
組織の学習　22

た　行

ターゲット　279
対人関係のコントロール　260
対面（情報の伝達）　167, 168, 314, 320, 321
対立（コンフリクト）　253-268
　　——の解決　255
　　——のタイプ　254
　　バーチャルチームの——　314, 315
　　トップマネジメントチームの——　356-362
タスク
　　——調整活動　277
　　——の焦点化　213
　　——の振り返り　8, 9, 13
　　——の問題　130, 131
　　チームの——　39, 40, 42, 56, 88, 106
　　個人の——　43
　　トップマネジメントチームの——　331
ただ乗り　28, 152, 285
多様性　57, 69-73, 84, 88, 311, 319, 333
　　——への信頼　77
　　機能的——　70, 71
　　属性の——　74
　　性別　75
　　パーソナリティの——　74
　　文化的——　76
　　トップマネジメントチームの——　334, 335, 336
弾力的なチーム　9
知恵　96
地位・階級　172
チーム

——のイノベーション　8, 94, 282
——の関連性　94
——の規範　345
——の形成期　122, 123
——のゴール　44
——のサイズ　88
——の質　183-207
——の情緒的活力　236
——のスタートアップ　125
——の成果　93
——の生存力　93
——の存続　8, 88
——のタスク　39, 40, 42, 56, 106, 125, 126, 342
——の統一期　123
——の橋わたし　291
——の雰囲気　154
——の方向性　41
——のマネジメント　91-96
——の有効性　8
——発達のモデル　122-125
機能不全の——　10
孤立主義の——　278
自己満足の——　10
真の——　18, 86
ストラテジー／ポリシー——　37
スポーツの——　30, 32, 56
弾力的な——　9
部門を越えた——　287
見せかけの——　18
夢の——　4, 5
チームイノベーション　210, 211, 283
チーム間関係　94, 283, 291
チーム間協働　94, 287-295
チーム機能　6
チーム効力感　204
チーム・組織間関係　276-279
チーム調整・適合トレーニング　120
チームトレーニング　119-139, 283, 324
チーム内の協働　8
チームの振り返り質問紙　12
チームビジョン　→ビジョン
チーム風土尺度　132

チームプロセス　94, 108, 122, 123, 127, 130, 172, 313
チームベースト・ワーキング（TBW）　272-276
チーム報酬制度　59, 284-287
チームミーティング　75, 109, 163, 166, 206, 224, 294
チーム役割尺度　62, 355
チーム役割理論（ベルビン）　61, 62, 74
チームリーダー　56, 78, 81-117, 123, 173, 177, 195, 206, 236, 262, 274, 283, 294, 295, 318
　　──とメンバーの関係　237
　　──の感情　101, 102
　　──のタスク　83
　　──の罠　104
　　──へのフィードバック　108
チームリーダーシップ　85
チームワーク
　　──の障害　27
　　──の定義　36-37
　　──の社会的次元　238, 239
知識, スキル, 態度（KSA）　66, 67, 68, 88, 113, 319, 333
調停　263
偵察活動　277, 278
テレワーキング　305
転職　226
伝達手段　157
伝統的リーダーシップ　85
統一期　123
動機付け　90, 91, →モチベーション
道具的サポート　242
搭乗員資源のマネジメントトレーニング（CRM）　132, 133
同調圧力　176, 187-188
トップチームミーティング　349
　　──のアジェンダ　349-351
トップマネジメントチーム（TMT）　167, 327-365
　　──の規範　348
　　──のKSA　333, 339
　　──のサイズ　347
　　──の組織サポート　337
　　──のスキル　332
　　──の対立　356-362
　　──のタスクデザイン　331
　　──の多様性　334, 335, 336
　　──のトレーニング　340, 352
　　──のプロセス　340
　　──の目標　341, 342
泥棒洞窟実験　292

な　行

内集団バイアス　97, 172, 292, 334
内面の引き出し　99
ニーズ　153
二重の学び　95
ニュースの公表　296
ネガティブ感情　235, 236
ネガティブ・フィードバック　103
ネガティブ・ブレインストーミング　197, 217, 218, 220, 221
能力　58-62

は　行

パーソナリティ　58, 61, 116, 171, 256, 258, 260
　　──の多様性　74
　　CEOの──　358, 359
バーチャルグループワーク　306
バーチャルチーム　169, 299-325
　　──の結束　314
　　──の原因帰属　315
　　──の信頼　313
　　──の情報（インプット）　310
　　──の対立　314, 315
　　──のトレーニング　322
　　──のプロセス援助　313, 318
　　──のメリット／デメリット　308, 309
　　──のメンタルモデル　316
　　──のライフサイクル　319-323
バーチャルチームワーク　306
バックアップ行動　41, 133
パフォーマンス（評価）　44, 92, 274, 283

――の測定　45, 46
――マネジメント　321
反射的傾聴　100
反対意見　195
ビジョン　87, 88, 89, 150-152, 211, 226, 257, 289
　　――声明　146
　　――の要素　153-156
ビッグファイブ　58, 62, 74
評価的サポート　243
評価の基準　93-94
開かれた傾聴　99
ファシリテーター　93, 127, 128, 129, 131, 163, 224, 225, 318
フィードバック（評価）　44, 92, 93, 93, 94, 102, 103, 280, 281
　　ポジティブ――　102, 103
フォーマルな見直し　126
部門を越えたチーム　287
フラットな組織　23
振り返り　5, 6, 18, 94, 95, 120, 138, 164, 173, 352
　　タスクの――　8, 9, 13
　　チームの――質問紙　12
ブレインストーミング　30, 31, 32, 34, 173, 197, 220, 222, 320
　　ネガティブ――　197, 217, 218, 220
　　古典的――　219
ブレインネッティング　220
ブレインライティング・プール　220
プロジェクト／開発チーム　37
プロセス・ゲイン　33, 34
プロセス支援　282
　　バーチャルチームの――　318
プロセス・ロス　28, 33, 34, 57, 106, 213
プロダクションチーム　37
プロダクション・ブロッキング効果　31, 32, 173
文化　35
文化的多様性　76
分類化―精密モデル（CEM）　336
変革型チームリーダーシップ　110-114

ベンチマーキング　296
防衛ルーティン　189-191
奉仕的リーダーシップ　90
報酬　112, 284, 285
ホームチーム　237
ポジティブな感情　7
ポジティブな情緒的環境　82
ポジティブ・フィードバック　82, 102, 103

ま　行

マイノリティ　153, 200-206, 213, 288
　　――のチーム　288-291
マイヤー・ブリッグスのタイプ指標　59, 60, 74
マインドフルネス　99, 109
マルチ・チームシステム（MTS）　272
「満足化」現象　174
見せかけのチーム　18
ミッション声明　146, 279
見直し（レビュー）　126
無干渉型リーダーシップ　112
「難しい人」　265
瞑想　110
メンター　118, 111, 283, 318
メンタルヘルス　94, 226, 235, 243
メンタルモデル　41, 162, 336
　　バーチャルチームの――　316
メンバーの成長，学び　40, 93, 154, 244, 245, 283
メンバーの交換　296
メンバーの責任　115
目的指向性　221
目標　91, 145-159
　　――具体化のポイント　148, 149
　　――の一貫性　153
　　――の共有　36, 103, 149, 211
モチベーション　111, 146, 149, 151
モニタリング　41
問題の特定　131
問題発生の管理　112

や 行

役割　91
役割の明確化と交渉　43, 125, 135, 136, 257, 258
ユーモア　82, 110, 154, 179, 249
夢のチーム　4, 5
要素の表　222, 223

ら 行

楽観主義　82, 123, 186, 249
リーダーシップ　41
　——スタイル　114-115, 186
　——の誤り　96-97
　——の機能　104
　管理型——　111
　共有された——　115
　CEOの——　358
　伝統的——　85
　チーム——　85
　変革型——　110-114
　奉仕的——　90
　無干渉型——　112
リードすること　86-89
リンゲルマンの実験　27, 28
連帯感　120, 121
ロールモデル　111

マイケル・A・ウェスト（Michael A. West）

英国ランカスター大学経営大学院教授（組織心理学），アストン・ビジネススクール前学長．英国心理学会（BPA），米国心理学会（APA），産業・組織心理学会（SIOP），英国経営アカデミー（BAM），英国チャータード人事・発達研究所（CIPD）会員．

下山晴彦（しもやま・はるひこ）［監修］

東京大学大学院教育学研究科 臨床心理学コース 教授。著訳書に『臨床心理学をまなぶ1　これからの臨床心理学』（東京大学出版会，2010），マツィリア＆ホール『専門職としての臨床心理士』（東京大学出版会，2003），ほか．

高橋美保（たかはし・みほ）［訳者］

東京大学大学院教育学研究科 臨床心理学コース 准教授．1991年，奈良女子大学文学部社会学科卒業，民間企業勤務を経て，1999年慶應義塾大学大学院社会学研究科社会学専攻修士課程修了．臨床心理士として病院，企業，大学などに勤務．2008年東京大学大学院教育学研究科臨床心理学コース博士課程修了，2009年東京大学大学院教育学研究科臨床心理学コース専任講師，2011年より准教授．臨床心理士．失業者や働く人への心理的援助，キャリア教育などを中心に，研究，臨床，教育に従事．主要著書に『中高年の失業体験と心理的援助──失業者を社会につなぐために』（ミネルヴァ書房，2010），『マインドフルネス 認知療法を教えるということ』（監修，編集，共翻訳，北大路書房，2011），『キャリアカウンセリング』（監訳，誠信書房，2018），ほか．近刊に『心理職の学びとライフキャリア』（東京大学出版会，2022年）．

装丁：9P（吉田朋史＋中尾悠）

チームワークの心理学
エビデンスに基づいた実践へのヒント

2014 年 5 月 9 日　初　版
2022 年 5 月 25 日　第 3 刷

［検印廃止］

著　者　マイケル・A・ウェスト

訳　者　高橋美保

発行所　一般財団法人　東京大学出版会
代表者　吉見俊哉
153-0041 東京都目黒区駒場 4-5-29
http://www.utp.or.jp/
電話 03-6407-1069　Fax 03-6407-1991
振替 00160-6-59964

印刷所　新日本印刷株式会社
製本所　牧製本印刷株式会社

©2014 Miho Takahashi（translation）
ISBN 978-4-13-040264-4　Printed in Japan

JCOPY〈出版者著作権管理機構　委託出版物〉
本書の無断複写は著作権法上での例外を除き禁じられています．複写される場合は，そのつど事前に，出版者著作権管理機構（電話 03-5244-5088，FAX 03-5244-5089, e-mail: info@jcopy.or.jp）の許諾を得てください．

職場学習論 [新装版]──仕事の学びを科学する
中原 淳 A5 判, 200 頁・2800 円
人生の多くの時間を費やす職場での学びが人間形成に果たす役割は大きい．アンケート調査とヒアリング調査によって得られたデータに実証的アプローチを施すことで，これまで見過ごされ，印象論でしか語られてこなかった職場の学習プロセスに寄与する要因を解明する．

経営学習論 [増補新装版]──人材育成を科学する
中原 淳 A5 判, 272 頁・3000 円
日本企業の人材育成は危機に瀕し，再構築のときを迎えている．どうしたら有能な人材を育成できるのかを模索すべきときである．これまでの研究成果を紹介・総括し，独自の実証的な調査データを駆使して，組織経営における有効な人材開発・人材育成施策を展望する．

活躍する組織人の探究──大学から企業へのトランジション
中原 淳・溝上慎一[編] A5 判, 228 頁・3600 円
大学から企業へ円滑に移行でき，素早く効率的に組織適応でき，組織革新を担える人材が求められている．それらに応える人材を採用・選抜するために，現在企業で活躍するビジネスパーソンがどのような意識・行動で大学生活を過ごしていたのかを調査から明らかにする．

臨床心理学をまなぶ2　実践の基本
下山晴彦 A5 判, 352 頁・2900 円
事例の現実をより深く理解するには，人生の「物語」にかかわるための技能が必要となる．コミュニケーション，ケース・マネジメント，システム・オーガニゼーションのまなび方を，物語論の観点から体系的に解説する．

専門職としての臨床心理士
J. マツィリア & J. ホール[編]／下山晴彦[編訳] A5 判, 440 頁・5000 円
臨床心理士が求められる領域，活用できる心理療法は何か，そして，他職種とどのように連携できるのか．臨床心理学の専門性の要件を明らかにしつつ，世界の臨床心理学の最前線を伝え，日本のさらなる発展のビジョンを示す．

カリキュラム・イノベーション──新しい学びの創造へ向けて
東京大学教育学部カリキュラム・イノベーション研究会[編] A5 判, 368 頁・3400 円
東京大学教育学部が，学校現場と対話しながら，いま「学校で学ぶべきこと」のトータルな姿を提案する．堤亜美・下山晴彦「うつ予防プログラムの開発」，高橋美保「ライフキャリア教育プログラムの開発」収録．

ここに表示された価格は本体価格です．ご購入の際には消費税が加算されますのでご了承ください．